KB055394

극단의 도시들

도시, 기후위기를 초래하다

극단의 도시들

EXTREME CITIES

The Peril and Promise of Urban Life in the Age of Climate Change

애슐리 도슨(Ashley Dawson) 지음 | 박삼주 옮김

한울
아카데미

차례

감사의 말

누구보다도 먼저 버소Verso의 앤디 샤오Andy Hsaio와 오드리아 림Audrea Lim에게 감사드립니다. 앤디는 처음부터 관대하고 열정적으로 이번 프로젝트를 지원하면서 저술의 주요 단계마다 탁월한 조정을 해주었고, 오드리아는 놀라울 만큼 훌륭하게 원고를 편집하면서 이 책을 만드는 전 과정에서 모든 지원을 아끼지 않았습니다. 그렇게 매우 열정적이고 능력 있는 편집진과 함께한 것은 정말로 축복이었습니다. 교열과 그 밖에 이 책을 만드는 데 필요한 여러 가지를 지원한 덩컨 랜슬렘Duncan Ranslem과 아이다 오데Ida Audeh, 책의 홍보를 담당한 앤 럼버거Anne Rumberger와 웨스 하우스Wes House에게도 감사드립니다.

뉴욕시립대학교CUNY의 1년간의 안식년 덕분에 이 프로젝트의 초기 연구 상당 부분을 수행할 수 있었고, 뉴욕시립대학교 대학원센터Graduate Center의 고급 연구 협력Advanced Research Collaborative에서 제공한 한 학기 휴가는 제시간에 이 책을 마무리하는 데 도움이 되었습니다.

또한 스테이튼섬대학the College of Staten Island의 훌륭한 동료들에게 감사드립니다. 그들은 내가 대학과 학과에서 활발한 정신을 유지하면서 이 책을 씀과 동시에 학과장 임기를 마무리할 수 있도록 도움을 주었습니다. 동료 학과장이자 친구이며 조합지도자이고 대중선동가인 조지 산체스George Sanchez의 구원적인 유머감각과 학생과 교직원 모두를 위해 뉴욕시립대학교를 더 좋은 곳으로 만들려는 그의 중단 없는 노력에 특별히 감사를 표하고 싶습니다.

뉴욕시립대학교 대학원센터의 유능한 연구 보조원인 마이클 루모어Micheal Rumore, 사라 힐데브란트Sarah Hildebrand, 스테파노 모렐로Stefano Morello, 스티븐 헤란Steven Herran에게도 감사드립니다. 이들과 대학원센터의 생태비평 및 도시비평 세미나에 참가한 학생들 덕분에 이 책에서 다루는 몇몇 주제에 대해서 매우 생생한 논의를 할 수 있었습니다.

내가 이 책에서 몇몇 아이디어를 제시할 수 있도록 도움을 준 마이애미대학교University of Miami의 내 친구 팀 왓슨Tim Watson에게 감사드립니다. 캘리포니아대학교 버클리캠퍼스University of California, Berkeley의 콜린 라이Colleen Lye에게도 감사드립니다. 그는 버클리의 훌륭한 도서관을 이용할 수 있게 편의를 제공해주었고, 거기에서 나는 1년 동안 이 책에 관련된 중요한 연구를 수행했습니다.

매우 다양한 뛰어난 활동가들 및 지식인들과 함께 한 수많은 인터뷰가 없었다면 이 책은 지금 이 모습이 아니었을 것입니다. 카지 아슈라프Kazi Ashraf, 데빈 밸킨드Devin Balkind, 존 배리John Barry, 테리 베넷Terri Bennett, 케렌 볼터Keren Bolter, 브렛 브란코Brett Branco, 로빈 브로넨Robin Bronen, 힐러리 브라운Hillary Brown, 크레이그 콜튼Craig Colten, 리처드 콘드레이Richard Condrey, 딜립 다쿤하Dilip da Cunha, 마크 데이비스Mark Davis, 재키 디 살보Jackie Di Salvo, 마이클 엘리엇Michael Elliot, 골디 게라Goldi Guerra, 크리스티나 힐Kristina Hill, 데니스 호프만-브랜트Denise Hoffman-Brandt, 마야 페이슨Maya Faison, 졸탄 글뤽Zoltán Gluck, 마이클 골드파브Michael Goldfarb, 클라우스 야콥Klaus Jacob, 크리스틴 야콥Kristin

Jacob, 일리아 자랄Ilya Jalal, 욥 얀선Joep Janssen, 마이클 존슨Mychal Johnson, 제니퍼 주라도Jennifer Jurado, 프레드 코프먼Fred Kaufman, 오라시 카와르자드Aurash Khawarzad, 킴벌리 킨더Kimberly Kinder, 크리스 라 모트Chris La Motte, 콜린 맥팔레인Colin MacFarlane, 데스몬드 마제코둔미Desmond Majekodunmi, 줄리 말도나도Julie Maldonado, 레베카 만스키Rebecca Manski, 대라 마틴Darragh Martin, 마이크 멘서Mike Menser, 트레이시 메츠Tracy Metz, 나스타란 모히트Nastaran Mohit, 프리야 물가온카르Priya Mulgaonkar, 대니얼 먼디Daniel Mundy, 소피아 갈리사 무리엔테Sofia Gallisa Muriente, 짐 멀리Jim Murley, 샴순 나하르Shamsun Nahar, 셰릴 내시-치점Sheryl Nash-Chisholm, 자얀사 오베이세케라Jayanatha Obeysekera, 쿤 올트후이스Koen Olthuis, 마이크 오바흐Mike Orbach, 더스티 페이트Dusty Pate, 토니 펄스타인Tony Perlstein, 레칸 피어스Lekan Pierce, 라일라 래시Leila Rassi, 코너 토마스 리드Conor Tomas Reed, 한나 러슈지크Hanna Ruszczyk, 캐서린 시비트Catherine Seavitt, 타미 샤피로Tammy Shapiro, 더그 시어Doug Sheer, 마리차 실바-패럴Maritza Silva-Farrell, 마이클 소킨Michael Sorkin, 필 스토더드Phil Stoddard, 제네케 비서Jenneke Visser, 해럴드 웨인리스Harold Wanless, 레아 웨스턴Leah Weston, 아담 야린스키Adam Yarinsky 등 매우 바쁜 일정에도 나와 말할 시간을 내준 사람들 모두에게 심심한 감사를 드립니다. 내가 절망에 빠질지도 모르는 주제에 대해 연구할 때 이들과 이들이 속한 조직 및 사회운동이 수행한 훌륭한 성과는 희망의 토대를 제공했습니다.

이 책을 활성화한 많은 질문과 화두는 닐 스미스Neil Smith와 데이비드 하비David Harvey가 처음으로 장소문화정치센터the Center for Place, Culture, and Politics를 이끌던 시기 세미나의 비옥한 토양에서 발아했습니다. 그 센터를 떠난 뒤에 이 책을 썼지만, 나는 이 프로젝트의 모든 단계에서 스미스와 하비의 막대한 지적 기여와 엄청난 정치적 진정성에서 영감을 끌어냈습니다.

또한 놀랍도록 평화로운 블루마운틴센터Blue Mountain Center 작가 모임에서 이 프로젝트의 몇몇 초기 아이디어를 만들어낼 수 있었습니다. 블루마운틴센터는 극단의 도시에 대해 몇몇 전망을 얻을 수 있는 이상적인 곳입니다. 적극적인 사고 및 저술을 위한 훌륭한 공간을 제공해준 블루마운틴센터의 해리엇 발로우Harriet Barlow와 벤 스트레이더Ben Strader 등 많은 사람에게 감사드립니다.

이 책에 제시된 아이디어에 대해 논의해준 많은 친구들과 학자들에게 특별한 감사를 드립니다. 특히 앤 맥클린톡Anne McClintock과 롭 닉슨Rob Nixon의 결정적인 지원과 영감에 감사드립니다. 환경 및 사회정의에 대한 이들의 열정적인 헌신과 그 두 가지가 불가분하게 얽혀 있다는 이들의 깊은 인식은 나와 매우 많은 사람들에게 꺼지지 않는 등불이었습니다.

지난 수년 동안 가족들이 베풀어준 아낌없는 사랑에 깊이 감사드립니다. 어려울 때나 즐거울 때나 커다란 관용과 친절함을 베풀어주신 부모님 앤Ann과 나이젤Nigel 그리고 누이 지니Ginny에게 감사드립니다. 대학 초년기라는 중요한 시기에도 아빠가 저술 때문에 함께하지 못하는 것을 참고 이해해준 큰딸 소피아Sofia에게 고맙게 생각합니다. 이 책과 함께 태어나고 자란 슐레Sholeh에게도 고맙게 생각합니다. 이 프로젝트가 어렸을 때 자신의 시간을 얼마나 많이 빼앗았는지 슐레가 지금 알 수는 없겠지만, 우리 성인들이 자신과 동 세대의 모든 어린이들을 위해 더 나은 세상을 만드는 길을 찾을 것이라는 희망을 품고 이 책을 썼다는 것을 언젠가 슐레가 알게 되어 아빠를 용서해줄 수 있기를 바랍니다.

마지막으로 이 책을 마니제Manijeh에게 바칩니다. 마니제는 여러 가지 측면에서 나의 지적·감정적 지침입니다. 마니제와 함께 지내면서 나는 매일매일 인간 정신의 강함과 아름다움을 더욱 굳게 믿게 됩니다.

극단의 도시

Extreme City

한밤중에 바람 때문에 깬 나는 침실 벽에 거대한 기포가 만들어지고 있는 것을 봤다. 허리케인 샌디Hurricane Sandy가 온종일 도시를 뒤흔들었고, 해 질 녘이 다가오자 나는 해발 고도 때문에 약간이나마 안전하기를 바라면서 퀸스Queens의 잭슨하이츠Jackson Heights에 있는 내 아파트에 쪼그리고 앉아 있었다. 전날 뉴욕시 시장인 마이클 블룸버그Michael Bloomberg는 홍수구역 A에 거주하는 37만 5000명의 주민 모두에게 대피 명령을 내렸고, 저녁까지 지하철이 모두 끊겼으며, 차가 없는 사람들은 고립되었다. 다음날인 10월 29일 월요일에는 욕조에 물을 채우고 건전지를 비축하면서 불길하게 어두워지는 도시의 하늘을 쳐다보는 것밖에는 할 일이 거의 없었다. 그날 저녁 폭풍이 최고조에 달했을 때 강력해진 바람은 내가 살던 아파트의 벽돌과 회반죽에 비를 쏟아부었고, 그러한 지속적인 맹공격으로 오래된 그 아파트에 빗물이 스며들어 침실 벽의 페인트가 위협적으로 팽창했던 것이다. 나는 그 기포를 조심스럽게

찔러보면서 대걸레로 닦았고, 잠을 설치다가 맹위를 떨치는 바깥바람에 깨서 그 기포가 다시 커진 것을 발견했는데, 마치 끝없는 악순환 같았다. 아침에는 완전히 녹초가 되었지만 다행스럽게도 비교적 가볍게 그 허리케인에서 벗어 났다. 우리 지역에는 여전히 전기가 공급되었고 택시와 화물차가 길거리를 달렸다.

그러나 도시의 다른 지역은 큰 피해를 입었다. 이 엄청난 폭풍은 자본주의 의 위대한 요새 맨해튼Manhattan의 금융가로 물의 장벽을 몰아넣었다. 샌디가 만든 14ft에 달하는 해일 때문에 맨해튼의 로어이스트사이드Lower East Side에 있는 변전소가 침수되면서 파국적인 합선이 일어나 로어맨해튼Lower Manhattan 전 지역에 단전이 발생했다. 해일은 또한 저지대 여러 지역을 침수시켰다. 침 수 지역에는 브루클린Brooklyn 지역의 레드훅Red Hook, 네이비야드Navy Yard, 브 라이턴비치Brighton Beach, 코니섬Coney Island이 포함되었다. 퀸스 지역의 자메 이카만Jamaica Bay 주변도 침수되었는데, 보초도堡礁島인 로커웨이Rockaway의 브 리지포인트Breezy Point 공동체는 전기장치 합선으로 발생한 화재 때문에 심각 하게 파괴되었다. 9·11의 상실을 여전히 애도하던 스테이튼섬Staten Island 지 역에서는 오션브리즈Ocean Breeze와 오크우드비치Oakwood Beach 같은 해변 공 동체에 치명적인 침수가 일어났다.

샌디 상륙 며칠 뒤 샌디는 미국을 강타했던 가장 파괴적인 폭풍 가운데 하 나였다는 점이 분명해졌다. 샌디 때문에 뉴욕 권역에서 160명이 사망했고 650억 달러의 손실이 발생했다. 뉴욕시는 기초적인 기반시설 및 서비스의 재 앙적인 와해를 겪었는데, 지하철과 맨해튼으로 진입하는 주요 도로 대부분의 침수와 주택 수백 채 및 차량 25만 대의 파괴, 맨해튼 14번가 아래 모든 지역 을 음산한 어둠에 빠뜨렸던 며칠 동안의 정전이 그것이다. 허리케인 샌디는 전년 가을에 '월가를 점령하라Occupy Wall Street: OWS' 시위가 달성하지 못한 것 을 달성했다. 즉, 샌디는 세계 최고의 금융 중심지인 뉴욕 증권거래소New York Stock Exchange를 폐쇄시켰던 것이다. 맨해튼 중심가의 첨탑들이 어둠에 빠져가는 스산한 광경은 뭔가 심각하게 빗나가고 있다는, 놓칠 수 없는, 신호였다.

뉴욕의 피폐로 나는 격한 감정에 휩싸였다. (9·11을 겪은 나는) 이웃들이 거의 아무 탈 없이 재난을 피한 것에 안도감을 느꼈지만, 갑자기 뉴욕시 자체가 나약해 보였다. 즉, 일상적인 도시생활을 뒷받침하던 확실성은 극적으로 무너졌다.[1] 나는 또한 도시의 다른 지역과 단절된 것을 느꼈다. 즉, 지하철은 며칠 동안 다시 운행을 시작하지 못했고, 전력이 끊기고, 휴대전화가 작동되지 않았던 맨해튼에 있는 친구들과 연락을 할 수 없었고, 차가 없어서 가장 심한 피해를 입은 지역의 사람들을 돕기 위해 무슨 일이 이뤄지고 있는지 알지 못했다. 내 주변에서는 놀랍도록 평온한 일상이 시작된 반면에 5층 이상에 거주하는 일부 이웃 주민은 전혀 식수를 이용할 수 없을 때, 도시의 엄청난 규모 및 단절되고 지리멸렬한 특성이 고통스럽게도 분명해졌다.

나는 내가 알던 사람들이 허리케인 때문에 이재민이 된 것을 나중에 알게 되었다. 맨해튼 중심가에 거주하던 내 동료 프레드는 이미 몇 년을 9·11이 만든 혼란과 싸우면서 지냈다. 즉, 어쩔 수 없이 이주를 하고, 가까스로 돌아온 뒤에는 끝없는 공사와 그에 따른 공해를 마주해야 했다.[2] 허리케인 샌디는 이 지역을 다시 폐허로 만들었다. 프레드가 자주 다니던 많은 소규모 업체가 15ft에 달하는 폭풍해일로 침수되었다. 수십억 달러의 재산 피해가 발생했으며, 프레드의 아파트에서 멀지 않은 에프디알 터널FDR Tunnel은 그 지역 지하층 대부분처럼 완전히 물에 잠겼다. 물을 밖으로 뿜어내는 디젤 발전기의 소음은 밤낮으로 계속되었다. 그러나 내가 프레드에게 이러한 경험이 미친 심리적인 영향에 대해 물었을 때 그는 상당히 체념한 듯 보였다. 프레드는 "샌디의 경험은 겁나는 것이었지만, 여러 면에서 뉴욕의 도심에서 산다는 것 자

---

1) 나는 앤 캐플런Ann Kaplan이 허리케인 샌디를 "경계사건"으로 분석한 것에 동의한다. E. Ann Kaplan, *Climate Trauma: Foreseeing the Future in Dystopian Film and Fiction*(New Brunswick, NJ: Rutgers University Press, 2016) 참조.

2) Fred Kaufman, June 6, 2015, Personal Interview.

체가 끝없이 겹나는 일이라네. 재난이 닥치면 아무리 많은 돈도 어떤 사전 준비도 우리를 구하지 못할 것이고, 결국 우리는 우리의 발로 그 재난구역을 벗어날 수 있어야 할 것이네. 가장 중요한 것은 빠져나오는 방법을 아는 것이고 재난을 당했을 때 도움을 줄 수 있는 친구를 만드는 것이네"라고 말했다. 어쨌든 프레드의 일상은 며칠 만에 정상으로 돌아왔다.

항구 바로 건너편인 브루클린 지역의 레드훅 주민들은 또 다른 경험을 했다. 레드훅 주민인 셰릴은 월요일 밤에 물이 컬럼비아스트리트Columbia Street를 넘어 자기 집으로 향하는 것을 공포를 느끼면서 지켜봤다.[3] 허리케인 카트리나Hurricane Kartrina 때 지붕 위에 있던 사람들의 장면이 그녀의 뇌리를 떠나지 않았지만, 그녀는 가족을 위해 의연한 표정을 지었다. 그럼에도 전기가 끊기자 모두 겁을 먹었다. 홍수로 불어난 물은 얼마나 높이 올라갈까? 그들은 촛불 몇 개를 켜고 웅크린 채 새벽이 올 때까지 잠을 이루지 못했다. 폭풍이 지나가고 집에서 떠날 수 있었을 때 그녀의 아들은 일생일대의 자랑인 자신의 차가 완전히 물에 잠겨 철저하게 망가진 것을 발견했다. 그녀는 아들을 위로하기 위해 갖은 애를 다 썼다.

레드훅이 입은 손상은 막대했다. 샌디가 들이닥쳤을 때 뉴욕시 주택공사New York City Housing Authority는 레드훅 같은 A구역을 포함한 시 전역 공공주택 단지의 엘리베이터, 보일러, 전기 시스템을 폐쇄했다. 약 8000명의 주민이 거주하는 레드훅 단지는 브루클린에서 가장 큰 공공주택 개발 단지다. 전력이 끊기자 난방과 급수가 끊기면서 레드훅 주택의 거주자는 목숨을 위협받는 상태에 빠졌다.

폭풍이 지나간 아침에 셰릴은 지역 젊은이들에 대한 지원에 헌신하는 공동체기구인 레드훅 이니셔티브Red Hook Initiative: RHI로 향했다. 그녀는 RHI의 주요 구성원이었다. RHI 건물은 레드훅의 다른 많은 건물과 달리 폭풍 기간에

---

3) Sheryl Nash-Chisholm, June 2, 2015, Personal Interview.

거의 침수 피해를 입지 않았고 계속 전력을 공급받고 있었다. 셰릴은 연방재난관리청Federal Emergency Management Agency에 전화 연락이 되지 않자 RHI를 공동체의 중심으로 만들기 위해 레드훅 주택단지Red Hook Houses의 주민과 협력하기 시작했다. 몇 시간 지나지 않아 RHI는 휴대전화를 충전할 수 있을 만큼의 전력을 공급해 공동체 주민들이 다른 지역에 있는 가족들에게 자신들이 무사하다는 것을 알릴 수 있도록 했다. RHI 건물은 또한 따뜻한 공간을 제공했고, 그 덕분에 추운 공공주택단지 주민들은 저체온증을 피할 수 있었다. 그날이 끝나기 전에 나중에 '샌디를 점령하라Occupy Sandy'로 알려지게 되는 수백 명의 자원봉사자들이 배터리, 양초, 담요, 통조림 등 필요한 기부 물품을 가지고 자전거를 타고 도착했다. 셰릴의 한 동료는 의료진을 구성해서 레드훅의 나이 많은 주민들에게 치료가 필요한지 점검하고 의료 물품 및 식수와 음식 같은 필수품을 공급했다. 이후 3일 동안 RHI는 공동체를 조직하는 가장 중요한 중심으로서 도시 전역에서 기부 금품을 모았고, 레드훅의 공공 단지와 기타 구역에 거주하는 도움이 필요한 주민들에게 음식과 기타 물품을 공급했다. 셰릴로서는 힘들지만 신나는 날의 연속이었고, 개인적인 에너지는 고갈되었지만 공동체의 연대에 대한 그녀의 신념이 다시 확인되는 시간이었다. 연방정부와 적십자Red Cross사 같은 구호기구는 여러 날이 지나도록 물자를 공급하지 않았다.

셰릴과 프레드 그리고 내 이야기는 기후변화가 유발한 허리케인 샌디 같은 재난에 직면한 도시생활의 위태로움을 강조한다. 샌디 이후, 폭우로 인한 고질적인 지하철 지연은 더 이상 단순한 일시적인 불편으로 보이지 않으며 영구히 침수된 도시의 서막처럼 보인다. 우리는 걱정스럽게 다음번의 대규모 폭풍을 기다리면서 도시가 이에 대비하도록 만드는 관료들의 노력이 부적절한 것으로 판명될까봐 두려워한다. 이 샌디 이야기는 또한 재난 기간에 도시의 공간과 공동체가 겪은 다양하고 불균형적인 경험을 각색하고 있다.

이 책 『극단의 도시들Extreme Cities』에서 나는 더 넓은 맥락에서 허리케인 샌디를 사용했으며, 기후혼란 때문에 위협받는 전 세계 도시의 이야기를 함께 엮었다. 이 책은 기후과학의 첨단에 있는 연구자, 극단적인 기후에 견디는 우리의 능력을 구축하기 위해 자연 과정을 활용하는 조경기술자, 기후혼란에 취약하게 만드는 불평등을 감소시키기 위해 투쟁하는 활동가 면접에 의존하고 있다. 도시는, 내가 보기에, 다가오는 기후혼란의 최전선에 있으며 도시의 자연적 취약성은 사회적 불의에 의해 고조된다. 도시는 21세기의 결정적인 사회적·생태적 현상이다. 즉, 도시는 대다수 인류를 수용하고, 대기에 가장 많이 탄소를 배출하며, 기후혼란에 특별히 취약하다.

범람에 취약하다는 점은 뉴욕시만의 문제가 아니다. 즉, 세계 거의 모든 대도시가 물 위 또는 물 가까이에 위치해 있다. 강, 호수, 바다는 항상 도시의 경제적·생태적 건강의 열쇠였기 때문에 이는 놀라운 일로 받아들여지지 않는다. 세계 20개 대도시 가운데 13개가 항구도시다. 그렇지만 이는 21세기에 가장 간과되는 사실 가운데 하나인 치명적인 모순을 만들어냈다. 즉, 세계의 거대 도시 대부분은 해수면 상승으로 위협받는 해안구역에 위치한다. 오늘날 세계 인구의 50%가 넘는 사람이 바다에서 120mile 이내에서 살고 있는데, 이 비율은 2025년까지 75%에 도달할 것으로 예상된다. 더구나 전 세계에 걸친 도시화는 도시구역을 주변의 시골보다 더 덥게 만드는 '열섬'효과heat island ef-fect 때문에 치명적인 폭염에 특히 취약한데, 지구온난화로 인해 그 강도와 빈도가 증가하고 있다. 수십 년 동안의 증거는 사람들이 개발도상국의 가뭄에 취약한 지역에서 홍수와 사이클론cyclone에 취약한 해안도시로 이주하고 있음을 시사한다.[4] 우리가 좋아하든 싫어하든 인간이 만든 기후혼란이 극적으로 세계의 도시를 변화시키고 있으며, 바로 이곳에서 기후변화의 가장 극심한

---

[4] Alex de Sherbinin, Marc Levy, Susana Adamo, Kytt MacManus, Greg Yetman, Valentina Mara … and Cody Aichele, "Migration and Risk: Net Migration in Marginal Ecosystems and Hazardous Areas," *Environmental Research Letters*, 7:4(November 2012), pp. 1~14.

서론: 극단의 도시 17

결과가 초래될 것이다.

　허리케인 샌디가 강타한 뉴욕은 두 번째 대호황 시기를 경험하고 있었다. 뉴욕은 완벽한 기업 내부자이며 유능한 중개인인 블룸버그 시장이 대규모 기업에 친화적인 40년에 이르는 신자유주의 도시 정책을 구체화한 도시였다. 이 기간 동안 '월가를 점령하라' 활동가들이 끊임없이 지적했듯 뉴욕은 극단적인 경제적·사회적 불평등의 장소가 되었다. 또한 녹색 메트로폴리스metrop-olis로 그곳을 바꾸려는 다양하고 주목받는 계획이 착수된 현장이었다. 그렇지만 뉴욕의 불평등은 계속 심화하고 있다. 오늘날 뉴욕은 우리 시대의 전형적인 사회 형태, 즉 극단의 도시에 해당하는 완벽한 사례다. 극단의 도시는 메가시티megacity나 메타시티metacity처럼 인구가 1000만 명 또는 2000만 명이 넘는 특정 규모의 대도시권을 가리키는 것이 아니다. 극단의 도시는 오히려 도시 구조의 특성을 나타낸다.5) 예를 들어 도쿄와 라고스Lagos는 모두 메타시티지만 두 도시는 종종 대척점에 있는 현대 도시의 모습으로 간주되는데, 도쿄는 기술적인 정교함과 질서정연함의 패러다임을 보여주고 라고스는 낡은 기반시설과 임시정착촌의 무질서한 확산을 보여준다. '극단의 도시'는 현대 도시의 규정적인 특성이며 도시의 지속가능성sustainability에 대한 가장 큰 위협 가운데 하나인 냉혹한 경제적 불평등의 공간을 가리킨다. 도시가 인종, 계급, 젠더의 격차에 어떻게 대응하는지가 (또는 어떻게 그러한 불평등이 심해지는지가) 인류에게 닥칠 폭풍을 어떻게 잘 견딜 것인지와 관련된 모든 것이다. 극단의 도시야말로 인류의 생존을 위한 가장 중요한 투쟁이 일어나는 곳이다.6)

　그런데도 내가 극단의 도시라고 부르는 이러한 도시화와 기후변화의 지구

---

5)　도시 규모가 특정 지역 주민들의 삶의 거의 모든 측면을 결정한다는 새로운 실증주의에 대한 반박은 Brendan Gleeson, *The Urban Condition*(Abingdon, Oxon, United Kingdom: Routledge, 2014), p. 60 참조.

6)　Mike Davis, "Who Will Build the Ark?," *New Left Review*, 61(January/February 2010), pp. 29~46.

적 수렴은 놀랍게도 여전히 눈에 띄지 않는다. 기후변화에 관련된 과학 문헌은 대개 지구온난화에 대한 도시의 편중된 영향을 무시했고, 기후학은 예컨대 2100년까지 지구가 전체적으로 얼마나 많이 온난화할 것인가라는 방식으로, 전 지구 차원에서 종종 미래 시제로 그 위험을 평가하는 경향이 있다. 결과적으로 과학자들은 도시의 기상 관측소로부터 수집한 데이터를 지구 기온 데이터세트에서 통계적으로 조정해 도시의 기후변화에 대한 특정한 정보를 적극적으로 억제하게 된다.[7] 지구라는 행성의 전반적인 환경 변동을 기록하려고 노력하면서 과학은 우리 대부분이 거주하는 특정한 장소 — 도시 — 를 무시하는데, 도시는 또한 가장 극단적인 변형의 현장이다. 이는 기후변화를 멀고 추상적인 것으로, 즉 개인적인 경험과 정말로 관계없을 만큼 먼 미래에 일어나는 어떤 일로 보이게 만든다.[8]

그러나 기후변화는 지금 당장 일어나고 있으며, 무엇보다도 다수 인류가 지금 거주하는 장소인 도시에서 일어나고 있다. 금세기 들어 이미 많은 것이 지구 전반에 대해 예측된 온난화 지표를 초과하고 있다.[9] 브라질의 2000만 명이 넘는 메타시티인 상파울루São Paolo를 보자. 세계의 재생가능한 담수의 12% 이상을 가진 "물의 사우디아라비아"로 종종 지칭되는 나라에 있는 상파울루는 전형적으로 강우량이 로스앤젤레스의 4배 정도인 지역에 위치한다.[10] 그렇지만 최근 몇 년 동안 상파울루는 인위적인 기후변화와 관련된 심한 가뭄을 겪고 있다. 상파울루의 저수량은 위험스러울 정도로 줄었고, 최근 몇 년 동안 당국은 급수 제도를 도입했다. 상파울루가 겪고 있는 수자원 위기

---

7) Brian Stone, Jr., *The City and the Coming Climate: Climate Change in the Places We Live* (New York: Cambridge University Press, 2012), p. 14.

8) Uli Linke and Danielle Taana Smith(eds.), *Cultures of Fear: A Critical Reader*(New York: Pluto, 2009).

9) Stone, *The City and the Coming Climate*, p. 66.

10) Simon Romero, "Taps Start to Run Dry in Brazil's Largest City: Sao Paolo's Water Crisis Linked to Growth, Pollution, and Deforestation," *The New York Times*, February 16, 2015.

의 기원은 수수께끼가 아니다. 연구자들은 1984년 이후 아마존 삼림의 파괴와 브라질 남부의 강수량 감소 가능성을 연계했다. 열대우림은 대기 중에 엄청난 양의 수증기를 방출해서 그러지 않았으면 사막이었을 곳을 우거진 환경으로 변화시켰다. 그렇지만 22만 4000mile^{2}의 열대우림 — 캘리포니아의 거의 1배 반 규모 — 이 1980년 이후 모두 베어졌다.[11] 이 억제되지 않는 삼림파괴는 대서양에서 강우를 끌어들이는 열대우림의 능력을 저해하는데, 이는 상파울루가 겪는 가뭄의 가장 중요한 원인 가운데 하나다. 물이 적절하게 공급되지 않으면 도시는 며칠 안으로 폐쇄된다. 상파울루에서는 지하수를 오염시키는 우물 뚫기의 급증뿐만 아니라 "물 부족 난민"의 탈출이 일어나고 있는데, 이는 가뭄의 장기적인 영향을 악화하는 일이다. 물을 보존하기 위해 도시가 할 수 있는 일이 여전히 많지만, 상파울루의 곤경은 극적으로 극단의 도시의 위기 경향을 뚜렷하게 만든다.

이런데도 도시화에 대한 지배적인 전망은 여전히 놀라울 만큼 밝으며 심지어 공상적이다.[12] 경제학자와 컨설턴트는 자주 도시 발전의 경제적·시민적 혜택에 대해 수많은 찬가를 바쳐왔다.[13] 그들 대다수는 마이크 데이비스Mike Davis의 소위 "빈민가의 행성planet of slums"을 만들어낸 불평등을 인지하고 있지만, 또한 도시를 가난의 '도전'에 대한 해법을 제공할 새로운 기업가 정신의

---

11) Sandra Postel, "Lessons from Sao Paolo's Water Shortage," *National Geographic*, March 13, 2015.

12) Robert D. Kaplan, *The Coming Anarchy: Shattering the Dream of the Post Cold War*(New York: Random House, 2000). 이러한 안보지향 도시맬서스주의Urban Malthusianism의 최근 동향은 David Kilcullen, *Out of the Mountains: The Coming Age of the Urban Guerrilla* (New York: Oxford University Press, 2013) 참조.

13) 예를 들어 Edward Glaeser, *The Triumph of the City: How Our Greatest Invention Makes Us Richer, Smarter, Greener, Healthier, and Happier*(New York: Penguin, 2012); Doug Saunders, *Arrival City: How the Largest Migration in History is Reshaping Our World*(New York: Vintage, 2012); Bruce Katz and Jennifer Bradley, *The Metropolitan Revolution: How Cities and Metros Are Fixing Our Broken Politics*(Washington, DC: Brookings Institution Press, 2014) 참조.

양육 기지로 특징짓는다. '영리한smart', 그리고 기술적으로 향상된 형태의 도시화는 자본주의를 '녹색' 도시 성장의 새로운 시대로 이끌 것이고 기후변화에 대응해서 '도시 해법'을 만들어낼 것이다. 즉, 조밀한 녹색도시들에 근거한 효율과 탄력의 새로운 시대가 만들어질 것이다. 그러나 이러한 태평스러운 전망은 자본주의가 자신의 물적 기반인 자연을 파괴한다는 확연한 모순을 간과한 것이다. 도시가 겪는 기후변화의 위험은 이러한 문헌에서 완전히 무시되거나 기업가에게 녹색기술의 다음 물결로 나아가는 군침 도는 기회로 제시된다.[14]

'영리한' 도시화도, 훌륭한 설계도 그것만으로는 점점 더 자주 우리의 해변을 강타하는 폭풍에 대한 안전한 피난처를 제공하지 못할 것이다. "전술적 도시계획 전문가"의 중재는, 아무리 숭고해도, 신자유주의적 도시화의 광활한 사막에서 고립된 오아시스로 남을 것이다.[15] 분명히 우리에게는 다가오는 기후혼란에 적응하는 데 도움이 될 기술과 계획이 필요하지만, 현재의 사회적인 조건에서 그러한 수단은 상류층의 분리되고 배타적인 안전구역의 터를 닦는 데 이용될 것 같다. 테러에 대한 전쟁The War on Terror은 도시를 효율적으로 그리고 녹색으로 만들 것이라고 여겨지던 컴퓨터 네트워크가 무슬림 같은 반체제집단이나 표적 인구에 대해서뿐만 아니라 미국의 전체 인구에 대해서도 사용될 수 있다는 것을 우리에게 보여주었다.[16] 기후혼란이 고조됨에 따라 '영리한' 도시에서는 감시의 억압적인 특성이 커질 것이다.

도시의 성장은 실제로 자본주의가 추동한다. 도시비평가 앙리 르페브르

---

14) Matthew Kahn, *Climatopolis: How Our Cities Will Thrive in the Hotter Future*(New York: Basic Books, 2010)가 이런 맥락의 전형이다.

15) 전술적 도시주의에 대한 찬사는 Pedro Gadanho, *Uneven Growth: Tactical Urbanisms for Expanding Megacities*(New York: MOMA, 2014) 참조.

16) Christian Parenti, *The Soft Cage: Surveillance in America from Slavery to the War on Terror*(New York: Basic Books, 2004).

Henri Lefebvre와 하비가 강조하듯이 도시는 주기적으로 자본주의 시스템을 파괴하는 경제위기를 해결하는 데 중심 역할을 한다.[17] 도시에 끊임없이 등장하는 반짝이는 새 건물과 세련된 신개발품은 이 경제 시스템이 구축한 잉여자본의 환상적인 개수대다. 달리 말하면 이익은 은행 계좌에 유휴자금으로 남아 있지 않고, 항상 도시개발 같은 다른 이익 창출 계획에 재투자된다. 도시는 자연자원을 무책임하게 소모하는 주요 현장이기도 한데, 이는 억제되지 않는 복합 성장에 기반하는 이 경제 시스템의 특징이다. 결과적으로 과잉 생산을 해결하지 않고서는 '도시 해법'도 없다. 도시는 자본주의의 중심적인 모순이 기능하는 곳이고 결과적으로 종종 혁명적인 운동이 발현되는 곳이다. 이는 과거의 반제국주의, 반인종주의, 여성해방운동에 바탕을 둔 기후정의를 위한 운동이 당연히 도시 지역에 조성된 연대를 통해 성장할 것이라는 점을 의미한다. 그러한 운동은 도시가 '자연'에 대립하는 것이라는 관념에 도전하는 것이다. 우리에게는 낡은 선입견을 버리는 것이 필요하다. 도시는 자연에 의존할 뿐만 아니라 또한 점점 더 혼란스러워지는 자연 세계를 구조화한다. 기후변화는 도시에 가장 큰 재앙을 촉발하겠지만, 도시 또한 도시화 시대의 불평등에 대항하는 가장 격렬한 투쟁을 만들어낼 것이다.

자본주의가 '성장하느냐 아니면 죽느냐'의 원칙에 기초하는 한 극단의 도시에서 녹색자본의 출구는 없다. 인류가 무한정 사용할 수 있는 자원은 세상에 없다. 도시화와 기후변화는 우리 시대를 규정하는 중심 모순인 이러한 장애가 있는 시스템의 두 가지 주요한 산물이다. 남반구 개발도상국global South 도시의 주민이 몰려드는 폭풍에 가장 취약하긴 하지만, 극단적인 기후는 비록 불균등하더라도 인류 전체에 영향을 미칠 것이다.

허리케인 카트리나가 뉴올리언스New Orleans를 강타한 뒤 지리학자 스미스

---

17) David Harvey, *Rebel Cities: From the Right to the City to the Urban Revolution*(New York: Verso, 2012), p. 6.

는 자연재해 같은 것은 없으며 "재난의 모든 국면과 양상(원인, 취약성, 준비상태, 결과 및 대응, 재건축), 윤곽 그리고 누가 살고 누가 죽느냐의 차이는 크건 작건 사회적 계산법에 달려 있다"라고 썼다.[18] '재난disaster'이라는 단어는 별star에서 떨어지는 예측할 수 없는 재앙임을 암시하지만, 실제로 소위 자연재해는 모두 매우 가시적인 사회적 불평등의 산물이라고 스미스는 시사한다. 예컨대 뉴올리언스에서 가난한 사람(대부분 흑인)은 홍수에 취약한 저지대에 사는 경향이 있고, 부유한 주민(주로 백인)은 (안전한) 고지대에 산다. 마찬가지로 진정한 미국의 형태를 지닌 뉴욕에서 거주자가 대개 흑인인 많은 가난한 지역은 주거 차별과 격리 때문에 도시의 다른 지역에서 고립되어 계속적으로 자원의 고갈을 겪으며 형사 사법기구의 표적이 된다.[19] 오늘날 기후변화는 카트리나나 샌디처럼 극적인 재난의 형태뿐만 아니라 도시의 여름 기온 상승으로 높아진 사망률처럼 좀 더 애매하고 지연된 환경적 불의不義 형태로 특별히 사납게 이러한 지역을 물어뜯는다.

이러한 불균등은 또한 도시의 범위를 넘어 확장되는데, 결국 극단의 기후는 정치적인 경계를 무시하게 된다. 허리케인 샌디는 허리케인 대부분이 그렇듯이 미국 동부를 강타하기 전에 카리브해의 따뜻한 물에서 생겨났다. 앤틸리스제도Antilles의 따뜻한 물에서 발생한 샌디는 자메이카 인구 70%에 대한 전력 공급을 차단했고, 쿠바와 바하마의 가옥 수천 개를 파괴했다. 그렇지만 샌디가 가장 파괴적이었던 곳은 바로 아이티Haïti였다. 아이티 사람 54명이 사망했는데, 이는 뉴욕시의 사망자 수보다 더 많다. 아이티 토지의 99%는 이미

---

18) Neil Smith, "There's No Such Thing as a Natural Disaster," *Understanding Katrina: Perspectives from the Social Sciences*(June 11, 2006).

19) 미국 주거 분리의 역사에 대해서는 Douglas Massey and Nancy Denton, *American Apartheid: Segregation and the Making of the Underclass*(Cambridge, MA: Harvard University Press, 1993) 참조. 집단 감금에 대해서는 Elizabeth Hinton, *From the War on Poverty to the War on Crime: The Making of Mass Incarceration in America*(Cambridge, MA: Harvard University Press, 2016) 참조.

서론: 극단의 도시   23

삼림이 파괴되었기 때문에 강우로 인해 빠르게 갑작스러운 홍수가 만들어졌고, 치명적인 급류가 헐벗은 언덕을 질러 내려오면서 가옥을 쓸어내고 사람들을 산 채로 묻었다.[20] 샌디는 또한 바나나, 플랜테인plantain, 사탕수수, 콩, 빵나무열매breadfruit 같은 주요 작물을 망쳐서 그 뒤 몇 주 동안 아이티 사람 수십만 명을 영양실조와 기아의 위험에 빠뜨렸다.[21]

이렇게 피해가 확대된 것은 아이티의 사회 기반시설(주택, 학교, 병원)이 파괴되었기 때문이었으며, 이 재난은 폭풍이 닥쳤던 하룻밤 동안 만들어진 것이라기보다는 수년 동안에 걸쳐 전개된 것이었다.[22] 샌디가 상륙했을 때 거의 40만 명의 아이티 사람들은 2010년의 재앙적인 지진 이후 집이 없었고,[23] 수천 명이 여전히 국제연합 평화유지군이 전염시킨 콜레라에 걸려 있었다. 샌디는 61개의 콜레라 치유소를 파괴하고 또한 포르토프랭스Port-au-Prince 같은 도시의 거리를 범람해 급수를 오염시킴으로써 콜레라의 발발을 심화시켜 사태를 더욱 악화시켰다. 샌디가 아이티에 영향을 미치도록 만든 바탕에 대해 인위적인 재난 또는 '자연'적인 재난으로 깔끔하게 구분하는 것은 어려운데, 그 기원은 훨씬 이전으로 거슬러 올라간다. 노예가 된 아이티 민중이 봉기해서 프랑스 혁명의 "인간의 권리"를 단지 유럽인뿐만 아니라 온 인류에게 적용하라고 요구했던 18세기 말의 아이티 혁명 이래, 세계의 지배 권력은 아이티를 응징하고 있다. 이는 프랑스가 새로 독립한 아이티 정부에게 1825년에 아이티의 노예들이 스스로 해방되면서 노예 소유주가 입은 자산 손실을 보상하라고 고집을 부렸을 때 시작되었다. 이는 민주적으로 선출된 장-베르

---

20) Greg Beckett, "Haiti: From Alienated Hope to a Durable Future," *Social Text Online*, January 26, 2010.

21) Randal Archibold, "Already Desperate, Haitian Farmers Are Left Hopeless After Storm," *New York Times*, November 17, 2012.

22) Rob Nixon, *Slow Violence and the Environmentalism of the Poor*(Cambridge, MA: Harvard University Press, 2012).

23) Archibold, "Already Desperate, Haitian Farmers Are Left Hopeless After Storm."

트랑 아리스티드Jean-Bertrand Aristide 정부의 빈곤층을 위한 깨끗한 급수 시스템 차관을 차단하기 위해 미국이 인간의 권리라는 말을 사용했던 1991년까지 이어진다.24) 실제로 미국은 수년 동안 오직 비정부기구NGO를 통해서만 아이티를 지원할 것을 고집했는데, 현재 비정부기구는 아이티의 보건 서비스 70%와 필수 서비스의 80%를 담당한다. 미국이 지지했던 프랑수아 뒤발리에François Duvalier와 장-클로드 뒤발리에Jean-Claude Duvalier 같은 독재자는 공공 서비스를 해체하라는 미국의 요구를 매우 기꺼이 수용했다.25) 그러나 비정부기구는 기반시설을 건설하거나 공공 공사를 시행하지 않았으며, 그 결과 아이티의 기본 서비스는 거의 전부 민영화되었다. 샌디가 만든 높은 사망자 수는 부패한 아이티 지배층과 미국의 공공 기반시설 청산으로 초래되었다.

더구나 샌디 여파로 다가온 기근의 위협 또한 수십 년의 저개발과 관련 있다. 1970년대 이래 아이티는 세계은행World Bank이나 국제통화기금International Monetary Fund: IMF 같은 국제적인 금융기구가 부과한 가장 엄격한 자유시장 개혁의 대상이었다. 신자유주의의 이름 아래 아이티는 서반구에서 외국 및 국내 수출 제조 기업을 위한 가장 값싼 노동력의 공급처가 되었다.26) 교육, 급수, 에너지를 공급하는 공공기관은 모두 민영화되었고, 식품 수입에 대한 관세를 포함한 자유무역의 장애는 모두 제거되었다. 이는 아이티의 농업을 황폐하게 만들었고, 1970년대에 식량의 90%를 생산하던 아이티는 오늘날 42%가 넘는 식량을 수입하게 되었다. 이제 서반구에서 보조금을 받는 미국산 수입쌀의 1인당 소비는 아이티 사람이 가장 많다. 아이티의 농업 부문이 붕괴되면서 아이티 사람들은 점점 더 많이 시골 지역에서 탈출했고, 수도인 포르

---

24) Margaret Sattherwaite, "Partnering for Rights: Rebuilding Haiti After the Earthquake," *Social Text Online*, January 26, 2010.

25) Alex Dupuy, "Beyond the Earthquake: A Wake-Up Call for Haiti," *Social Text Online*, January 26, 2010.

26) Ibid.

토프랑스의 인구는 200만 명이 넘을 정도로 팽창했다. 샌디가 강타했을 때 35만 명이 넘는 사람들이 여전히 2010년 지진 이후에 설립된 긴급 대피소에서 생활하고 있었다. 아이티의 비정부기구 확산에도 도시 인구 대부분의 급수, 전력, 보건에 대한 접근성은 부족했다. 아이티의 자연재해에 대한 취약성은 야만적인 신자유주의 교리에 종속된 결과다.

샌디가 아이티에 끼친 영향은 재난이 얼마나 "복합적이고 불균등한지com- bined and uneven" 보여주는 두드러진 사례다. 레온 트로츠키Leon Trotsky는 직선으로 발전하지 않으며 오히려 절망적인 빈곤과 충격적인 풍요가 바싹 붙어 있는 영역을 생성하는 자본주의 시스템을 "복합적이고 불균등하다"라고 묘사했다.27) 그러한 극단은 일시적인 일탈이 아니고 자본주의의 고유한 특성이다. 오늘날 신자유주의 세계체제에서는 국가 안에서 그리고 국가 사이에 불평등의 격차가 벌어지고 있다. 국경은 계속해서 우리가 기후에 대해 생각하는 방법을 구성하지만, 아이티에서 뉴욕에 이르는 샌디의 경로는 국경을 무의미하게 만들었다.28) 아이티와 뉴욕은 샌디 훨씬 전부터 수세기에 걸친 제국주의 및 인종적 자본주의로 연결되었는데, 샌디는 극단적인 불평등의 틈을 더욱 깊게 만들었다. 만약 빈곤이 일종의 재난이라면 그 재난은 아이티 국민에게 부과되어왔다. 샌디가 질주해왔을 때 아이티를 무방비 상태로 만든 약탈은 뉴욕 같은 국제도시에서 (일부에게는) 부와 권력과 재난에 대한 어느 정도의 방어막을 축적한 바로 그 체제의 산물이다. 샌디 같은 재난은 복합적이고 불균등한데, 종종 다양한 운명을 지닌 지역, 도시, 국가를 연계하고 매우 불공평한 방식으로 해당 주민들에게 영향을 미친다. 자본주의의 발전처럼 복

---

27) "복합적이고 불균등한 발전"은 "경로상 다양한 단계의 취합, 별도 단계의 결합, 고대 형태와 더 현대적인 형태의 혼합"을 만들어냈다. Leon Trotsky, *The History of the Russian Revolution*, trans. Max Eastman(London: Pluto Press, 1977), p. 23 참조.

28) Benedict Anderson, *Imagined Communities: Reflections on the Origin and Spread of Nationalism*(New York: Verso, 2006).

합적이고 불균등한 재난은 이질적인 무대, 단계, 문화 형태와 함께한다.

이 책은 전 세계 도시의 불균등한 발전과 재난의 조건을 탐구하지만, 자본의 수도이며 기후변화가 국제적인 도시에 부과한 도전의 축소판인 뉴욕으로 항상 돌아온다. 〈제1장〉 '침몰하는 자본/수도Capital Sinks'에서는 현대의 자본축적의 핵심 동력인 부동산 개발이 마이애미, 뉴욕, 자카르타Jakarta 같은 도시에서 비합리적이고 비지속적인 형태의 도시화를 만드는 방식에 대해 살펴본다. 〈제2장〉 '환경의 반격Environmental Blowback'에서는 도시의 성장이 점점 더 관리하기 어려운 환경적인 갈등을 탄생시킨 뉴욕의 자메이카만과 뉴올리언스 남쪽 미시시피 삼각주Mississippi Delta의 역사적인 자연 '정복conquest'에 대해 조망한다. 이러한 도시의 위험은 다른 방식으로 표현(그리고 무시)되는데, 〈제3장〉 '바다의 변화Sea Change'의 주제다. 국제적인 도시의 매우 위험한 상황이 어떻게 전 지구 차원의 과학적 계산법 때문에 가려지는가? 도시생활을 국제적인 상향 이동의 열쇠로 찬양하는 최근의 물결이 어떻게 이러한 위험을 경시하게 만드는가? 〈제3장〉은 모범적인 노력으로 간주되는 네덜란드의 폭풍에 견디는 도시 사례를 살펴보면서 가장 준비가 잘 된 도시조차 마주하고 있는 엄청난 도전을 강조한다. 나는 〈제4장〉에서 훨씬 더 면밀하게 이에 대해 조사했다. 〈제4장〉 '상투어 탄력성The Jargon of Resilience'에서는 기후변화가 가져온 위협에 도시를 적응시키려는 최첨단 노력에 대해 비판적인 분석을 제기하는데, 특히 뉴욕 지역의 '설계를 통한 재건Rebuild By Design' 프로그램을 들여다본다. 탄력성resilience 개념을 둘러싼 열광에 일부 타당한 이유가 있더라도 우리에게는 자유시장 이념이 그 개념에 얼마나 스며들었는지에 대해, 그리고 그 이름 아래 채택된 적응 노력들에 대해 질문할 필요가 있다. 〈제5장〉 '기후 아파르트헤이트Climate Apartheid'에서는 인간성을 재구성하는 기후변화의 가장 중요한 방식에 눈을 돌려, 소위 기후난민의 현재 상태를 조사하고 인도주의적이고 환경주의적인 담론의 기원에서 유럽연합의 부유한 나라 및 미국의 군사·산업·도시의 안보 복합체에 대한 적용에 이르기까지 이 용어의 적합성을 추적한다. 만약 기후변화에 적응하기 위한 현재의 국가 주도 노력이 부적절하고 종종 가혹하다면 우리는 어디에서 대안을 찾을 수 있는가? 〈제6장〉 '재난 공동체주의Disaster Communism'에서는 정부가 멀리 떨어져 있을 때 공동체 자체 구조의 가능성을 평가하기 위해 자연재해에 강타 당한 도시의 상호 지원 노력을 들여다본다. 마지막으로 〈결론〉에 해당하는 '도시의 미래Urban Futures'에서는 위험에 빠진 도시에서 철수하기라는 금기지만 피할 수 없는 주제를 꺼내는데, 극단의 도시에서 전형적으로 나타나는 파멸적인 성장에 대해 무책임한 자본주의적 문화의 해체가 반드시 수반되어야 한다고 나는 생각한다.

뉴욕시야말로 이러한 모순과 변화를 가장 잘 입증하는 장소다. 뉴욕은 세계 최고의 금융 중심으로서 가장 현대적인 도시의 상징일 뿐만 아니라 가장 조밀하게 건축되고 국제화한 공간을 가진 도시 가운데 하나다. 남반구 개발 도상국 메가시티의 인구가 뉴욕의 인구를 넘어섰지만, 뉴욕은 계속 현대자본주의의 요새로 간주되고 있으며 세계경제의 핵심 기구를 통제한다. 운석, 비행접시, 거대한 방사능 괴물에 당연히 좀비까지 포함한 문학과 영화에서 뉴욕만큼 자주, 다양한 방법으로 파괴된 도시는 지구상에 없다.[29] 샌디가 초래한 뉴욕의 홍수는 극적인 이미지를 생성했는데, 고섬Gotham을 초토화한 외부적인 위협의 이미지라기보다는 자본주의의 자기 파괴 이미지였다. 기후혼란은 현대의 가장 위대한 도시, 제약 없는 자유시장 자본주의와 동의어가 된 도시의 무릎을 꿇렸다. 막대한 탄소 배출량과 금융기관에 대한 초월적인 영향력을 지닌 뉴욕이 기후혼란의 심화에 대해 부담하는 책임은 부적절하다.

뉴욕은 400mile이 넘는 자전거 도로 생성 같은 최근의 시도는 물론 뉴욕 주민의 조밀한 주거 형태와 대중교통 이용을 근거로 전형적인 녹색도시라고 강하게 주장할 수 있다.[30] 그러나 허리케인 샌디는 녹색의 대도시로서 뉴욕

---

29) Max Page, *The City's End: Two Centuries of Fantasies, Fears, and Premonitions of New York's Destruction*(New Haven, CT: Yale University Press, 2008).

을 찬양하는 오만을 폭로하면서 뉴욕이 기후변화가 초래할 더 큰 위험에 전혀 준비되지 않았다는 것을 드러냈다. 이전의 허리케인 카트리나처럼 허리케인 샌디 또한 도시를 균열시킨 크게 갈라진 사회적 분열을 보여주면서 도시의 탄력성에 대한 과장된 묘사를 조롱거리로 만들었다. 그 엄청난 폭풍이 우리를 초토화한 이래 더욱 온난해지고 불안정해지는 세계에 도시를 적응시키기 위해 많은 노력이 기울여졌다. 그러나 기후변화에 대한 도시의 취약성과 뉴욕이 구체화한 경제적·사회적 불평등을 연계한 논의는 상대적으로 거의 없었다. 뉴욕이 구현한 속박받지 않는 경제성장 모형에 대한 비판적인 분석은 훨씬 더 적다. 세계가 지켜보고 있다. 뉴욕이 어떻게 기후변화를 완화하고 기후변화에 적응하려고 시도하는지 — 그리고 또한 얼마나 더 광범위하게 기후정의에 대응하는지 — 는 국내적으로 그리고 국제적으로 주요 선례가 될 것이다.

---

30) David Owen, *Green Metropolis: Why Living Smaller, Living Closer, and Driving Less Are the Keys to Sustainability*(New York: Riverhead Books, 2009).

제1장

침몰하는 자본/수도
Capital Sinks

마이애미 바이스

사우스마이애미South Miami의 시장 스토더드가 뒤뜰 바닥에 있는 문을 들어 올리자 플로리다Florida 남동쪽의 지반인 다공성 석회암을 관통하는 관管우물 borehole이 드러났다. 물은 지표면 바로 3ft 아래까지 가득 차 있었다. 스토더 드는 "이보게, 저게 비스케인 대수층帶水層, Biscayne Aquifer이네"라고 말하면서1) 바닷물이 밑에서 밀어 올리기 때문에 물이 지표면에 그렇게 가까워졌다고 설 명했다. 어느 날 그가 근처 공원에 있는 커다란 연못을 가로 질러 개와 함께 산책할 때 그 연못에는 바다에서 온 물고기가 헤엄치고 있었다. 그는 "이보다 더 분명한 수압 연결성의 사례를 찾을 수는 없다"라고 말했다.

---

1) Phil Stoddard, September 7, 2015, Personal Interview.

스토더드는 독특하게도 생물학 교수이면서 공무원이다. 그가 사는 도시와 주변 지역이 직면한 상황에 대한 그의 솔직함 또한 독특하다. "우리는 침수되고 있다. 바다에는 열이, 대기에는 이산화탄소가 많은 양의 빙하氷河, glaciers를 녹일 수 있을 만큼 충분하다. 우리가 이미 시스템에 반영한 해수면 상승의 정도에 대해서 과학은 확신하지 못하지만, 적어도 20ft의 해수면 상승에 대해 동의하지 않을 사람은 아무도 없을 것이고 어떤 사람들은 60ft라고 생각할 것이며, 그것도 당장 이산화탄소의 증가를 줄인다는 전제하에서다. 육지가 수몰된 땅으로 전환되는 이러한 시기에 만약 사람들의 편의를 위해 어떤 기반 시설을 건설하려 한다면 당장 자금 조달에 착수해야 할 것이다. 30년이 지나면 그러한 자금 조달 자체가 없을 것이기 때문이다. 기회는 이때다."[2]

기후변화에 위협을 받는 세계 모든 도시 가운데 마이애미는 특히 벅찬 도전에 직면해 있다. 경제협력개발기구OECD의 보고서는 마이애미를 중국 항구 도시 광저우廣州에 이어 세계에서 두 번째로 홍수에 위태로운 도시로 꼽고 있다.[3] 폭풍해일에 위협받는 미국 도시에 대한 최근 보고서는 가장 위험한 도시 8곳 가운데 4곳을 플로리다에서 꼽았다.[4] 사우스플로리다South Florida 주민 550만 명의 75%가 해안을 따라 거주한다.[5]

마이애미가 특별히 위태로운 이유는 주요한 지구물리학적 특징 두 가지로 설명된다. 첫 번째는 사우스플로리다의 평평한 지형이다. 해수면이 단지 3ft만 상승해도 사우스플로리다의 1/3 이상이 파도 밑으로 사라질 것이다. 해수면이 6ft 상승한다면 이 지역의 절반 이상이 사라질 것이다. 미국 해양대기관리처NOAA가 2100년까지 해수면이 6.6ft 상승할 것이라고 예측한 것을 상기할

2) Ibid.

3) Organization for Economic Cooperation and Development, "Future Flood Losses in Major Coastal Cities," August 19, 2013.

4) Elizabeth Kolbert, "The Siege of Miami," *The New Yorker*, December 21, 2015.

5) Jeff Goodell, "Goodbye, Miami," *Rolling Stone*, June 20, 2013.

필요가 있다.[6]

　마이애미가 특히 위태로운 다른 주요한 이유는 스토더드가 뒤뜰에서 내게 보여준 다공성 석회암 기반과 관련이 있다. 석회암은 산호나 연체동물 같은 해양 유기체의 뼈대 조각으로 형성된 퇴적암이다. 마이애미의 지하는 거대한 산호 스펀지와 같다. 민물과 바닷물 모두 막힘없이 그곳을 통과해서 흐른다. 이 때문에 해수면 상승으로 위협받는 다른 많은 도시들이 바다를 막기 위해 고려하고 있는 제방이나 기타 장벽의 건설은 불가능하다. 바닷물은 간단하게 제방 아래로 스며들 것이다. 마이애미 지하 어딘가에 민물과 바닷물이 만나는 경계가 있다. 해수면이 상승함에 따라 점증하는 바다의 압력으로 이 경계는 내륙 안쪽으로 더 밀리고 마이애미 민물 수위는 지표면에 훨씬 더 가깝게 상승한다. 폭우가―기후변화 때문에 심해질 것으로 예상되는 현상인데―마이애미에 쏟아지면 물이 배수구와 맨홀을 통해 지표면까지 차올라서 스토더드가 그의 집 가까이에서 봤던 것 같은 연못이 만들어지고 도로와 저지대에 홍수가 난다. 최근 몇 년 동안 마이애미 주민에게 거대한 물웅덩이를 헤치며 걷는 것이 점점 더 일상적인 경험이 되고 있다.

　그렇지만 이 도시의 문제는 바다를 막는 것으로 끝나지 않는다. 민물을 다루는 문제가 또 남아 있다. 바닷물이 내륙으로 더 침투하면서 민물을 공급하는 우물이 오염된다. 다가오는 바다에서 도망치기 위해 이러한 우물을 더 서쪽으로 많이 이동시켰지만, 바닷물 또한 에버글레이즈Everglades습지에서 마이애미를 향해 이동하고 있기 때문에 더 멀리 이동하는 데는 한계가 있다. 사우스플로리다 물 관리지구South Florida Water Management District의 모형가modeler 오베이세케라에 따르면 그래서 궁극적으로 마이애미를 위한 퇴로는 없다.[7] 오

---

6)　Rebecca Lindsey, "Climate Change: Global Sea Level"(National Oceanic and Atmospheric Administration, June 10, 2016).

7)　Jayantha Obeysekera, September 10, 2015, Personal Interview.

베이세케라는 지역 주민이 아는 것처럼 세계에서 가장 크고 복잡한 수공학 시스템 가운데 하나를 감시하는 일을 한다. 2300mile에 이르는 운하들이 사우스플로리다를 가로지르는데, 61개의 펌프장과 바닷물의 유입을 막는 2000개가 넘는 갑문이 있다.[8] 이러한 기반시설의 다수는 오키초비Okeechobee호수에서 에버글레이즈습지로 흘러들어간 물을 빼내 농업과 도시화를 위한 땅으로 간척하기 위해 1950년대에 건설되었다.[9] 그러나 이제 이러한 정교한 시스템도 상승하는 조류潮流 때문에 위험에 처해 있다. 운하 끝에 설치된 갑문은 중력의 힘으로 마이애미를 바닷물로부터 막고 있는데, 이제 설치 이후 6in 상승한 해수면 때문에 수압이 증가되어 밀려오는 바다를 상대해야 한다. 바다와 육지 사이의 경사가 줄어들어 이미 일부 갑문의 작동은 불가능하며, 하루 두 번의 만조 동안에는 그러한 모든 갑문이 닫힌 채로 유지되어야 한다. 이로 인해 폭우가 내릴 때 홍수를 배출할 수 없기 때문에 특히 문젯거리다. 당국은 개당 7000만 달러 예정인, 극단적으로 고가인 펌프를 설치해서 그 물을 바다로 배출하려 하지만, 그러한 시스템으로 마이애미의 근본적인 문제를 해결하지는 못할 것이다. 근본적인 문제 하나는 마이애미의 성장으로 담수淡水에 대한 수요가 증가해 비스케인 대수층이 고갈되고 있다는 사실이다. 대수층에서 담수의 압력이 감소함에 따라 점점 더 많은 염수鹽水가 그 안으로 침투해서 이 도시의 급수를 오염시키고 있다. 주위가 물로 둘러싸인 것처럼 보이는 도시에서 담수가 부족하다는 것을 알게 되는 역설적인 상황에서 마이애미는 이제 극적인 물 보존 정책을 실행하기 위해 계속 분투하고 있다.[10]

마이애미가 직면하고 있는 극단적인 환경 위협에 대한 반응은 충분히 적절하며 놀랄 만큼 극단적이다. 마이애미의 상황에 주목하고 있는 사람들 가운

8) Kolbert, "The Siege of Miami."
9) obeysekera, Personal Interview.
10) Ibid.

데 마이애미대학University of Miami의 지질학과 교수이며 학장인 웨인리스보다 더 경각심을 갖는 사람은 없다. 웨인리스는 수천 년 동안 쌓인 해안 퇴적층에 대한 전문가인데, 그의 마이애미의 미래에 대한 암울한 평가는 보초도인 마이애미비치Miami Beach와 마이애미 사이에 있는 비스케인만 퇴적층에서 포착한 과거에 대한 연구에 기반하고 있다. "나는 과거를 연구한다. 마지막 빙하기 중 가장 추웠던 약 1만 8000년~2만 년 전에 해수면은 지금보다 약 420ft 더 낮았다. 산업혁명 때까지 이산화탄소 수준은 180ppm에서 280ppm으로 상승했고, 해수면은 420ft 상승해서 지금에 이르렀다. 이러한 변동은 완만한 곡선이 아니었고, 급속한 증가와 일시적인 중지로 이뤄진 일련의 단계였다. 대륙붕 전체에 걸쳐 보초, 개펄, 조석 삼각주가 있는데, 해수면 변화의 흔적이 거기에 있다. 이것이 '역사적으로 지금과 동일한 이산화탄소 수준이었을 때의 해수면 수준에 이를 때까지 앞으로 아마 70~80ft 정도 해수면이 상승할 것'이라고 말하는 과학자들의 주장이 옳은 이유다. 정말로 명료하다."11) 당장 관심을 끄는 질문은 '얼마나 빨리 해수면이 그 수준까지 올라갈 것인가'인데, 역사적인 기록은 현재의 많은 예측처럼 완만하고 부드러운 과정이 아니라 상대적인 정체와 일련의 갑작스럽고 극적인 상승을 통해 그 수준에 이를 것임을 암시한다고 웨인리스는 말한다.

마이애미-데이드카운티 기후변화자문 특별기관Miami-Dade County Climate Change Advisory Task Force과 남동플로리다 기후변화협약Southeast Florida Regional Climate Change Compact을 포함한 기후변화를 다루는 지역의 수많은 특별기관에서 활동하지만, 웨인리스는 그러한 기관이 흠 없는 과학을 대신해서 빈번하게 제공하는 입맛에 맞는 추정에 실망감을 나타낸다. 웨인리스는 "그들은 일반 사람들이 두려워하는 것을 원하지 않아요. 그 기관에는 해수면 상승에 대해 함께 논의하는 한 무리의 사람들이 있지만, 불행하게도 그들

---

11) Harold Wanless, September 8, 2015, Personal Interview.

모두가 과학자인 것은 아니에요. 그들은 '나는 2ft 이상의 상승을 승인할 권한이 없다'처럼 말하곤 해요"[12]라고 그러한 기관을 지칭하며 말했다. 그의 동료 과학자들이라고 훨씬 더 나은 것은 아니다. 웨인리스에 따르면 기후변화국제협의체Intergovernmental Panel on Climate Change: IPCC도 2007년 보고서에서 수치스러울 만큼 낮은 수준의 해수면 상승 추정치를 제공했다. ("문제는 막대한 비율의 과학자들이 본질적으로 보수적이라는 점이다. 그들은 평지풍파를 일으키거나 거짓 경고를 하게 될까봐 매우 우려한다'라고 그는 말했다.) 이 모든 것에 유권자 및 투자자가 경각심을 갖는 것을 꺼리는 정부의 정치적인 압력이 더해진다. "마이애미비치의 옛 시장이 '우리는 이 문제를 해결하기 위해 노력해야 하지만, 세금의 기반이 되는 부동산 가격에 손상을 입힐 수는 없다'라고 설명하는 것에서 그러한 압력을 볼 수 있다'라고 웨인리스는 덧붙였다.[13] 투자자가 놀랄 것이라는 이러한 두려움 때문에 해수면 상승에 적응하는 방법에 대한 잘못되고 결국 해로운 생각이 만들어진다. 웨인리스는 금세기에 해수면이 10~30ft 상승할 것 같다고 생각하지만, 미국 해양대기관리처의 예측 상단인 2100년까지 6.6ft 상승조차 마이애미의 정치인들이 "비싸고 결국 쓸모없는 방어시설을 놓고 우물쭈물하는" 것을 중단하고 이 불운한 도시에서 사람들을 이주시키기 위해 어떤 도움을 줄지에 대해 생각하도록 강요한다고 그는 말한다.

　기반시설과 관련해서 마이애미가 직면한 도전을 고려하면 웨인리스의 예언자 같은 경고가 과장된 것으로 보이지 않는다. 하수의 문제를 살펴보자. 낡은 하수관에서 발생하는 범람을 해결하기 위해 마이애미-데이드카운티는 법무부Department of Justice 및 환경보호국Environmental Protection Agency과 체결한 2013년 협정에서 하수 처리시설과 집수 배수 시스템을 15년 이내에 업그레이드하는 데 동의했다. 협정에 이르기까지 7년 동안 그러한 범람 때문에 2900

---

12) Ibid.
13) Ibid.

만gal의 걸러지지 않은 하수가 미국에서 가장 유명한 몇몇 해변을 둘러싸고 있는 선명한 푸른 바다로 흘러들었다.[14] 그러나 흘러든 하수는 사라지지 않았다. 실제로 마이애미비치가 해수면 상승에 대응하려고 채택한 값비싼 장치는 문제를 악화한 것처럼 보인다. 마이애미비치는 고수위의 물을 섬 밖으로 내보내기 위해 거대한 펌프들을 설치했는데, 이는 거센 조류 때문에 발생한 홍수를 처리하는 데는 도움이 되었지만 하수 배출 문제를 악화했다. 최근의 연구에 따르면 마이애미비치 주변 해역의 분변성糞便性 세균 수준은 주 정부가 설정한 한도의 600배에 달한다.[15] 이러한 높은 수준의 오염은 인, 질소, 기타 오염물질의 수준을 높여 해양생물에 독이 되는 녹조류의 번식을 촉발할 수 있는데, 2016년 여름 플로리다는 거대 녹조류가 물을 막고 해변으로 쓸려오자 비상사태를 선포했다.[16] 플로리다 국제대학교 남동 환경 연구소Florida International University's Southeast Environmental Research Center의 수리학자인 헨리 브리세노Henry Briceno에 따르면 펌프들을 계속 작동시켜야 하기 때문에 해수면 상승은 극적으로 오염을 악화시킬 수밖에 없을 것이다.[17]

그러나 마이애미의 하수 문제는 마이애미에서 단지 25mile 남쪽에 있는 조그마한 보초도에 있는 터키포인트Turkey Point 원자력발전소의 위험에 비하면 약과다. 1970년대 초기에 지어진 이 발전소는 2002년에 원자력규제위원회 Nuclear Regulatory Commission로부터 40년에서 60년으로 운영기간 연장 승인을 받아 2032년까지 수명이 연장되었다. 터키포인트를 운영하는 플로리다전력 Florida Power and Light은 그곳에 새로운 원자로 2개를 건설할 것을 계획하고 있

---

14) US Department of Justice, "Miami-Dade Agrees to $1.6 Billion Upgrade of its Sewer System to Eliminate Overflows," June 6, 2013.

15) Jenny Staletovich, "Miami Beach King Tides Flush Human Waste Into Bay, Study Finds," *Miami Herald*, May 16, 2016.

16) Oliver Milman, "Florida Declares State of Local Emergency Over Influx of God-Awful Toxic Algae," *The Guardian*, June 30, 2016.

17) Staletovich, "Miami Beach King Tides."

다. 그러나 그 계획을 둘러싸고 논란이 소용돌이 치고 있다. 하나는 그것이 바로 허리케인의 길목 가운데에 세워진다는 것이다. 스토더드가 말하듯이 "원자력발전소를 설립하는 데 터키포인트보다 더 안 좋은 장소를 찾는 것은 불가능하다".[18] 해수면이 상승함에 따라 허리케인이 육지로 밀어내는 폭풍 해일도 당연히 상승한다. 풍부한 냉각수 때문에 해안 지역에 위치한 전 세계 많은 발전소에 2011년 일본 후쿠시마Fukushima 원자력발전소의 붕괴가 준 시사점은 매우 분명하다.

대부분의 사람들이 후쿠시마 원자력발전소의 붕괴가 가져온 위험은 끝났다고 가정하지만 정부의 추정에 따르면 손상된 원자로의 노심에서 나온 융해된 우라늄 연료의 제거를 포함한 완벽한 현장 정화에는 적어도 40년이 걸릴 것이다.[19] 그러는 동안 후쿠시마 원자력발전소는 계속 방사성 물을 바다로 누출할 것이고 다른 지진이나 쓰나미에 취약한 상태로 남을 것이다. 터키포인트에 있는 원자로는 후쿠시마에 있는 원자로와 다르게 설계되었지만 둘 다 융해를 막는 데 취약한 예비 시스템에 의존하고 있다. 만약 허리케인이 유발한 폭풍해일이 터키포인트에서 인접 비스케인만에 이르기까지 본토의 전력 공급을 차단한다면 터키포인트 발전소는 냉각수를 계속 원자로에 공급하기 위해 비상 디젤 발전기에 의존할 수밖에 없다. 후쿠시마 원자로의 융해를 초래한 것은 바로 그러한 예비 발전기의 문제였다. 터키포인트 발전소는 2030년까지 완전하게는 아니더라도 부분적으로 물에 잠길 것으로 예상되는 미국의 14개 원자력발전소 가운데 하나일 뿐이다.[20] 이러한 발전소들에 대한 원자력규제위원회의 안정성 평가는 전통적으로 폭풍 및 홍수와 관련된 역사적

---

18) Goodell, "Goodbye, Miami." 인용.

19) Jonathan Soble, "Fukushima Keeps Fighting Radioactive Tide 5 Years After Disaster," New York Times, March 10, 2016.

20) Christina Nunez, "As Sea Levels Rise, Are Coastal Nuclear Power Plants Ready?," National Geographic, December 16, 2015.

인 데이터를 활용해서 이뤄졌다. 후쿠시마 사태는 이러한 접근 방식의 절망적인 어리석음을 보여줬다. 원자력규제위원회는 이후 새로운 안전 규칙을 제정했지만 발전소가 가동되는 동안의 안전과 발전소가 해체된 이후의 방사성 연료봉에 어떤 일이 발생할지에 근본적인 의문이 남는다. 터키포인트에 다가오는 문제는 해수면 상승이 심각해지기 전에 해결될 것인가?

터키포인트를 운영하는 플로리다전력은 공공의 우려에 대해 발전소의 주요 원자로는 해수면 위로 20ft 들어 올려져 있고 1992년에 허리케인 앤드류 Hurricane Andrew에 성공적으로 대처한 것이 안전성에 대한 증거라는 주장으로 대응하고 있다. 스토더드 같은 비평가들은 허리케인 앤드류가 유발한 것 가운데 최고 수준의 폭풍해일이 실제로 그 발전소에서 훨씬 북쪽을 지나갔으며, 이는 터키포인트가 실제로 오직 3ft의 해일을 겪었다는 점을 의미한다고 말한다.[21] 더구나 본토에서 오는 전력이 끊어졌을 때 냉각수가 계속 순환하도록 만드는―허리케이 오면 보통 하는 일인데―디젤 동력의 발전기는 스토더드에 따르면 주요 원자로에 비해 심하게 덜 들어 올려져 있고 거친 날씨에 대한 방비가 덜 되어 있다.[22] 그러나 터키포인트의 진짜 문제는 허가받은 운영 기간 동안 발생할 해수면의 상승―심지어 상대적으로 보수적인 전망을 적용하더라도―을 고려할 때 분명해진다. 원자로는 융해 방지를 위해 반드시 계속 냉각되어야 한다. 터키포인트는 섬의 석회암 기반 위로 흐르는 일련의 수로를 이용해서 발전소를 관통하면서 물을 순환시키고 원자로의 열을 배출한다. 그러나 스토더드의 집 근처 물고기가 보여주듯이 석회암은 매우 투과성이 높다. 터키포인트 수로를 통해 순환하는 오염된 물이 비스케인만과 에버글레이즈습지로 거꾸로 새어들어 근처의 식수용 우물을 위태롭게 하는 것은 불가피했다.[23] 실제로 방사능 물이 비스케인만으로 흘러들어간 것이 최근 밝혀졌

---

21) Goodell, "Goodbye, Miami."

22) Ibid.

다.[24] 게다가 그 발전소의 냉각수로는 현재 해수면에서 오직 3ft 위의 석회암에서 흐르고 있다. 스토더드는 해수면이 조금만 상승해도 이러한 냉각수로가 자주 범람하면서 방사능 물을 주변으로 분출할 것이라고 주장한다.[25] 더 심각한 것은 해수면이 단지 1ft만 상승해도 터키포인트가 비스케인만에 있는 하나의 섬이 되어서 오직 배로만 접근할 수 있게 된다는 점이다. 이러한 조건에서 어떻게 그 발전소가 안전하게 전력 생산을 지속할 수 있을 것이며, 현장에 축적되는 원자력 폐기물에는 무슨 일이 발생하게 될 것인가?

마이애미의 심각한 상황에 대해서 목소리를 높이는 웨인리스와 스토더드 같은 공인은 플로리다에서 매우 소수다. 티파티 공화당원Tea Party Republican인 플로리다 주지사는 기후변화가 인간 때문에 발생한다고 "확신할 수 없다"라고 말한다. 2011년 주지사가 된 이래 릭 스콧Rick Scott은 오베이세케라가 일하는 사우스플로리다 물 관리지구를 포함한 주 정부의 환경보호기구 예산을 삭감했다.[26] 그는 또한 주 정부 공무원이 지구온난화에 대해 토론하는 것을 금지하는 명령을 공포했다.[27] 이러한 끔찍한 책임 포기를 벌충하기 위해 남동 플로리다의 대규모 카운티 4개가 탄소 배출을 감축하고 도시의 기후변화에 대한 적응을 지원하기 위한 지역 협정을 만들었다. 그 협정은 뉴올리언스와 뉴욕의 경험을 바탕으로 건축 설계 분야에서 집단토론회charrettes로 알려진 일련의 설계 대회를 조직해서 지난 몇 년 동안 지방정부가 기반시설 및 비상대비책을 업그레이드하는 방법을 파악하도록 지원했다.[28] 플로리다의 위태로

23) Lizette Alvarez, "Nuclear Power Plant Leak Threatens Drinking Water Wells in Florida," *New York Times*, March 22, 2016.

24) Tim Elfrink, "Turkey Point Nuclear Plant is Pumping Polluted Water into Biscayne Bay," *Miami Times*, March 8, 2016.

25) Stoddard, Personal Interview.

26) Goodell, "Goodbye, Miami."

27) "The Truth About Florida's Attempt to Censor Climate Change," *Got Science?*(Union of Concerned Scientists Publications, April 2015).

운 해안선을 따라 반짝이는 초고층 건물을 짓고 있는 부동산 개발업자가 해수면 상승에 대해 생각하도록 만드는 것은 불가능하다고 사우스플로리다 지역계획위원회South Florida Regional Planning Council의 장을 역임하고 마이애미-데이드카운티의 최고 회복관리자chief resiliency officer가 된 멀리는 주장한다. 멀리에 따르면 "그들은 주제를 회피하고 있는 것은 아니다. 위험을 분석하고 있다고 여겨지는 제도적인 장치가 있다. 그러나 그 위험이 해수면 상승 같은 장기적인 추세의 관점에서 분석되는 것은 아니라는 점을 우리는 안다. 그런 것은 그들의 고려 속에 없다. 개발업자들이 위험에 대해 생각할 수 있도록 하나의 집단으로서 대화를 나눠보면 그들은 위험에 대해서 생각하기 위해 변호사를 고용하겠다고 말한다".29) 이러한 장기적인 위험에 대해 생각할 수 있는 재정적인 보상이 있다면, 그래서 애써 그러한 위험을 무시하면서 반대로 행동하는 데서 올 수 있는 막대한 이득을 상쇄할 수 있다면 도움이 될 것이다. 현재 남부 플로리다에는 그러한 재원이 존재하지 않는다. 스토더드에 따르면 2015년 마이애미-데이드카운티의 예산은 해수면 상승에 대해 딱 한 번 언급하고 있으며, 그것마저도 재원이 마련되지 않은 상승하는 조류에 대한 공원의 적응에 관련된 항목에 들어 있다.30)

남부 플로리다의 많은 사람들에게 이러한 문제는 해수면 상승에 소요되는 기간과 관련이 있다. "의사결정자들은 해수면 상승 기간을 그들의 계산에 반영하느라 애를 먹는다. 사람들은 연간 예산, 5개년 사업계획, 30년 부동산 담보대출 같이 자신이 속한 세상의 한계에 묶여 있다"라고 멀리는 말한다.31)

웨인리스도 이러한 정서에 대해 반복해서 말한다. "나는 항상 월가 사람들

28) Jim Murley, September 9, 2015, Personal Interview.

29) Ibid.

30) Stoddard, Personal Interview.

31) Murley, Personal Interview.

의 전화를 받는데, 그들은 마이애미비치의 콘도에서 벗어나는 데 8년 또는 9년의 여유를 가질 수 있는지 묻는다. 나는 거의 그럴 것이라고 그들에게 대답해준다. 그러나 아이오와Iowa에서 돼지를 기르는 농부가 이곳으로 이주해서 손자들을 위해 훌륭한 투자를 하는 것, 그것은 효과가 없을 것이다. 우리는 부동산 투자 도박장으로 입장하고 있다".[32]

그렇지만 기후변화의 불편한 진실 — 마이애미가 물에 잠기는 것은 불가피한 일이고 또한 그러한 일이 상대적으로 짧은 기간에 일어나 부동산 가격에 손상을 입힐지 모르는데, 이는 마이애미-데이드카운티의 2016년 수입인 2500억 달러 이상에 상당하며 마이애미의 주요 세원의 거의 절반이라는 것 — 을 마이애미의 유력인사들이 그대로 받아들이지 못하는 구체적인 동기 또한 있다.[33] 바탕에 있는 의도가 모두 나쁜 것은 아니다. 마이애미비치의 시장 필립 러빈Philip Levine은 부자들을 충분히 데려올 수 있다면 홍수를 방지하기 위한 기반시설 비용에 충당할 세원을 넉넉히 확대할 수 있을 것이라고 믿는다. 그러나 그의 동료 스토더드에 따르면 이러한 구상은 다단계 사기처럼 처음에는 좋게 시작하지만 곧 나빠진다. 스토더드는 "나는 그것을 내리막길을 달리는 것에 비유하고 싶다. 우리는 갈수록 빨라질 것이다. 짧은 내리막길이라면 밑에 도착할 때까지 괜찮을 것이다. 그러나 긴 내리막길이라면 결국 우리의 다리가 버틸 수 없을 것이고 우리는 바닥에 넘어져 얼굴을 찧게 될 것이다. 해수면 상승이 이와 같다. 천천히 부드럽게 10ft 상승한다면, 그래, 우리는 방어할 수 있을 것이고 러빈의 구상은 효과가 있을 것이다. 그러나 60ft 상승한다면 어떻게 할 것인가? 우리는 방어할 수 없을 것이다. 그것은 마치 정말로 긴 내리막길을 달리는 것과 같다. 즉, 좋지 않게 끝날 것이다"라고 말한다.

---

32) Wanless, Personal Interview.

33) City of Miami, *Revenue Manual*(2016-17). 지역 전체 세수에 대해서는 "Miami-Dade Property Values Surge Nearly 9% in 2016," *Miami Herald*, May 31, 2016 참조.

그러나 기후변화와 해수면 상승에 대해 공개적으로, 솔직하게 말하는 것을 거절하는 것이 항상 도덕적인 동기에 따르는 것은 아니다. 마이애미는 최고조에 달한 부동산 호황의 중심으로 2008년의 경기불황 이래 인구 증가율에서 뉴욕과 로스앤젤레스를 능가했다.[34] 이러한 인구유입에 대응해서 2016년 기준 마이애미 시내에는 2만 5000개가 넘는 신규 콘도미니엄이 계획되거나 건설되고 있다.[35] 이러한 호황은 부분적으로는 플로리다를 세계 지하경제의 주요한 중심으로 변화시킨 불법자금에 힘입었다. 파나마의 비밀 법률회사 모사크폰세카Mossack Fonseca에서 나온 막대한 양의 기밀 자료인 파나마페이퍼Panama Papers에 대한 분석은 외국인 19명이 버진아일랜드Virgin Islands 같은 세계적인 조세피난처에 설립한 명의만 있는 기업, 신탁, 유한회사 등을 통해 최고의 마이애미 부동산을 구매했는데 그 가운데 절반은 본국에서 뇌물, 부패, 횡령, 탈세 또는 기타 비리에 연루되었다는 것을 보여준다.[36] 이는 마이애미의 호화 콘도 시장에서 아주 작은 부분이지만 모사크폰세카는 부동산 투자자를 위해 불투명한 자금 원천에 눈감은 시 당국의 뜻을 이용해서 해외법인을 설립한 수많은 법률 및 회계법인 가운데 단지 하나일 뿐이다. 드라마 〈마이애미 바이스Miami Vice〉 일화에서는 변호사가 만 주변 초고층 호화 콘도 관련 일을 하는 것이 특징이었는데, 모사크폰세카를 위해 그와 비슷한 일을 한 변호사 올가 산티니Olga Santini는 "이것은 매우 벌이가 좋은 사업이다"라고 말한다.[37] 시카고의 부동산 전문 투자관리 기업 존스 랭 라살Jones Lang LaSalle에 따르면 2014년 마이애미에서 약 250억 달러의 거주용 역외 부동산 투자가 발생

---

34) Kolbert, "The Siege of Miami."

35) Ibid.

36) Nicholas Nehamas, "How Secret Offshore Money Helps Fuel Miami's Real Estate Boom," *Miami Herald*, April 3, 2016.

37) Nicholas Nehamas, "Panama Papers: Secret Offshores Trace Back to Brickell Condo Featured on Miami Vice," *Miami Herald*, April 4, 2016.

했다.38) 그러나 마이애미의 부동산 투기에 외국인만 참여하고 있는 것은 아니다. 마이애미의 부동산 중개인들에 따르면 마이애미 도심 1mile²에 집중된 부동산에 뉴욕 사람들이 적어도 5억 8650만 달러를 썼다. 어떤 사람들은 마이애미가 뉴욕의 6번째 자치구borough가 되었다고 농담을 한다.

이러한 지하경제가 모두 불법인 것은 아니다. 예컨대 유명인에게는 자신의 신원을 비밀로 유지해야 할 타당한 이유가 있다. 그렇지만 마이애미 부동산 중개인협회Miami Association of Relators에 따르면 2015년 마이애미-데이드카운티의 주택 매매에서 현금 거래가 전국 평균의 2배인 53%를 차지하며, 신규 건축 거래의 90%도 현금 거래가 차지한다.39) 이는 명의만 있는 회사가 최소 100만 달러의 현금을 사용해 주택을 구매하는 경우 미국 재무부가 추적을 시작하도록 자극했다. (미국 재무부는 범죄자들이 마이애미의 반짝이는 해변 마천루를 검은 돈 세탁에 이용했다고 의심했다.)40) 2001년 미국의 '애국법USA PATRIOT Act'은 부동산 거래에 종사하는 모든 사람이 고객에 대한 실사를 실시할 것을 요구했다. 그러나 부동산업계는 갖은 로비를 통해 부동산 중개인이 고객을 조사할 전문성을 갖고 있지 않다는 편리한 주장을 바탕으로 15년 유예를 획득했다. 미국변호사협회The American Bar Association 또한 그러한 규제는 변호사와 고객 간 비밀 유지 특권을 침해할 것이라고 주장하면서 부동산 변호인의 정보 공개 의무에 반대했다.41) 전직 연방검사보인 찰스 인트리아고Charles Intriago가 말하듯이 "사우스플로리다의 부동산에 투자하기 위해 들어오는 자금 가운데 상당 부분의 출처에 대해 의도적으로 눈을 감는 풍조가 있다".42)

---

38) David Stockman, "Flight Capital, Bubble Finance, and the Housing Price Spiral in the World's Leading Cities," *David Stockman's Contra Corner*, June 2, 2015.

39) Nehamas, "How Secret Offshore Money."

40) Ibid.

41) Ibid.

42) "Secret Buyers in Miami Could Be Exposed," *The Real Deal*, January 13, 2016.

뉴욕에서처럼 마이애미에서도 세계 1%의 상류층에서 나오는 투기 자금의 급증은 중위소득이 5만 달러인 도시거주자 대부분이 감당할 수 없을 정도로 주택 가격을 왜곡했다. "마치 부유한 곳처럼 보이지만 임대료가 급속하게 올라 중산층이 헐떡이고 있으며, 이곳의 경제는 소득이 높지 않은 서비스 경제다. 가난한 사람을 걱정할 여유는 없다"[43]라고 스토더드는 말한다. 그렇다면 왜 마이애미처럼 그렇게 지속가능하지 않은 곳에 심지어 투자를 하는가? 투자자 가운데 일부는 기후변화에 대해 모르거나 심지어 그것이 거짓말이라고 믿을지도 모른다. 더 근본적으로 해수면 상승이 어느 날 그의 호화 콘도를 물에 잠기게 만들 것이라는 위협은 대부분의 부유한 투기자에게 그렇게 문제가 되지 않는다. 만약 물가 인상률이 대략 50%인 개발도상국에서 돈을 끌어내 마이애미의 콘도에 5년 동안 달러로 묻어둘 수 있다면 1년에 5~10%의 가치가 상승할 것이고, 그렇다면 30년 안에 무슨 일이 일어나건 중요하지 않다. 스토더드는 "누구나 이 '의자에 먼저 앉기 경기'에서 자신이 첫 번째로 앉을 것이라고 가정한다. 문제는 이러한 사고방식은 사태가 기울 때 불안정한 시장을 만들어낸다는 것이다. 그리고 그러한 사태 변화는 갑자기 일어난다"라고 말한다.[44]

　이러한 종류의 단기적인 사고방식은 연방정부의 보험 정책에 의해 장려된다. 민간 보험이 너무 비쌌기 때문에 미국 정부는 1968년 홍수에 취약한 지역에 대한 보험을 보조하기 위해 국립홍수보험프로그램National Flood Insurance Program: NFIP을 만들었다. NFIP의 의도는 주택을 말뚝pilings 위로 올리도록 요구하는 건축 기준 같은 홍수완화 조치를 주택 소유자들에게 권장하는 것이었다. 홍수보험의 대가로 지역사회는 홍수구역의 추가 개발을 제한하는 조례의 통과를 요구받았다.

---

43) Stoddard, Personal Interview.
44) Ibid.

그러나 NFIP는 또한 폭풍이 취약한 해안 지역 주택을 쓸어버릴 때 보수하거나 훨씬 더 비싼 건물로 대체하는 것을 보장했는데, 이는 모두 미국 납세자의 돈이며[45] 극도로 취약한 해안 지역 50년의 건축 호황을 부적절하게 부추겼다. *참여과학자모임*The Union of Concerned Scientists의 보고서「압도적인 위험: 해수면 상승의 세계에서 홍수보험 다시 생각하기Overwhelming Risk: Rethinking Flood Insurance in a World of Rising Seas」(2013)는 NFIP가 반복적으로 손실을 입고 있는 자산에 거의 90억 달러를 지출했는데, 이는 1978년 이후 총 지출의 거의 25%를 차지한다고 말한다.[46] 그러한 반복적인 손실 자산은 NFIP 총 자산의 단지 1.3%지만 미래 손실의 대략 15~20%를 차지할 것으로 예상된다. 달리 말하자면 말도 안 되는 지역에 건축하라고 더구나 반복해서 그렇게 하라고 우리가 돈을 지불하고 있는 셈이다. 그리고 이러한 NFIP의 보조금은 부자들에게 극적으로 편중된다. NFIP 보조 보험의 거의 79%를 주택 가격이 상위 30% 이상인 카운티가 차지하는 반면, 주택 가격이 하위 20% 이하인 카운티가 차지하는 비중은 1%에 미달한다.[47] 이러한 보조금의 많은 부분이 세대를 이어 살고 있는 사람들의 해변 오두막이 아니라 상위 1% 사람들의 제2의 주택을 위한 것이다.

이제 이러한 대책은 위기에 빠졌다. 2005년에 특히 빈발한 허리케인을 겪은 뒤 NFIP의 체불금은 230억 달러에 이르렀고 보험료 수입은 단지 22억 달러에 불과했다.[48] 결과적으로 연방정부는 홍수보험 보조에 대해 다시 생각하기 시작했다. 2012년 하원은 홍수 위험 지도를 경신하고 실제 홍수 위험을 반영해 보험료 인상을 요구하는 '비거트-워터스 홍수보험 개혁법령Biggert-

---

45) Orrin H. Pilkey, Linda Pilkey-Jarvis and Keith C. Pilkey, *Retreat from a Rising Sea: Hard Choices in an Age of Climate Change*(New York: Columbia University Press, 2016), p. 78.

46) Ibid., p. 79.

47) Ibid., p. 89.

48) Ibid., p. 83.

Waters Flood Insurance Reform Act'을 통과시켰지만 비난 여론 때문에 뒤로 물러섰다. 그렇지만 이는 인상된 보험료를 감당할 수 있는 부유한 투자자에게 부적절하게 보조금이 흘러드는 반면, 세대에 걸쳐 해변에 거주하는 많은 근로계층 가족이 증가하는 주택비용 때문에 쫓겨날 수 있다는 것을 분명하게 보여줬다. 이 보험 프로그램은 결국 해안도시 자체와 마찬가지로 환경의 현실에 보조를 맞추거나 비극적인 붕괴를 맞이하게 될 것이다. 핵심 질문은 이러한 변동이 마이애미 같은 해안도시의 극단적인 불평등을 더욱 악화하는 방식으로 일어날 것인가에 있다.

해변 경제의 위기라는 이 길을 더 살펴보면서 스토더드는 중산층 주민이 주택 구매를 보조받기 위해 의존하는 30년 담보대출 계약에 포함된 조항에 대해 우려한다. 그러한 담보대출 계약은 매도자가 건물이나 토지에 아무런 문제가 없음을 인지한다고 서술하는 조항을 포함한다. 그렇지만 만약 우리가 그곳에 점점 더 빈번하게 홍수가 일어날 것임을 알게 된다면 어떻게 되는가? 그것은 매수자가 은행에 통지해야 하는 사항 아닌가? 그래도 은행은 여전히 우리의 구매를 지원할 것인가?[49] 스토더드는 오랫동안 거주한 주민은 마이애미가 흐르는 모래 위에 있다는 것을 알고 있다고 말한다. 그렇지만 젊은 세대는 마이애미가 영원하지 않다는 것을 알게 될수록 더 충격을 받는다. "지난 6000년 동안 인류는 해수면의 상대적인 안정기에서 살았다. 해수면이 무시할 수 있을 만큼만 변했기 때문에 도시는 계속 해변에 머물 수 있었고 토지는 세대를 걸쳐 상속되었다. 그것이 부를 축적하는 바로 그 방법이었다. 그러나 이제 해수면이 한 세대에 20ft씩 변동하고 있어서 그러한 전제는 유지되지 않는다. 해변의 토지는 더 이상 장기적인 부의 열쇠가 아니다"[50]라고 스토더드는 말한다. *단단한 땅*terra firma에서 침수된 땅으로의 변동이 어떻게 진행될 것

---

49) Stoddard, Personal Interview.
50) Ibid.

인지 스토더드는 매우 우려한다. "탈출이 진행될 것이다. 이 탈출의 역학이 어떻게 전개될 것인지가 중요하다. 그리고 기후변화는 단지 여기뿐만 아니라 모든 지역사회에 부정적인 영향을 끼친다. 그래서 우리에게는 질서정연한 이행移行을 만들어낼 필요가 있다. 사람들이 떠나기 시작함에 따라 붕괴를 미연에 방지할 필요가 생긴다. 이는 불황이나 완전한 붕괴를 만들어내지 않고 규모를 축소할 수 있는 효율적인 경제가 필요하다는 것을 의미한다. 그것을 어떻게 만들 것인가? 우리에게 아직 그러한 것은 없다. 그러한 질서와 구조를 만들기 위해서는 심사숙고가 필요하다. 그런데 이러한 이행에 대해 이야기하는 사람은 실제 아무도 없다."[51]

이행은 불가피하다. 다른 모든 해안도시와 마찬가지로 마이애미도 전략적인, 궁극적으로 전반적인 철수에 합류해야 할 것이다. 어쨌든 과학자들은 빙상氷床, ice sheets과 빙하가 결국 녹게 되면 해수면은 현재보다 65m(즉, 212ft) 더 상승하게 될 것이라고 추정한다.[52] 지구온난화의 현재 수준을 감안하면 이미 50ft를 채운 셈인데, 국제 사회는 아직 배출가스 감축을 위해 진지하게 노력하지 않는다. 어떤 방식으로든 해수면은 상승할 것이다. 빙상은 타이타닉Titanic과 꽤 비슷하다. 즉, 빙상을 움직이는 데에는 많은 에너지가 필요하지만 일단 일정한 궤도에 오르면 빙상은 엄청난 양의 관성으로 추진된다. 빙상과 빙하가 녹는 데 얼마나 걸릴지 확신할 수 없지만 제임스 핸슨James Hansen 같은 과학자에 따르면 다음 한 세기 반 동안, 즉 달리 말하면 한두 세대 안에 그 대부분이 일어날 것 같다.[53] 도시를 관통하는 매우 취약한 기반시설을 고려해 볼 때 상승하는 조류 때문에 거대 도시의 한 부분만 포기하더라도 그 도시의 모든 실질적인 기능이 중단될 것이다. 예를 들어 마이애미 고지대의 경우 깨

---

51) Ibid.

52) John Englander, *High Tide on Main Street: Rising Sea Level and the Coming Coastal Crisis* (Boca Raton, FL: Science Bookshelf, 2012), p. 3.

53) Ibid., p. 44.

끗한 물 또는 하수시설을 이용하지 못한다면 어떻게 계속 기능할 수 있겠는가? 근로자들이 외곽에서 대중교통으로 도달할 수 없는 맨해튼 같은 고립된 섬 위에 있는 중심 상업 지역이 무슨 의미가 있겠는가? 만약 정치 지도자들에게 어느 정도 선견지명이 있다면 철수가 곧 이뤄질 것이고, 그때는 인류가 초래한 극단적인 기후재난에 대한 비상 대응이 아니라 계획된 발걸음이 될 수 있다.

뉴욕시: 자본의 수도

기후재난에 대비해 계획을 세우는 것은 우리의 정치인들이 현재 따르고 있는 길이 아니다. 세계무역센터World Trade Center 공격 10주년을 맞아 뉴욕시장 블룸버그는 로어맨해튼의 재탄생을 축하하기 위해 부동산업계의 지지를 받는 더 나은 뉴욕을 위한 협회Association for a Better New York 후원의 경축 조찬에 참석했다.54) 9·11 이후 도시를 사로잡은 두려움을 인용하면서 블룸버그 시장은 "안 좋았던 옛날이 돌아오고 있다. 범죄가 복귀할 것이다. 주민은 이주할 것이다. 사업체는 교외로 달아날 것이다. 그리고 뉴욕은 쇠퇴할 것이다"55)라며 많은 사람이 우려한다고 말했다. 그러나 도시가 재정적인 위기와 문화적인 혼란을 겪었던 1970년대와 1980년대 초반으로 돌아가는 것에 관련된 그러한 두려움은 완전히 사라졌다고 시장은 말했다. 로어맨해튼의 인구는 9·11 공격 이후 애틀랜타Atlanta, 댈러스Dallas, 필라델피아Philadelphia 전체 인구를 합친 것보다 더 많이 늘어나면서 2배가 되었다. 부동산이 북돋은 로어맨

---

54) Kate Taylor, "Bloomberg Hails Lower Manhattan's Revival Since 9/11," *New York Times*, September 6, 2011

55) "Mayor Bloomberg Delivers Major Address on the Rebirth of Lower Manhattan Since 9/11"(September 6, 2011), nyc.gov.

해튼의 이러한 변화는 "미국 역사에서 가장 위대한 귀환 이야기의 하나"이며, "9·11로 잃어버린 사람들에 대한 우리의 가장 위대한 기념으로서, 그리고 자유롭고, 개방적이고, 민주적인 사회를 보존하고 보호하기 위한 도덕적인 의무에 깔려 있는 흔들릴 수 없는 우리의 신념으로서 서 있을" 재탄생이라고 블룸버그는 말했다.[56]

그의 연설은 국립9·11기념관National September 11 Memorial처럼 기념하는 장소에 대한 언급을 많이 포함하고 있지만, 로어맨해튼에 대한 축하는 지역 부동산 개발 및 사업 부활에 초점을 맞추고 있는데, 소박한 상점인 미나스 신발수선Minas Shoe Repair에서 유명 건축가가 설계하고 최근에 완성된 서반구에서 가장 높은 주거용 건물인 '게리에 의한 뉴욕New York by Gehry'까지 포괄했다. 블룸버그에게 미국의 탄력성에 대한 증거인 부동산이 북돋은 경제부흥은 미국 민주주의의 핵심 요소와 동의어였고 "안 좋았던 옛날"과 대조되는 것이었다.

블룸버그 시장은 허리케인 아이린Irene이 뉴욕에 상륙한 지 일주일이 채 지나지 않았을 때 이 연설을 했다. 도시의 저지대에 강제 대피 명령이 떨어졌고, 전국에서 가장 거대한 대중교통 시스템인 도시교통당국Metropolitan Transit Authority은 예상되는 폭풍해일에 완전히 폐쇄되었으며 맨해튼의 서쪽 지역인 미트패킹지구Meatpacking District 일부는 침수되었다. 블룸버그는 폭풍과 이것이 도시에 미친 극적인 영향에 대해 놀라울 정도로 적게 인용했으며 단지 불확실한 미래에 대한 스쳐 지나가는 암시로서만 언급했을 뿐이다. 블룸버그는 10년 뒤 미래는 말할 것도 없고 심지어 열흘 뒤조차 정확하게 예측할 수 있는 방법은 없다는 것을 받아들이면서도 "앞으로 10년 동안 — 무슨 일이 닥쳐도 — 로어맨해튼은 계속 성장할 것이라고 전적으로 기대한다"[57]라고 주장했다. 그는 로어맨해튼의 홍수구역 중앙에 계속 초고층 건물을 건설하는 것이 현명

---

56) Ibid.
57) Ibid.

한 일인지 생각하지 않았고, 이러한 해안개발이 일부 지역사회에 얼마나 더 큰 위험을 초래하는지 인정하지 않았다. 이듬해 샌디가 뉴욕을 타격했을 때 이러한 무시 때문에 치명적인 결과가 초래되었다.

블룸버그 행정부가 기후변화로 야기된 위협을 인지하지 못했다고 말하는 것이 아니다. 2007년 뉴욕시는 뉴욕계획PlaNYC을 발표했는데, 그 계획은 환경 문제에 대한 침묵, 연방정부 차원의 기후변화에 대한 부정으로 특징지어진 도시의 미래, 국제적인 규모의 사실상 완전한 무반응을 깨뜨리는 것이었다.58) PlaNYC의 일환으로 블룸버그는 뉴욕시 기후변화위원회New York City Panel on Climate Change를 소집했는데, 이 위원회는 2010년 기후변화에 대한 도시의 적응에 관해 첫 보고서를 발표했다.59) "1년 뒤 뉴욕시는 다가올 10년의 해안개발계획인 *전망 2020* Vision 2020을 도입했다. 보고서는 "해수면 상승 및 빈도와 규모가 증가하는 해안폭풍은 해안 습지의 홍수와 범람뿐만 아니라 모래사장, 모래언덕, 해안절벽의 침식을 더 자주 유발할 것 같다"라고 말한다.60) 몇 주 뒤에 마찬가지로 극적인 일련의 진술을 담은 경신된 PlaNYC가 발표되었다. "520mile의 해안선이 있는 도시로서 — 미국의 도시 대부분에는 해안선이 있다 — 해수면 상승 때문에 더 큰 영향을 미치는 빈번하고 강력한 해안폭풍의 가능성은 뉴욕에 일련의 심각한 위협이다."61) 허리케인 샌디가 이러한 공식적인 예측을 훨씬 넘어설 정도로 뉴욕을 황폐화시킨 이후 블룸버그 행정부는 *재건과 회복을 위한 특별 계획* Special Initiative for Rebuilding and Resiliency으로 명명한 위원회를 소집했는데, 거기에서 2013년 「더 강하고 탄력성 있는

---

58) The City of New York, "PlaNYC: A Greener, Greater New York"(2007), nyc.gov.

59) "New York City Panel on Climate Change, Climate Change Adaptation in New York City: Building a Risk Management Response," *Annals of the New York Academy of Sciences*, 1196(2010).

60) *Vision 2020: New York City Comprehensive Waterfront Plan*(2012), p. 107, nyc.gov.

61) Doug Turetsky, "Seas Rise, Storms Surge, and NYC Presses Ahead With Waterfront Development Projects," *IBO Blog*, November 21, 2012 인용.

뉴욕A Stronger, More Resilient New York」이라는 보고서를 배포했다.[62] 이 보고서는 190억 달러가 넘는 가격표가 붙은 250개의 매우 상세한 조치 목록을 제시했는데, 뉴욕시가 장래의 폭풍에 대비하는 것을 지원할 의도였다. 같은 해 도시계획부Department of City Planning에서 더 짧은 보고서 두 편을 발표했는데, 하나는 도시구역의 홍수 방지 건축을 유도하기 위한 핵심적인 설계 원칙을 정교하게 제시했다.[63] 다른 하나인 「도시 해안 적응전략Urban Waterfront Adaptive Strategies」은 해수면 상승과 연계된 위험요소에 이르기까지 도시 해안 지역의 탄력성을 증가시키기 위한 다양한 계획을 확인했다.[64] 종합하자면 뉴욕은 이러한 보고서들을 통해 기후변화 일반, 특히 해수면 상승을 처리하는 문제에서 가장 진취적인 도시로 자리 잡았다.[65]

그러나 도시계획가와 전문적인 자문단이 기후변화에 대해 점점 더 엄격한 경고를 하는 것과 동시에, 블룸버그 행정부는 수억 달러에 이르는 공적 자금을 사용해서 부동산 개발업자가 도시의 해안구역에 호화 아파트를 건축하도록 유도했다. 블룸버그는 세 번의 시장 임기 동안 뉴욕시 전체의 거의 40%에 이르는 토지 재구획을 관할했다. 이러한 변경의 대부분은 브루클린의 윌리엄스버그Williamsburg와 퀸스의 헌터스포인트Hunter's Point 같은 해안 지역의 버려진 산업 지구에 집중되었는데, 그러한 곳은 뉴욕으로 이주해온 부유한 전문가 계층을 위한 고급 주거 공동체로 재탄생했다. 이렇게 새로 개발된 부동산의 상당 부분이 홍수의 위협을 받는 지역에 있다. 오늘날 40만 명이 넘는 뉴욕 주민이 홍수구역에 거주하며, 이러한 구역의 위험에 빠진 부동산은 1290

62) NYC Special Initiative for Rebuilding and Resiliency, "A Stronger, More Resilient New York"(2013).

63) New York City Department of City Planning, "Designing for Flood Risk"(2013), nyc.gov.

64) New York City Department of City Planning, "Urban Waterfront Adaptive Strategies" (2013), nyc.gov.

65) Pilkey et al., *Retreat from a Rising Sea*, p. 52.

억 달러가 넘는 가치가 있는 것으로 추정된다.[66] 그러나 허리케인 샌디에 의해 뉴욕의 많은 지역이 침수된 극적인 증거를 마주하고도 블룸버그는 뉴욕의 해안에서 철수는 없을 것이라고 주장했다. 「더 강하고 탄력성 있는 뉴욕」의 배포를 통보하는 기자회견에서 "뉴욕 주민으로서 우리는 우리의 해안을 포기할 수 없고 포기하지도 않을 것이다. 이 해안은 우리의 위대한 자산이다. 우리가 이것을 보호해야지 여기에서 철수하면 안 된다"라고 블룸버그는 선언했는데, 회견의 개최지인 브루클린네이비야드Brooklyn Navy Yard는 그 초대형 폭풍 때 4.5ft의 홍수로 범람된 장소였다.[67]

그러한 수사는 훌륭한 정치적 연기일 수 있고, 9·11 공격 이후 공론을 지배한 사내다움을 과시하는 제국주의적 남성성과 틀림없이 들어맞는다. 그러나 그것은 현실과 완전히 분리된 것이고, 아마 선거 기간을 훨씬 초과하는 해수면 상승 시간표를 반영했을 것이다.

*재건과 회복을 위한 특별 계획*은 허리케인 샌디의 영향을 분석하고 2020년까지인 중기 위험과 단지 2050년까지인 장기 위험 — 너무 짧은 기간인데 — 에 대해 평가하는 임무를 부여받았다.[68] 그러나 상승하는 조류에 대한 블룸버그의 부질없는 저항에도 해수면은 2050년에도 상승을 멈추지 않을 것이고, 대기 및 해양의 온도 상승과 반응 효과에 따라 해수면 상승이 극적으로 증가할 것으로 예상되는 것을 감안하면 이러한 짧은 시간표는 특히 기만적이다.[69] 그러한 추정에 따라 설계된 새로운 건물과 기반시설은, 비록 물에 잠기겠지만, 2050년이 훨씬 지나도록 서 있을 것 같다.

---

66) Emily Manley, "Number of NYC Buildings at Risk From Flooding Has Tripled," New York Environmental Report, November 7, 2014.

67) Sydney Brownstone, "Bloomberg Unleashes Plan to Guide City into Climate-Change Future," *The Village Voice*, June 12, 2013.

68) Pilkey et al., *Retreat from a Rising Sea*, p. 55.

69) Ibid.

이는 아마 부분적으로는 정치적 방편에 해당할 것이다. 철수는 공적 담론에서 금기로 남아 있고, 허약함을 시인하는 것과 비슷한 것으로서 요즘 정치인 대부분이 지지하기를 꺼린다.[70] 그러나 도시에 대한 다가올 수세기 동안의 기후변화 및 그 영향의 심각함에 맞서는 것을 꺼리는 데에는 또 다른 더 깊은 이유가 있다. 즉, 자본주의의 고유한 성장 필요성이 그것이다. 하비에 따르면 '건강한' 자본주의 경제는 연간 3%씩 확장되어야 한다. 만약 그것이 중단된다면 2008년에 그랬듯이 위기에 빠진다. 자본주의 이론가인 하비는 이것을 자본주의의 가장 중요하지만 간과되는 모순 가운데 하나로 본다.[71] 이 모순은 최근 40년 동안 심해지고 있다. 몇 년 전에 국제통화기금은 세계가 '유동성 잉여', 즉 초과 자본으로 넘쳐난다고 경고했다.[72] 다시 말해 1970년대 이래 전 세계 생산이윤 폭이 크게 감소했기 때문에 높은 수익률을 얻을 수 있는 투자 기회를 찾기가 점점 더 어려워졌다는 것이다. 그러한 모순에 직면해서 자본은 많은 세계 인구가 도시의 중심으로 이동함에 따라 고정된 토지의 가치 증가가 보장되는 도시로 눈을 돌린다. 하비는 이것을 자본주의 모순의 "시공간적 조정"이라고 부른다.[73] 생산이 감소할 때 부동산 투기는 경제 성장의 길을 제공한다.[74] 다시 말해 도시는 성장 기계이며 투기적인 부동산 개발은 잉여 자본의 배출구로서 기능한다. 오늘날 전 세계 부의 60%는 부동산에 투자되어 있다.[75]

---

70) Liz Koslov, "The Case for Retreat," *Public Culture*, 28:2(2016), p. 364.

71) David Harvey, *Seventeen Contradictions and the End of Capitalism*(New York: Oxford University Press, 2014), pp. 222~245.

72) David Harvey, *The Enigma of Capital and the Crises of Capitalism*(New York: Oxford University Press, 2010), p. 28.

73) David Harvey, *The New Imperialism*(New York: Oxford University Press, 2003), p. 115.

74) 르페브르가 정확하게 40여 년 전에 주장했듯이 "부동산 투기는 자본형성의 으뜸가는 원천이 되었다". Henri Lefebvre, *The Urban Revolution*(Minneapolis: University of Minnesota Press, 2003), p. 160.

이러한 동력이 전 지구적인 도시화 증가의 원인이다. 지난 반세기 동안의 막대한 건축 호황으로 인류는 대부분 도시-거주 종으로 바뀌었다. 물론 도시 생활에 대해 정치적·경제적, 심지어 환경적 차원에서 언급될 바가 많다. 뉴욕 같은 도시의 높은 밀도는 특히 녹색생활의 한 형태로 홍보되면서 도시 주민 절반 이상이 자동차를 소유하지 않아도 되는 대중교통 시스템에 대한 지지를 조성한다.[76] 그러나 시장이 추동한 이러한 전 지구적인 도시화 과정은 합리적인 과정이 아니며, 또한 달콤하고 빛나는 도시가 만들어지는 것도 아니다. 2008년의 증권시장 붕괴가 보여주듯이 부동산 시장의 투기는 취약 집단이 축적할 수 있었던 얼마 안 되는 재산을 파괴하는 극적인 호황 및 불황의 주기를 만들어낸다. 미국 전역에서 저소득 흑인과 미혼모가 부동산 담보증권 mortgage backed securities 시장 — 맨해튼 중심가의 건축 열기를 부채질한 호황 — 의 붕괴로 특히 심하게 타격을 입었다. 호황을 촉진하고, 그러고 나서는 불황에 뒤따르는 막대한 담보권 행사의 물결에서 이익을 추구한 월스트리트Wall Street 의 역할을 감안하면 도심이 호화 콘도 지역으로 변화한 것에 대한 블룸버그 시장의 축하는 특히 격에 맞지 않는 것이었다. 9·11 이후 부동산이 촉진한 부흥이 있다면 그것은 *도시에 대한 권리동맹*Right to the City Alliance에서 말하듯이 소수를 위한 현저하게 불균등하고 불평등한 부를 창출하기 위해 주 정부 승인의 폭력 활동으로 저소득 공동체 및 유색인 원거주자들을 축출하고 대체한 것이었다.

그러나 두 도시에 대한 이러한 이야기가 오직 뉴욕 또는 미국에만 해당하는 것은 아니다. 전 세계적으로 엄청나게 호화로운 건축 프로젝트가 부자들을 위한 투자 수단으로 진행되었는데, 그 부자들은 종종 이러한 건물에 실제

---

75) David Harvey, "The Crisis of Planetary Urbanism" in Gadanho(ed.), *Uneven Growth*.

76) David Owen, *Green Metropolis: Why Living Smaller, Living Closer, and Driving Less Are the Keys of Sustainability*(New York: Riverhead, 2010).

로 거주하지는 않는다. 은밀한 유령회사들이 비밀에 싸인 유명인과 독재 국가 거물의 자금을 맨해튼의 타임워너센터Time Warner Center 같은 호화 초고층 건물의 형태로 세탁한다.77) 뉴욕 아파트의 24%는 소유주의 1차 주거지로 사용되지 않는데, 이는 런던이나 홍콩 같은 다른 국제도시에서도 마찬가지다. 아마 상위 1%를 위한 범죄적일 만큼 부조리한 이러한 도시화의 가장 극단적인 사례는 두바이Dubai나 아부다비Abu Dhabi 같은 '사악한 낙원evil paradises'일 것이다. 원유에서 얻어진 부가 매우 호화롭고 냉방이 구비된 건물을 사막 위로 높이 올리는 데 부어졌는데, 저임금 이주 노동자 군단이 그곳을 건설했다. 일상적으로 여권을 고용주에게 압수당하는 이 현대판 노동자는 노역 계약에 묶여 있는데, 반짝이는 첨탑 사이에서 지하생활을 꾸려가는 보이지 않는 다수다.78) 데이비스는 과잉 착취에 시달리는 그러한 비공식 정착지informal settlements가 전 세계에 걸쳐 존재하는 것을 가리켜 "빈민가의 행성"이라고 불렀다.79) 거기에서는 급등하는 부동산 가격 및 극단적으로 양극화하는 부와 권력이 초래한 심각한 궁핍과 강탈 바로 옆에 세계 상위 1%를 위한 사치스러운 주거지가 존재한다. 놀랍도록 과시적인 소비와 환상적인 경관이 있는 이러한 주거지의 상류층에게 도시를 건설하고 도시가 운영되도록 만들고 있는 사람들의 절망적인 삶의 상태에 대해 생각할 계기는 거의 없다. 최근 10년 동안 도시에 기초한 불평등의 이러한 급증은 이스탄불의 탁심게지공원Istanbul's Taksim Gezi Park, 볼리비아의 엘알토와 라파즈El Alto and La Paz in Bolivia, 그리고 당

---

77) Louis Story and Stephanie Saul, "Towers of Secrecy: Stream of Foreign Wealth Streams of Elite New York Real Estate," *New York Times*, Feb 7, 2015; Julie Satow, "Why the Doorman Is Lonely: New York City's Emptiest Co-ops and Condos," *New York Times*, January 9, 2015.

78) Mike Davis, "Fear and Money in Dubai," *New Left Review*, 41(September/October 2006), pp. 47~68. 또한 Mike Davis and Daniel Bertrand Monk(eds.), *Evil Paradises: Dreamworlds of Neoliberalism*(New York: New Press, 2008)에 수록된 에세이 참조.

79) Mike Davis, *Planet of Slums*(New York: Verso, 2007).

연히 뉴욕의 주코티공원Zuccotti Park in New York 같은 곳에서 계속되는 저항을 유발했는데, 하비는 이를 전 지구적 도시화의 위험이라고 불렀다.[80]

그러나 도시가 단지 '잉여 자본'의 배출구인 것만은 아니다. 자본 또한 가라앉고 있다. 세계의 해안도시가 상승하는 해수면에 직면하고 있기 때문에 이는 글자 그대로 진실이다. 게다가 이러한 해안도시가 확장되면서 시장에 기초한 발전을 추동하는 힘 또한 세계적으로 더 큰 위험, 취약성, 환경적인 재난을 만들어낸다.[81] 다시 말해 도시는 환경적인 위기로 피해의 대부분을 입는 곳일 뿐만 아니라 기후변화의 주요한 동력 가운데 하나다. 유엔 인간정주위원회United Nations Habitat는 도시가 2011년 인간이 만든 온실가스 배출 가운데 약 60~70%의 책임이 있다고 추정한다.[82] 냉난방을 하는 뉴욕 같은 도시가 현재 탄소 배출의 35~45%에 책임이 있고, 도시의 산업과 교통이 나머지 35~40%의 원인이다.[83] 최근의 연구는 도시화 및 상품에 대한 도시의 점증하는 수요가 지구의 커다란 허파인 열대우림을 황폐화하는 가장 주요한 원인이라는 것을 증명한다.[84] 데이비스가 말하듯이 "도시생활은 급속하게 생태적 지위 — 현세現世, Holocene의 기후 안정성 — 를 파괴하면서 그 진화를 최대한 복잡하게 만들고 있다".[85]

도시는 왜 그렇게 환경적으로 파괴적인가? 지속불가능한 도시에 대한 분석에서 데이비스는 현대 도시화에 대해 특히 반대하는 견해를 갖게 만드는

---

80) David Harvey, "The Crisis of Planetary Urbanism"; Harvey, *Rebel Cities*.

81) Kevin Fox Gotham and Miriam Greenberg, *Crisis Cities: Disaster and Redevelopment in New York and New Orleans*(New York: Oxford University Press, 2014), p. 2.

82) United Nations Human Settlements Programme(UN-Habitat), *Cities and Climate Change: Policy Directions Global Report on Human Settlements 2011*(Washington, DC), p. 16.

83) Davis, "Who Will Build the Ark?," p. 41.

84) Ruth S. DeFries, "Deforestation Driven by Urban Population Growth and Agricultural Trade in the Twenty-First Century," *Nature Geoscience*, 3(February 2010), pp. 178~181.

85) Davis, "Who Will Build the Ark?," p. 41.

특징을 강조했는데, 가장 현저한 것은 "흉측하게 과도한 규모로 환경적인 흔적"을 남기는 엄청난 스프롤sprawl 현상이다.[86] 또한 "투기자 및 개발자가 계획 및 자원에 대한 민주적인 통제를 우회하여 도시 형태를 지배하는 곳에서 예측가능한 사회적 결과는 소득이나 인종에 따른 극단적인 공간적 분리다(달리 말하자면 지역의 분리다)"라고 데이비스는 지적한다.[87] 데이비스가 보기에 현대 도시의 지속을 불가능하게 만드는 것은 바로 도시화의 자본주의적 형태다. 이러한 이유로 도시의 사회적 정의를 위한 반자본주의적 투쟁과 도시의 지속성은 본질적으로 연계되어 있다.[88]

사회적·환경적 재난이 점점 더 파괴적인 형태로 되는 것에 대한 책임은 정확하게, 블룸버그가 단지 경제적인 활력의 상징일 뿐만 아니라 민주적인 재생의 표시로 묘사한, 호화 도시의 성장에 있다. 이는 저렴한 주택을 만들기 위한 블룸버그의 노력에도 불구하고 진실이다. 모두를 위해 작동하는 기후Climate Works for All라는 단체는 「상류층의 배출Elite Emissions」이라는 제목의 보고서에서 "이 도시의 100만 개 건물 가운데 단지 2%가 전체 도시 에너지의 45%를 사용한다"라고 지적한다.[89] 이 도시에서 가장 큰 이러한 추한 건물은 주로 호화 아파트와 상업 건물인데, 도널드 트럼프Donald Trump, 앨리스 월턴Alice Walton(월마트 상속자) 데이비드 코흐David Koch(적극적인 기후변화 부정론자) 같은 '살찐 고양이'가 거기에서 거주하거나 사업을 하는데, 그들은 사치스럽고 에너지를 소진하는 상상할 수 있는 모든 종류의 편의시설의 수혜자다. 뉴

---

86) Ibid.

87) 데이비스가 말하듯이, "[도시 이론가들의] 도덕적인 수준에서 눈에 잘 띄지 않는 것은 사회와 환경정의 사이 그리고 공동의 정신과 더 푸른 도시주의 사이의 일관성 있는 친화력이다 … 사유재산이 아니라 공공의 풍요로움에 우선권을 부여하는 것이 어떤 특정한 녹색 디자인이나 기술보다 저탄소 도시를 위한 훨씬 더 중요한 주춧돌이다". Ibid.

88) Ibid., pp. 42~43.

89) Climate Works for All Coalition, "Elite Emissions: How the Homes of the Wealthiest New Yorkers Help Drive Climate Change"(November 2015).

욕 사람 대다수가 완전히 다른 환경에서 사는데, 그들은 비좁은 공간에 대한 임차료를 감내하면서 단지 기본적인 필요에 충당할 만큼의 에너지를 사용하기 위해 애쓰고 있다. 그렇지만 허리케인 샌디가 보여줬듯이 그들이야말로 상위 1%의 지속불가능한 소비를 위해 궁극적으로 비용을 지불하는 사람들이다. 예를 들어 뉴욕에서 폭풍해일 희생자의 55%는 연간 평균소득 1만 8000달러인 저소득 세입자다.[90] 가장 부유한 뉴욕 사람들이 과도한 소비를 통해 불균형적으로 배출가스를 만들어내지만 기후혼란에 대해 실제로 비용을 지불하는 사람들은 이 도시의 빈곤층과 줄어드는 중산층이다. 그리고 뉴욕에 진실인 것이 세계적으로도 진실이다. 즉, 가장 부유한 인구 7%가 탄소 배출의 50%에 대해 책임이 있다.[91] 그러나 부자들의 극단적인 소비에 대해 점증하는 기후혼란과 이에 수반하는 사회적 붕괴의 형태로 대가를 치르는 것은 세계 대다수 인구가 될 것이다.

뉴욕과 마이애미는 기후위기에 대한 서로 다른 대응 방식을 대변하지만 두 도시 모두 자본의 배출구이며, 내가 '도시를 녹색으로 포장하기urban green-washing'라고 칭하는 정책을 채택했다. 이 정책은 자본의 지배 아래 있는 도시 생활을 지속가능한 것으로 묘사해서 투기적인 부동산 개발을 계속 유치하려는 노력이다. '녹색' 수사는 도시들이 투자 유치를 위해 경쟁함에 따라 도시의 상표 및 홍보 전략에서 필수적인 수단이 되었다.[92] 여러 좋은 의도와 중요한 요소에도 PlaNYC 같은 계획은 부동산을 소유한 상류층과 다국적 기업을 위해 자산 가치를 보호하고 상승시키도록 고안된 환경을 상표로 만드는 기제다. 대부분의 경우 그러한 계획은 "환경적인 젠트리피케이션environmental gentri-

---

90) Ibid., p. 4.

91) Andrew Sayer, *Why We Can't Afford the Rich*(Chicago: University of Chicago Press, 2014), p. xx.

92) 기후혼란으로 위협받는 도시의 환경상표화에 대해서는 Gotham and Greenberg, *Crisis Cities*, pp. 181~222 참조.

fication" 과정을 촉진하는데, 그 과정에서 녹색생활은 도시의 대다수 시민을 위한 지속가능성 및 환경적인 정의를 고양하는 데보다 부유한 전문가들을 새롭게 조성된 도시 공동체의 호화로운 건물로 끌어들이는 데 이용된다.[93) 젠트리피케이션을 방지하도록 설계된 정책이 없는 녹색 건물, 공원, 기타 환경친화적인 도시화 형태는 부동산 가치의 급등을 조장하면서 생명 파괴적인 도시 독소의 집중에 대해 수십 년 동안 빈번하게 싸워온 해당 지역의 오랜 거주자들을 대체했다. 블룸버그 행정부에서 시행된 것 같은 하향식 녹색개발은 사회적으로, 그리고 환경적으로 취약한 자본주의적 도시화의 성격을 근본적으로 변화시키지 못한다. 만약 우리가 이러한 도시의 변화를 원한다면 끊임없이 증폭되는 성장에 기초해서 설계된 도시 모델을 버려야 한다. 어떤 경우 우리는 그러한 도시가 실제로 침몰하기 전에 그러한 도시 자체를 포기해야만 한다는 것을 받아들여야 할지도 모른다.

블룸버그 시장은 PlaNYC에 대한 그의 크나큰 야망을 2007년 지구의 날 Earth Day에 미국 자연사박물관American Museum of Natural History 무대에서 선언하는 방식으로 상당히 분명하게 표시했다. 그는 만약 연방정부가 기후변화에 대한 결정적인 행동을 취하지 않는다면 뉴욕 같은 도시들이 그것을 이끌어야 한다고 선언했다. 이미 지속가능한 도시계획을 제시한 런던이나 파리 같은 도시와 경쟁하는 지점에 뉴욕을 위치시키면서, 블룸버그 시장은 PlaNYC가 뉴욕을 "환경적으로 지속가능한 21세기 첫 번째 도시"로 바꿀 것이라고 주장했다.[94) 그것은 센트럴파크Central Park의 첫 번째 청사진이나 대공황Great Depression 시기 록펠러센터Rockefeller Center의 건설과 유사한 것이라고 암시하면서, 그는 과감하게 현 시기의 가장 어려운 문제 — 국가 차원에서 성공적으로

---

93) Melissa Checker, "Wiped out by the 'Green Wave': Environmental Gentrification and the Paradoxical Politics of Urban Sustainability," *City and Society*, 23:2(2011), pp. 210~229.

94) Thomas J. Lueck, "Bloomberg Draws a Blueprint for a Greener City," *New York Times*, April 23, 2007.

해결할 수 없었거나 해결할 의지가 없었던 문제 — 일부를 도시들과 시장들의 능력으로 처리할 수 있다고 선언했다.[95] 그러나 PlaNYC는 뉴욕이 오랫동안 포괄적인 도시계획에 대한 참여를 거절하던 데서 어떻게 벗어났는가라는 측면에서 아마 가장 주목할 만한 것이었다.

뉴욕에는 도시개발에 대한 합리적이고 포괄적인 계획이 없었다.[96] 이 도시 역사의 초기에는 측량사가 주요 계획가였는데, 이들이 1811년 맨해튼 북쪽 휴스턴가Houston Street의 발달을 규정한 유명한 사각형 격자 모양의 거리와 부지를 설계했다. 이러한 격자 모양은, 어느 정도 질서를 도입했지만, 궁극적으로 부동산 개발 및 그것을 지지하는 자유주의적 경제 이론의 요구에 의해 활발해졌다. 도시의 역할은 본질적으로 토지의 분할과 개발을 촉진하는 토지이용 정책의 골격을 수립하는 것이었다. 이 도시가 1898년 현재의 5개 자치구borough 형태로 통합된 뒤 이러한 근본적으로 반시민적인 정책이 강화되었고, 이 도시의 당국은 성장에 대한 어떠한 포괄적인 접근 방식도 회피했다. 이 시기 다른 산업화한 도시가 야심찬 발전 계획을 짜는 동안 뉴욕시는 그러한 역할을 시장市場이 주도하도록 허용하면서 자신의 역할을 용도(주거용, 산업용, 혼용)와 밀도에 따라 건물을 구분하는 제한된 구획 수단에 한정했다.[97] 구획이 질서 있는 성장을 허용할지 모르지만, 그것은 주요한 공적 지형 및 사회적 공간을 다시 형상화하기보다는 불평등 양상을 체계화하는 경향이 있다.[98] 심지어 현대 도시의 모범적인 공적 공간의 하나인 센트럴파크도 주로

---

95) Benjamin Barber, *If Mayors Ruled the World: Dysfunctional Nations, Rising Cities*(New Haven, CT: Yale University Press, 2013).

96) 뉴욕시와 도시계획에 대한 폭넓은 논의는 Tom Angotti, *New York for Sale: Community Planning Confronts Global Real Estate*(Cambridge, MA: MIT Press, 2008) 참조.

97) Alexandros Washburn, *The Nature of Urban Design: A New York Perspective on Resilience*(New York: Island Press, 2013), p. 103.

98) Julie Sze, *Noxious New York: The Racial Politics of Urban Health and Environmental Justice*(Cambridge, MA: MIT Press, 2007), p. 43; Angotti, *New York for Sale*, p. 61.

부동산 투기의 결과로 만들어졌다.[99] 지역계획기관Regional Plan Authority 같은 기관과 도시계획가 로버트 모지스Robert Moses 같은 인물은 이러한 부동산 법칙의 예외로 보일지 모르지만, 지역계획기관은 공식 정부조직이 아니어서 제안을 실행할 힘이 없었고 모지스는 과감하게 도시를 관통해 자신의 길을 헤쳐나간다는 몹시 안타까운 투지에도 상대적으로 단편적이고 비체계적인 방식으로 그의 계획을 실행했다.[100]

모지스가 뉴욕에 유발한 많은 모순 가운데 그리니치빌리지Greenwich Village 에 있는 동네를 보존하려고 싸운 제인 제이콥스Jane Jacobs의 투쟁이 가장 유명하다. 오만하고 종종 우둔한 현대적 도시설계자의 주장에 대한 제이콥스의 비난은 '미국 대도시의 죽음과 삶The Death and Life of Great American Cities'이라는 그녀의 유명한 1961년의 선언에 들어 있는데, 역설적으로 도시화 계획에 대한 부동산 상류층의 점증하는 저항과 부합했다.[101] 제이콥스는 모지스 및 연방정부의 '도시재생' 프로그램에 반대했는데, 수십억 달러의 연방 고속도로 프로그램Federal Highway Program은 1945년 이후 미국의 사회생활 구조를 바꾸면서 백인 중산층이 무질서하게 확산되는 교외로 이주하고 브롱크스Bronx 같은 도심의 동네가 황폐화하는 데 재정을 지원했다고 비판했다. 그러한 분리된 공간과 그 공간을 창출한 오만한 기획 특권에 반대하면서, 제이콥스는 그리니치빌리지의 "복잡한 보도 위의 발레intricate sidewalk ballet"를 옹호했다. 제이콥스가 보기에 그 도로는 건축가이자 도시계획가인 르코르뷔지에Le Corbusier 등

---

99) Matthew Gandy, *Concrete and Clay: Reworking Nature in New York City*(Cambridge, MA: MIT Press, 2002), p. 84.

100) 모지스가 도시에 미친 영향에 대한 흥미로운 논의는 Marshall Berman, *All That Is Solid Melts Into Air: The Experience of Modernity*(New York: Penguin, 1982), p. 294ff 참조.

101) Jane Jacobs, *The Death and Life of Great American Cities*(New York: Random House, 1961). 모지스와 제이콥스의 모순된 유산에 대한 논의는 Scott Larson, *Building Like Moses with Jacobs in Mind: Contemporary Planning in New York City*(Philadelphia, PA: Temple University Press, 2013) 참조.

이 주장해온 무정부적인 무질서의 공간이 아니라 복잡하고 유기적인 공동체가 형성되면서 안전하고 주목할 만한 민주적인 공간이 확보되는 기반이었다.

제이콥스의 노력으로 뉴욕에서 공동체적인 기획을 위한 공간이 열렸지만, 그녀가 도시 거리생활의 복잡한 연출에 대한 찬가를 쓰고 나서 10년도 못 가 뉴욕은 재정적인 위기로 경련했는데, 그 기간 동안 뉴욕의 지배층은 도시의 민주적인 거버넌스governance를 완전히 제거한 비상관리체제를 도입했다.102) 그들은 뉴욕의 지불 불능에 대해 자신들을 제외한 모든 사람 — 노동조합, 공공 근로자, 유색인 사회 — 을 비난했고 뉴욕의 사회민주주의적인 모든 분야에 대한 야만적인 삭감의 실행에 착수했다. 뉴욕의 이 비상관리체제는 미국 및 세계 전반에 신자유주의적 운영의 기초를 제공했는데, 정부의 역할은 시장이 가는 길을 방해하지 않는 것이라는 견해에 근거해서 성장을 위해 세금을 감축했으며 가장 기초적인 공공 기반시설의 제공을 제외한 모든 것을 회피했다.103) 신자유주의는 뉴욕의 금융, 보험, 부동산업계 지배층의 방침에 따라 공공 지출, 공공 근로, 도시의 공적 공간 및 공적 시설 생성 부문에서 사회적·경제적 자원을 빼냈다. 그 후 20년 동안 비상관리체제에 대한 저항이 많이 있었지만, 도시의 구조를 그들이 선택한대로 짜고자 하는 성장친화적인 지배층의 힘에 체계적으로 도전할 능력을 갖춘 사회적 세력은 거의 없었다.

도시 상류층 입장에서 보면 포괄적이고 장기적인 계획에 대한 이러한 전투적인 저항의 역사에서 PlaNYC는 심각하게 벗어난 것이었다. PlaNYC는 『이 것이 모든 것을 바꾼다This Changes Everything』에서 기후변화가 자유시장 이념의 파산을 드러낸다고 말한 나오미 클라인Naomi Klein의 주장을 뒷받침하는 증거다.104) 자본의 수도인 뉴욕의 시장 블룸버그는 통제되지 않는 자유시장제도

---

102) 재정위기에 대한 종합적인 분석은 Kim Moody, *From Welfare State to Real Estate: Regime Change in NYC, 1974 to the Present*(New York: New Press, 2007) 참조.

103) David Harvey, *A Brief History of Neoliberalism*(New York: Oxford University Press, 2007).

104) Naomi Klein, *This Changes Everything: Capitalism vs. The Climate*(New York: Simon and

때문에 기후변화의 잠재적 격변 과정이 시작되었다고 선언했다. 이러한 재난의 전개를 감안할 때 뉴욕에는 온실가스 배출을 완화하고 억제되지 않는 자본주의에 의해 방출된 악의적인 힘에 적응할 방법에 대한 계획을 수립하는 것 외에는 다른 선택이 없다고 블룸버그는 주장했다. 그러나 PlaNYC가 여러 가지 방법으로 도시를 녹화하기 위해 고안된 127가지 계획의 틀에서 문제를 해결하는 것을 추구했더라도, 그것은 뉴욕 상류층의 '계획에 대한 반감' 때문에 형성된 것이었다. 도시 이론가 피터 마르쿠제Peter Marcuse가 PlaNYC 발표 이후 지적했듯이 "더 푸르고 위대한 뉴욕greener, greater New York"에 대한 이 청사진은 도시의 물리적·경제적·사회적 필요에 대한 전반적인 평가를 포함하지 않았기 때문에 포괄적인 계획이 아니다.[105] 마르쿠제가 보기에 PlaNYC는 기반시설의 필요 및 환경적인 위협에 협소하게 초점을 두고 있으며 도시의 변화를 위한 많은 제안과 관련된 경제적·인종적 불평등에 개입하려고 시도하지 않는다. 이는 아마 PlaNYC가 노골적으로 비민주적인 과정을 통해 작성되었다는 사실에서 기인했을 것이다. 도시의 발전을 위한 계획은 그 계획의 영향을 받는 지역사회 이사회, 자치구 수장, 도시계획위원회, 시의회에서 검토하고 표결해야 한다고 뉴욕시 헌장The New York City Charter은 규정한다. 이 과정의 각 단계마다 일련의 공청회가 요구되지만 그 가운데 어느 것도 실행되지 않았다. 그 대신 PlaNYC 기안 작업은 시장이 관할하는 소규모 집단의 감독 아래 맥킨지McKinsey and Company라는 세계적인 자문회사가 수행했는데, 맥킨지는 뉴욕의 경제개발공사Economic Development Corporation와 맺은 계약을 바탕으로 일했다.[106] 다시 말해 도시의 미래가 사적인 기업조직에 맡겨졌는데, 거기에서는 도시 발전의 미래에 30년의 영향을 미치는 계획을 중요한 민주적

Schuster, 2014), pp. 31~63.

105) Peter Marcuse, "PlaNYC is not a 'Plan' and it is not for 'NYC'"(2008), hunter.cuny.edu.

106) Tom Angotti, "PlaNYC at Three: Time to Include the Neighborhoods," *Gotham Gazette*, April 12, 2010.

자문 없이 만들어냈다.

무수히 많은 뉴욕의 사회 및 환경 옹호 집단과의 교류는 물론 도시의 민주적인 계획 과정 참여에 실패한 것 때문에 블룸버그 행정부가 PlaNYC에 대한 대중의 지지를 얻는 것은 극히 어려웠다. 블룸버그의 독단적인 하향식 방법에 대한 대중의 불신은 특히 외곽 자치구에서 맨해튼 시내로 들어오는 운전자에게 혼잡 통행료를 부과하는 계획을 두고 표출되었다. 만약 블룸버그가 의도적으로 — 더 큰 공공의 이익을 위한 기술적인 해결책을 실행하는 기업가적 지도력을 통해 딱딱거리는 관료주의를 돌파할 능력을 갖춘 — 권위 있는 경영인 시장이라는 명성을 고양해왔다면, 그는 곧바로 PlaNYC가 유발한 혼잡 통행료에 대한 논쟁이 그에게 부과한 선민주의라는 비난을 진압하기 위해 싸웠을 것이다.[107] 어쨌든 혼잡 통행료를 통해 맨해튼의 공기를 깨끗하게 만들면서 도시를 위한 기금 또한 조성할 수 있었겠지만, 그 계획은 외곽 자치구의 더 먼 지역에서 도시 중심의 상업지구로 할 수 없이 통근해야 하는 점점 더 궁핍해지는 근로계층에 대한 매우 부당한 과세라는 이유로 쉽게 폐기되었다.

그럼에도 PlaNYC에서 제안된 정책 가운데 다수가 실행되었다. PlaNYC가 공표된 이후 뉴욕에서는 도시의 거리에 100만 그루가 넘는 나무를 심었다. 또한 그러한 거리의 300mile이 넘는 구간은 자전거 도로로 도색되었고 미국 최대의 공공 자전거 공유 프로그램이 수립되었다. 한때 자동차가 배타적으로 점유했던 타임스퀘어Times Square 같은 장소에 공적인 광장이 생성되어 도시의 빡빡한 교통을 완화하는 데 도움이 되었다. 그렇지만 PlaNYC의 가장 성공적인 측면은 온실가스 배출의 저감이다. 경영 자문이 배경인 맥킨지에 걸맞게 PlaNYC의 도시를 위한 장기 계획의 가장 상세한 요소는 에너지 효율을 촉진하는 노력이었다.[108] 뉴욕은 이러한 계획을 실행하기 위해, 이는 여론의 승

---

107) "블룸버그 방식"에 대한 예리한 분석은 Julian Brash, *Bloomberg's New York: Class and Governance in the Luxury City*(Athens, GA: University of Georgia Press, 2011) 참조.

인이 필요한 것이 아닌데, 자동차 군단을 친환경화할 하이브리드 자동차를 구매했으며, 정부 건물의 에너지 사용을 감축할 단열시설을 설치하고 조명 시스템을 개선했다. 뉴욕은 또한 전 도시의 건물주가 더러운 난방 연료를 더 깨끗한 천연가스로 대체하도록 장려했다. 2013년 임기 종료 직전 블룸버그 행정부는 뉴욕의 가스 배출 19% 감축을 기념하는 보고서를 발표했는데, 2030년까지 30%를 감축한다는 PlaNYC의 목표 2/3에 도달한 것이었다.[109] 그 보고서는 이러한 배출가스 감소를 효율 개선 및 에너지-사용 감시 덕분으로 돌렸지만, 또한 거의 60%의 감축이 석탄에서 천연가스로 연료 원천을 변경한 발전소에서 왔다고 인정했다.[110] 그러나 상대적으로 청정한 천연가스 공급의 많은 부분은 주 정부에서 금지해온 논란이 많은 원유 및 가스 추출 절차인 파쇄fracking 방식으로 확보되었다.[111] 블룸버그 시장은 심지어 추출한 천연가스를 펜실베이니아Pennsylvania의 셰일가스 지층Marcellus Shale에서 맨해튼 시내로 직접 가져오기 위해 천연가스가 더러운 난방 원유에 대한 더 깨끗하고 친환경적인 대안이라고 주장하면서, 뉴욕에 수십 년 만에 처음으로 지어지는 파이프라인pipeline 건설을 지지했다.[112] 논란이 많은 파이프라인은 뉴욕이 온실가스 배출을 인상적으로 감축하는 데 도움이 되었을지 모르지만, 또 다른 화석연료에 대한 추가 수요를 만드는 대신 재생가능한 에너지 원천으로 이동하는 종합적인 계획을 발전시키는 데 실패했다는 점을 분명하게 드

---

108) Angotti, "PlaNYC at Three."

109) "Reduction in Greenhouse Gas Emissions and New Programs to Continue Progress"(December 30, 2013), mikebloomberg.com.

110) Heather Rogers, "How Michael Bloomberg Greenwashed New York City," *Tablet*, January 5, 2015.

111) Scott Waldman and Bill Mahoney, "New York Increasingly Reliant on Natural Gas for Heat," *Politico*, October 5, 2015.

112) Mireya Navarro, "Pipeline Plan Stirs Debate on Both Sides of the Hudson," *New York Times*, October 26, 2011.

러냈다. 헤더 로저스Heather Rogers는 "뉴욕은 구조적으로 다른 곳에 있는 다른 사람들에게 자신이 가진 불균등하고 과소비적인 계급 구조의 쓰레기를 떠안기면서 우리 모두가 두려워하는 환경의 불안정성을 심화한다"[113]라고 언급했는데, PlaNYC의 이러한 요소는 그러한 유형의 일부다.

지속가능성에 대한 뉴욕의 요구는 다른 지역의 다른 사람들에게 환경 파괴를 떠넘기는 것에 달려 있다는 점은 전혀 놀라운 일이 아니다. 결국 뉴욕은 *매우 특별한* 도시다. 뉴욕의 생태학적인 역사는 단지 지역의 경관만이 아니라 미국의 식민지와 제국주의 미국의 세계적 차원의 순환에 연계되어 있는데, 이는 이 도시의 사회적·물리적 구조에 극적인 영향을 끼쳐왔다. 피터 스튜이브샌트Peter Stuyvesant와 네덜란드 서인도회사Dutch West India Company 시절에 시작해서 은행가, 변호사, 범대서양 노예무역에서 대규모 이윤을 만든 제당업자를 거쳐 서브프라임 모기지subprime mortgage 위기를 조장한 헤지펀드 관리자에 이르기까지, 뉴욕 경제계의 실세는 항상 멀리 떨어진 곳의 투기적인 기업을 통해 획득한 자본을 이 도시의 주요 부동산에 쏟았다.[114] 그들은 똑같이 이러한 축적 과정의 사회적·환경적 영향을 다른 사람들에게 — 그 사람들이 이 도시에 거주하건 다른 곳에 거주하건 상관없이 — 전가하는 것을 계속 추구했다. 금융이 점점 더 자본주의의 중심이 되는 신자유주의 시대에 이러한 역학이 강화되었다. 심한 결핍과 억압, 그리고 국내외에서 이뤄지는 극단적인 수탈에 의한 새로운 축적 과정과 병행해서 진행된 대규모 도시개발 프로젝트는 1980년대에 국제통화기금이 조장한 식량 폭동에서 '아랍의 봄Arab Spring'을 거쳐 오늘날의 '흑인의 생명도 소중하다Black Lives Matter' 운동에 이르기까지 저항과 진압의 폭발을 수반했다.[115] PlaNYC가 공표될 때까지 이러한

---

113) Rogers, "How Michael Bloomberg Greenwashed New York City."

114) 뉴욕의 이러한 지속성에 대해서는 Edwin G. Burrows and Mike Wallace, *Gotham: A History of New York City to 1898*(New York: Oxford University Press, 1999) 참조.

115) 자본주의의 점증하는 약탈적인 특성과 수탈을 통한 축적에 대해서는 David Harvey, *The*

형태의 도시 성장은 환경적으로도 사회적으로도 지속 불가능하다는 특징이 분명해졌는데, 이는 이 도시의 강력한 풀뿌리 환경정의운동에 의해 강조된 사실이다.[116] PlaNYC는 도시의 지속가능성을 촉진하는 노력으로, 그리고 걷잡을 수 없는 부동산 투기와 유혹적이지만 상대적으로 피상적인 다양한 녹화 시도를 결합한 자본주의의 주기적인 축적 위기에 대한 해결책으로 보여야만 했다. PlaNYC는 표면적으로는 이 도시의 기후변화를 완화하는 준비에 헌신했지만, 그럼에도 부동산 개발을 전면에 그리고 중심에 뒀다. 만약 도시의 탄소 배출을 축소할 필요가 그 계획의 일부라면, 도시의 성장 및 시멘트에서 냉방에 이르는 모든 것에 대한 소비를 억제할 필요에 대해 인식하고 있다는 흔적이 있어야 하는데, 그 계획에는 없다. 환경정의단체가 뉴욕 같은 도시의 불균등한 공해 분포 문제를 제기하기 위해서 채택한 지속가능성이라는 말을 PlaNYC는 전용轉用한다. PlaNYC는 지속가능성을 시장지향적인 도시개발 정책으로 변형한다. PlaNYC는 식별한 세 가지 주요 과제 — 성장, 낡은 기반시설, 점점 더 위태로워지는 환경 — 가운데 성장 문제를 첫 번째로 취급하면서 선호를 매우 분명하게 나타냈다.[117] "2030년까지 우리의 인구는 900만 명이 넘게 급증할 것인데 뉴욕의 5개 자치구에 보스턴Boston과 마이애미를 더한 것에 상당한다"라고 PlaNYC의 도입부는 선언한다.[118] 이러한 전망이 어디에서 왔는지는 그렇게 분명하지 않지만, PlaNYC는 1970년대 이 도시 인구의 붕괴를

New Imperialism(New York: Oxford University Press, 2005) 참조; 국제통화기금의 구조조정과 식량폭동에 대해서는 John Walton and David Seddon, *Free Markets and Food Riots: The Politics of Global Adjustment*(Cambridge, MA: Blackwell, 1994) 참조; 빵 가격과 아랍의 봄에 대해서는 Rami Zurayk, "Use Your Loaf: Why Food Prices Were Crucial in the Arab Spring," *The Guardian*, July 16, 2011 참조.

116) 뉴욕 환경정의운동 최고의 역사는 Julie Sze, *Noxious New York: The Racial Politics of Urban Health and Environmental Justice*(Cambridge, MA: MIT Press, 2007) 참조.

117) The City of New York, "PlaNYC: A Greener, Greater New York."

118) Ibid., pp. 4~6.

"증가하는 범죄와 삶의 질 저하" 때문으로, 그리고 뒤따른 성장을 이러한 삶의 질을 회복하기 위한 노력 때문이라고 보면서 그러한 인구 성장을 도시 부흥의 줄거리 일부로 구성한다.[119] 이러한 낙관적인 설명에는 이 도시의 전임 시장인 루디 줄리아니Rudy Giuliani 때 노숙자의 구걸 같은 "삶의 질" 범죄의 단속이 빈민과 유색인 공동체에 입힌 피해에 대한 언급이 없다.[120] PlaNYC의 도입부에서 "삶의 질" 같은 암호를 드러내지 않고 사용하는데, 이 계획의 수혜자에게는 분명한 표현이다. 그 계획은 강력한 치안과 대량 구금에 시달리고 자신의 지역에서 점점 더 배척받는 공동체를 위한 것이 분명히 아니다. PlaNYC에 따르면 이 도시의 성장 추세는 커다란 기회를 제공한다.

> 우리의 고용 능력은 보건과 교육에서 가장 큰 이익을 얻으면서 일자리 75만 개가 늘어날 것이다. 새로운 사무직 일자리는 재출현할 로어맨해튼, 허드슨야드Hudson Yards, 롱아일랜드시티Long Island City, 다운타운브루클린Downtown Brooklyn의 새로운 중심 상업지구를 포함한 6000만ft^{2}의 상업공간 수요를 만들 것이다.[121]

이러한 추정의 근거는 그 보고서의 인구 성장 숫자만큼 불분명한데, 예측된 거의 100만 명의 거주자 증가가 마술적으로 100만의 3/4에 이르는 새로운 일자리를 창출하는 것 같다. 이러한 추정은 대공황이 뉴욕을 강타한 이래 겪

---

119) Ibid., p. 4.

120) "삶의 질"의 역사와 "깨진 유리창" 치안에 대해서는 Andrea McArdle and Tanya Erzen(eds.), *Zero Tolerance: Quality of Life and the New Police Brutality in New York City*(New York: NYU Press, 2001) 참조; 관련된 최근 문헌은 Jordan T. Camp, *Incarcerating the Crisis: Freedom Struggles and the Rise of the Neoliberal State*(Berkeley: University of California Press, 2016); Elizabeth Hinton, *From the War on Poverty to the War on Crime: The Making of Mass Incarceration*(Cambridge, MA: Harvard University Press, 2016) 참조.

121) PlaNYC, 6.

은 최악의 경기침체가 시작되기 6개월 전인 "PlaNYC" 발표 시점의 고용 수치에 근거한 것인가? 그리고 주로 건강과 교육으로 나뉜 이 새로운 일자리에는 왜 상업공간 6000만ft²의 건설이 필요한가? 이러한 질문에 대한 대답은 통계적인 추정의 바탕에 있는 언급되지 않은 가정 — 오늘날 장밋빛 실업 통계는 앞으로 25년 동안 여전히 유지될 것인가 — 뿐만 아니라 PlaNYC 발표 4년 전에 이스트강East River을 항해하던 특별히 치장된 예인선에 있다.

2003년 겨울 그 예인선을 타고 가면서 뉴욕 건축협회 경제개발위원회New York Building Congress's Economic Development Committee 공동 의장이며 티시먼 부동산 건설Tishman Realty and Construction의 최고경영자인 대니얼 티시먼Daniel Tishman 은 "뉴욕시의 수변水邊, waterfront은 정말로 새로운 변경이며, 이스트강에는 매우 훌륭한 장소가 많이 남아 있다"라는 의견을 밝히며 자신의 주위에 펼쳐진 미래의 노다지 개발에 대해 돌아봤다.[122] 식민지 미국 정착민settler의 역사를 연상시키는 이러한 말은 젠트리피케이션의 바탕에 있는 인종의 역학을 미화한다. 1980년대 이후 쭉 부동산 잡지는 값싼 아파트를 찾아 이전 수십 년 동안의 "도시재생" 프로그램 때문에 산산조각 난 유색인 공동체에 뛰어든 "도시 개척자"와 재-정주자homesteaders를 칭찬해왔다. 이러한 젠트리파이어들gentri-fiers이 "용감하게" 미개척 토지를 점령한 정착민의 현대판으로서 찬양된 것이었다.[123]

사실 그 여행은 뉴욕시 기획위원회New York City Planning Commission 의장 어맨다 버든Amanda Burden 등 뉴욕 부동산업계의 가장 주요한 인물들이 수변개발

---

122) New York Building Congress, "Boat Tour Focuses on Waterfront Development Opportunities," *New York Building Congress Newsletter*(Winter 2003).
123) 스미스의 젠트리피케이션에 대한 분석에서 보듯이 "변경邊境 담론은 18세기 또는 19세기의 서구든 20세기 후반의 도시 내부든 간에 정복 과정을 합리화하고 합법화하는 역할을 한다". Neil Smith, *The New Urban Frontier: Gentrification and the Revanchist City*(New York: Routledge, 1996).

기회를 모색한 예인선 여행이었다. 버든은 귀족가문의 혈통과 아이비리그Ivy League 학위의 신뢰성을 가진 인물에게 직책을 맡기기 위해 블룸버그가 지명한 핵심 인물 가운데 한 명이었다. 블룸버그를 위해 일하기 전에 버든은 매립지에 (정부 지원으로) 조성한 호화로운 수변단지인 배터리파크시티Battery Park City의 공적 공간 계획을 감독했었다.[124] 버든은 모여든 일행에게 브루클린과 퀸스의 수변구역에 관련된 블룸버그 행정부의 계획에 대해 "이 도시의 역사에서 가장 야심찬 구역 재조정 계획의 하나"[125]라고 설명했다. 그녀는 또한 "저지대인 점을 감안하면서도 지역 주민들이 원하는 수변에 대한 접근성을 제공하는 것이 과제가 될 것"이라고 말했다. 그러한 수변 접근성의 증가는 민간 부동산 개발을 통해서만 가능할 것이라고 버든과 블룸버그는 믿었다.

예인선에 올라탄 개발업자 등은 배터리파크시티에 개발된 호화 콘도의 장벽 뒤에 수변 대상帶狀 녹지를 건축하는 전략을 복제해서 자신의 부동산 주변에 녹지를 건설하고 유지해야 한다는 의무감을 느꼈을 것인데, 이는 블룸버그 행정부 계획의 일환이었다. 이러한 개발계획은 강력한 뉴욕 부동산협회 Real Estate Board of New York의 촉구로 도시계획부가 설계한 '*1992년 종합 수변 계획*Comprehensive Waterfront Plan'의 청사진을 따랐다.[126]

수변개발은 블룸버그 행정부 출범 이래 핵심적인 우선 사업이었는데, 새로 선출된 시장이 2001년 대니얼 닥터로프Daniel Doctoroff를 경제개발 및 재건축 부문 부시장으로 지명했을 때 분명해진 사실이다. 닥터로프는 이전에 공직 경험이 없었지만, 2012년 뉴욕에서 올림픽을 유치하기 위한 응찰應札을 이끌면서 뉴욕 상류층 사이에서 명성을 얻었다. 그 응찰을 감독하면서 닥터로프는 환경의 지속가능성과 도시개발이 유대 관계에 있다는 것을 인지하게 되었

---

124) Brash, *Bloomberg's New York: Class and Governance in the Luxury City*, p. 88.

124) Brash, *Bloomberg's New York: Class and Governance in the Luxury City*, p. 88.

125) Ibid.

126) 뉴욕 부동산협회의 "토착 엘리트들의 대변인" 및 부동산 성장의 주요 촉진자로서의 역할에 대해서는 Angotti, *New York for Sale*, p. 39 참조.

다. 이는 그 응찰에 반영되었다. 즉, 맨해튼의 가장 서쪽 허드슨야드의 재개발이 핵심인 대형 프로젝트와 공원 및 자전거도로 같은 편의시설이(비록 5개 자치구에 분산되었지만) 결합된 것이다. 허드슨야드는 본질적으로 뉴욕의 상류층이 오랫동안 꿈꿔왔던 미드타운 중심 상업지구의 연장이며 확장판이다.[127] 닥터로프가 지명되었을 때 이러한 생각은 블룸버그 시장의 기획 개발 전략에서 핵심이 되었다.[128] 이 도시에 대한 닥토로프의 영향은 아무리 과장해도 지나치지 않다. 그는 허드슨야드의 재개발을 이끌었을 뿐만 아니라 9·11 공격에 뒤따른 로어맨해튼의 재건과 브루클린에 있는 그린포인트-윌리엄스버그Greenpoint-Williamsburg 같은 수변 지역의 재구획과 PlaNYC를 감독했다. 블룸버그 행정부가 발간한 문서는 닥터로프와 버튼을 "구획 관련 법률을 활용하여 새로운 개발을 촉진하고, 공동체의 복합적인 이용을 창출하고, 삶의 질을 개선하고 세수를 확대하기 위해 근본적으로 이 도시가 토지 이용 절차에 접근하는 방법을 바꿨다"라고 찬양했다.[129] 닥터로프와 버튼은 *뉴욕시를 위한 동반자*Partnership for New York City 같은 부동산 상류층 단체에서 설정한 목표의 충실한 집행을 통해 이 도시 부동산 상류층의 계획을 실행했다. 데이비드 록펠러David Rockefeller가 설립한 강력한 비영리단체인 *뉴욕시를 위한 동반자*의 문서 「2005년 우선사항2005 Priorities」은 닥터로프가 착수한 것과 거의 동일한 일련의 프로젝트를 제시한다. "2차 상업지구를 강화하고 무시되고 있는 수변 토지를 개척하는 민간 개발 프로젝트를 장려하기 위해 재구획 및 공공 투자를 호소"[130]하는 그 문서는 이러한 도시화 프로젝트를 추동하는 경제

---

127) Gotham and Greenberg, *Crisis Cities*, p. 218.

128) 블룸버그 시기 올림픽 응찰과 기획의 직접적인 관계는 Mitchell Moss, *How New York City Won the Olympics*(New York University, 2011) 참조.

129) City of New York, "Mayor Bloomberg Announces Deputy Mayor for Economic Development and Rebuilding Daniel L. Doctoroff Stepping Down at Year's End"(December 6, 2007).

130) Kim Moody, *From Welfare State to Real Estate: Regime Change in NYC, 1974 to the Present*, p. 213 인용.

적 이해관계를 적나라하게 드러낸다.

결정적으로 수변개발은 블룸버그 시기에 팽창되었는데, 로어맨해튼과 파웨스트사이드Far West Side뿐만 아니라 윌리엄스버그, 덤보DUMBO, 레드훅, 과너스Gowanus, 코니섬은 물론 경공업을 위한 네이비야드의 개발, 브루클린 시내의 애틀랜틱야드Atlantic Yards의 개발, 퀸스의 롱아일랜드시티 개발 등이 있다.131) 종합적으로 보면 이러한 프로젝트는 뉴욕의 수변을 전반적으로 변화시켰다. 거의 예외 없이 그러한 프로젝트는 엠파이어스테이트 개발회사Empire State Development Corporation: ESDC와 그 회사의 많은 자회사(예컨대 로어맨해튼 개발회사Lower Manhattan Development Corporation: LMDC, 타임스퀘어 허드슨리버파크 신탁Times Square Hudson River Park Trust, 애틀랜틱야드구역 재개발 프로젝트Atlantic Yards Area Redevelopment Project) 가운데 하나의 관할 아래 집행되었다.132) ESDC는 1960년대에 주지사 넬슨 록펠러Nelson Rockefeller가 지역의 반대에 직면한 "도시재생" 프로젝트를 입법부의 감독 없이 시행하기 위해 만든 많은 "공공복리회사public benefit corporations" 가운데 하나인 뉴욕 도시개발회사New York State Urban Development Corporation에서 파생했다.133) 1980년대까지 ESDC의 임무는 공공주택의 공급에서 거대 프로젝트를 통한 경제개발로 이동했다. 맨해튼 파웨스트사이드의 배터리파크시티나 제이콥 제이비츠 컨벤션센터Jacob Javits Convention Center 같은 논란이 많은 거대 프로젝트의 실행, 타임스퀘어의 "회생", 뉴욕 교도소 시스템의 규모 배가가 여기에 포함된다.134)

ESDC가 도시개발의 민주적 통제를 얼마나 좀먹었는지는 9·11 이후 맨해

---

131) Ibid., p. 215.

132) Ibid., p. 217.

133) Ibid., p. 118.

134) 타임스퀘어의 재건에 대해서는 Samuel R. Delany, *Times Square Red, Times Square Blue* (New York: New York University Press, 2001) 참조; 뉴욕주 교도소의 급증에 대해서는 Ryan S. King, Marc Mauer and Tracy Huling, *Big Prisons, Small Towns: Prison Economics in Rural America*(New York: The Sentencing Project, 2003) 참조.

튼 도심의 재건축을 지휘하기 위해 뉴욕 주지사 조지 퍼타키George Pataki가 설립한 ESDC의 자회사인 LMDC의 경우를 보면 아마 가장 명백할 것이다. 공공의 감독을 거의 면제받는 독립적인 기관으로서 LMDC는 월스트리트와 그 주변 지역의 훨씬 더 부유한 거주자뿐만 아니라 차이나타운Chinatown이나 로어이스트사이드 같이 주로 유색인이 많이 거주하는 지역의 곤궁한 근로계층에게도 경제적인 혜택이 돌아가는 진짜 공정한 도심 재건축에 대한 풀뿌리 집단의 호소를 물리쳤다. LMDC는 그 지역의 소규모 업체에 배정된 정부 보조금의 거의 절반이 수백 명의 종업원을 거느린 다국적 기업으로 가도록 만들었고, 그 지역에서 가동할 수 있는 저렴한 주택 프로그램을 너무 제한적으로 설정해서 실제로 거의 모든 가난한 동네가 배제되었다.135) 9·11 후속 정책은 공적으로 보조받는 (그러나 시장지향적인) 재개발과 성장의 형태로 진행되어야 한다고 주장하고 LMDC 같은 반민주적인 기관을 징발함으로써 도시의 상류층은 위기 이전의 불평등 양상이 그 회복 과정을 통해 심각하게 가중되도록 만들었다.136) 〈제4장〉에서 보듯이 *설계를 통한 재건* 같은 허리케인 샌디 후속 정책은 도시의 재난자본주의의 동일한 역학을 전형적으로 드러낸다.

그런데 PlaNYC가 근본적으로 헌신하고자 하는 부동산 개발의 지분 문제를 넘어서는 것이 이 개발의 현저한 불합리성이다. 즉, 제안된 거의 모든 개발이 연방재난관리청이 규정한 범람원汎濫源에 위치한다.137) 이는 기후변화에 대처하는 블룸버그 행정부의 노력이 기껏해야 피상적이었다는 것을 시사한다. 확실히 블룸버그 행정부가 해수면의 상승 및 관련된 위협에 대해 무지했다고 주장할 수는 없다. 어쨌든 그들이 고용한 과학 자문인 고더드 인스티튜트Goddard Institute의 신시아 로젠츠바이크Cynthia Rosenzweig는 해수면 상승의

---

135) Gotham and Greenberg, *Crisis Cities*, pp. 114~118.

136) Ibid., p. 133.

137) Wayne Barrett, "All Wet," *The Village Voice*, March 13, 2007.

불길한 양에 대해 상세한 추정을 담은 논문을 많이 집필해왔다. 윌리엄 솔렉키William Solecki와 공동으로 집필한 2001년의 논문에서 로젠츠바이크는 "기후변화는 이미 뉴욕시 권역에서 발생하고 있으며, 뉴욕은 지난 2년 동안 폭염, 가뭄, 홍수를 포함한 극단적인 기후의 영향을 받았다"라고 주장했다.[138] 로젠츠바이크와 솔렉키는 미래를 전망하면서 "해수면 상승의 핵심 위협은 폭풍 해일에 대한 영향이며, 해당 지역의 가장 중요한 기반시설 다수가 증가된 파손 위험에 빠질 것이다"라고 경고했다.[139] 주로 흑인 및 라틴계의 거주 지역인 노던맨해튼Northern Manhattan과 사우스브롱크스South Bronx에 영향을 미쳤던 1999년 여름의 단전을 인용하면서 기후변화가 초래한 점증하는 혹독한 폭염은 이 도시의 소외된 사람들을 가장 큰 위험에 빠뜨릴 것 같다고 그들은 또한 주장했다. 대도시 뉴욕 권역의 분열된 통치 구조 때문에 기후변화에 대처하려는 노력에 장애가 발생하는 것에 주목하면서 로젠츠바이크와 솔렉키는 수많은 필수 적응 전략을 제시했다. 그 가운데 "매우 취약한 해안 지역에 대한 투자 중단"[140]이 있다. 다시 말해 진지한 적응은 사람과 건물을 홍수구역 밖으로 옮기는 것을 포함하는데, 이러한 행동 경로는 닥터로프와 블룸버그의 야심찬—그리고 이윤이 많은—거의 600mile에 이르는 이 도시의 수변을 개발하기 위한 계획에 정면으로 배치되는 것이다. 실제로 로젠츠바이크는 도시의 적응에 대한 가장 포괄적인 연구에서 개발을 제한하기 위해 이 도시가 해안 부동산을 사들일 것을 권고했다.[141]

만약 로젠츠바이크의 권고가 채택되었다면 PlaNYC는 뉴욕시가 소유한 수변 부동산을 공원으로 바꾸는 포괄적인 계획에 근거했을 것이고, 그 계획을

138) Cynthia Rosenzweig and William Solecki, "Climate Change and a Global City: Learning from New York," *Environment*, 43:3(April 2001), p. 11.

139) Ibid., p. 13.

140) Ibid., p. 10.

141) Barrett, "All Wet."

통해 인근 근로계층에 훨씬 더 많이 필요한 녹지 공간을 제공하고 폭풍 시기의 홍수 흡수구역을 배가했을 것이다. 네덜란드 도시 로테르담Rotterdam이 건설한 "물 광장water plazas"이 그 모델이었을 것이다. 일상적인 조건에서 이러한 광장은 주변 지역사회의 매력적인 놀이터로 기능하지만, 폭우가 내릴 때에는 일시적으로 물을 저장하다가 폭풍이 가라앉으면 배수 시스템으로 천천히 물을 배출한다.[142] 더 넓게 보면 이 도시 수변의 그러한 변환은 일련의 더 부드럽고 더 유동적인 도시의 가장자리를 생성했을 것인데, 그런 가장자리는 견고한 제방이나 도시공간을 그 공간이 궁극적으로 의존하는 유동적인 환경에서 분리하기 위해 현대 공학이 사용하는 기타 강화 시설과 매우 다르다.[143] 또한 상호연계된 수변공원을 통한 식물과 습지의 상당한 추가는 뉴욕의 열섬 효과와 탄소 배출을 어느 정도 완화할 수 있었을 것이다. 브라이언 스톤Brian Stone이 주장하듯이 식물의 상당한 추가 같은 지표 변화는 기후변화의 위협에 대응하기 위해 도시가 취할 수 있는 단일한 가장 효과적인 (가장 경제적임은 말할 것도 없고) 조치다.[144] 스톤은 로런스 버클리히트 아일랜드 그룹Lawrence Berkeley Heat Island Group이 도시의 여름 기온을 3°C 낮출 것이라고 예측한 '로스앤젤레스에 1100만 그루 나무 심기'와 2030년까지 탄소 배출을 30% 감축하겠다는 로스앤젤레스 시 당국의 약속을 대조하면서, 뉴욕에서처럼 그 결과는 여전히 극적으로 높은 여름 기온으로 나타날 것이라고 지적한다.[145]

국제적인 기후 정책의 지향을 되풀이하는 PlaNYC는 이 도시 자체에 대한 즉각적인 보호장치를 생성하지 못하는 방식으로 온실가스 배출을 감축하겠

142) Anthony Doesburg, "Car Parks and Playgrounds To Help Make Rotterdam 'Climate Proof'," *The Guardian*, May 11, 2012.

143) 유동지형을 수용하기 위해 필요한 존재론적 변화에 대한 논의는 Anuradha Mathur and Dilip Da Cunha(eds.), *Design in the Terrain of Water*(Philadelphia: University of Pennsylvania Press, 2014) 참조.

144) Stone, *The City and the Coming Climate*, p. 99.

145) Ibid., p. 103.

다고 약속한다. 배출가스 감축은 분명 필요하지만, 심지어 그것이 궁극적으로 전 지구적으로 채택될지라도 수세기 동안 온난화를 감소시키지는 못할 것이다. 대조적으로 나무 심기와 건물 지붕 녹지화 강제 같은 적응적인 완화 형태는 비교적 짧은 시간 안에 극적으로 이 도시를 식힐 수 있을 것이다. 만약 이 도시가 수변을 드넓은 공원으로 바꿀 수 있었다면 녹색구역이 극적으로 추가되어 폭풍해일을 상당히 누그러뜨렸을 것이다. 비참하게도 PlaNYC를 형성한 성장명령이 뉴욕의 사회적·환경적 지형에 극적이면서도 비교적 즉각적인 개선을 가져올 엄청난 기회를 탕진하게 만들었다.

지난 20년 동안 뉴욕시의 수변개발업자가 만든 메마른 공공 둔치는 그러한 혁신적인 녹색 공간과 심한 차이가 있다. 인근 호화 콘도의 부유한 거주자는 폭풍에 직면해 도시에서 도망칠 수단이 있거나 또는 해수면 상승 때문에 기반시설이 붕괴하는 시점에 다다르면 뉴욕을 완전히 포기할지 모르지만, 그동안 그들이 배출한 막대한 탄소의 자취는 기후변화를 악화하는 데 큰 역할을 한다. 그렇지만 수변 부동산이 단순히 축적된 자본을 위한 배수구 역할을 할 때 더 장기적인 관점에서 생각할 유인 요소는 없다.[146] 그런데도 이러한 종류의 수변개발을 옹호하는 사람은 그들이 사용하지 않는 — 그리고 종종 유독한 — 산업구역을 활력 있는 혼합-소득 지역으로 바꾼다고 주장할지도 모른다. 실제로 이용되지 않는 수변을 간척하는 것은 PlaNYC에 제시된 핵심 계획의 하나다. 이러한 지침을 지지하기 위해 PlaNYC는 쇠퇴와 재생에 대해 또 다른 이야기를 꾸민다.

> 뉴욕 전역에 걸쳐 한때 삶, 행위, 활동, 상업으로 와글거리던 토지는 대개 버려진 채로 있었다. 제2차 세계대전 이후 공장과 항구가 폐쇄됨에 따라 해당 토지는 지역사회에서 단절되고 부두와 오래된 건물은 비워졌다. 우리의 경제는 진

---

146) Katy Lederer, "Why Buy in a Flood Zone?," *The New Yorker*, July 6, 2015.

화했지만 우리의 토지 이용은 그렇지 않았다.[147]

그러나 PlaNYC가 진술했듯이 빈 제조 현장을 주택, 상업, 공공공간의 혼합으로 대체한 그린포인트-윌리엄스버그 수변 재구획 계획 덕분에 이는 바뀌기 시작했다. 2005년 채택된 그 계획은 1만 채 정도의 신규 주택을 만들어낼 것으로 추정되었으며, 그 주택의 1/3은 저렴한 가격에 공급될 예정이다. 뉴욕이 1945년 이후 탈산업화의 쓰라린 파도를 겪은 것은 사실이다. 그러나 뉴욕의 일하는 수변 이야기는 자연의 진화 가운데 하나가 아니다. PlaNYC가 제안하듯이 이것을 제안하는 것은 편리한 형태의 속임수다.

다른 도시에서처럼 많은 제조업이 더 값싼 생산 현장을 찾아 뉴욕을 떠나 선벨트Sun Belt로, 그리고 해외로 나갔다. 생산의 세계화는 상품을 세계 전역에 값싸게 수송할 수 있게 만든 선적 컨테이너의 등장 때문에 가능했다.[148] 그러나 컨테이너 수송은 자본에 엄청난 힘을 넘겨서 노동자가 전반적으로 특정한 장소에 묶인 반면, 자본은 점차 매인 데가 없어지게 되었다. 컨테이너 수송은 선진 경제의 임금 및 노동자의 힘을 극적으로 침식하는 데 핵심적이지만 널리 알려지지 않은 역할을 했다. 컨테이너 수송은 국가의 단일 최대 항구인 뉴욕시의 역할을 파괴했다. 1956년에 뉴욕은 미국 해상 무역의 1/3을 취급했는데, 고가 상품에 전문화한 그 경제적 역할은 단순한 선적 항목 숫자를 훨씬 넘어섰었다. 뉴욕의 항만구역은 맨해튼과 브루클린의 수변을 따라 허드슨과 이스트강으로 돌출된 손가락 닮은 부두 뒤에 위치했는데, 도시 경제의 중심이었다. 예컨대 제2차 세계대전 이후 10만 명의 노동자가 다양한 해운산업에 고용되었고, 이 도시의 많은 제조업 일자리가 직접 항구에 연계

---

147) "PlaNYC," p. 21.

148) 컨테이너 수송의 역사에 대해서는 Marc Levinson, *The Box: How the Shipping Container Made the World Smaller and the World Economy Bigger*(Princeton, NJ: Princeton University Press, 2006) 참조.

되었다.[149] 보험과 은행 같은 부가적인 직업을 포함하면 이 도시의 항구가 직접 책임지는 총 일자리는 최소 50만 개였다. 도시의 경제에 미치는 중요성에도 불구하고 뉴욕의 항만은 1960년대까지 점점 더 심각한 타격을 입는 문제로 짓눌렸다. 그 가운데 엘리아 카잔Elia Kazan의 영화 〈수변에서On the Waterfront〉가 고발한 부두 노동자 조합의 부패가 있었다. 그러나 뉴욕시가 항구의 기반시설 투자에 실패한 문제도 있는데, 낡은 부두의 개조와 1960년대 초까지 점차 모든 수상 운임에서 몫이 커져가던 컨테이너 기반 선적을 취급할 시설을 구축하는 것 등이 그러한 문제였다. 뉴욕 시장 로버트 와그너Robert Wagner는 항만 당국이 1955년에 엘리자베스 항구를 개설한 것에 경각심을 나타냈지만, 도시의 많은 상류층은 뉴욕의 항구가 뉴저지의 습지로 이전된 것을 보고 더할 나위 없이 기뻐했다. 이 도시의 계획위원회는 1959년의 보고서에서 뉴욕은 버려진 부두를 재건해서는 안 되며, 대신 로어맨해튼의 수변을 새로운 사무용 및 주거용 건물로 이용해야 한다고 제안했다.[150]

뉴욕이 물건을 만들고 옮기는 도시에서 부동산 투기와 비물질적인 금융산업의 흐름에 기초한 도시로 변하기를 바라면서 그 계획위원회는 이 도시 상류층의 오랜 요구를 반복했는데, 이는 도시의 블루컬러 노동력을 화이트컬러 사무 노동자 및 부자를 위한 호화주택으로 대체하려던 지역계획협회Regional Planning Association의 1929년 초기 청사진까지 거슬러 올라간다.[151] 이 도시의 부동산 왕조로서는 세계무역센터 같은 사무용 건물에서 거둬들인 천정부지의 임대료를 통해 그러한 건물이 쫓아낸 소규모 사업이나 경공업에서보다 훨씬 더 많은 돈을 벌어들여야 했다. 금융 위기가 이 도시를 타격하기 10여 년 전에 뉴욕의 해양산업은 거의 완전하게 사라졌고, 동시에 공장의 1/4과 제조

---

149) Ibid., pp. 78~79.

150) Ibid., p. 90.

151) Robert Fitch, *The Assassination of New York* (New York: Verso, 1993), p. x.

업 일자리의 1/3이 없어졌다.[152] 이러한 변환은 금융 위기를 유발한 도시 소
득 감소에 중요한 역할을 했으며, 또한 안타깝게도 뉴욕이 이 나라에서 가장
불평등한 대도시로서, 즉 경제적 사다리의 최상층과 최하층 사이의 격차가 8
배가 넘는 극단의 도시로서 오늘날까지 지속되는 기초가 되었다.[153]

　　PlaNYC가 인용하는 그린포인트-윌리엄스버그 수변의 황폐화에 틀림없이
이러한 전 도시 차원의 역학이 작용했다. 그러나 지역사회가 겪은 고역에서
똑같이 중요했던 요소는 1801년 개장 이후 일반적으로 이 구역과 자치구 고
용의 기둥이었던 브루클린네이비야드를 1966년에 폐쇄한 것이었다.[154] 이
폐쇄는 '버스 카라반으로 워싱턴까지' 같은 시민운동에 고무된 격렬했지만 궁
극적으로는 쓸모없었던 항의에 직면했다.[155] 네이비야드의 폐쇄는 전후 시
기 백인의 교외 이주를 촉진했던 전국 고속도로 시스템 건설과 연방 보조 모
기지 프로그램 등 연방 차원의 반도시 정책 같은 종류였다. 이러한 정책은 많
은 아프리카계 미국 사람들과 푸에르토리코Puerto Rico 사람들이 괜찮은 직업
을 찾아 산업도시로 이주하던 바로 그때 도입되었다.[156] 정부가 교외 지역을
우대하면서 도시에 대한 투자를 포기하는 것은 실제로 백인을 우대하면서 유
색인의 생활에 대한 투자를 포기한다는 것을 의미한다.[157] 이런 정책은 유색
인 공동체의 "배수를 가속accelerate the drainage"하기 위해 그러한 공동체의 쓰레
기 수거와 지하철역에 대한 서비스를 철회한다는 "계획적인 축소planned shrink-

---

152) Levinson, *The Box*, p. 98.

153) Sam Roberts, "Poverty Race is Up in New York City, and Income Gap is Wide, Census
　　Data Show," *New York Times*, September 19, 2013.

154) Ellen M. Snyder-Grenier, *Brooklyn! An Illustrated History*(Brooklyn, NY: Brooklyn Historical
　　Society, 1996).

155) Ibid., p. 161.

156) Douglas Massey and Nancy Denton, *American Apartheid: Segregation and the Making of
　　the Underclass*(Cambridge, MA: Harvard University Press, 1993), p. 44.

157) Ibid., p. 54.

age"를 이 도시의 주택 정책 책임자였던 로저 스타Roger Starr가 옹호했을 때 최고조에 이르렀다. 이러한 포기 정책은 1970년대에 대니얼 패트릭 모이니핸 Daniel Patrick Moynihan이 전국의 도시와 관련해서 연방 차원에서 채택하기를 촉진했던 정책에 대한 리처드 닉슨Richard Nixon의 "소극적 방임benign neglect" 태도와 상통한다.158)

그러나 주로 흑인계와 라틴계가 거주했던 동네는 단순히 방치만 된 것이 아니었고 그러한 동네는 또한 적극적인 목표였다. 전후 시기 유색인이 정착한 많은 수변 동네는 주택과 산업이 혼합되었다는 특색을 띠었다. 1961년에 이 도시는 이렇게 혼합 이용이 되고 있던 많은 동네를 오직 산업용으로 재구획했다. 중공업 용도로 구획된 수변 토지 위에 공공의 검토나 승인 없이 폐기물 및 기타 유독물 관련 시설이 자리 잡을 수 있었다. 이러한 구획의 결과 도시 수변을 따라 저소득 유색인 공동체 안에 유독시설이 불균등하게 집중되었다. 그러한 공해 시설을 배분하는 데 도시 전체적으로 어떤 공정분배 원칙도 적용되지 않았다. 그 대신 기획자들은 간단히 토지 가격이 가장 낮은 동네 — 예외 없이 저소득 유색인 공동체 — 에 유해산업을 축적하는 것을 허용했다. 예컨대 윌리엄스버그와 그린포인트는 이 도시에서 폐기물 처리시설이 가장 집중된 곳인데, 핵폐기물 처리시설 1개, 오수 처리장 1개, 수십 개의 민영 폐기물 처리시설, 같은 숫자의 원유 및 가스 보관시설, 유해 폐기물을 취급하는 수백 개의 산업, 전국 최대의 지하 유류 유출이 여기에 있다.159) 유색인의 수변 공동체에 유해시설이 집결되도록 이끈 유사한 역학이 도시의 다른 지역에서도 작동했다.

1992년에, 이러한 역학을 인식했지만 또한 악화한, 도시계획부의 종합 수변 계획은 윌리엄스버그-그린포인트의 두 구역 네이비야드와 뉴타운크리크

---

158) Angotti, *New York for Sale*, p. 77.

159) Ibid., p. 139.

Newtown Creek를 이 도시의 주요해양산업구역Significant Maritime and Industrial Areas: SMIA, 즉 중공업과 공해 기반시설의 집중을 권장하기 위해 설계된 구역으로 특화했다. 뉴욕시가 지정한 다른 주요해양산업구역은 브루클린의 선셋파크와 레드훅, 사우스브롱크스, 스테이튼섬의 노스쇼어North Shore of Staten Island에 있다. 이들은 모두 저소득 유색인 공동체다. 이 도시는 그러한 유해시설을 취약한 동네로 모으면서 맨해튼 도심처럼 부유한 지역에 있는 수변을 허드슨리버파크 같은 매력적인 공간으로 바꿨다. 실제로 이러한 동시 변화는 종합 수변 계획에서 명시적으로 고안된 것이었다.

이러한 변화는 이 도시의 환경정의운동을 촉진했다. 1980년대 말 윌리엄스버그에서 이전 네이비야드에 쓰레기 소각로를 설치하려는 도시계획에 대한 반대가 생겼다. 환경을위한공동체연합Community Alliance for the Environment: CAFE이라고 불리는 단체가 그 소각로에 반대해서 그때까지 적대적이었던 라틴계와 유대계 공동체를 단결시켰다.160) 그 소각로가 수 톤의 발암성 재를 만들어낼 것이라는 사실에도, 일부 전국적인 환경단체는 이 도시가 엄격한 배출 통제를 도입하고 전 도시 차원의 재활용 프로그램을 시작하기로 약속했기 때문에 그 소각로 계획을 지지했다. 부동산 개발업자 입장에서는 그 소각로가 전력 공급을 증가시켜 더 많은 건물에 대한 전력 공급을 허용할 것이기 때문에 그 프로젝트에 호의적이었다. 시민권과 사회적 정의 문제를 환경주의에 주입하고 그에 따라 대중적인 압력 활동을 조직하면서 CAFE는 1990년대 중반까지 이 도시가 그 프로젝트에 대한 지지를 중단하도록 설득할 수 있었다. 소각로를 공유 환경에 대한 위험이란 틀에 맞추면서 CAFE는 정치적 연대 및 문화적 차이에 대한 존중이 형성될 수 있는 공통 기반을 확보하는 데 성공

---

160) Melissa Checker, "'Like Nixon Coming To China': Finding Common Ground in a Multi-Ethnic Coalition for Environmental Justice," *Anthropological Quarterly*, 74:3(July 2001), pp. 135~146; Angotti, *New York for Sale*, pp. 139~140.

했다.

그러나 환경정의를 위한 성공적인 투쟁을 수행했던 다른 지역사회와 마찬가지로 이 승리 바로 뒤에 강력한 젠트리피케이션이 이어졌다.[161] 개발업자들은 맨해튼을 넘어 "새로운 개척지new frontier"를 찾으면서 윌리엄스버그-그린포인트 같은 지역의 수변구역을 척박하고 사람이 살지 않는, 아니면 PlaNYC의 용어대로 "대체로 포기된largely abandoned" 곳으로 표현하는 것이 편리하다는 것을 알게 되었다. 도시의 수변은 "비어 있고", 그 토지는 주위 공동체에서 "단절되어 있다"라고 말하는 것은 수십 년에 걸쳐 수변을 따라 펼쳐진 환경정의를 위한 투쟁에 대해 놀랍지만 편리한 형태의 무지를 보여주는 것이다. 그것은 방출, 유독성, 저항이라는 역사를 지워버리고 공동체 구축의 풍부한 역사를 *주인 없는 땅terra nullius*에 대한 식민적인 정착 담론으로 대체하는데, 그러한 과정에서 그 땅은 식민화에 적합한 텅 빈 황무지로 취급된다.[162]

그런데 수변을 따라 저렴한 주택을 만들겠다는 PlaNYC의 약속은 어떻게 되었는가? 블룸버그가 시장으로 재임한 12년 동안 아파트 임대료 중위값은 54% 치솟은 반면 가계 소득 중위값은 단지 2% 증가했다.[163] 뉴욕에 저렴한 주택이 급히 필요했다는 것에는 의심의 여지가 없지만, 불행하게도 그린포인트-윌리엄스버그에 약속했던 수천 채의 저렴한 주택은 건설되지 않았다. 다만 공동체 활동가와 지역 정치인의 열렬한 운동의 성과로 신규 주택의 20%는 저소득 및 중위소득 인구를 위해 지어질 수 있도록 이 도시의 개발에 관련된 세금 혜택이 변경되었다.[164] 윌리엄스버그 개발 이전에 시 당국은 개발업자

---

161) 성공적인 환경정의 투쟁과 실행가능한 저항 전략의 고통스러운 역설에 대해서는 Angotti, *New York for Sale*, p. 30 참조.

162) 주인 없는 땅 담론에 대해서는 Mary Louise Pratt, *Imperial Eyes: Travel Writing and Transculturation*(New York: Routledge, 1992) 참조.

163) Real Affordability for All Coalition, *A Tale of One Housing Plan: How De Blasio's NYC Is Abandoning the Same Low-Income People as Bloomberg*(2016), P. 1.

164) Paul Moses, "A New Colony," *The Village Voice*, May 10, 2005.

가 건설하기로 약속한 저렴한 주택을 그들이 건축하고 있는 건물이 있는 지역 외의 다른 지역에 건설하는 것을 허용했는데, 그러한 저렴한 주택의 거의 대부분은 브루클린 수변처럼 빠르게 젠트리피케이션이 진행되는 구역보다는 사우스브롱크스에 지어졌다. 빈곤층 및 근로계층을 세금-보조 개발 단지에 거주할 수 있도록 한다는 합의가 윌리엄스버그에 제시된 첫 번째 타협책이었다.165) 그러나 문제는 저렴한 주택을 건설하는 것이 순전히 자발적인 것이었다는 점이다. 게다가 진정한 서민용 주택을 위한 연맹Real Affordability for All의 마리차가 주장하듯이 저렴한 가격에 대한 기준은 종종 젠트리피케이션을 막기보다는 그것의 확대로 끝을 맺는다.166) 저렴한 가격은 해당 지역 중위소득 구간에 기초해서 연방정부가 설정한 공식에 따라 결정된다. 뉴욕처럼 경제적으로 극단적인 도시에서는 중위소득이 저소득 지역 근로자의 임금보다 훨씬 더 높은 경우가 자주 있다. 그래서 개발업자가 심지어 80%의 호화주택에 20%의 저렴한 주택 건설을 받아들여도 포괄적인 구획 지침에 따른 시장-가격 기준의 신규 아파트 건설은 불가피하게 부동산 가치와 가난한 동네의 임대료를 상승시키고, 그 구역에 이미 존재하는 저렴한 주택을 파괴하면서 빈곤계층 및 근로계층을 몰아내는 결과로 끝난다.167) 현재 실행되고 있는 저렴한 주택 정책은 토지에 대한 투기로 이어지면서 파렴치한 투기자를 부유하게 만드는 반면, 수십 년의 경제적인 박탈과 오염된 동네의 완만한 폭력에 이미 노출된 저소득 유색인 공동체의 주민을 몰아낸다. 평등주의처럼 들리는 PlaNYC의 저렴한 주택에 대한 약속은 뉴욕을 21세기 가장 지속가능한 도시로 바꾸겠다는 광범위한 다짐처럼 공허할 뿐인 것으로 판명되었다. 그러나 여기에서 논의된 PlaNYC의 요소는 블룸버그의 후임인 빌 드 블라지오Bill de

---

165) Ibid.

166) Maritz Silva-Farrell, October 19, 2015, Personal Interview.

167) Angotti, *New York for Sale*, p. 54.

Blasio 시장의 계획 하나의 뉴욕OneNYC의 중심으로도 유지된다.[168) 기후혼란의 시작에 대비해서 도시가 적절하게 준비하도록 만드는 데 이러한 계획이 무능한 이유는 이러저런 취약한 기반시설에 대한 관심 부족에 있는 것이 아니다. 그 이유는 그러한 계획이 투자자가 계속해서 도시의 부동산에 더 많은 자본을 묻도록 권장한다는 데 있다. 이러한 자본은 유독성으로 천천히 시민을 죽이지 않더라도 결국 몰락하면서 가격이 급락하는 토지에 매달리고자 애쓰는 시민 대부분을 곤궁하게 만들 것이다. 기후혼란에 직면해서 도시의 탄력성을 제고하는 계획으로서 자전거 도로망 같은 환영할 만한 개혁을 도입할지 모르지만, 자본축적 및 투기적인 도시개발의 필요에 계속 머무는 한 그것은 위장환경주의greenwashing에 불과할 것이다. "자본/수도가 몰락한다capital sinks"의 이중적인 의미가 암시하듯이 지구적인 도시화의 위기는 필연적으로 도시환경의 위기다. 이러한 위기에 대한 해결책은 도시를 재앙적인 자본의 통치에 계속 종속시키는 도시개발에서 나오는 것이 아니고, 반자본주의적인 기후정의의 가치에 근거해서 형성된 도시의 미래에 대한 계획에서 나온다.

자카르타: 적응을 통한 축적

자카르타는 최근 10년 동안 베이징과 방콕의 아찔한 발전을 뛰어넘는 맹렬한 속도로 성장하면서 인구 3000만 명이 넘는 세계에서 두 번째로 큰 메트로폴리탄metropolitan 권역의 일부가 되었다. 인도네시아의 수도인 자카르타는 세계에서 가장 빠르게 침몰하는 도시의 하나라는 불행한 특징 또한 지니고 있다. 네덜란드의 한 전문가 팀에 따르면 자카르타는 극단적인 침몰의 사례다.

---

168) 드 블라지오 시장의 OneNYC에 대한 비판적인 평가는 the New York City Environmental Justice Alliance's *NYC Climate Justice Agenda*(April 2016) 참조.

이 도시는 매년 평균 3in씩 가라앉으며 일부 지역은 연간 10in까지 가라앉는다.[169] 북쪽 자카르타 지역의 40%는 현재 해수면 아래 놓여 있고, 15년이 지나면 이 숫자는 80%로 상승할 것이다. 2007년의 막대한 홍수 때문에 이 도시의 거의 절반이 13ft에 이르는 물에 침수되어 34만 명이 자신의 집을 버리고 대피했고, 이는 이듬해 시 당국의 방조제 건설로 이어졌다. 방조제 위에는 무단거주자가 지은 깡통으로 만든 많은 오두막이 있는데, 이미 그 일부는 만조 때 물에 잠기고 있다.

이러한 위기에 대응하기 위해 자카르타는 세계 최대의 방조제 건설을 계획하고 있다. 30년에 걸쳐 네덜란드 기업 컨소시엄consortium의 지원으로 건설될 이 방조제의 외부 벽은 80ft 높이인데 25mile에 이를 것이고, 1/3은 자카르타 만의 물위로 돌출될 것이다.[170] 이 프로젝트는 수도권 통합 해안개발National Capital Integrated Coastal Development, 거대 방조제Giant Sea Wall 등 다양한 이름으로 진행되지만 대중적으로는 위대한 가루다Great Garuda로 알려져 있는데, 방조제와 거기에 부속된 17개 인공섬이 인도네시아의 국가적 상징으로서 새를 닮은 신비한 생명체인 가루다의 형태로 설계되었기 때문이다. 두바이의 인공적인 "섬 세계island world"와 부속 거대상가, 유흥구역, 마천루의 아찔한 환상에 필적하지는 못하지만, 그럼에도 위대한 가루다는 유사한 수준의 건축 거대주의와 도시의 브랜드화를 열망한다.[171] 실제로 개발업자들은 400억 달러 규모의 이 프로젝트는 필수적인 쇼핑몰과 "A-등급"의 사무용 고층 건물은 물론 인공섬 위의 호화주택 판매를 통해 보상받을 것이라고 약속한다.[172] 이 프로젝

---

169) Wendy Koch, "Could a Titanic Seawall Save This Quickly Sinking City?," *National Geographic*, December 10, 2015.

170) Ibid.

171) 두바이의 건축 환상에 대해서는 Mike Davis, "Fear and Money in Dubai," *New Left Review*, 41(September-October 2006), pp. 47~68 참조.

172) Koch, "Could a Titanic Seawall Save This Quickly Sinking City?"

트에 참가하는 한 네덜란드 건설회사에 따르면 위대한 가루다는 자카르타가 도시 브랜드화의 아수라장에서 자신을 내세우는 데 도움을 주는 것에 더해 "위생 및 도시 재건이라는 추가 이익과 더불어 물 안전에 대한 통합적인 해결책을 제시한다".[173] 네덜란드 건축업계 소식지는 이 약속을 풀어놓으면서 이 프로젝트가 "기존의 제방 위에 있는 빈민구역을 재건할" 뿐만 아니라 "기존의 해안 방벽을 강화해서" 이 도시를 개선할 것이라고 설명했다.[174] 다른 말로 하면 위대한 가루다가 바람직하게 조성한 해변에 부유한 시민과 국제적인 투자자가 정착할 수 있도록 가난한 사람의 주택은 철거되고 그들은 강제적으로 멀리 떨어진 배후지로 쫓겨날 것이다.[175]

네덜란드 자연지리학자 빅토르 코넨Victor Coenen은 위대한 가루다를 "완전히 새로운" 도시 방조제라고 과찬한다.[176] 그러나 위대한 가루다가 역사적으로 가장 큰 방조제일지 모르지만 그것이 독특한 것은 아니다. 실제로 홍수로 인한 비용보다 훨씬 더 경제적이라는 이유로 유사한 프로젝트가 엄청난 비용에도 전 세계에 걸쳐 진행되고 있다.[177] 예컨대 홍수에 시달리는 나이지리아Nigeria의 도시 라고스의 해안에 인공장벽으로 이뤄지는 섬 에코애틀랜틱Eko Atlantic이 건설되고 있다. 홍보용 비디오에서 에코애틀랜틱은 호화 마천루에 25만 명을 수용하는 "이산화탄소 배출을 최소화한 깨끗하고 에너지 효율적인 지속가능한 도시"로 묘사되며, 개발업자들은 5톤 콘크리트 블록 10만 개로

---

173) Kuiper Compagnons, "The Great Garuda to Save Jakarta"(November 2015).

174) "Dutch Seawall and Development Plan for Jakarta Bay Well Received by Indonesia Authorities," *Dutch Water Sector News*, April 3, 2014.

175) "Objectives", National Capital Integrated Coastal Development, en.ncicd.com/ncicd/tujuan-ncicd.

176) Koch, "Could a Titanic Seawall Save This Quickly Sinking City?" 참조.

177) Jochen Hinkel, Daniel Lincke, Athanasios T. Vafeidis, Mahe Perrette, Robert James Nicholls, Richard S. J. Tol, ⋯ and Anders Levermann, "Coastal Flood Damage and Adaptation Costs under 21St Century Sea-level Rise," *Proceedings of the National Academy of Sciences*, 111:9(March 4, 2014).

구성된 에코애틀랜틱이 상승하는 해수면에 대한 방조제 역할을 통해 라고스에 도움이 될 것이라고 약속한다.[178] 위대한 가루다처럼 에코애틀랜틱도 민간 개발업자가 짓고 있지만, 문제의 개발업자가 차고리Chagoury 형제라는 점에서 극단적인 도시의 사악한 요소는 이 경우 훨씬 더 분명하다. 차고리 형제는 나이지리아에서 수십억 달러를 약탈하고 환경운동가 켄 사로-위와Ken Saro-Wiwa를 처형한 부패한 악명 높은 군사독재자 사니 아바차Sani Abacha의 참모였다.[179]

에코애틀랜틱 개발업자들의 불미스러운 역사에도 그 섬의 땅 한 조각을 소유한다는 것은 나이지리아 상류층 사이에서 지위의 상징이 되었고, 자기 돈을 나라 밖으로 빼돌리는 경향이 있는 그들로서는 부를 과시하는 극적인 수단이 되었다.[180] 빅토리아섬Victoria Island의 확장인 에코애틀랜틱은 마코코Makoko 같은 무단주거지로 둘러싸여 있다. 마코코는 라고스 석호潟湖의 나무 기둥 위에 걸쳐진 무너질 것 같은 오두막이 모인 도시인데, 여기에 이 도시의 상류층 단지에서 일하는 요리사, 운전사, 수위, 유모, 경비 등이 살고 있다.[181] 에코애틀랜틱과 위대한 가루다 모두 기후변화의 시기에 나타난 신자유주의적인 도시화 환상에 관련된 극단적인 사회적 불의가 어떻게 전개될지 보여준다. 언론인 마틴 루카스Martin Lukacs가 말하듯이 "에코애틀랜틱에서 우리는 잠재적인 미래를 보기 시작할 수 있다. 그 미래에는 억만장자ultra-rich를 위한 사유화한 녹색단지green enclaves가 물과 전력이 부족한 빈민가로 둘러싸여 있는데, 그 빈민가에서는 과잉인구가 감소하는 자원 및 다가오는 홍수와

---

178) Martin Lukacs, "New, Privatized African City Heralds Climate Apartheid," *The Guardian*, January 21, 2014.

179) Ibid.

180) Lekan Pierce, November 20, 2015, Personal Interview.

181) Tolu Ogunlesi, "Inside Makoko: Danger and Ingenuity in the World's Biggest Floating Slum," *The Guardian*, February 23, 2016.

폭풍을 막을 대피소를 두고 다툰다".[182] 루카스가 지적하듯이 에코애틀랜틱은 무장이 잘 된 사설 경비부대뿐만 아니라 넘을 수 없는 부동산 가격 장벽에 의해 가난한 사람들에게서 보호된다. 에코애틀랜틱은 상류층이 지구적 환경 위기에서 이익을 얻을 수 있도록 허용하는 한편, 루카스가 기후 아파르트헤이트 형태로서 적절하게 묘사한 상황을 견고하게 만든다.

심지어 이러한 "녹색단지"의 환경보호 약속이 이행되더라도 그것이 재생산한 노골적인 불평등은 여전히 가공스러울 것이다. 정교한 환경기술이 그 설계에 아무리 많이 포함되었더라도, 녹색단지의 만연한 소비지상주의는 그 것을 촉진하는 데 사용되었던 녹색 상표를 무효로 만드는 엄청난 탄소 발자국을 남기게 될 것이다. 위대한 가루다의 경우 녹색도시개발의 환경적·사회적 모순은 눈에 띄게 명백하다. 우선 첫 번째로 방조제는 해수면 상승에 대해 미심쩍은 해결책이다. 대부분의 경우 방조제는 범람을 막는 데 실패한다. 후쿠시마 다이이치 원자로의 융해로 이어진 2011년의 재난에서 쓰나미가 타격했을 때 해안 방조제의 90%가 바스러졌다.[183] 이러한 사건이 시사하듯이 사람들에게 안전에 대한 잘못된 감각을 부여하고 위험한 장소에 건물을 짓도록 이끄는 것을 통해 방조제는 역설적으로 재난을 악화하는 경향이 있다.

더 나쁜 것은 위대한 가루다가 자카르타 침몰의 기본적인 요인인 지하수 뽑아 올리기 문제를 처리하지 못한다는 점이다. 위대한 가루다를 위해 자문하고 있는 네덜란드 건축가 얀야프 브링크만JanJaap Brinkman은 다음과 같이 말한다.

가장 값싸고 쉬운 해결책은 침몰을 중단시키는 것이다. 자카르타가 실행할 필

---

182) Martin Lukacs, "New, Privatized African City Heralds Climate Apartheid."

183) David McNeill, "Japan's Sea Wall: Storm Brews Over Plans to Construct Giant 5 Billion Pound Barrier against Tsunamis," *The Independent*, March 6, 2016.

요가 있는 유일한 일은 심층 지하수 사용의 중단인데, 그리하면 5년에서 10년 이내에 침몰이 멈출 것이다. 그렇게 되면 자카르타만의 폐쇄도, 거대한 방조제도 필요 없을 것이다.[184]

자카르타의 개인과 기업이 지속불가능한 비율로 지하수를 뽑아 올리기 때문에 자카르타가 침몰하고 있다. 만약 실행가능한 물 공급 대안이 있었다면 이러한 지하수 사용은 멈췄을 것이다. 그러나 이 도시를 관통해 흐르는 강 13개의 오랜 오염 때문에 그러한 대안은 없다. 현재 자카르타 유일의 하수 처리 공장은, 놀랍게도 도심의 상업구역에 위치해 있는데, 도시 하수의 단지 2%만 정화한다. 나머지는 수 톤의 플라스틱 및 기타 쓰레기와 함께 이 도시의 강으로 바로 버려진다. 50억 달러의 비용으로 2050년까지 완성될 것으로 추정되는 하수 처리 시스템을 자카르타에 건설하려는 노력은 그 비용을 중앙정부와 자카르타 가운데 누가 걸머지느냐를 놓고 합의가 이뤄지지 않아 좌절되었다.[185] 이러한 정쟁이 진행되는 동안 자카르타는 계속 놀라운 속도로 침몰하고 있으며, 위대한 가루다 같은 개발 제안이 실행가능한 유일한 선택지로 보이게 되었다.

그러나 위대한 가루다에는 엄청난 환경비용이 뒤따른다. 인도네시아 해양 수산부Indonesian Ministry of Marine Affairs and Fisheries의 연구에 따르면 이 프로젝트는 도시를 양분하는 칠리웡Ciliwung강 및 기타 강이 흘러드는 자카르타만에 심각한 손상을 입힐 것이다.[186] 방조제 건설 과정 중 만의 바닥에서부터 침전물이 뒤집힐 것인데, 그러한 과정은 물의 투명성을 감소시킬 것이고 이미 손상되고 있는 산호초, 해초층, 물고기 개체 수, 해삼, 해우海牛, manatees, 기타 해

---

184) "Editorial: Stop Jakarta's Sinking," *The Jakarta Post*, October 10, 2015.

185) Ibid.

186) Corry Elyda, "Sea Wall an Environmental Disaster: Study," *The Jakarta Post*, October 7, 2015.

양생물에 손상을 입힐 것이다.[187] 연구는 또한 이 건설 과정이 1000개의 섬 Thousand Islands이라고 알려진 자카르타 북쪽 군도 일부의 침식을 야기할 것이라고 말한다. 대양개발 및 해양문명센터Center for Ocean Development and Maritime Civilization의 이사 무함마드 카림Muhamad Karim은 위대한 가루다가 자카르타만의 해양 생태계가 생산한 3억 7600만 달러의 경제적·환경적 이득을 날려버릴 것이라고 주장한다.[188] 카림은 인도네시아 정부가 파괴적인 방조제를 건설하는 대신 보호용 맹그로브mangrove 나무로 대체해서 해안 복원을 실행하도록 촉구한다.

인도네시아 해양수산부 연구원 타슬림 아리핀Taslim Arifin은 환경파괴가 덜한 해안도시 보호방법에 대한 논쟁을 매듭지으면서, 만약 위대한 가루다의 건설이 계획대로 진행된다면 "방조제 안의 물은 커다란 공해 연못이 될 것이다. 만약 시 당국이 강의 오염을 처리하는 데 착수하지 않는다면 상황은 더욱 악화될 것이다"라고 말했다.[189] 아르핀은 방조제가 13개의 강에서 자카르타만으로 흘러들어온 쓰레기를 가둬 만의 산소 수준이 떨어짐에 따라 해양생물군을 죽이는 부영양화富營養化를 야기할 것이라고 주장한다. 환경에 관련된 이러한 비평에 대해 위대한 가루다를 위한 종합 계획의 초안을 만들었던 자문팀은 이 프로젝트도 "(다른 거대 프로젝트와 마찬가지로) 환경에 영향을 미치지만, 그것이 수용할 수 없는 수준은 아니다"라고 인정했다.[190] 이 방조제 때문에 야기된 환경의 손상을 수용할 수 있는 주요 근거는 "자카르타만 서식지의 질이 (오염 때문에) 이미 너무 나빠서 손실이 제한될 것이다"라는 점이다. 이러한 평가는 해양수산부가 만든 보고서와 직접적으로 모순되며 자카르타를

---

187) Dyna Rochmyaningsih, "Jakarta Clips 'The Great Garuda' Wings," *SciDevNet*, May 16, 2016.

188) Ibid.

189) Elyda, "Sea Wall an Environmental Disaster."

190) Ibid.

둘러싼 해양 서식지의 조건에 대한 편파적이지 않은 평가로 수용될 수 없다.

위대한 가루다가 야기한 환경파괴는 자카르타 시민을 보호한다는 더 큰 이득과 절충될 것이라고 주장할지 모른다. 그러나 어떤 시민이 보호될 것인가? 우선 이 프로젝트는 자카르타만과 주변에서 해양생물에 의존하는 전통적인 어부 2만 4000명의 생계를 파괴하는 것에 더해 기존의 방조제 위에 무단으로 거주하는 수천 명의 사람을 쫓아낼 것이다.[191] 게다가 이 프로젝트가 대다수 자카르타 시민이 직면한 범람의 위협을 의미 있게 완화할지 분명하지 않은데, 그 위협의 상당 부분이 도시를 관통해서 흐르는 쓰레기로 잠긴 강에서 오기 때문이다. 실제 2007년의 범람은 대양에서 오는 폭풍해일이 아니라 폭우 다음날 둑이 무너졌던 이 도시를 횡단하는 강과 운하 때문에 발생했다.[192] 마지막으로 이 프로젝트를 대대적으로 광고하고 있는 개발업자의 최선의 노력에도 위대한 가루다가 배설물과 죽은 물고기로 가득한 유독한 만 옆에 위치한 호화 콘도를 상류층 투자자가 구매하도록 유도하는 데 성공할 수 있을지 불확실하다.

그렇다면 누가 위대한 가루다에서 진짜로 이익을 얻을 것인가? 이 질문에 대한 한 가지 대답은 2016년 초기 공표에서 제시되었는데, 인공섬에 복합적인 주거 및 상업단지를 건설하는 계획을 가진 개발업자에게서 시의회가 뇌물을 받은 혐의에 대해 인도네시아 부패척결위원회Corruption Eradication Commission가 조사를 끝낼 때까지 6개월 동안 이 프로젝트의 진행이 중단될 것이라는 내용이었다.[193] 이러한 뇌물은 개발업자가 개발의 15%를 저가 주택에 할당해야 한다는 시 당국의 요구 등 자카르타의 구획 및 간척에 대한 요구를 무마하

191) Rochmyaningsih, "Jakarta Clips 'The Great Garuda' Wings."

192) Ian MacKinnon, "Four-Metre Floodwaters Displace 340,000 in Jakarta," *The Guardian*, February 5, 2007.

193) "Podomoro Land President Director Arrested by KPK in City Bribe Case," *Jakarta Globe*, April 2, 2016.

려는 의도에서 전달된 것이었다.194) 이러한 만연한 부패가 바탕을 이루면서 위대한 가루다 같은 해안보호 노력은 실제로 새로운 재난자본주의를 만들어내는데, 여기에서는 매우 수지 맞는 부동산 개발이 투기적인 자본 투자를 유도하는 데 걸맞은 특성을 지니도록 설계된 거대 프로젝트와 겹쳐진다.

해수면 상승으로 위협받고 있는 해안도시의 재편은 기후변화가 가져온 가장 불미스러운 횡재다.195) 지방정부, 민간 개발업자, 네덜란드 자문 기업 델타레스Deltares처럼 겉보기에는 박애주의적인 조직체 사이에서 고결하게 들리는 협력을 통해 진행되고, 다양한 네덜란드 정부 부처에서 완전한 협조를 받는 이러한 거대 프로젝트는 환경적인 맥락에는 전적으로 부적절한 계획을 만들어낸다. 네덜란드의 건축가 얀선이 지적하듯이 네덜란드 정부의 지원을 받는 인도네시아의 프로젝트에 참가한 모든 수자원 공학자는 (다른 많은 장소에서와 마찬가지로) 해안과 강의 범람이 복합적인 위험을 만들어내는 자카르타 같은 복잡한 상황에 대해 통합적인 접근방법을 취하기보다는 오직 위협받는 해안선을 방어하는 데에만 집중한 구세대다.196) 그 결과인 거대 프로젝트는 환경에 대한 원자화한 접근방법을 고려할 때 실패할 운명을 띠고 있다. 얀선이 말하듯이 "우리 네덜란드인이 해외에 나갈 때 우리는 현지 조건에 대한 탐구 없이 다른 나라에 우리의 해결책을 수출한다. 우리는 다른 나라로 비행기를 타고 가서 환경적인 맥락과 역사를 포함한 정황에 대한 조사 없이 몇 주를 보낸다. 우리가 그 나라에 정말로 관심을 가지고 있는 것은 아니며 우리는 단지 우리 물건의 판매를 원할 뿐이다".197)

위대한 가루다 같은 거대 공학 프로젝트가 해수면 상승이나 기후변화에 연

194) Catriona Croft-Cusworth, "This Week in Jakarta," *The Interpreter*, April 29, 2016.

195) Mackenzie Funk, *Windfall: The Booming Business of Global Warming* (New York: Penguin, 2014).

196) Joep Janssen, April 4, 2016, Personal Interview.

197) Ibid.

계된 다른 위험 때문에 정당한 것이 될지도 모른다. 그러나 그러한 프로젝트는 그 자체로 환경적·사회적 재앙이며, 폭력적인 토지 장악을 정당화하려고 자카르타 같은 침몰하는 도시의 극단적인 곤경을 이용하는 국제적인 전문가와 지역 개발업자의 결탁에 의해 추구되면서 가난한 대다수의 도시 시민을 쫓아낸다. 하비의 "강탈을 통한 축적accumulation by dispossession"이 현대 제국주의의 첨단을 구성한다면 위대한 가루다 같은 거대 프로젝트는 "적응을 통한 축적accumulation by adaptation"의 사례라고 불릴 수 있을 것이다.198) 기후변화에 의해 촉발되는 다양한 형태의, 자카르타와 같은 극단의 도시에서는 특히 심각한, 위험과 손실에 적응한다는 이름 아래 수익성 높은 토지를 탈취하는 새로운 흐름이 진행된다. 실제로 남반구 개발도상국에 위치한 도시에서 기후변화가 유발한 위험이란 말은 개발업자가 매력적이 된 땅 위에 살고 있는 무단 거주자의 축출을 정당화하는 데 이용된다.199) 이것은 아미타 바비스카Amita Baviskar가 인도의 도시 투쟁에 대해서 쓰면서 "부르주아 환경주의bourgeois environmentalism"라고 부를 때의 어휘인데, 부르주아 환경주의는 가난한 사람들을 소외시키고 축출하기 위해 청결과 질서, 위생과 안전, 환경보존과 공공의 이익이라는 개념을 동원한다.200) 청결, 질서, 생태계 회복이란 말은 어느 정도까지 도시의 인종 청소 활동을 할 수 있는지 뒷받침한다.201) 부르주아 환경주의는 기후변화가 형성한 도시의 위험을 대대적으로 광고하면서 지구적인

---

198) '적응을 통한 축적'은 하비의 강탈을 통한 축적 개념의 실연이다. 강탈을 통한 축적 개념에 대한 논의는 David Harvey, *The New Imperialism*(New York: Oxford University Press, 2003) 참조.

199) Nancy Kwak, "'Manila's Danger Areas': Clearing Urban Waterways Creates New Challenges for the City's Most Vulnerable Inhabitants," *Places Journal*, February 2015.

200) Amita Baviskar, "Cows, Cars, and Cycle-Rickshaws: Bourgeois Environmentalists and the Battle for Delhi's Streets" in Amita Baviskar and Raka Ray(eds.), *Elite and Everyman: The Cultural Politics of the Indian Middle Classes*(New York: Routledge, 2011), pp. 391~415.

201) Lalith Lankatilleke, "Urban Cleansing in Dhaka," *Urban Poor Asia Journal*, April 2002.

도시화를 지속하는 핵심 역할을 한다.

무단거주자가 방조제뿐만 아니라 칠리웡강 같이 범람에 취약한 강의 둑에서도 살고 있는 자카르타에서 부르주아 환경주의의 희생자 수는 너무 명백하다. 칠리웡강둑 재개발의 장점에 대해 조경 건축가 크리스토프 지로Christophe Girot, 파올로 불란도Paolo Burlando, 센틸 구루사미Senthil Gurusamy는 다음과 같이 말한다.

아시아의 많은 도시들이 서울과 싱가포르처럼 최근 수십 년 동안 도시에 있는 강의 경관을 현저하게 개선해왔다. 이를 통해 도시의 국제적인 이미지를 고양했으며 강의 재건을 위한 투자를 훨씬 능가하는 경제적인 이익을 거둘 수 있었다. 칠리웡강 공원도 자카르타를 위해 그러한 강력한 전망을 품은 곳이 될 수 있다.202)

이 조경 건축가들에 따르면 칠리웡을 이른바 "동방의 센트럴파크Central Park of the East"로 바꾸는 것은 환경적으로 요긴할 뿐만 아니라 자카르타 자체를 마케팅하려는 노력에 도움이 될 것이다. 19세기 중엽 센트럴파크를 건설하는 데 그 땅을 점유하고 있었던 무단거주자 공동체의 축출이 필요했다는 점을 고려하면 센트럴파크를 인용한 것은 인지하지 못한 가운데 그들이 역설적으로 축출을 인용한 셈이지만, 칠리웡을 공원으로 바꾼다는 그들의 설명 어디에도 강둑을 따라 살고 있는 주민에 대한 언급은 없다.203) 또한 칠리웡 강둑의 무단거주자 공동체의 미래에 대해서도 아무런 고려가 없는 것처럼 보인다.

칠리웡의 "생태계 서비스를 복원하기restoring the ecosystem services" 위한 계획

---

202) Christophe Girot, Paolo Burlando and Senthil Gurusamy, "Reinventing Ciliwung: 'Central Park' of the East?," *The Jakarta Post*, April 12, 2016.

203) Gandy, *Concrete and Clay: Reworking Nature in New York City*, p. 88.

이 자카르타를 곤경에 빠뜨린 범람과 침몰의 위험을 해결하는 데 거대 방조제를 구축하는 것보다는 더 도움이 될지 모르지만, 두 프로젝트 모두 가난한 공동체를 해체하면서 상류층의 이익을 촉진한다. 최근의 자카르타 뉴스는 위대한 가루다와 관련해서 뇌물을 수수한 자카르타 시의회의원의 체포에도 도시의 해안선과 수로 주변의 가난한 지역사회의 주민에 대한 무자비한 축출은 멈추지 않았다고 말한다.[204] 얀선에 따르면 지방 당국에도, 네덜란드의 위대한 가루다 종합 계획에도 이렇게 축출될 사람들에 대한 재정착 계획은 없다.[205] 이러한 이야기는 호치민, 라고스, 마이애미, 뉴욕에서도 동일하다.[206] 지구적인 도시화의 대형 트럭이 굴러다니는 곳마다 자본은 침몰하고 있는 땅에 새로운 배출구를 만들어낸다. "적응을 통한 축적"에 직면해서 지구적인 도시화를 활성화하는 폭력적인 축출, 즉 부르주아 환경주의 언어가 너무나 자주 가리고 있는 폭력을 기억하는 것이 타당하다. 그러한 위협에 직면해서 저항하는 가난한 사람들에게 축출의 위협은 너무 생생한 현실이다. 자카르타의 칠리웡 강둑을 따라 줄지어 있는 무단거주지의 주민 아리마와티Arimawati는 "이곳은 내 고향이기 때문에 멋진 새 텔레비전이 있는 곳이라도 절대로 그곳으로 가지 않겠다"라고 말한다.[207]

---

204) Corry Elyda, "River Normalization to Cause More Evictions This Year," *Jakarta Post*, January 10, 2017.

205) Janssen, Personal Interview.

206) Ibid.

207) Zubaidah Nazeer, "Saving Jakarta From Flooding: Studies Under Way to Clean Up Flood-prone Ciliwung River, But Squatters Won't Budge," *The Straits Times*, March 20, 2013 인용.

제2장

환경의 반격

Environmental Blowback

자메이카만은 죽어가고 있는데 아무도 그 이유를 정확하게 모른다. 뉴욕 시민 대부분은 심지어 그곳이 병들었는지 그리고 그곳이 그들 도시의 일부인지도 모를 것이다. 이는 그 자체로 비극이다. 자메이카만은 뉴욕시에서 가장 큰 훼손되지 않은 조류 습지다. 자메이카만에 있는 섬들 사이의 수중 미로, 해변, 수로, 목초지는 미국 북동부에서 가장 크고 생산적인 해안 생태계 가운데 하나인데, 오직 뉴저지목초지New Jersey Meadowlands만 그곳과 견줄 수 있다. 자메이카만은 섬세한 날개 달린 부전나비Gossamer Winged Harvester, 작은 멋쟁이 나비Painted Lady butterflies, 거머리 말eelgrass과 시-로켓sea-rocket 같은 식물, 줄무늬 농어striped bass와 위크피쉬weakfish 같은 물고기, 바다표범, 블랙체리black cherry와 리기다 소나무pitch pine, 그리고 매년 북극이나 남미처럼 멀리 떨어진 지역에서 날아오는 수백 종의 철새 등 수천 종의 다양한 생물의 보금자리다. 42mile^{2}의 이 습지는 비교적 최근까지 뉴욕 지역을 지배했던 하구河口 생태계에서 가장 크게 남아 있는 부분이다. 1935년에 이미 인구가 밀집된 이 도시의 자치구들은 자메이카만에서 발견된 것과 유사한 대략 맨해튼의 2배인 염성 습지salt-marsh 2만 9000ac에 둘러싸였던 것으로 추정된다.[1) 1세기 이전에 이 도시의 조류 염성 습지는 현재의 2배 크기였다.

그러한 생태적 풍부함이 놀랄 일은 아니다. 어쨌든 뉴욕은 허드슨강Hudson River 하구에 위치한다. 하구는 민물과 바닷물이 섞인 독특한 생태계를 형성해 물고기, 물새, 굴, 풀과 나무, 인간을 포함한 다양한 포유류에 영양을 공급하는 현저하게 비옥한 환경을 만든다. 기복이 있는 염성 습지의 광대한 띠는 뉴욕의 저지대 섬들이 허드슨강, 롱아일랜드해협Long Island Sound, 대서양 같은 물줄기와 만나는 곳에서 형성되었는데, 수천 년 전에 인류 주거의 기반이었다. 타의 추종을 불허하는 이 지역의 천연 항구와 더불어 이는 유럽의 식민지 정착의 주된 이유 가운데 하나였다. 그러나 지난 세기에 걸쳐 뉴욕 사람들은 대개 이 도시의 조류 습지를 척박한 불모지로 인식했고, 그 결과 그들은 자메이카만 같은 곳을 배수하고, 공해로 채우고, 포장하고 막았다. 더 안 좋은 것은 만의 염성 습지 섬의 크기가 1950년대 초반 이래 63% 축소되었고, 이러한 소멸이 최근 수십 년 동안 가속화했다는 점이다. 기후변화에 연계된 해수면 상승은 이 위태로운 생태계에 *치명타*coup de grace 수준으로 위협을 가하고 있다. 습지의 감소에 대한 최근의 연구는 "장래 해수면 상승에 대한 추정이 시사하는 바에 따르면 … 현재 가해지는 스트레스하에서 습지는 앞으로 해수면 상승의 속도에 보조를 맞추지 못할 것 같다"라고 과학의 전형적인 건조한 언어로 말한다.[2)

---

1) Ted Steinberg, *Gotham Unbound: The Ecological History of Greater New York* (New York: Simon & Schuster, 2014), p. 243.

2) Ellen Kracauer Hartig, Vivian Gornitz, Alexander Kolker and David Fallon, "Anthropogenic and Climate-Change Impacts on Salt arshes of Jamaica Bay, New York City," *Wetlands* 22:1(March 2002), p. 71.

뉴욕에는 자메이카만의 종말에 대해 걱정해야 할 강력한 이유가 있다. 자메이카만에 의존하는 많은 야생식물 및 동물 종의 고유한 가치가 이러한 풍부한 생태계를 귀하게 여길 충분한 이유가 되지 않더라도, 자메이카만은 (그리고 유사한 습지는) 뉴욕에 엄청난 타격을 입힌 허리케인 샌디 같은 폭풍해일의 영향을 완화하는 데 필수적인 역할을 한다. 샌디가 대서양에서 뉴욕을 향해 으르렁거리며 달려들었을 때 그 바람은 이 도시의 해변 공동체에 막대한 파도를 몰고 왔다. 금융가Financial District의 범람이 언론의 가장 많은 주목을 받은 반면, 사우스브루클린South Brooklyn, 퀸스, 스테이튼섬의 해안 공동체가 폭풍의 맹공격을 가장 심하게 받았다. 샌디가 뒤집은 12ft의 파도가 로커웨이반도Rockaway Peninsula, 코니섬, 스테이튼섬의 미들랜드비치Midland Beach 같은 지역을 요란하게 두들겼다.3) 동시에 뉴욕의 독특한 지형은 북쪽으로 뉴욕 항구New York Harbor를 향해 분노한 바다를 밀어붙여 이스트강과 허드슨강의 수위는 물론 자메이카, 시프스헤드Sheepshead, 그레이브센드Gravesend, 고와너스베이Gowanus Bays의 수위도 높였다. 롱아일랜드와 브루클린은 유입되는 해일의 깔때기 같은 역할을 했고, 뉴저지와 스테이튼섬 해안 교차로의 직각 형태의 해안선으로 인해 베라자노해협Verrazzano Narrows을 통과하면서 조수는 훨씬 더 많이 유입되었다. 동시에 조수가 넘쳐흘러 롱아일랜드해협으로 들어갔고 남쪽으로 돌진하면서 거기에서부터 도시로 진입했다. 다시 말해 뉴욕을 종횡으로 엮어 연결한 수로는 해일의 맹렬한 공격의 완벽한 도관導管 역할을 했다.

이러한 수로는, 지난 세기 동안 많이 파괴되지 않았더라면 격렬한 폭풍이 몰고 온 물을 흡수하는 데 아마 핵심적인 역할을 했을, 조류 습지와 한때 병존했다. 습지가 폭풍해일을 어느 정도 흡수하는지에 대해서는 과학자들 사이에서 논의가 진행 중이지만, 습지가 극히 중요한 역할을 할 수 있으며 습지를

---

3) New York City Special Initiative for Rebuilding and Resiliency, *A Stronger, More Resilient New York* (2013), p. 13.

없애는 것이 해변도시를 특히 폭풍해일에 대해 취약하게 만든다는 점은 분명해 보인다.[4] 환경사학자 테드 스타인버그Ted Steinberg가 말하듯이 "시 당국은 토지 개발을 위해 조류 습지를 포기하면서 퇴적층의 기록에 따르면 습지가 가장 극심한 홍수의 경우를 제외하고 모든 폭풍해일을 방어하는 최전선 역할을 한다는 것을 부정했다".[5] 이러한 흡수력 있는 습지의 부재 때문에 뉴욕은 막대한 홍수 피해를 입었다. 샌디는 뉴욕시 51mile²을 침수시켰는데, 이는 놀랍게도 이 도시 땅덩어리의 17%다. 브루클린과 퀸스에 있는 바다에 면한 많은 공동체에서 침수된 구역은 연방재난관리청 지도에 있는 100년에 한 번 침수될 가능성이 있는 범람원의 수 배 규모였다. 많은 병원과 요양소, 핵심 전력시설, 도시 수송망의 주요 부분, 모든 폐수 처리시설 등 이 도시의 중대한 기반시설이 포함된 8만 8000개가 넘는 건물이 이 홍수구역에 있었는데, 습지가 제공하는 의미 있는 완충 효과가 없어지는 바람에 그러한 기반시설이 급속하게 침수되었다.

자메이카만은 도시 생태계에 대한 새로운 접근 방안을 탐구하는 실험실이 되었다. 이러한 노력은 자연을 반드시 진압하거나 정복해야 할 적으로 보기보다는 도시와 자연을 상승작용을 일으키는 망으로 구축하는 것을 추구한다. 국립휴양구역관문Gateway National Recreational Area에 대해 쓰면서 조경 건축가인 케이트 오르프Kate Orff는 "이 나라의 과거 신화를 확고하게 만드는 장엄한 바위투성이 황야라는 우상보다는 도시와 마을의 경계에 있는 자연이야말로 자연의 과정에 대한 직접적인 경험을 제공하고 도시의 삶을 유지하는 데 호혜적인 역할을 수행한다"라고 말한다.[6] 자메이카만 같은 장소는 너무 자주 여

---

4) Ty Wamsley, Mary A. Cialone, Jane M. Smith, John H. Atkinson and Julie D. Rosati, "The Potential of Wetlands in Reducing Storm Surge," *Ocean Engineering*, 37(2010), pp. 59~68 참조.

5) Steinberg, *Gotham Unbound*, p. 334.

6) Kate Orff, "Cosmopolitan Ecologies" in Alexander Brash, Jamie Hand and Kate Orff(eds.),

전히 도시 외곽에 있는 쓸모없는 땅으로 간주되며, 그래서 역설적으로 인류세Anthropocene Age에, 즉 선진자본주의 국가가 지구환경의 모양을 만드는 현재의 지질 시대에 도시의 지속가능성의 중심이다. 우리가 그러한 장소에서 어떻게 인간의 거주와 취약한 생태계의 복잡한 상호관계를 처리하느냐가 전 지구적으로 도시의 미래에 결정적인 문제가 될 것이다. "요세미티Yosemite가 약속과 운명의 땅을 상징하는 것과 꼭 마찬가지로, 국립휴양구역관문의 진흙투성이 생태에는 21세기의 지구적 지속가능성 및 협력적 관리라는 새로운 이념을 고취할 수 있는 잠재력이 있다"라고 오르프는 말한다.[7]

해안 하구에 건설된 거대 도시로 뉴욕이 독특하게 취약한 것은 아니다. 전 세계적으로 삼각주와 해안구역은 급속하게 도시화되고 있다. 세계 인구의 절반이 넘는 사람들이 현재 강, 삼각주, 해안구역 및 근처에 위치한 대도시에서 살고 있다.[8] 아마 막대한 자연적 풍부함 때문에 도시에 있는 하구와 삼각주는 (고요한 물에서 침전된 퇴적층으로 형성되어) 항상 인기 있는 주거 장소였다. 티그리스강the Tigris, 유프라테스강the Euphrates, 나일강the Nile, 양쯔강the Yangtze이 만든 삼각주는 위대한 인류 문명의 요람 역할을 했다. 그러나 전 세계 삼각주 대부분의 주거 역사는 지난 500년에 걸친 자본주의의 부상까지 추적될 수 있다. 이 기간 동안 유럽의 해양 식민 권력은 상업적·군사적으로 내륙에 침투할 수 있는 기지로서 강의 입구에 정착촌을 건설하면서 확대되었다. 콜카타Kolkatta, 뭄바이Mumbai, 싱가포르, 홍콩, 상하이, 그리고 물론 뉴욕과 뉴올리언스. 이러한 도시들과 이전에 식민지였던 다른 많은 도시들이 지구상에서 가장 복잡하고, 풍부하고, 취약한 생태계에 자리 잡고 있다. 세계화는 지난

Gateway: Visions for an Urban National Park(New York: Princeton Architectural Press, 2011), P. 53.

7) Ibid., P. 51.

8) Huib J. de Vriend and Mark van Koningsveld, *Building with Nature: Thinking, Acting and Interacting Differently*(Dordrecht, The Netherlands: EcoShape, 2012), P. 9.

수십 년 동안 사람, 문화, 상품, 유기체의 순환에서 그러한 핵심 교차점의 중요성을 확대해왔을 뿐이다. 실제로 대부분의 거대 도시는 항구도시인데, 국제적인 도시에 대한 문헌에서 거의 전적으로 무시되어온 사실이다.[9] 결과적으로 전 세계 거대 도시 대부분은 해안 지역 — 종종 삼각주와 정말로 놀라울 정도로 많은 수의 사람들이 집중된 주거 밀집 지역 — 에 위치한다. 전 세계적으로 5억 명에 가까운 사람들의 주거지로서 이러한 해안도시 문화는 유례없는 문화적 세계주의와 기후변화에 대한 예외적 취약성 등 중요한 특성을 공유한다.

허리케인 샌디가 드러냈듯이 점점 더 강력해지는 허리케인과 태풍에 연계된 폭풍해일은 전 세계에 걸친 해안도시의 커져가는 관심사다. 이들 가운데 다수는 비교적 새로운 도시지만, 그러한 도시 모두 지난 세기 끝에 이른 2000년 기간의 상대적인 환경적 안정기에 건설되었다. 더구나 폭풍해일과 해수면 상승이 극적으로 그 영향을 악화하고 있는 것만이 이들 도시가 직면한 위협인 것은 아니다. 삼각주 도시의 거주자는 주위의 바다가 상승하는데도 오히려 가라앉는 땅에서 살고 있다. 기저의 퇴적층에 있는 물, 가스, 원유의 제거 때문에 토양이 다져지게 된 것 등을 포함한 다양한 요인 때문에 이러한 침몰이 발생한다.[10] 댐dam과 물줄기 전환장치가 삼각주에 보충될 침전물을 가두고 있다는 점도 마찬가지로 중요하다. 도시의 핵심적인 방어지대를 형성하는 해안 습지의 침식은 삼각주 침몰의 영향을 악화한다. 일부 지역에서는 다른 요인이 영향을 미치지만 그 결과는 비슷하다. 예컨대 보스턴과 찰스턴 Charleston을 포함한 미국 동부 해안도시 다수는 지난 빙하기 동안 빙상의 무게가 밀어올린 토지가 점차 침하하면서 침몰하고 있다.[11] 이러한 다양한 변화

---

9) Herman Boschken, "Global Cities Are Coastal Cities Too: A Paradox in Sustainability?," *Urban Studies*, 50:9(July 2013), pp. 1760~1778.

10) James P. M. Syvitski, Albert J. Kettner, Irina Overeem, Eric W. H. Hutton, Mark T. Hannon, G. Robert Brakenridge, ··· and Robert J. Nicholls, "Sinking Deltas Due to Human Activities," *Nature Geoscience*, 2(2009), pp. 681~686.

의 결과 지난 10년 동안 전 세계 삼각주의 85%가 심각한 홍수를 겪었으며, 놀랍게도 세계적으로 26만km²의 토지가 일시적으로 침수되는 결과가 초래되었다.[12] 그런데 상황은 오직 더 나빠지고만 있다. 추정된 금세기 동안의 해수면 상승 비율을 전제로 한 보수적인 예측도 삼각주의 침수가 50% 증가할 것이라고 시사한다. 더구나 상류의 침전물 가두기가 지속되거나 가속된다면 이러한 취약성이 더 심각해질 수 있는데 아마존강the Amazon, 갠지스강the Ganges, 메콩강the Mekong 같은 곳에서 빈발하는 세계적인 댐 건설을 감안하면 그렇게 될 것 같다. 요약하자면 전 세계에 걸쳐 해안도시는 땅이 가라앉고, 해수면이 상승하고, 점점 더 격렬해지는 폭풍이 취약한 시민들 위로 물의 장벽을 몰고 옴에 따라 더할 나위 없이 나쁜 상황에 직면해 있다.

도시가 점점 더 많이 환경의 재난에 시달려온 것을 감안하면 우리는 도시와 자연계가 얼마나 불가분하게 얽혀 있는가에 대해 생생한 경각심을 도출하려는 논의를 기대할지 모른다. 우리는 또한 환경주의자가 도시를 생태적으로 지속가능한 문화를 구축하는 노력의 중심에 놓을 것이라고 기대할 수도 있다. 그러나 오늘날 환경에 대한 대부분의 논의는 도시의 환경에 대해 방치하거나 전적으로 무시하면서 대신 기후변화, 삼림파괴, 사막화 같은 "지구적 global" 사안에 중점을 둔다. 문제는 단순히 규모가 아니다. 즉, 열대 "관심지역 hotspot"의 생물다양성 파괴 같은 쟁점을 둘러싼 환경운동은 제국주의적 거대 도시를 위한 이윤 확보를 더 잘하려고 자연을 규제하는 오랜 식민 역사에서 최근의 사건일 뿐이다.[13] 이 오랜 역사는 오늘날에도 계속된다. 즉, 기후 협상은 탄소 배출에 대한 공동의 책임을 회피하려는 세계 선진국의 반복된 시도로 특징지어져왔다.[14] 이러한 불의를 심화하는 것은 도시 자연의 생산에

---

11) Justin Gillis, "The Flood Next Time," *New York Times*, January 13, 2014.

12) Syvitski et al., "Sinking Deltas Due to Human Activities."

13) Rafi Youatt, *Counting Species: Biodiversity m Global Environmental Politics* (Minneapolis: University of Minnesota Press, 2015), p. 26.

서 근로계층 및 유색인 지역사회의 역할에 대해 — 또는 그들이 도시 자연에서 어떻게 영향을 받는지에 대해 — 완전하게 인정하는 환경역사학자가 거의 없고,[15] 도시 연구는 도시화 과정이 의존하는 환경적 기초에 큰 관심을 두지 않는다는 데 있다.[16]

이러한 간과는 오늘날 점차 극적인 영향을 미치고 있다. 19세기 이래 도시는 점차 공학 — 하수도, 공원, 전기시설 — 이 이룬 커다란 성과의 중심이 되었는데, 그것은 도시의 거주자가 보통 당연하게 받아들이는 사회생활 형태를 생성하는 데 도움을 주었다.[17] 우리가 도시에서 물을 마시거나, 바나나를 먹거나, 승강기에 탈 때 우리는 이 "제2의 자연second nature"에 몰입하게 되는데, 제2의 자연은 우리의 직접적인 환경을 지구의 가장 먼 구석까지 확장하면서 기반시설 및 교환의 복잡한 네트워크로 구성된다. 이것이 도시를 자연이 대사代謝되는 핵심적인 현장으로 만든다. 즉, 도시에서 자연자원이 소비되고 쓰레기가 만들어진다. 그렇지만 임박한 기후위기를 해결하려고 노력하는 대부분의 정치인과 국제기구는 지구를 엔지니어링 및 최적화를 계속해야 하는 하나의 전체 시스템으로 간주한다.[18] 그러한 견해는 자연적이건 인공적이건

---

14) Sara Nelson, "The Slow Violence of Climate Change," *Jacobin*, February 17, 2016.

15) 환경역사학자가 환경정의를 위한 투쟁을 적절하게 인정하지 못하는 것에 대해서는 Richard White, "Are You an Environmentalist or Do You Work for a Living?: Work and Nature" in William Cronon(ed.), *Uncommon Ground: Rethinking the Human Place in Nature*(New York: Norton, 1995), pp. 171~185 참조. 환경역사학자의 이러한 경시에 대한 문제를 제기한 사례는 Ari Kelman, *A River and Its City: The Nature of Landscape in New Orleans* (Berkeley: University of California Press, 2006); Karl Jacoby, *Crimes Against Nature: Squatters, Thieves, Poachers, and the Hidden History of American Conservation*(Berkeley: University of California Press, 2014) 참조.

16) Nik Heynen, Maria Kaika and Eric Swyngedouw, "Urban Political Economy: Politicizing the Production of Urban Natures" in Nik Heynen, Maria Kaika and Eric Swyngedouw (eds.), *In the Nature of Cities: Urban Political Ecology and the Politics of Urban Metabolism*(New York: Routledge, 2006), p. 2.

17) Patrick Joyce, *Rule of Freedom: Liberalism and the Modern City*(New York: Verso, 2003).

18) 지오파워geopower에 대해서는 Christophe Bonneuil and Jean-Baptiste Fressoz, *The Shock*

인간이 주변 환경과 상호작용하는 복잡한 방식을 완전히 호도한다. 일부 과학자는 태양 방사선을 막기 위해 금속성 미립자를 성층권에 방출하는 것 같은 지구공학 프로젝트에 대한 환상을 가지고 있지만, 그러한 구상은 대개 실질적이지 않고 대중의 타당한 우려를 불러일으키는 경향이 있다.[19] 대조적으로 도시의 구조가 이미 어떻게 형성되었는가는 지구환경에 극적인 영향을 미친다.

이번 장에서는 중요한 현장 두 곳의 도시적 자연의 생산에 대해 논의한다. 뉴욕 자메이카만의 위태로운 습지와 뉴올리언스를 둘러싼 축소되고 있는 해안 습지가 그곳이다. 두 도시 모두 상품, 사람, 자본의 세계적인 흐름에서 전략적으로 중요한 교차점에 위치해 있는데, 이는 세계 도시의 시대에 이 두 도시의 힘을 유지하는 데 도움이 된다. 두 도시는 또한 심각한 환경적 도전에 직면해왔다. 이에 대응하는 과정에서 공학의 엄청난 위업이 이루어져서 종종 이 두 도시와 일부 시민을 부유하게 만들었다. 그러나 주위 자연계의 형태를 두 도시의 편의에 맞게 만들고 억척스러운 성장 요구에 환경을 복속시키는 과정에서 이 강력한 두 도시의 지배적인 이해가 자주 극적인 환경적 모순의 바탕을 만드는데, 내가 "환경의 반격environmental blowback"이라고 부르는 현상인 그 모순은 이러한 도시와 시민을 괴롭힌다. 자연을 통제하려는 우리의 노력이 어떻게 역효과를 낳는지에 대한 일반적인 인식이 오늘날 존재하는 것처럼 보이지만 이러한 도시들을 강타한 허리케인 카트리나와 샌디 같은 자연재해는 종종 예상치 못한 대재앙으로 간주된다. 점점 더 위험으로 가득해지는 세상에서 특정한 재해의 경우 예측이 항상 가능하지는 않다는 것이 사실이다. 그러나 이러한 자연재해는 종종 도시 상류층이 알면서도 의도적으로 무

---

of the Anthropocene(New York: Verso, 2016), pp. 184~190 참조.

19) 그러한 지구공학 구상에 대한 몇몇 사려 깊은 사례는 Tim Flannery, *Atmosphere of Hope: Searching for Solutions to the Climate Crisis*(New York: Atlantic Monthly Press, 2015) 참조.

참이다. 궁극적으로 자메이카만의 얕은 습지대를 보호 항구로 전환할 작업이 곧 시작된다. 로커웨이비치 바로 뒤에 있는 반은 땅이고 반은 물인 그 광활한 구역은 현재는 굴 따는 사람 및 휴일에 낚시하는 사람에게 배타적으로 제공되고 있는데, 준설 공사를 해서 미래의 모리타니아호Mauretania 선단이 편안하게 정박할 수 있는 항구로 바꿔야 한다"라고 그 기사는 주장했다. 이 시기 미국이 엔지니어링에 부여한 경외감이 스며들어 있는 그 기사는 축소되고 있는 맨해튼 수변에 추가할 수백mile의 부두를 갖춘 항구를 조성하는 계획에 대해 설명하는데, 이러한 경외감의 바탕에는 개선improvement,(즉 이제는 개발develop-ment로 알려진)의 이념에 대한 강렬한 헌신이 놓여 있었다. 자메이카만의 습지대는 "지금은 버려지고 쓸모없이 놓여 있지만 영토의 위대한 확장이다"라고 묘사되었고, 이 공간이 "굴 따는 사람과 휴일에 낚시하는 사람"에 의해 전용되는 것은 분명히 귀중한 수변을 낭비하는 것으로 인식되었다. 자메이카만 개선협회Jamaica Bay Improvement Society 회원이 보기에 놀고 있는 자원을 그대로 두는 것은 경제적인 이익을 얻을 기회를 잃는 것일 뿐만 아니라 경쟁적인 세세 사구구 의 긴세에서 뉴욕의 지위를 위협하는 것이었다.[30]

자메이카만 항구 계획은 뉴욕의 세 깅구금 비 비타비이 등(당시 세세에서 가장 크고 빠른 배) 같은 호화 해양 선박이 정박하는 곳일 뿐만 아니라 대륙과 나아가 세계를 아우르는 상업 네트워크로 만들어서 이 도시가 21세기 초반의 걸출한 세계적 선적 경로라는 점을 확고하게 하려던 것이었다. 자메이카만은 "허드슨강을 5대 호에 연결하기 위해 뉴욕주 전역에서 굴착되는 1억 100만 달러에 달하는 바지선 운하의 기점이 될 것이다"라고 ≪타임즈the times≫는 공언한다. 1918년 이리 운하Erie Canal를 대체한 뉴욕주 바지선 운하New York State Barge Canal는 화물 운송에서 점차 증가하는 철도 이용에 대응해서 뉴욕을 기반으로 하는 해운 이익을 달성하려는 노력의 일부였다. 이는 그 운하가 개설된

---

30) "Jamaica Bay Development," *New York Times*, March 13, 1910.

시점부터 실패할 운명을 지닌 프로젝트였다. 수상에서 철도로 궁극적으로는 도로로 수송 경로가 이전되는 일은 이미 순조롭게 진행되고 있었다. 그렇지만 이러한 수상 기반 수송의 축출을 미리 방어하려던 명백한 계획의 일부로서 기안된 세계 항구 자메이카만Jamaica Bay World Harbor 프로젝트는 자메이카만의 영광스러운 미래를 상상했었고, 또한 번창하는 뉴욕의 부동산 시장에 혜택을 주는 일이었다. 그렇게 해서 물과 땅을 격리할 목적으로 만 주변에 건설될 격벽 뒤의 습지대는 "깊게 판 수로 및 좁은 물줄기"에서 퍼 올린 모래로 채워져야 했다. 이러한 수단은 "지금은 버려지고 사용되지 않는 땅의 많은 영역이 가치 있는 건축 현장이 될 것이다"라는 의미였다. 그렇게 해서 이전의 불모지에 부동산 기반의 투기를 위한 새로운 개척지가 만들어졌다.

이러한 성장은 단지 경제적으로만 긴요한 것은 아니었으며 도덕적인 의무이기도 했다. 미국은 다른 어떤 나라보다 더 성장의 공화국으로 불릴 수 있었다. 유럽인의 정착 초기부터 개선 이념은 식민지 영토에 대한 주장에서 핵심이었다. 존 로크John Locke의 『통치론Second Treatise of Government』(토지의 「유기」 이 그 도시에 대한 노동 및 그 도시의 개량"을 통해 획득된다는 것이 『통치론』의 견해인데, "아메리카의 비개척지"를 쟁탈하는 과정에서 아메리카 원주민을 축출하는 데 영향을 미친다.)31)에서 미국의 서부 확장은 "인간의 위대함과 행복을 드러내기 위한 섭리"를 실현하는 것이라는 조지 워싱턴George Washington의 선언에 이르기까지32) 미국은 "자유의 제국"인 것만큼 개발의 제국이었다. 실제로 미국의 설립자들의 마음속에 이 둘은 불가분하게 연결되어서 국가는 자연의 유기체를 닮았고 그래서 결과적으로 탄생, 성장, 성숙, 쇠퇴라는 자연의 생명주기 같은 특징을 지닌다고 그들은 믿었다.33) 나라의 젊음과 활력을 유지하고

---

31) John Locke, Thomas P. Peardon(ed.), *Second Treatise of Government*(New York: Liberal Arts Press, 1952), p. 22.

32) Mark Fiege, *Nature's Republic*(Seattle: University of Washington Press, 2012), p. 93 인용.

33) Ibid., p. 94.

쇠퇴와 타락을 막기 위해 새로운 땅을 식민지화하고 개발함으로써 시민들은 계속 활동적이고, 부지런하고, 정직해야 하며 그렇게 함으로써 이 공화국의 민주적인 제도를 유지해야 한다. 그 과정에서 공화국은 이미 그 땅에 거주하고 있지만 그 땅을 개발하지 않은 원주민에게 "문명"의 도덕적 혜택을 부여할 것이다.

1890년으로 예정된 서부 개척의 마감과 함께 확장 및 개발의 이러한 동력은 북반구적인, 나아가 지구적인 차원을 갖췄고 뉴욕 항구 같은 국가의 교차점을 더욱 중요한 곳으로 만들었다. 유력한 진보주의자 상원의원 앨버트 베버리지Albert Beveridge는 자메이카만 항구가 제안되기 10년 전에 의회에서 발언하면서 필리핀의 독립운동을 점점 더 유혈적으로 진압하는 것에 대해 정당화를 추구했는데, "영어를 사용하는 튜턴 민족들Teutonic peoples"은 "세계 전역의 반동 세력을 제압"하고 "야만적이고 쇠퇴한 민족들 사이에서 정부를 운영"하기 위해서 "진보의 정신"을 부여받았다고 주장했다.[34] 베버리지와 테디 루스벨트Teddy Roosevelt 시기 삼림청장 기퍼드 핀초트Gifford Pinchot 같은 진보주의자 입장에서 보면 정부 주장의 타당성은 자원에 대한 효율적인 관리 및 보존에 달려 있으며 과학적으로 교육받은 상류층이 그러한 과업을 수행해야 하는 것이었다.[35] 앵글로Anglo 상류층의 고유한 특성으로 제시되었지만 기술적인 지배에 대한 이러한 인종화한 수사는 환경 위기에 대한 대응으로 발전되었다. 1987년의 '삼림관리법Forest Services Organic Administration Act' 같은 미국의 진보적인 보존 법률은 조지 퍼킨스 마시George Perkins Marsh의 『인간과 자연Man and Nature』에서 큰 영향을 받았는데, 그는 미국의 서부 개발을 한바탕의 절제되지 않은 파괴이며 무지의 산물이며 강력한 정부 통제의 결여라고 묘사했다.[36]

---

34) Albert J. Beveridge, "In Support of an American Empire," *Congressional Record*, 56 Cong., I Sess(1899), pp. 704~712.

35) Jedediah Purdy, *After Nature: A Politics for the Anthropocene*(Cambridge, MA: Harvard University Press, 2015), p. 161.

진보주의자들은 개발과 자연에 대한 신중한 통제를 병행해야 한다고 주장했다. 이는 왜 세계 항구 자메이카만 프로젝트가 쓰레기와 싸우는 것으로 보였는지를 설명하는 데 도움이 된다. 즉, 습지대는 전통적으로 불모지로 여겨졌을 뿐만 아니라 그러한 땅을 생산적으로 활용하지 못하는 것도 환경을 잘못 관리하는 사례로 간주되었다. 이러한 현명한 관리와 자연자원의 보존 원칙이 문화 이론가 소스타인 베블런Thorstein Veblen이 "과시적 소비conspicuous consumption"라고 부른 사치 생활 문화를 육성하는 계획과 병행한다는 것은 심하게 역설적이다.37)

세계 항구 자메이카만 프로젝트의 지지자들은 자메이카만 상태의 계속되는 변화가 프로젝트를 불안정하게 만들까봐 안달했다. 모래 바닥을 "가장 위험한 방식으로 이동시키는" "조류의 흡수와 파도의 공격" 때문에 준설 이후 로커웨이의 수로 개방이 유지되지 못할까봐 군사 엔지니어들이 우려했다고 《타임스》 찬양 기사는 언급했다. 그러나 결국 그 프로젝트를 종말로 이끈 것은 해안환경의 변화무쌍한 성질이 아니었다. 전직 대법관 오거스터스 밴 와이크Augustus Van Wyck가 1920년의 한 기사에서 자메이카만 항구 계획을 없애려는 "어떤 보이지 않는 힘이 작용하고 있다"라고 시사했을 때 그는 자연적인 힘보다는 정치적인 힘에 대해 말하고 있었다. 프로젝트가 10년 동안이나 지지부진해지자 자금을 지원하겠다는 연방정부의 제안에도 신문은 위협적인 용어로 제1차 세계대전 시기에 이 항구의 시설 장악을 추구했던 외국의 이해관계에 대해 언급하기 시작했다. 그러나 개발계획을 무산시킨 감춰진 힘은 사실은 "뉴욕시에서 거래를 확보해서 뉴저지로 돌리기 위해 뉴저지와 뉴저지

---

36) Ibid., p. 171.

37) Thorstein Veblen, *The Theory of the Leisure Class: An Economic Study of Institutions* (New York: Macmillan, 1899). 현대 광고 산업에 대한 내용은 William Leach, *Land of Desire: Merchants, Power, and the Rise of a New American Culture*(New York: Vintage, 1994) 참조.

가 종점인 철도가 맺은 이기적인 결합이었다"라고 밴 와이크는 주장했다.[38] 자본주의는 경쟁 국가 사이의 제국주의적 경쟁을 만들었을 뿐만 아니라 미국 내 인접 주 및 도시 사이의 적대감 또한 부추겼다. 밴 와이크와 뉴욕 시장 존 프랜시스 힐란John Francis Hylan 같은 인물의 강력한 반대에도 뉴저지-뉴욕 공동 항만 당국 설립을 위한 계획이 진행되었고, 500ac에 달하는 뉴어크Newark의 개 간된 습지와 습지 삼림에 항구를 만들기 위한 초석이 놓였다.[39] 뉴어크 항구 가 자메이카만 항구 계획을 무산시킬 것이라는 밴 와이크의 경고는 근거가 충 분했다. 실제로 뉴어크 항구는 궁극적으로 딱 그렇게 만들었다. 또 다시 40년 이 걸렸고 선적 컨테이너의 발명도 필요했지만 저지메도스Jersey Meadows의 개 간과 뉴어크 항구의 생성은 궁극적으로 뉴욕 항구의 소멸로 이어졌다.[40]

그러나 이 시기에 자메이카만은 또 다른 문제에 부딪쳤다. 세계 항구 자메 이카만 프로젝트가 무산되고 1년 뒤 뉴욕의 보건당국이 자메이카만의 현저 하게 생산적인 굴 양식장 ─ 뉴욕 수산시장에 매년 30만bu을 공급했는데, 도시 전 체 조개류 공급의 1/3을 차지했다 ─ 을 폐쇄했다.[41] "하수로 오염된 자메이카만 의 굴 양식장은 폐쇄되었다"라고 머리기사는 전했다.[42] 한때 깨끗했던 자메 이카만은 1920년대에 이르러 퀸스와 브루클린에서 쏟아지는 상당한 비율의 미처리 하수를 옮기는 하수관 40개의 종착지가 되었다. 오염의 정도가 너무 심해지자 뉴욕위생국New York Board of Health의 책임자 로열 코프랜드Royal

---

38) "Fight Port Treaty as Harmful Bill: Mayor Says Foreign Interests Are Back of Project for Interstate Harbor," *New York Times*, April 13, 1920.

39) "To Make Newark Bay a Big Port: The Jersey Meadows Being Transformed into a Busy Spot, with Docks and Reclaimed Land," *New York Times*, June 27, 1915.

40) Marc Levinson, *The Box: How the Shipping Container Made the World Smaller and the World Economy Bigger*(Princeton, NJ: Princeton University Press, 2006).

41) 뉴욕 수계의 광범위한 굴 소멸에 대해서는 Mark Kurlansky, *The Big Oyster: History on the Half Shell*(New York: Random House, 2007) 참조.

42) "Jamaica Bay, Foul With Sewage, Closed to Oyster Beds; 300,000 Bushels Gone," *New York Times*, January 30, 1921.

Copeland 박사는 "자메이카만 주위에 알려진 장티푸스 보균자가 상당하다"라고 넌지시 말하면서 불특정 다수의 사람들을 감염시켜 이민 노동자에게 크게 의존하던 뉴욕의 부유한 가정을 공황에 빠뜨렸던 무증상 보균자인 아일랜드인 요리사 "장티푸스" 메리Mary를 인용해 그 위협의 심각성을 강조했다.[43] 그 인용은 계산된 것이었다. 즉, 장티푸스와 콜레라처럼 인체의 분비물과 관련된 질병은 미국 상류층 사이에 혐오감을 불러일으켰고, 그들은 씻지 않은 이민 대중으로부터 전염이 확산될까 두려워했다.[44] 상류층은 특히 로어이스트사이드에 있는 빈민가 공동주택 같은 특정 도시 지역과 이러한 질병을 연계했는데, 모든 인종 및 계층의 사람들이 무차별하게 섞여서 자기들 사이에, 궁극적으로는 그들을 고용한 부유한 가정에 전염을 확산시킬 것이라고 그들은 생각했다.[45] 코프랜드 박사가 1921년에 그렇게 했듯이 하수로 가득한 자메이카만의 물이 아마 장티푸스를 포함하고 있을 것이라는 시사는 전염에 대한 이러한 두려움을 극적으로 증폭시켜서 전 구역의 도덕적·물리적 격리 조치를 초래했고 역병의 현장에 정박해 있던 영광스러운 해양 선사라는 꿈을 접게 만들었다.

자메이카만은 오랫동안 뉴욕의 창자 역할을 했다. 뉴욕의 가장자리에 위치해 있었지만, 도시의 많은 산업 폐기물을 묻는 장소로서, 만은 놀랍게도 도시 신진대사의 중심이었다. 예컨대 만 입구 근처에 있는 배런아일랜드Barren Island 같은 곳은 센트럴파크 건설에서 나온 폐기물을 버리는 장소의 역할을 했다.[46] 심미적이거나 사회적인 가치가 거의 없고, 사랑스럽지도 않고 사랑받지도 않는다고 여겨지는 자메이카만 같은 장소는 센트럴파크와 정반대라

43) Ibid.

44) Priscilla Wald, *Contagious: Cultures, Carriers, and the Outbreak Narrative*(Durham, NC: Duke University Press, 2008), pp. 68~112.

45) Ibid., p. 91.

46) Orff, "Cosmopolitan Ecologies," p. 57.

고 말할 수 있다. 센트럴파크는 시프메도우Sheep Meadow의 그림 같은 목가적인 공간, 램블Ramble의 반야생적인 풍경, 신고전주의적인 도로와 분수, 몰Mall의 연못, 프롬나드Promenade, 베데스다테라스Bethesda Terrace 등 도시자본주의의 장관이었으며 다양한 겉모습으로 자연이 등장하는 정교한 책략이었다.[47] 이러한 경관을 건설하기 위해 작업자 2만 명이 동원되어 300만yd^{2}의 흙을 옮겼고, 나무와 관목 27만 그루를 심었고, 도시 북쪽 상수도와 연결되는 새로운 저수지를 건설했고, 공원이 된 땅에 있던 수많은 무단거주자 공동체를 해체했다. 그렇지만 공원 건축가인 프레더릭 로 옴스테드Frederick Law Olmsted와 캘버트 복스Calvert Vaux가 설계한 "그린스워드플랜Greensward Plan"의 책략은 너무 성공적이어서 많은 사람들에게 공원의 건설을 위해 투입된 막대한 노동과 계획이 보이지 않았으며, 그들은 설계자들이 맨해튼의 "첫 번째 자연"의 일부를 단순히 보존했다고 느꼈다. 산업화가 근본적으로 정착민의 식민지적인 농업 질서 ― 식민지 이전 아메리카의 자연계 개조 ― 를 형성하던 시기에 나라에서 가장 큰 거대 도시의 심장에 위치한 이 공원은 사람이 살지 않는 야생의 이미지를 생성하는 데 일조했다. 도시의 심장에 있는 야생의 모조품인 센트럴파크는 '도시와 도시화를 추동하는 자본축적 과정에 대해 자연은 어쨌든 부정적인 이미지였으며, 그래서 자연은 도시에 대해 외부적인 것'이라는 생각을 강화했다.[48]

센트럴파크 개장 2년 뒤 자메이카만 입구 근처 배런아일랜드에서는 맨해튼에서 일하다 죽은 말 수천 마리의 사체를 산업용 기름이나 비료로 바꾸는 말-분해 공장 2개가 문을 열었고, 이 지역은 죽은 말의 만Dead Horse Bay으로 알려지게 되었다.[49] 배런아일랜드에서는 주로 아일랜드계 이민과 흑인으로 구

---

47) Gandy, *Concrete and Clay: Reworking Nature in New York City*, p. 109.

48) 1890년대에 나타난 주류 경제학의 자연의 외부화에 대해서는 Bonneuil and Fressoz, *The Shock of the Anthropocene*, p. 212 참조.

49) Gandy, *Concrete and Clay: Reworking Nature in New York City*, p. 85.

성된 쓰레기 더미를 뒤지는 사람들의 공동체가 성장했는데, 이들은 그 섬에 있는 사체 및 쓰레기 수거 공장 5곳에서 일하거나 도시의 다른 지역에서 그 섬에 버려진 쓰레기를 뒤지면서 연명했다. 이러한 쓰레기 더미를 뒤지는 사람들의 공동체는 센트럴파크가 된 땅을 점유했다가 파괴된 무단거주자 공동체와 완전히 동일한 종류의 도시재생 과정을 겪었다. 그들의 작업은 도시의 자연 신진대사에 매우 중요했다. 자메이카만은 도시의 성장 및 번영을 가능하게 만들고 궁극적으로 센트럴파크에 구현된 마찰 없는 깨끗한 자연을 창조했던 동물 및 인간 작업자를 포함한 도시 잔해의 최종 안식처였다.[50]

쓰레기 문제는 환경의 반격의 극적인 사례다. 유럽과 북미의 자본주의 문화에서 대규모로 도시화의 물결이 일어나기 이전에 인간과 동물의 배설물은 쓰레기로 간주되지 않았고 농부의 농작물 재배를 위해 재활용되었다. 그렇지만 도시의 성장과 더불어 마르크스Marx가 *신진대사의 균열metabolic rift*로 불렀던 극적인 전환이 발생했다. 한때 농업을 위한 비료로 바뀌었던 배설물은 이제는 간단히 도시생활의 위생 수준을 유지하기 위해 없애야 하는 오염물, 쓰레기가 되었다.[51] 마르크스가 이러한 균열을 분석했을 당시에는 도시와 도시를 둘러싼 시골의 분리가 소위 "토양 소진", 즉 유럽 전역에서 지력 고갈의 위기를 만들었다. 농부들은 농사에 필요한 영양분 공급원을 구하기 위해 나폴레옹 시대의 전장에서 뼈를 구하려고 땅을 팠고, 영국 같은 제국주의 권력은 페루 조분석鳥糞石 산지의 독점을 추구했다.[52] 천연가스로 만든 합성비료의 발명으로 이러한 영양분 공급의 위기는 끝났다. 그러나 그것이 환경의 반

---

50) Bonneuil and Fressoz, *The Shock of the Anthropocene*, p. 212.

51) 신진대사의 균열에 대한 다양한 설명은 John Bellamy Foster, *Marx's Ecology: Materialism and Nature*(New York: Monthly Review Press, 2000), p. ix; Jason W. Moore, *Capitalism in the Web of Life*(New York: Verso, 2015) 참조.

52) John Bellamy Foster, *Ecology Against Capitalism*(New York: Monthly Review Press, 2002), p. 160.

격 문제를 해결하지는 못했다. 도시와 자본주의 경제가 발전하면 할수록 사용할 수 없는 배설물이 더 많이 생성된다. 현대 도시의 가장 중요한 기반시설의 일부는 인간의 배설물을 도시에서 주변의 수계로 운반하는 것을 통해 이 문제를 처리하면서 발전했다.[53] 이러한 움직임으로 그 문제는 해결되는 것처럼 보였지만 단지 일시적인 것이었다. 산업화한 농업은 질소와 인의 순환을 심각하게 교란했다. 즉, 산업화한 농업은 질소와 인의 막대한 분량을 합성 비료의 형태로 토양과 대기에서 작물로 이전시켰고, 그 작물은 도시 주민에 의해 소비되어 순환적인 과정이 아니라 궁극적으로는 유지될 수 없는 직선적인 과정을 통해 근처의 수계로 배출되었다.[54]

뉴욕의 경우 현대적인 위생 기반시설은 더디게 도입되었다. 1830년대와 1840년대에 모든 뉴욕 시민들에게 담수를 공급해준 크로톤 애퀴덕트Croton Aqueduct의 건설에도, 인간의 배설물을 집 밖으로 내보낼 도시 차원의 하수 시스템은 19세기 후반까지 건설되지 않았다.[55] 그때까지 하수 기반시설은 도시의 계급 분화를 반영했다. 즉, 가난한 지역은 부유한 지역보다 일반적으로 인간 및 동물의 배설물에 더 많이 오염되었다. 마침내 도시 차원의 하수 시스템이 건설되자 이러한 불평등은 경감되었지만, 배설물로 도시의 수계를 오염시키는 방식으로 그렇게 되었다. 시정 담당자들이 보기에 수질오염이 특히 심했던 자메이카만을 오염시킨다는 해결책은 새로운 위생기술의 도입이며, 나아가 만 주변 습지-평탄화 개발의 진전된 단계를 촉진하는 것이었다. 1927년 위험할 정도로 높은 수치의 대장균을 함유하고 있다는 이유로 상당수의

---

53) Patrick Joyce, *The Rule of Freedom: Liberalism and the Modern City*(New York: Verso, 2003), pp. 67~75.

54) 현대 환경위기의 주요 요인인 질소와 인의 순환 교란에 대해서는 John Bellamy Foster, Brett Clark and Richard York, *The Ecological Rift: Capitalism's War on the Earth*(New York: Monthly Review Press, 2010), pp. 14~18 참조.

55) Joanne Abel Goldman, *Building New York's Sewers: Developing Mechanisms of Urban Management*(West Lafayette, IN: Purdue University Press, 1997).

뉴욕 해변이 폐쇄되었을 때 이 도시의 보건위원회는 "하수 한 방울까지" 처리해야 하며 시 당국이 첨단 폐수 처리시설 건축에 필요한 땅을 별도로 마련해야 한다고 권유했다.[56] 이후 20년에 걸쳐 하수 처리시설 4개가 자메이카만에 건설되었는데, 이 도시의 수계 가운데 그러한 시설이 가장 집중된 것이었고 날마다 3억gal의 질소-함유 폐수를 자메이카만으로 쏟아냈다. 하수에 의해 만들어진 높은 수준의 질소는 부영양화로 불리는 과정을 통해 조류藻類의 성장을 자극하고, 죽은 조류는 산소의 수준을 떨어뜨린다. 시간이 흐르면서 부영양화는 해양의 생물다양성에 치명적인 영향을 미치고 궁극적으로 해양생물 대부분의 죽음으로 이어진다. 그러한 조류 대증식은 자메이카만에 대한 계속되는 우려의 원천이다.

이러한 문제를 더욱 악화하는 것은 6200mile의 하수 시스템이 빗물과 생활폐수를 섞어 자메이카만에 있는 처리시설 등에서 함께 처리한다는 점이다. 뉴욕에 3/4in 이상의 비가 내릴 때면 폐수 처리시설은 언제나 급속하게 넘치고, 하수관은 5억gal의 미처리 하수를 직접 그러한 처리시설이 위치한 수계로 운반하는데, 이는 주사기와 분뇨를 뉴욕 해안으로 떠미는 악명 높은 이미지로 이어진다. 1988년의 특히 악명 높았던 사건 뒤에 이러한 이미지는 하수 찌꺼기를 바다에 버리는 것을 금지하는 것으로 이어진다.[57] 불행하게도 이러한 오염의 책임은 하수 찌꺼기를 바다에 버리는 것보다는 오히려 이 도시의 합류식 하수도 시스템에 있었다. 이 문제를 처리하기 위해서는 폭우로 쌓인 물을 저장했다가 천천히 방류할 수 있는 거대한 저수지를 만들 필요가 있었지만, 시 당국은 그러한 대책에 드는 비용을 부담하는 데까지 나가기를 꺼렸다.[58] 뉴욕의 하수 처리시설 가운데 다수가 강에 있는데, 거기에서는 조석潮

56) "Polluted Beaches a Danger to City Bathers," New York Times, July 17, 1927.

57) Michael Specter, "Sea-Dumping Ban: Good Politics, But Not Necessarily Good Policy," New York Times, March 22, 1993.

58) Ibid.

작용이 하수를 바다로 운반하는 데 도움이 된다. 그러나 자메이카만 조류의 흐름은 심하게 감소해왔고, 많은 양의 하수 찌꺼기가 만 안에 갇혀 있다. 4개의 하수 처리시설을 건설한 뒤 자메이카만의 수질은 점차 악화되었다. 날마다 거의 4만 파운드의 질소가 자메이카만에 쏟아졌고, 자메이카만은 세계에서 질소로 가장 많이 오염된 수계 가운데 하나가 되었다.[59] 2004년 지역활동가들은 시 당국이 비밀리에 자메이카만에 하수 찌꺼기를 버려서 부영양화의 수준을 급격하게 상승시켰다는 것을 발견했다.[60] 2009년에 활동가들이 제기한 '수질오염방지법Clean Water Act' 소송은 블룸버그 행정부가 그러한 투기를 중지하고 4개의 하수 처리시설 개선에 1억 달러를 집행하는 데 동의하는 것으로 결론이 났다. 개선을 통해 자메이카만의 질소 수준은 감소했지만 생물학자들에 따르면 질소 수준의 감소에 자메이카만이 정확히 어떻게 반응할지는 여전히 불분명하다.[61] 그러나 합류식 하수도를 통해 자메이카만 또는 이 지역의 다른 수계로 하수가 배출되는 문제는 아직 해결되지 않았다.

자메이카만이 도시의 주요한 쓰레기터로 변화함에 따라 만과 주변 지역의 도시적 성장을 위한 새로운 계획이 수립되어 신속하게 실행되었다. 1929년 지역계획협회는 첫 번째 종합 계획을 발표했는데, 자유방임적인 도시 성장의 역기능에 대해 전형적인 혁신 시대Progressive Era의 해결책을 추구했다. 뉴욕이 경쟁 도시들에 뒤질 것에 대한 두려움에 이끌려 그 종합 계획은 뉴저지, 뉴욕, 코네티컷Connecticut을 연결하는 전 지역에 도시 성장의 자원을 배분하고 뉴어크, 뉴욕, 뉴헤이븐New Haven 같은 도시를 도로 및 철도 수송 협조 시스템으로 연계하는 것을 옹호했다. 그 계획에는 또한 급속히 감소하는 공지空地 문제에 대처하기 위한 지역 차원의 공원 시스템이 필요했다.[62] 그러나 그러한 공원 시

59) New York City Audubon, "Jamaica Bay Project," n.d., nycaudubon.org.

60) Jamaica Bay Ecowatchers, "History of the Ecowatchers," n.d.

61) Brett Branco, February 27, 2016, Personal Interview.

스템은 그 계획이 조장한 억제되지 않는 성장, 비합리적인 도심의 교외 확장, 환경파괴를 거의 완화하지 못했다.[63] 여전히 습지로 보이는 곳을 파괴하는 것이 지역계획협회의 핵심적인 개발 목표였다. 실제로 1929년의 계획은 지역 습지대의 "막대한 매립"을 요구했다.[64] 이후 수십 년 동안 지역 개발을 위한 이 계획이 대개 실현되어 수천ac의 조류 습지대를 파괴하는 결과를 낳았다. 한때 상승하는 바다의 완충지 역할을 하던 습지를 파괴하는 것에서 분명히 드러나듯이 사람들은 바다의 안정성과 평온을 당연한 것으로 여기게 되었고 그러한 개발을 통해 인간의 거주지는 점차 바다에 가깝게 배치되었다.[65]

세계 항구 자메이카만 프로젝트의 실패에도 지지자들은 자메이카만에 세계적인 항구시설을 건립한다는 꿈을 버리는 것을 거부했다. 1920년대 후반에, 600만yd^{3}의 모래가 만의 바닥에서 배런아일랜드로 퍼 올려져 브루클린과 연결되었고 섬은 만조에 비해 16ft 높아졌다. 뉴욕시 관내에 있는 최첨단 공항인 플로이드베넷필드Floyd Bennett Field는 1931년에 헌납되었다. 많은 유명한 비행사들이 그 공항을 사용했지만 라과디아 시장Mayor La Guardia은 주요 항공사들이 뉴어크에서 자메이카만으로 노선을 재배치하도록 설득할 수 없었고, 2~3년 이내에 결국 라과디아 공항LaGuardia Airport으로 명명된 새로운 시설을 퀸스의 북쪽 경계에 건설하기 시작했다. 동시에 시 당국은 자메이카만의 동쪽 변두리 습지대에 또 다른 새로운 공항 건설을 모색하기 시작했다. 1941년에 라과디아 행정부는 아이들와일드Idlewild 골프장을 둘러싼 습지 4500ac를

---

62) 경쟁력 있는 성장의 필요성에 대해서는 Thomas Adams, "Discussion," *Proceedings of the Seventh National Conference on City Planning, Detroit, June 7-9, 1915*(Boston, 1915), p. 160; Steinberg, *Gotham Unbound*, p. 188 참조.

63) 지역계획협회의 모순에 대해서는 Angotti, *New York for Sale*, p. 68 참조.

64) Regional Plan Association, *The Graphic Regional Plan: Atlas and Description*, Vol. I(New York: Regional Plan of New York and Its Environs, 1929), p. 327; Steinberg, *Gotham Unbound*, p. 188 인용.

65) Steinberg, *Gotham Unbound*, p. 190.

매입했다. 장래의 케네디 국제공항John F. Kennedy International Airport이 들어서게 될 땅을 만들기 위해, 배런아일랜드를 변화시킨 그 과정을 반복하면서, 거대한 흡입관들이 자메이카만의 모래를 빨아들여 습지에 뿌렸다. 자메이카만에 끼친 영향은 극적이었다. 1971년까지 1만 6000ac의 광활한 습지는 4000ac로 축소되었다.[66] 그 프로세스는 전체주의적인 용어로 토지 "간척"이라고 묘사되었지만, 그 때문에 맨해튼 규모의 습지 생태계가 파괴되었다.

자메이카만의 "개선"은 취약한 생태계를 보호하기 위한 노력과 결부된 20세기 중반까지 거슬러 올라가는 점증하는 저항에 부딪혔다. 놀랍게도 지역계획협회의 그 많은 환경파괴적인 계획의 집행으로 많은 비난을 받았던 건축의 대가 모지스가 자메이카만 보존 노력의 주인공이었다. 뉴욕시 위생위원New York City Sanitation Commissioner 윌리엄 캐리William Carey가 1930년대에 자메이카만의 수심 깊은 항구 계획을 복원했을 때 그 계획의 사악한 쌍둥이는 최근 폐쇄된 리커스 아일랜드Rikers Island의 쓰레기장을 대체하는 쓰레기 소각로와 재처리장이 되는 것이었고, "도시생활의 긴장이 해소될 수 있는 도시 경계 안에 있는 장소 … 노인들은 쉴 수 있고 젊은이들은 놀 수 있는 장소"를 주장하면서 모지스는 그 계획에 대한 반대 활동을 강력하게 전개했다.[67] 모지스의 압력 아래 만의 관할이 부두부Department of Docks에서 공원부Parks Department로 이전되었고 수영, 낚시, 기타 야외 활동을 위한 공원을 개장하는 계획의 일환으로 일련의 새 먹이 및 둥지구역이 지정되었다. 자메이카만은 자연 상태로 보존되는 것이 아니라 위험하기 짝이 없는 무제한의 성장에 기운 거대 도시가 만든 사회적 스트레스에서 도시인들이 조금이나마 벗어날 수 있는 곳으로, 그리고 (국민적 특성에 필수적인 것으로 간주되는) 남성적인 운동경기 문화가 일

---

66) Ibid ., p. 309.
67) Cathy Newman, "A Tale of Two Ponds: NYC Park After the Storm," *National Geographic News*, April 27, 2013.

귀지는 곳으로 그렇게 전환되었다. 모지스가 자메이카만에 만든 휴양지는 현대 도시를 지배하는 순종적인 노역의 공간에 대한 필수적인 보완으로 인식되었다.[68]

자메이카만은 또한 모지스가 중요한 산파 역할을 했던 광대한 도로망에 통합되었다. 나중에 벨트파크웨이Belt Parkway로 개명된 모지스의 "마지널 불바르Marginal Boulevard"는 "지금까지 시도된 도시 고속도로 사업 가운데 가장 위대한 것"으로 선전되었다.[69] 브루클린 주변 해안을 두르고 자메이카만을 도는 벨트파크웨이는 롱아일랜드를 자동차를 탄 도시인에게 개방했고 뉴욕의 교외를 광대하게 확장했다. 모지스의 다른 많은 고속도로 프로젝트와 마찬가지로 벨트파크웨이 또한 수변을 절단하고 취약한 습지 가장자리에 막대한 양의 공해 자동차를 집중시켰다. 연방정부의 주택 및 고속도로 기금으로 무장한 모지스는 낙후된 코니섬과 파로커웨이Far Rockaways의 해변 공동체가 있는 도시 외곽까지 최대한으로 공공주택 정책을 밀어붙였다. 뉴욕 항구에 줄지어 있던 부둣가 공동체와 마찬가지로 그러한 공동체의 토지의 경우 가격이 저렴했거나 사유재산을 공공 용도를 위해 수용할 수 있는 법적 장치와 배타적인 관할권을 활용한 시 당국이 점유할 수 있었다. 그 결과가 바로 "로커웨이 개선 계획Rockaways Improvement Plan", 즉 르코르뷔지에가 고취한 미래의 도시인데, 그 계획은 주변 공동체나 도시의 다른 지역과 유기적인 연계가 없는 고층 아파트단지로 구성되었다.[70] 예컨대 아베르네와 에지미어Arverne and Edgemere의 개발은 7층에서 9층 높이의 24개 건물로 구성되었다. 매우 적은 인구가 퀸

68) Daniel T. Rogers, *The Work Ethic in Industrial America, 1850-1920*(Chicago: University of Chicago Press, 1979), p. 109.

69) Orff, "Cosmopolitan Ecologies," p. 65.

70) Jonathan Mahler, "How the Coastline Became a Place to Put the Poor," *New York Times*, December 3, 2012; Carol P. Kaplan and Lawrence Kaplan, *Between Ocean and City: The Transformation of Rockaway New York*(New York: Columbia University Press, 2003).

스의 파로커웨이에서 살았지만 모지스의 임기 동안 거기에 퀸스 공공주택의 절반이 넘게 들어서게 되었다. 파로커웨이의 이 프로젝트는 자메이카만 때문에 도시의 다른 지역에서 편리하게 분리되어 점차 공공 부조로 생활하는 사람들을 수용하는 데 이용되었다. 1960년대에 이르러 모지스의 단단한 권력 장악은 약해졌지만, 시 당국은 계속해서 로커웨이에 공공주택을 건설했다. 이 7mile 길이 반도에는 또한 급격하게 늘어난 요양원과 직전에 퇴원한 정신병 환자를 위한 시설이 배치되었다. 이 공공주택 프로젝트로 이 지역은 허리케인 샌디가 뉴욕에 상륙했을 때 최악의 타격을 받았던 지역 가운데 일부가 되었다.

1970년대 초반까지 자메이카만은 환경의 기로에 있었다. 케네디 공항을 관할했던 항만 당국은 활주로를 추가해서 이 나라에서 가장 바쁜 국제공항의 혼잡 문제를 해결하자고 제안했다. 이는 자메이카만에 대한 더 많은 준설을 수반했다. 같은 시기 육군 공병단은 자메이카만 주변을 침수시킨 거센 바람과 높은 조류를 수반한 강력한 2개의 폭풍에 대한 지원 요청에 반응하면서 로커웨이 수로를 가로지르는 허리케인 장벽의 건설을 제안했다. 부속 수로와 방조제를 포함해서 그 장벽의 비용은 대략 6500만 달러로 추정되었는데, 시 당국이 상당히 많이 부담해야 했다.[71] 한 전국적인 연구단체는 공병단의 상반되는 장담에도 폭풍 장벽은 만의 건강을 유지하는 데 필요한 조수의 흐름을 심각하게 방해할 것이라고 주장하면서 환경적인 견지에서 이 두 가지 제안을 모두 거부했다. 게다가 그 단체는 허리케인이 "뉴욕 지역에서는 꽤 드물기" 때문에 장벽이 필요 없다는 견해를 피력했다.[72] 그 단체의 보고서 서두에는 뉴욕 사람들을 위한 여가 공간의 필요가 언급되었다. 그 단체의 한 회원은

---

71) Jamaica Bay Environmental Study Group, *Jamaica Bay and Kennedy Airport: A Multidisciplinary Environmental Study*, 2(Washington, DC: National Academy of Sciences, 1971), p. 87.

72) Ibid., p. 89.

의회에서 그 지역을 잠재적인 국립공원으로 지정하는 것에 대해 증언할 때 그 당시 더운 여름날에는 100만 명이 넘는 코니섬 사람들이 그곳을 목욕하는 데 사용하고 있는 점을 지적하면서 "코니섬의 주민은 17~18세기의 노예선 slave ships에서 사용하던 공간의 겨우 3배 정도의 공간을 가지고 있을 뿐이다"라고 주장했다.[73] 국립공원관리청National Park Service의 "도심 주민의 휴양시설 필요에 대한 인식"의 부족에도 이후 게이트웨이 국립휴양지Gateway National Recreation Area로 불리게 되는 것을 만드는 계획이 진행되었다.[74]

자메이카만은 게이트웨이 국립휴양지의 최대 구역인데, 지리적으로 단절된 일련의 해안, 습지대, 잔교, 폐기된 도시 기반시설이 뉴욕시의 항만을 뉴저지 북쪽에서부터 롱아일랜드 서쪽까지 잇고 있다. 국립공원관리청이 관리하지만 게이트웨이와 대부분의 북미 국립공원 사이에는 공통점이 거의 없다. 실제로 게이트웨이와 자메이카만은 앤설 애덤스Ansel Adams 같은 서구의 사진작가에 의해 유명해진 바위투성이 자연미와 정반대의 장소로 보일지도 모른다. 애리조나Arizona에 있는 코코니노 국유림Coconino National Forest의 커시드럴록Cathedral Rock 또는 요세미티계곡Yosemite Valley의 엘캐피턴El Capitan 같이 미국의 국가적 정체성의 전형적인 상징이 된 장소에 있는 숭고한 특징이 자메이카만에는 전혀 없다.[75] 실제로 게이트웨이를 "휴양지"로 지정한 것은 국립공원관리청이 보호해야 할 공간의 순서상 맨 아래임을 강조한 것이었고, 이 휴양지는 문화적으로나 법적으로 덜 자연스럽게 건설되었으며 결과적으로 "거

---

73) *Gateway National Recreation Area: Hearings Before the Subcomm. On Parks and Recreation of the Comm. On Interior and Insular Affairs* ⋯ *on S. 1193 and S. 1852*, 92nd Congo 160(1971), p. 141.

74) Jamaica Bay Environmental Study Group, *Jamaica Bay and Kennedy Airport*, 2, p. 90.

75) 애덤스의 상징적인 서구적 경관 사진에 대한 비평은 Emily Eliza Scott and Kristen Swenson, "Introduction: Contemporary Art and the Politics of Land Use" in Emily Eliza Scott and Kristen Swenson(eds.), *Critical Landscapes: Art, Space, Politics*(Berkeley: University of California Press, 2015), pp. 1~16 참조.

친" 강이나 "경치 좋은" 오솔길보다 국가의 미적인 유산 측면에서 가치가 떨어진다.[76] 그렇지만 이러한 지정에 내포된 문화-자연 이분법은 기만적이다. 북미의 국립공원 대부분은 혼합된 동기에 근거해서 설립되었는데, 거기에는 이 나라의 그림 같은 경치에 대한 국가적 자부심은 물론 대서양 연안 및 유럽 도시의 부유한 거주자를 위한 스포츠 사냥터로 유지되기를 바라는 상류층의 욕망도 포함되었다. 게다가 요세미티 같은 유명한 공원이 설립된 19세기 중후반 보존운동은 대부분의 공원을 신성불가침의 보호구역이 아니라 "자연자원"의 과학적 관리 현장으로 간주했다.[77] 여행산업에 의해서건 아니면 삼림, 광산, 목축 같은 자원 채취 이해에 의해서건 간에 공원은 그렇게 항상 집중적인 상업화의 대상이었다.[78] 이러한 장소가 "야생"을 구성한다는 개념은 아메리카 원주민이 이 땅에 거주했다는 것에 대한 편리한 망각 및 인구가 밀집된 자신들의 생활터전에 대한 도시 사람들의 혐오에 전적으로 의지한다. 그러나 게이트웨이는 충분히 "야생적"으로 보인 적이 없다.[79] 자메이카만 환경연구단체Jamaica Bay Environmental Study Group가 예측한 것과 꼭 마찬가지로 국립공원관리청은 이 공원에 이르는 적절한 교통 서비스에 투자하는 데 실패했다.[80] 오늘날에도 게이트웨이에 접근하기는 상대적으로 어렵고 대부분의 뉴욕 사람은 알지도 못하고 방문하지도 않는다.

그러는 동안 자메이카만의 습지대는 계속해서 축소되었다. 1990년대 중반

---

76) Alexander Wilson, *The Culture of Nature: North American Landscape from Disney to the Exxon Valdez*(Cambridge, MA: Blackwell, 1992), p. 229.

77) Purdy, *After Nature*, p. 154.

78) Wilson, *The Culture of Nature: North American Landscape from Disney to the Exxon Valdez*, p. 227.

79) William Cronon, "The Trouble With Wilderness; or, Getting Back to the Wrong Nature" in William Cronon(ed.), *Uncommon Ground: Rethinking the Human Place in Nature*(New York: Norton, 1995), pp. 69~90.

80) Jamaica Bay Environmental Study Group, *Jamaica Bay and Kennedy Airport*, 2, p. 90.

에 지역 활동가들은 국립공원관리청에 만의 습지 섬들이 점차 사라진다고 통보했다.[81] 활동가들의 주장은 처음에는 무시되었지만 그들이 만의 역사가 담긴 사진을 제출하고 현재의 위성사진과 비교해서 그들의 주장을 뒷받침했을 때 국립공원관리청은 그들의 주장을 검증할 대책반을 구성했다. 자메이카만의 개발, 무엇보다도 도시화에 따른 유독성 부산물의 배수구로 만을 취급한 것이 남아 있던 염성 습지 섬들의 충격적인 감소의 촉진에 일조했다는 것이 밝혀졌다. 염성 습지 섬들과 항공사진의 비교는 1959년에서 1998년 사이에 육지구역이 12% 망실된 것을 보여줬는데, 후속 측정에서는 감소 비율이 너무 급격하다는 것을 보여줬고, 2005년 설립된 자메이카만 습지보호계획 자문위원회Jamaica Bay Watershed Protection Plan Advisory Committee는 10여 년 안에 습지들이 사라질 것 같다고 예측했다.[82] 이러한 전격적인 감소에 대한 설명은 무엇인가? 우선, 모든 모래가 만에서 파내어져 습지로 부어진 바람에 만의 평균 깊이가 3000ft에서 6000ft로 증가했다.[83] 이는 조수가 만에 유입된 독성물질을 배출하려면 3배의 시간이 걸리며 부영양화와 습지 침식을 악화한다는 것을 의미한다. 그러나 만의 수질오염이 간척이 초래한 유일한 문제는 아니었다. 습지대가 채워짐에 따라 자메이카만으로 흘러들어오는 지류가 도로, 주택, 공장으로 뒤덮이게 되었다. 이 때문에 상당한 양의 담수 유입뿐만 아니라 ─ 기본적으로 4개의 하수 처리시설에서 처리된 물이 만으로 유입되는 유일한 수원이었다 ─ 그러한 흐름에 의해 옮겨지던 퇴적물까지 막혔다. 퇴적물의 유입 없이는 공항 같은 간척 프로젝트를 위해 만에서 퍼낸 모래를 보충할 자원이 없었고, 수십 년 동안 항해를 위해 준설된 수로를 채울 수단도 없었다.[84]

---

81) Mundy, Personal Interview.

82) Orff, "Cosmopolitan Ecologies," p. 70.

83) Ibid.

84) Ellen K. Hartig and Vivien Gornitz, "The Vanishing Marshes of Jamaica Bay: Sea Level Rise or Environmental Degradation?"(Goddard Institute for Space Studies Science Briefs,

습지 섬 복원 작업은 2000년대 초에 시작되었다. 만의 바닥에서 퇴적물을 퍼 올려서 먼저 빅에그 습지Big Egg Marsh에 뿌려 2ac의 습지를 재창조했고, 10년 뒤 총 60ac인 다른 두 섬 엘더스웨스트Elders West와 엘더스이스트Elders East에 대한 작업이 뒤를 이었다.85) 이러한 노력의 결과 습지의 감소는 매년 15~20ac로 완화되었다.

그러나 자메이카만의 생태계는 절대로 청정한 상태로 복원되지 못할 것이다. 건축가들과 생물학자들이 집수역集水域이라기보다는 "하수역下水域"이라고 언급할 정도로 만은 변형되었다. 그래서 습지 복원이란 발상은 야생 상태, 자연이 인간 활동에 영향받지 않은 그러한 상태로 돌아간다는 일종의 환상에 기초한다.86) 게다가 취약한 상태에 대한 점증하는 인식 및 습지 복원에 사용된 수백만 달러에도 자메이카만은 계속해서 고조되는 위협에 직면하고 있다. 예컨대 1970년대에 케네디 공항 확장을 반대했던 지역계획협회는 2011년에는 케네디 공항에 있는 매립지에 1~2개의 활주로를 추가로 건설할 것을 제안했는데, 이 협회의 보고서는 그곳을 "사각지대dead zone"로 특징지었다.87) 아마 케네디 공항 주변구역을 "살생지대kill zone"로 부르는 것이 더 적합했을 것이다. 공항 당국은 새와 비행기의 충돌을 막기 위해 처음에는 매사냥 프로그램을, 궁극적으로는 명사수를 채용해서 매년 수천 마리의 붉은부리갈매기를 죽였는데, 이는 역설적으로 수만 마리의 철새를 자메이카만으로 유혹할 정도로 성공적인 복원의 결과였다.88) 실제로 습지 섬 복원 노력의 가장 큰 모순

December 2001).

85) Gateway National Recreation Area, "Marsh Restoration in Gateway," n.d., nps.gov/gate/lea rnlnature/marshrestoration.htm.

86) Branco, Personal Interview.

87) "Proposed Expansion of JFK Airport," n.d., NYC Audubon.

88) "Animal Rights Group Sues to Stop Gull Shooting at JFK Airport," AP News Archive, August 11, 1992.

중 하나는 그러한 복원이 더 많은 새 떼를 끌어들여 여객기를 더 위태롭게 할 위험 때문에 케네디 공항 1mile 이내에는 복원 시도를 할 수 없다는 것이다.

자메이카만 주변 공동체의 홍수는 해안 공동체에 그렇게 간절하게 필요한 홍수방어에 만의 생태계 복원이 필수적인 요소가 될 수 있는지 주목하게 만들었다. 이 질문은 재앙적인 홍수를 피할 수 있도록 만의 자연 시스템 및 인간 공동체가 조정될 수 있는가 아니면 애초에 만 안으로 물이 밀려들어오는 것을 막을 공학적인 거대한 작업이 시도되어야 하는가라는 골치 아픈 쟁점을 내포하고 있다. 다시 말해 우리는 자연을 통제하려고 노력해야 하는가 아니면 거기에 적응해야 하는가? 이러한 논의의 조건 대부분을 설정한 공권력인 공병단은 역사적으로 자연을 지배하려는 오만한 욕구를 피력해왔는데, 자연 시스템에 대한 간여로 초래된 환경의 반격을 예상하는 데 반복해서 실패했다. 최근에는 그러한 거만한 접근 방식이 변경되기 시작했다. 허리케인 샌디 이후 공병단은 조직의 철학을 "홍수 통제"에서 "해안 위험 관리"로 바꾼 「북대서양 종합 연구보고North Atlantic Coast Comprehensive Study Report」라는 제목이 붙은 1950만 달러가 든 연구를 제출했다.[89] 최근의 공식적인 발표에서는 자연을 지배한다는 마초macho적인 언어를 완화했지만, 그들의 근육질 공학 프로젝트 추구는 감소되지 않았다. 공병단은 미래의 폭풍해일 위협에 대응하기 위해 자메이카만에서 2개의 프로젝트를 고려하고 있다. 즉, 일련의 제방 및 둔덕과 만의 내부를 두르는 방조제, 즉 로커웨이 수로를 포괄하는 거대한 허리케인 장벽이 그것이다.[90] 방조제는 1964년에 의회가 거부한 프로젝트의 복원인데 비용은 20억에서 40억 달러 사이로 증가했고, 브루클린의 상당한 부분을 방어하기 위해 수문의 위치는 원래의 제안보다 서쪽으로 더 이동해서

---

89) US Army Corps of Engineers, *North Atlantic Coast Comprehensive Study Report*(January 2015).

90) Matthew Schuerman, "Inside or Outside: Two Ways to Protect Jamaica Bay," *WNYC News*, March 19, 2015.

로커웨이의 브리지포인트에서 맨해튼비치Manhattan Beach까지 확장되었다. 이 장벽은 거대한 로커웨이 방조제 구축을 수반하면서 고지대에 결합되어야 할 것이다.[91] 수로를 가로지르면서 1mile이 넘게 뻗친 방조제는 대부분의 시간 동안 개방되겠지만 허리케인이 접근할 때에는 폭풍해일을 막기 위해 폐쇄될 것이다. 북해North Sea에서 불어오는 폭풍으로부터 런던을 보호하기 위한 템스장벽Thames Barrier, 네덜란드의 5.5mile 길이의 거대한 오스테르스헬더케링Oosterscheldekering, 베니스의 영구적으로 지연된 수문 프로젝트 모세MOSE와 이 장벽은 해법이 유사하다.[92]

로커웨이 장벽은 반세기 전 제안된 폭풍 수문과 똑같은 도전에 직면해 있다. 그 가운데 가장 중요한 것은 이미 오염된 수질에 미칠 수 있는 잠재적 피해다. 만약 이 장벽이 조수의 흐름을 방해한다면 만의 수질을 악화할 것이고 부영양화의 강화와 습지 섬의 감소로 이어질 것이다. 이 계획에 생태계 복원 같은 요소가 없는 것은 절대적으로 분명하다. 그 계획은 순전히 취약한 지역 사회와 케네디 공항 같은 비싼 기반시설을 우선적으로 보호하는 데 관한 것이다. 이에 따라 생물학자들과 조경건축가들 모두가 그 장벽 계획에 반대했는데, 그들에게는 자메이카만 자체가 해안의 취약성과 해수면 상승에 적응하기 위한 정반대의 접근 방법을 증명하는 핵심적인 근거가 되어왔다.[93] 공병단이 제안한 로커웨이 장벽의 대안 마련을 바라면서 건축가인 시비트는 해안 탄력성의 구조Structures of Coastal Resilience라는 프로젝트의 일부로서 만의 경계 주변에 대한 일련의 간여를 제안했다.[94] 시비트의 설계 팀은 새로운 생태계 복원기술을 자연에 기초한 폭풍 방어 기반시설과 혼합해서 자메이카만에 대

---

91) Catherine Seavitt, March 7, 2016, Personal Interview.

92) 모세 프로젝트에 대해서는 Antonia Windor, "Inside Venice's Bid To Hold Back the Tide," *The Guardian*, June 16, 2015 참조.

93) Branco, Personal Interview; Seavitt, Personal Interview.

94) Structures of Coastal Resilience, structuresofcoastalresilience.org.

한 핵심 조치 세 가지를 상상했다.[95] 첫째, 그 팀은 만조 때 물과 퇴적물을 보초도를 가로질러 만으로 옮기는 오버워시 플랜overwash plans, 타이덜 인렛tidal inlets, 플러싱 터널flushing tunnels을 로커웨이 반도에 구축해서 조류의 흐름 및 순환을 강화한다는 목표를 세웠다. 이는 점차 정체되고 있는 만의 물을 순환시키고 부족한 퇴적물을 보충하는 데 도움이 될 것이다.[96] 둘째, 그 팀은 습지 테라스, 흙 둔덕, 물에 잠긴 숲을 활용하여 벨트파크웨이 등 만의 배후 지역 가장자리를 구축할 것을 제안했다. 매력적이지만 실용적인 조경을 수변에 구축해서 생활의 질을 개선하는 한편, 만의 경계에 줄지어 있는 공동체를 폭풍해일로부터 보호하는 것이 이 제안의 목적일 것이다. 마지막으로 시비트와 동료들은 소위 *환초테라스와 섬 발동기atoll terrace and island motor* ― 조류에 의해 운반되는 퇴적물을 붙들기 위해 최소한으로, 주의 깊게 배치한 준설 물질 ― 를 만들기 위한 모델을 개발했다. 환초 테라스에 갇히면 퇴적물은 최소한의 인간 개입으로 자연스럽게 습지 섬을 형성할 것인데, 이는 네덜란드 건축가들이 해변을 보충하기 위해 개발한 "모래엔진sand engine"을 변형한 것이다.[97] 이러한 접근 방법은 현재 진행되고 있는 습지 복원 노력보다 퇴적물을 덜 요구할 것이고, 또한 결과적으로 자본 집중이 훨씬 적을 것으로 추정된다. 희망하는 바는 이러한 자연적인 부착 과정을 통해 습지 섬들이 해수면 상승에 맞춰 성장하는 것이다.

시비트가 제안한 해안탄력성의 구조 프로젝트는 환경적인 장점에도 불구하고 여전히 현재의 습지에 둔덕과 제방을 배치할 것을 요구하는데, 이는 습지 파괴에 반대해서 수세기 동안 싸워온 지역환경주의자들과 확실히 어긋난다. 조경 건축학의 자연 친화적인 어휘로 말하고 있지만, 공병단의 계획은 만

---

95) Catherine Seavitt, "Experimental Research Studio: Jamaica Bay," *Urban Omnibus*, January 28, 2015.

96) Ibid.

97) Ecoshape, "The Delfland Sand Engine," ecoshape.nl.

주변의 해안 가장자리에 훨씬 더 많이 침입하는 장벽을 특징으로 할 것이다. 그러나 시비트의 자메이카만을 위한 도시환경 전망에 관련된 가장 큰 도전은 케네디 공항을 어떻게 보호할 것인가에 놓여 있다. 공병단의 엔지니어 댄 폴트Dan Falt가 말하듯이 "당신이 공항 근처에 커다란 장벽을 만드는 것을 원하는지 모르지만 아마 허리케인 장벽에서 이득이 증가할 것이다".[98] 케네디 공항에 투하된 자본과 이 도시 교통시설의 핵심 요소로서 이 공항의 중요성은, 자메이카만에 더 많은 활주로를 건설하려는 반복된 시도의 실패에도, 어떤 형태의 보호 수단이 이 만에 구축되어야 하는지를 결정하는 데 이 공항이 강력한 역할을 하리라는 것을 의미한다. 마지막으로 자금 조달은 환경적으로 양호한 홍수방어 요소의 실현을 지연시킬 것 같다는 점을 주목해야 한다. 현재 공병단은 로커웨이를 강화하는 용도로 연방정부의 샌디 지원 예산에서 40억 달러를 받았지만 의회가 만 주변 보호에 충분한 예산을 배정할 것으로 예상되지는 않는다. 해안탄력성의 구조를 위한 야심찬 계획을 실현하기 위해서는 뉴욕주와 뉴욕시의 자금은 물론 연방정부의 추가적인 자금 지원이 필요할 것이다. 샌디로부터 직접적으로 그리고 지속적으로 영향을 받지 않은 많은 사람들에게 허리케인 샌디가 점차 오래된 기억이 되면서 이러한 자금의 기회는 축소되고 있다. 그래서 거대 공학 프로젝트는 집행되지 못할 수 있고, 지역사회와 시민들은 앞으로 무시무시한 폭풍이 대서양에서 닥칠 때 자신 밖에는 의지할 데가 없다는 것을 알게 될 것 같다.

자메이카만의 역사는 황무지로 대변되는 경관의 "간척" — 정말로 전반적인 변형 — 이 일련의 예상치 못한 환경의 반격을 만들어낸 길을 보여준다. 20세기 전반에 걸쳐 그러한 위기의 대부분에 대응하면서 종종 기술적인 혁신을 통해 점차 복잡하고 정교한 도시 기반시설이 만들어졌다. 이러한 건축의 일부는 도시생활을 가능하게 했고 아마 대중을 쾌적하게 만들었겠지만, 자메이

---

98) Schuerman, "Inside or Outside."

카만 습지처럼 저평가된 경관의 변형은 또한 주변 주민들이 훨씬 더 큰 위험에 노출되게 만들었다. 시비트 같은 건축가들은 경관 자체를 생활 기반시설로 활용해서 뉴욕 하구 수중 생태계를 특징짓는 완충적인 자연 과정 일부를 복원하려고 노력한다. 도시생활을 점점 더 취약하게 만드는 계속되는 환경의 반격이라는 맥락에서 그러한 중요한 노력이 나타난다. 그러나 뉴욕은 그러한 위태로움이 뚜렷한 장소 가운데 하나일 뿐이다.

예를 들어 지구 전역의 강 삼각주에서 사람들은 도시가 제공하지 못하는 식수를 구하려고 그들의 공동체 아래 퇴적 토양을 파고 있다. 그렇게 하면서 그들은 해수면 상승과 극단적인 폭풍에 그들을 더욱 취약하게 만드는 지반 침하 과정에 집단적으로 기여한다. 더구나 각국이 산업 강국으로 발전하기 위해 경쟁함에 따라 자국 국민들과 하류 지역 국민들에게 새로운 형태의 환경의 반격이 닥친다. 다른 많은 개발도상국처럼 인도는 수력 발전 능력을 확대하기를 희망해서 방글라데시와 순다르반스Sundarbans라고 불리는 습지 섬들의 광대한 군도까지 결국 이어지는 아루나찰프라데시Arunachal Pradesh와 아삼Assam 같은 북동 지역 주의 강에 150개의 댐을 건설할 계획에 착수했다. 댐은 인도 주민 대다수에게 거의 도움이 되지 않는 높은 경제성장률을 촉진한다는 이름 아래 취약한 생태계와 히말라야 기슭의 토착 공동체를 위협한다.[99] 동시에 이 프로젝트는 브라마푸트라Brahmaputra나 수반시리Subansiri 같은 강을 우회시켜 하류인 아삼 및 방글라데시 범람원의 흐름에 심각한 영향을 미칠 가능성이 있다. 더 적은 물이 강 하류와 바다로 흐르면 짠 바닷물이 그 지역의 취약한 하구 토양으로 더 많이 침투할 수 있다. 높아지는 염도는 대개 보이지는 않지만 치명적이어서 순다리Sundari 지역에서 동명의 순다리 나무를 죽였고, 손상된 농경지는 1973년 400만ac 이하에서 오늘날에는 800만ac로 추정

---

99) Shripad Dharmadhikary, *Mountains of Concrete: Dam Building in the Himalayas* (International Rivers, 2008).

된다.[100] 상대적으로 보이지 않는 삼각주 염분의 재앙을 증폭시키는 것은 기후변화의 다른 세 가지 핵심적인 영향이다. 즉, 점차 확대되는 파괴적인 계절적 홍수, 2100년까지 방글라데시의 1/5을 침수시킬 유엔UN의 최소 추정이 3ft인 해수면 상승, 마지막으로 대양이 가열됨에 따라 힘이 커지는 사이클론이 그것이다. 그런데 취약한 배후 생태계의 모든 측면에서 타격을 입는 기후위기의 현장이 방글라데시에 국한된 것은 아니며 부에노스아이레스Buenos Aires, 카사블랑카Casablanca, 콜카타, 마닐라Manila, 로테르담, 상하이 등 유사한 일련의 문제에 직면해 있는 강 삼각주에 건설된 다른 많은 도시가 있다. 그러한 장소에서 개발 — 자본에 의한 자연의 신진대사 — 은 소수에게 부를 주지만 궁극적으로 다수에 영향을 미치는 환경의 반격을 만들어낸다. 그러한 개발에서 누가 이익을 얻는지, 그리고 자연이 반격할 때 누가 손해를 입는지는 왜곡된 사회적 계산법의 산물이었지만 환경의 반격이 강화됨에 따라 이러한 격차는 훨씬 더 분명해지고 있다.

뉴올리언스: 뉴아틀란티스

2016년 초 주택도시개발부Department of Housing and Urban Development 장관 훌리안 카스트로Julián Castro는 재난을 당한 공동체를 위한 10억 달러 규모 기금의 전국적인 대회의 승자들을 발표했다. 루이지애나주Louisiana가 연방재난 회복대회에서 9200만 달러를 수상했다. 그 가운데 전체의 절반이 넘는 돈(5200만 달러)이 빌럭시-치마차-촉토Biloxi-Chitimacha-Choctaw 인디언 거주 섬인 아일드진찰스밴드Isle de Jean Charles Band에서 "탄력적이고 역사적인 맥락이 있는" 지역사회로 이주하는 데 지원하는 용도로 지정되었다.[101] 1955년에 아일드진

---

100) Funk, *Windfall*, p. 195.

찰스밴드는 2만 2000ac가 넘어서 공동체 주민이 농사와 사냥, 그리고 멕시코만에서 엄습하는 폭풍에 대한 피난처로 사용하기에 충분한 땅이었다. 오늘날에는 오직 320ac만 남아 있다. 98%가 넘는 아일드진찰스밴드가 바다에 잠겼고, 주민들은 북미 대륙에서 가장 위태로운 해안 원주민이 되었다.[102] 주택도시개발부의 지원은 섬 주민들을 이주시키기 위한 부족 지도자들의 거의 20년에 걸친 노력의 열매였다. 아일드진찰스밴드에 대한 기금 제공은 연방정부가 처음으로 국내 기후난민을 인정하고 지원을 시행한 것이었다. 이는 중대한 결정이며 잠재적으로 획기적인 의미를 내포한 것이다. 아일드진찰스밴드의 주민들이 이주해야 한다면 해수면 상승으로 위협받는 이 나라의, 나아가 지구촌의 다른 해안 공동체는 차치하더라도 루이지애나의 해안에 있는 인근 공동체는 어떻게 해야 하는가?

75%가 넘는 미국의 해안선이 사라지고 있는데, 침식의 대부분이 다양한 종류의 인간 개입 때문에 발생한다.[103] 그런데 루이지애나의 해안 공동체가 직면한 상황은 부정할 여지없이 극단적이다. 루이지애나는 세계 어느 곳보다 더 빠르게 바다에 침식당하고 있다. 미식축구에 푹 빠진 루이지애나는 매시간 미식축구 경기장 크기의 땅을 잃는 것으로 악명이 높다. 만약 뉴욕이 이렇게 빨리 침식된다면 센트럴파크는 한 달 안에 사라질 것이고, 1년 반 안에 맨해튼은 바다로 가라앉을 것이다.[104] 1930년대 이후 루이지애나는 2000mile^2의 해안 습지대를 상실했는데, 삼각주 평원의 약 1/3이다.[105] 이러한 토지 상

---

101) "Isle de Jean Charles Community To Receive $52 Million to Relocate," *Houma Today*, January 21, 2016.

102) "The History," *Coastal Resettlement*.

103) Richard Campanella, "Beneficial Use: Balancing America's (Sediment) Budget: What Can We Do About the Catastrophic Erosion of American Coasts?," *Place Journal*, January 2013.

104) Nathaniel Rich, "The Most Ambitious Lawsuit Ever: A Quixotic Historian Tries to Hold Oil and Gas Companies Responsible for Louisiana's Disappearing Coast," *New York Times Magazine*, October 3, 2014.

실은 대부분 인간 개입의 결과다. 그래서 루이지애나 해안은 환경의 반격 기점으로 일컬어질 수 있다. 그렇지만 이 경우는 의도하지 않았던 환경적인 결과가 아니다. 궁극적으로 루이지애나의 환경은 파괴적인 결과에 대한 놀랍도록 상세한 지식을 바탕으로 체계적으로 재설계되었다. 그렇지만 이러한 변화가 만들어질 당시 환경의 반격은 멀리 떨어진 일이었으며 관계자들은 환경의 재설계를 통해 얻어질 단기적 이익에 압도되었다. 그래서 루이지애나 해안의 경우는 명백한 환경의 반격일 뿐만 아니라 자본주의 문화의 전망 부족에 따른 비극으로 간주되어야 한다.[106] 그것은 또한, 결정적으로, 루이지애나가 위치한 바로 그 땅의 상당 부분을 궁극적으로 물로 쓸어버릴 사적인 이익 ─ 어느 정도까지 루이지애나의 나머지 부분에 흘러들어갔는지 모르지만 ─ 을 추구하려는 정치 지배층, 주 정부 감독자, 화석연료산업의 지속적인 결탁 및 극심한 부패에 대한 이야기다.

프랑스 정착민이 17세기에 루이지애나에 도착했을 때 그들은 이 대륙에서 가장 역동적인 환경 하나를 발견했다. 미시시피강은 31개 주와 캐나다의 2개 주를 포함해서 북미 대륙의 41%를 배수排水한다.[107] 이 거대한 강은 막대한 양의 퇴적물을 실은 물을 넓은 충적토 계곡을 거쳐 멕시코만의 계조惠潮로 보내는데, 거기에 퇴적물이 부어진다. 지난 7000년 동안 이러한 축적을 통해 멕시코만으로 확장된 일련의 삼각주 엽葉이 형성되었는데, 강둑을 따라 민물 습지와 더불어 땅의 능선이 형성되었다. 이러한 경관은 계속 움직인다. 즉, 계절적인 홍수가 진흙탕 물을 강둑으로 밀어내서 주변 습지대에 퇴적물을 축적

105) Campanella, "Beneficial Uses."

106) Mark Davis, February 1, 2016, Personal Interview 영국 중앙은행 총재 마크 카니Mark Carney 인용. Larry Elliot, "Carney Warns of Risks from Climate Change 'Tragedy of the Horizon'," *The Guardian*, September 29, 2015 참조.

107) Richard Campanella, *Delta Urbanism: New Orleans*(Chicago: American Planning Association, 2010), p. 3.

하고, 강둑에 주기적으로 균열이 생겨서 퇴적물이 습지대로 쏟아지며, 강물은 때때로 만에 이르는 더 직접적인 경로를 따라 강둑을 건너뛰어 새로운 엽을 형성하기 시작한다.108) 아메리카 원주민은 수천 년 동안 유랑하는 강의 높아진 가장자리를 따라 주거지를 마련하면서 이러한 유동적인 환경에서 살아왔지만, 유럽 정착민은 훨씬 더 정태적이며 육지와 바다 사이에 비교적 견고한 윤곽을 요구하는 경관과 도시화에 대한 기대를 가져왔다.109) 18세기 초 멕시코만 해안과 미시시피강을 연결하는 편리한 수송로를 전략 도시 뉴올리언스에서 발견한 뒤로 이 도시와 인근 강둑을 따라 설립된 농장의 프랑스 정착민은 그들의 재산을 매년 발생하는 홍수로부터 보호하기 위해 강기슭 제방을 건설하기 시작했다. 그렇게 하면서 그들은 해양학자 콘드레이가 이두박근과 압박대의 비유를 통해 묘사한 과정을 시작했다. 강을 단일한 경로로 압박함으로써 그 제방은 점차 뉴올리언스 주변 땅에서 생혈生血, lifeblood, 즉 세계 최대 삼각주 가운데 하나를 조성해온 주요 퇴적물과 민물을 고갈시켰다.110)

현대 공학은 광범위하게 이러한 퇴적물 고갈 과정을 증폭시켰다. 초기 식민지 기간 동안 제방 건축은 개별 토지 소유주의 책임이었는데, 이는 강에 대한 압박이 상대적으로 무계획적이었다는 것을 의미한다. 개별적으로 건설된 제방은 홍수를 물리치기에는 종종 부적절했고, 한 사람의 제방이 무너지면 주변 땅까지 홍수가 났다. 1879년 남부가 패배한 뒤 연방정부는 미시시피강

---

108) Ibid., p. 4.

109) Anuradha Mathur and Dilip Da Cunha, *Mississippi Floods: Designing a Shifting Landscape* (New Haven, CT: Yale University Press, 2001); Anuradha Mathur and Dilip Da Cunha, *Design in the Terrain of Water*.

110) Richard Condrey, February 1, 2016, Personal Interview; Richard E. Condrey, Paul E. Hoffman and D. Elaine Evers, "The Last Naturally Active Delta Complexes of the Mississippi River (LNDM): Discovery and Implications" in J. W. Day, G. P. Kemp, A. Freeman and D. P. Muth(eds.), *Perspectives on the Restoration of the Mississippi Delta* (New York: Springer, 2014).

위원회Mississippi River Commission를 설립해서 이 강의 홍수 및 항해에 대한 통제를 집중했다. 중앙 권력에 종속되어 미시시피강을 묶는 압박대가 가차 없이 조여졌다. 문제가 있는 유동적인 환경에서 당장의 문제에 대한 빛나는 해결책 각각은 궁극적으로 환경의 반격을 강화했다. 예컨대 1875년 독학한 엔지니어 제임스 이즈James Eads는 강 입구 북쪽에 건설된 일련의 평행 돌제突堤, jetties를 이용해서 미시시피에 들어오는 배를 막는 퇴적물을 제거하는 계획을 제시했다. 그 돌제들은 강의 흐름을 압박해서 유속을 높이고, 수로를 깊게 만들고, 강의 입구를 닦아냈다. 이는 대양을 항해하는 선박이 미시시피강으로 들어와 강을 거슬러 뉴올리언스 항구로 항해할 수 있도록 만들어서 그 도시에 엄청난 경기 부양을 일으켰다. 그렇지만 돌제들은 삼각주의 습지대를 계속 만들어내는 대신 강물의 퇴적물이 대륙붕의 가장자리에서 만의 깊은 물속으로 떨어지도록 만들었다.

미시시피 시스템 전반에 대해 권한을 보유하게 된 공병단은 이즈의 해결책이 강바닥의 마모를 증가시켜 강바닥 전체를 깊게 만들 것이라는 잘못된 믿음을 바탕으로 1885년에 오직 제방의 건설만을 주기적인 홍수에 대한 대책으로 채택했다.[111] 그러나 천연 배출구를 찾지 못한 미시시피 강물은 바닥을 깊게 파는 대신 더 높이 불어났다. 주기적으로 더 높은 제방을 건설해야 했고, 필연적으로 물이 더 높이 불어나는 악순환에 빠졌다. 결국 심한 홍수가 닥쳐 모든 제방을 따라 재앙적인 파괴가 일어날 때까지 강과 제방은 주변 시골 지역보다 높이 계속 상승했다. 최악의 사건은 1927년에 발발했는데, 145개 제방의 연속된 파괴로 미시시피 삼각주 2만 7000mile^{2}의 토지에 홍수가 났고, 인접 주들은 30ft 깊이까지 침수되었다.[112] 그것은 미국 역사상 가장

---

111) Campanella, "Beneficial Use."

112) John Barry, *Rising Tide: The Great Mississippi Flood of 1927 and How It Changed America* (New York: Simon and Schuster, 1997).

큰 환경적 재난이었고 여전히 그러하다. 그로 인해 100만 명에 가까운 사람들이 —그들 대다수는 미시시피 강둑 주변의 농장에서 일해오던 노예의 여전히 가난한 후손이다 — 방출되어 산업화한 북부 도시를 향한 아프리카계 미국인의 대이주Great Migration of African Americans를 촉발하는 계기가 되었다.

『자연의 통제The Control of Nature』(역설적인 제목이 암시하듯이 삼각주에서의 환경의 반격이 목록에 들어 있다.)라는 탁월한 책에서 존 맥피John McPhee는 이러한 공학의 특징을 뒷받침하는 지향점에 대해 묘사한다. 자연은 미국이 "최고의 무역국가"의 지위를 확실히 유지하기 위해 제도적으로 싸워서 궁극적으로 지배해야 하는 거대하고 강력한 국가의 적이다.113) 1989년 출간된 책에서 맥피가 면접한 많은 공학자들은 미시시피를 통제하기 위한 공병대의 바로크적이고 오만한 계획에 대해 강물의 끊임없는 흐름을 수용한 과거의 조건에서 일탈한 것이라고 묘사했다. 맥피는 미시시피가 아차팔라야강Atchafalaya River으로 흘러들어가는 것을 막아서 만에 이르는 더 신속한 길을 찾는 역할을 하는 올드강Old River 통제 구조를 관리하는 리로이 두가스LeRoy Dugas와 나눈 대화를 언급했는데, 두가스는 자기가 젊었을 때에는 "홍수가 났을 때 강의 압도적인 힘은 물론이거니와 강의 변경도 당연한 것으로 받아들였다"라고 말했다.114) 이와 같은 언급은 새로운 세대 각각이 환경의 반격 때문에 놀랐었다는 것을 암시한다.115) 그런데 제방과 기타 공학적 개입이 미시시피에 미친 영향이 오래전에 잘 알려졌었다는 것을 암시하는 충분한 역사적인 증거가 있다. 예컨대 1897년의 ≪내셔널 지오그래픽National Geographic≫ 기사는 퇴적물 고갈의

---

113) John McPhee, *The Control of Nature*(New York: Farrar Straus Giroux, 1989), p. 7.

114) Ibid., p. 13.

115) 이런 관점에서 크리스토프 보뇌일Christophe Bonneuil과 장-바티스트 프레소즈Jean-Baptiste Fressoz
     가 "인류세의 충격"이라고 묘사한 현상, 즉 그러한 환경변화에 대해 이전 세대들이 매우 잘 인
     지하고 있었다는 사실(여러 저자들에 의해 상세하게 묘사됨)에도 불구하고 갑자기 인류가 유
     발한 기후변화에 대해 깨닫게 되는 경험에 대해서 생각해보라. Bonneuil and Fressoz, *The
     Shock of the Anthropocene*.

문제에 대해 분명한 경각심을 피력하지만 "의심할 여지없이 절대적으로 보호해주는 완전한 제방 시스템 덕분에 현세대 및 후속 2~3세대가 얻는 커다란 이득은 … 삼각주의 땅이 해수면 아래로 침하하고 그러한 이유로 점차 버려지기 때문에 미래세대가 겪을 불이익을 훨씬 더 능가한다"[116]라고 결론을 내린다. 이러한 정신이 번쩍 드는 결론에도 미래의 더 야심찬 공학적 계획을 통해 그러한 환경의 반격에 항상 대처할 수 있을 것이라고 그 기사는 주장한다.

≪내셔널 지오그래픽≫의 기사에서 알 수 있듯이 계속 높아지는 제방을 수단으로 삼아 미시시피를 애지중지하는 것은 퇴적물의 원천인 삼각주를 부인하는 것이고, 제방뿐만 아니라 뉴올리언스 도심이 기반하고 있는 토지의 침하를 촉발하는 것이다. 담수가 없으면 삼각주의 토양을 구성하는 미사微砂, 유사流砂, 진흙 입자가 다져져 가라앉기 시작하고 토양을 통해 퍼진 유기물이 부패해서 침하 과정에 들어가게 될 것이다. 공병대가 1927년에 미시시피강의 범람 위협을 실질적으로 끝낸 배수로 시스템을 개발했지만, 침하로 인해 삼각주는 소위 '부풀은 베니스Venice'로, 즉 강, 운하, 늪지가 점차 퇴락해가는 습지대를 관통하면서 고양된 정맥처럼 고동치는 200mile² 넓이의 격자 구조로 바뀌었다. 침하는 절반 이상이 해수면 아래인 뉴올리언스에 특히 위협적이다. 지리학자 리처드 캄파넬라Richard Campanella는 홍수 통제 구조가 범람원의 개발을 조장해서 역설적으로 홍수 위험을 증가시키는 것을 "제방효과levee effect"라고 불렀는데, '혁신 시대'에 건설된 도시의 배수 시스템은 그러한 제방 효과를 고양했다.[117] 뉴올리언스의 경우 새로운 배수 시스템이 도시 저지대의 "배후습지backswamp" 개발로 이어져 강의 자연제방이 형성한 고지대에서는 살 여력이 없었던 사람들이 한때 빈번하게 침수되었던 땅을 이용할 수 있

---

116) Elmer Lawrence Corthell, "The Delta of the Mississippi River," *National Geographic*, 8:12 (December 1897), p. 353.

117) Campanella, *Delta Urbanism: New Orleans*, p. 78.

게 되었다. 이어진 개입으로 위험한 지형을 식민화하는 경향이 증가되어 저렴한 부동산을 찾는 상대적으로 가난한 사람들이 위험에 빠지게 되었다. 그런데 이러한 시스템을 구축한 엔지니어들은 치명적인 실수를 저질렀다. 그들은 운하를 통해 도시 밖 근처에 있는 호수로 물을 뿜어내도록 설계된 펌프들을 도시 한가운데에 있는 분지에 설치했다. 이는 미시시피 제방의 경우와 같이 배수된 땅이 침하함에 따라 점점 더 높아지는 일련의 강어귀 운하로 뉴올리언스가 꿰뚫리게 된다는 것을 의미했다.[118] 그 배수 시스템은 이제 물기 많은 '다모클레스의 칼sword of Damocles'처럼 도시의 지붕에 매달려 있다.

허리케인 카트리나 때 재난을 유발한 것은 바로 이러한 강어귀 운하를 따라 건설된 제방의 붕괴였다.[119] 제방은 공병대가 애초에 주장했듯이 흘러넘친 것이 아니라 물 폭탄이 제방의 콘크리트 말뚝 아래를 관통하자 무너지고 말았다.[120] 일련의 인공 운하는 내륙 깊숙이 폭풍해일이 침투하는 것을 허용했을 것이기 때문에 만약 카트리나가 뉴올리언스까지 폭풍해일을 몰고 갔다면 뉴올리언스는 재앙적인 타격을 입었을 수 있다. 이러한 운하에는 미시시피강-걸프 운하Mississippi River-Gulf Outlet 같은 항로 운하뿐만 아니라 화석연료산업이 루이지애나 습지대에 있는 원유와 가스의 시추를 쉽게 하려고 건설한 거미집처럼 얽혀 있는 수천 마일의 운하도 포함된다. 더구나 191개의 별도 파이프라인 시스템pipeline systems은 해안의 시추장치에서 내륙의 수송 저장고까지 해안 습지를 관통한다.[121] 파이프라인과 운하는, 파도의 작용과 만의 빈번한 폭풍에 의해 침식되어 해안 습지가 축소된 덩어리로 바뀌는 것을 방지하는 역할을 하는, 보초도를 절단한다.[122] 습지대 내부에 준설된 운하는

---

118) ibid, p. 73.

119) ibid, pp. 146~149.

120) Ibid.

121) Oliver Houk, "The Reckoning: Oil and Gas Development in the Louisiana Coastal Zone," *Tulane Environmental Law Journal*, 28:2(Summer 2015), pp. 186~296.

염분이 들어 있는 물이 만에서 민물로 스며들도록 해서, 심지어 가장 강력한 허리케인 앞에서도 해안의 땅을 유지하는 역할을 했던 연약한 습지 식물이 죽게 만들었다. 준설 공사로 남겨진 토사 더미와 잔해 무더기는 연계된 해안 생태계와 영양분을 교환하는 것을 차단해서 운하 주위 습지대의 죽음을 재촉했다. 결과적으로 운하는 점차 삼각주 전역에 걸쳐 넓어지면서 산성酸性의 혈관처럼 주변 습지대를 분해했다. 이러한 표면 침식과 동시에 유류 및 가스산업 또한 막대한 양의 탄화수소와 물을 해안 습지대 지하에서 추출해서 극적인 침하율로 습지의 파괴를 심각하게 악화했다.[123]

2010년 멕시코만 연안의 딥워터 호라이즌Deepwater Horizon 시추장치 폭발 이후 연방기구의 책임자들과 과학자들이 원유 기둥을 살펴보기 위해 헬리콥터를 타고 뉴올리언스에서 날아왔을 때 그들은 검게 변한 수 마일의 습지대를 보게 될 것이라고 예상했었다. 그러나 그들이 본 것은 유류산업의 운하 및 파이프라인 기반시설에 의해 갈라진, 스위스 치즈 같은, 습지대 잔해의 망가진 풍경이었다.[124] 뉴올리언스 남쪽 습지대의 크게 갈라진 구멍 — 이제는 땅보다는 물이 많은 공간 — 을 찍은 극적인 사진들은 점증하는 폭풍해일에 노출된 이 도시가 직면한 고조된 위험에 대해서뿐만 아니라 해안의 파괴에 대해서도 여론의 경각심을 불러일으켰다. 뉴올리언스는 뉴아틀란티스New Atlantis, 즉 재건된 제방을 제외하면 위협적인 바다에서 보호해주는 것이 아무것도 없는 섬이 되었다.[125] 그렇지만 이러한 가혹한 풍경에 대해 방문한 과학자들과 고관들이 비행 중에 보인 충격을 받은 반응에도 화석연료산업이 해안환경에

---

122) Houk, "The Reckoning"에 풍부한 사례가 들어 있다.

123) Ibid., pp. 218~219.

124) Ibid., p. 206.

125) 새로운 뉴아틀란티스인 뉴올리언스에 대해서는 John M. Barry, "Is New Orleans Safe?," *New York Times*, August 1, 2015; David Uberti, "Is New Orleans in Danger of Becoming a New Atlantis?," *The Guardian*, August 24, 2015 참조.

끼치는 영향에 대한 지식은 수십 년이 지난 것이었다. 예컨대 1950년대까지 거슬러 올라가면 굴 따는 사람들은 유류산업이 해안의 굴 암초를 파괴하고 있다고 경고했으며, 유류회사 에소Esso(지금의 엑손모빌Exxon Mobil)의 무역 잡지는 운하가 침식을 초래한다고 주의를 줬다.126) 루이지애나 야생동물수산위원회Wildlife and Fisheries Commission의 직원들은 이 구역의 귀중한 어류 자원은 "아마 완전히 파괴되거나 현저하게 감소할 것이다"라고 언급하고 있다.127) 1970년대까지 심지어 공병대도 "내륙의 파이프라인 건설이 아마 복원이 불가한 습지 손상의 원인일 것이다"라는 결론을 내렸다.128) 그런데 해안환경의 심한 훼손에 대한 지식이 널리 퍼졌었다면 이러한 파괴를 중단시키기 위한 조치가 왜 아무것도 취해지지 않았단 말인가?

한마디로 부패 때문이다. 루이지애나 해안을 파괴하는 역할을 한 거의 100개의 화석연료 기업에 대해 소송을 제기한 뉴올리언스 제방위원회의 위원인 배리는 "유류산업은 정치인을 매수하는 것이 법규를 준수하는 것보다 비용이 적게 든다는 것을 깨달았다"129)라고 언급했다. 악명이 높았던 거두Kingfish이자 포퓰리스트였던 루이지애나 주지사 휴이 롱Huey Long 이래 유류와 가스회사는 일자리를 제공하고 경제적 부를 시민들에게 조금 재분배하고, 그리고 당연히, 개별 정치인에게 상당한 지원을 제공하는 것을 대가로 루이지애나주 해안 자원을 수탈하는 데 상당한 자율권을 부여받았다.130) 루이지애나주와 화석연료 기업 사이의 이러한 관계는 너무 밀접해서 유류 및 가스산업의 발

---

126) Houk, "The Reckoning," p. 207, p. 209.

127) Ibid., p. 208 인용.

128) Ibid., p. 209 인용.

129) John M. Barry, January 20, 2016, 뉴올리언스 제방위원회의 소송에 대해서는 Rich, "The Most Ambitious Lawsuit Eve." 참조.

130) 화석연료 기업과 루이지애나 정치인 사이의 상세한 유착의 역사는 Houk, "The Reckoning," 참조.

전을 관리하는 것이 임무인 루이지애나 자연자원보존부Louisiana's Department of Natural Resources Office of Conservation라는 역설적인 이름을 가진 조직은 광물을 수탈하는 용도에 주 정부의 토지를 임대하는 것으로 예산을 확보했다.131) 습지대는 임대하지 않았고 매각했다. 1980년대까지 5개 거대 기업 ─ 그 가운데 2개는 제너럴 모터스General Motors의 자회사 ─ 이 루이지애나 해안의 25%를 소유했다.132) 이러한 기업들은 환경규제에 대항해서 맹렬하게 투쟁했고, 지역 정치인의 표를 매수했을 뿐만 아니라 해안을 찢어발긴 유류 및 가스회사의 사장들과 함께 주 의회를 구성했다. 법적인 규제를 위한 어떤 노력도 업계의 관계자들이 통제하는 자연자원에 대한 주 의회위원회에서 필연적으로 소멸되는 것으로 끝이 났다.133) 루이지애나에서는 거대 기업의 권력이 주 정부에 영향을 미친 것이 아니라 거대 기업이 본질적으로 주 정부였다.134)

루이지애나가 원유가 생산되는 주라는 사실에 대해 어떤 의심이 있었더라도, 그러한 의심은 뉴올리언스 제방위원회의 거대 유류회사Big Oil를 상대로 한 소송으로 사라졌다. 이 소송은 해안 습지대의 소멸은 도시에 대한 치명적인 위협을 대변한다는 명백한 인식이었다. 이러한 자연 장벽이 없다면 심지어 약한 폭풍도 뉴올리언스에 홍수가 나게 만들 수 있다. 유류회사 자체적으로 수행한 연구에서 이러한 토지 손상의 36%까지 책임을 인식했기 때문에 ─ 물론 아주 낮게 뽑은 숫자지만 어쨌든 책임을 수용한 것임 ─ 배리와 동료들은 거대 유류회사가 해안 복원을 위한 노력의 책임을 져야 한다고 생각했다. 해안 종합계획Coastal Master Plan으로 알려진 주의 복원 프로젝트는 각각 적어도 500억 달러의 비용이 드는 100개의 개별적인 홍수 위험 감축 및 토지 구축 계획

---

131) Ibid., p. 221.

132) Ibid., p. 223.

133) Ibid., p. 230.

134) 루이지애나 유류 문화에 대한 확장된 논의는 Stephanie Lemenager, *Living Oil: Petroleum Culture in the American Century*(New York: Oxford University Press, 2016) 참조.

을 제시하고 있다. 유일한 장애는 그 프로젝트에 대한 재원이 없었다는 것이었다. 민감한 해안 습지대에서 유류 및 가스산업을 운영하는 것은 어떤 환경 손상에 대해서도 책임을 지는 것을 조건으로 허용되었기 때문에 뉴올리언스 제방위원회의 배리와 그의 동료들은 소장에 거명된 97개 회사에 대한 소송에는 충분한 근거가 있다고 생각했다. 그러나 2013년 여름 소송이 발표된 뒤 몇 시간 만에 루이지애나 주지사 보비 진덜Bobby Jindal은 "우리의 해안 그리고 에너지 산업 근무를 통해 미국의 가동에 일조하면서 열심히 일하는 수천 명의 루이지애나 사람들의 희생을 대가로 한 줌밖에 안 되는 법정 변호사들이 횡재를 노린 것"이라고 그 소송을 비난하는 보도 자료를 발표했다.[135] 진덜은 배리 등 그 소송을 지지하는 사람들을 제방위원회에서 추방하기 시작했다. 법원이 심사하기도 전에 그 소송을 종결시키는 것을 목표로 거의 20개에 달하는 개별 법안이 주 의회에 제기되었다. 그 소송에 대한 여론의 놀라운 지지에도—거대 유류회사에 좋은 것은 미국에도 좋은 것이라는 주장을 수용한 오랜 여론의 역사를 감안하면 놀라운 일이다.—법안 하나가 결국 통과되어 진덜이 서명했다. 가장 부정적인 영향을 받은 몇몇 교구가 제방위원회의 소송 사례를 따라 거대 유류회사의 해안 습지대 손상에 대한 소송을 제기했지만 루이지애나주 검찰총장은 주 정부가 이러한 소송을 떠안을 것이라고 선언했는데, 이는 그러한 소송은 취하될 것이라는 의미였다.[136]

역설적인 점은 유류 및 천연가스회사에도 이 삼각주의 주민들만큼, 더 크지는 않더라도, 해안의 복원이 필요했다는 것이다. 거대 유류회사는 파이프라인, 터미널, 유류탱크, 전국적으로 15%를 차지하는 정유시설 등 수십 억 달러의 가치가 있는 기반시설을 멕시코만에 보유하고 있는데, 그러한 시설 모두 루이지애나에 앞으로 들이닥칠 주요 허리케인에 대규모로 노출되어 있다.

---

135) Rich, "The Most Ambitious Lawsuit Ever."

136) Craig Coiten, March 21, 2016, Personal Interview.

이것이 바로 해당 업계가 루이지애나주의 해안종합계획을 지지하는 이유다. 그들은 단지 비용을 지불하는 데 일조하는 것을 원하지 않을 뿐이다. 이러한 책임을 회피하기 위해 거대 유류회사는 정치적 압력을 행사했을 뿐만 아니라 정교한 이념적 운동에도 참가했다. 1989년 해당 업계를 위해 일하는 로비스트들은 '습지 보존관리 종합 법령Comprehensive Wetlands Conservation and Management Act'을 만드는 데 핵심적인 역할을 한 전국습지협회National Wetlands Coalition를 조직했다. '습지 보존관리 종합 법령'은 우호적인 이름을 가졌지만 연방환경보호기구Federal Environmental Protection Agency의 습지 보호에 대한 권한을 제거했고, 공병대가 담당할 수도 있는 해안보호 임무를 위해 연방정부가 루이지애나주에 현금을 지불할 것을 요구했다.137) 이후 전국습지협회는 이러한 전략을 더욱 발전시켜서 적극적으로 해안 습지대의 복원을 호소했지만 해안의 붕괴에 대해서는 오직 공병대의 제방 건설 프로젝트만을 비난하면서 미국의 납세자들이 전적으로 복원 계획의 재원을 충당해야 한다고 주장했다. 이러한 책략은 매우 성공적이었다. 전국습지협회는 연방 재원을 확보하는 시도에 환경방어기금Environmental Defense Fund, 전국야생생물연합National Wildlife Federation, 오듀본협회Audubon Society를 합류시켰는데, 그들은 분명히 지역의 정치와 해안 습지 파괴에 대한 역사적인 책임에 대해 무지했다.138) 게다가 루이지애나 해안지대 소멸에 대한 거대 유류회사의 책임은 주의 복원 계획 어디에도 언급되지 않았다. 제방 건설로 인한 환경의 반격이 루이지애나의 해안 습지대 소멸에 영향을 미친 것은 분명한 사실이지만, 배리가 썼듯이 이는 전형적인 다채로운 언어로 제방 건설이 유일한 요인이라고 암시하기 위한 "돌처럼 차가운 거짓말"이다.139) 배리는 책임의 정도를 분명하게 하려고 강력한 비유를

---

137) Houk, "The Reckoning," p. 269.

138) Ibid., p. 274.

139) Barry, Personal Interview.

제시했다. 제방 건설을 더운 여름날 냉장고에서 얼음 덩어리를 꺼내는 것과 같다고 생각해보자. 물론 그 얼음 덩어리는 서서히 녹기 시작할 것이다. 이제 거대 유류회사의 운하 준설이 얼음송곳으로 녹아가는 얼음 덩어리를 잘게 부숴 눈앞에서 사라지게 만드는 것과 같다고 생각해보라.

2010년 발생한 딥워터 호라이즌의 폭발은 논의를 심각하게 바꿨다. 갑자기 대규모의 — 필연적으로 충분하지는 않더라도 — 뜻밖의 소득이 루이지애나에 쏟아졌다. 멕시코만 해안에 미친 손실에 대한 보상으로 브리티시 퍼트롤리엄British Petroleum: BP이 지불해야 하는 180억 달러의 벌과금 가운데 80%를 복원 신탁기금에 배정한 '복원법령RESTORE Act'에 오바마 대통령이 2012년 서명했다.[140] 이 기금의 주요 수혜자인 루이지애나 해안보호 및 복원기구Coastal Protection and Restoration Authority: CPRA는 2012년의 계획에서 20년 이내에 습지대의 유실을 중단시키고 50년에 걸쳐 $800mile^2$의 습지대와 장벽-섬을 구축하겠다고 약속했다.[141] CPRA는 또한 미시시피 강바닥을 준설하고 거대 화물선으로 뉴올리언스의 항구시설까지 운반해서 침하 위험에 처한 지역에 준설한 물질을 퍼붓는 데 200억 달러를 사용할 것을 제안했다. "습지대를 더 많이 유지하는 데 다른 것보다 더 도움이 되는 전략적인 습지대와 전략적인 장벽-섬이 있다"라고 CPRA의 고위 임원인 카일 그레이엄Kyle Graham은 주장한다.[142] "전략적" 복원이란 말은 복원 사업의 단편적 특성을 가리는 얇은 가면이다. 준설된 퇴적물을 활용해 복원될 해운산업에 도움이 될 장벽-섬을 지정할 수 있다면 정치적으로 편리할 수 있지만, 심지어 CPRA조차 그러한 고립된 섬들은 조류에 의해 너무 빨리 휩쓸릴 것이라고 인정한다.[143] 지금까지 바라타리

---

140) US Department of the Treasury, *RESTORE Act*, treasury.gov.

141) Coastal Protection and Restoration Authority, *Current Coastal Master Plan*(2012).

142) Uberti, "Is New Orleans in Danger of Turning into a Modern-Day Atlantis?" 인용.

143) Ibid.

아만Barataria Bay에 있는 2.5mile의 길쭉한 펠리컨섬Pelican Island을 복원하는 데 7700만 달러를 사용했지만, CPRA는 20년 이내에 바다가 그 섬을 삼켜버릴 것이라고 인정한다.[144)

그러한 준설 계획의 비효율성을 인식한 CPRA는 또한 전략적 장소에 있는 미시시피 제방에 주 당국이 구멍을 뚫어 퇴적물이 고갈된 땅 주위로 흘러들어가 쌓이도록 하는 일련의 "퇴적물 전환" 계획을 제안한다. 미국 지질조사국 US Geological Survey의 기후와 토지사용 변화 관련 수석과학자 버지니아 버킷 Virginia Burkett에 따르면 CPRA의 계획은 제방으로 강을 제한하기 전에 존재했던 자연적인 퇴적 과정의 모방을 목표로 삼았다는 점에서 이전의 실패한 복원 계획에서 벗어난 것이다.[145) 그렇지만 자연적인 과정을 활용하는 이 계획에 큰 문제 하나가 있다. 즉, 2009년에 간행된 ≪네이처 지오사이언스Nature Geoscience≫의 기사에 따르면 그러한 과정을 효과적으로 모방하더라도 1m 높이의 해수면 상승에 대처하기에는 미시시피강의 퇴적물이 지금은 충분하지 않다. 오싹할 정도로 분명한 언어로 그 기사는 "이제 삼각주 평원이 구축되던 시기에 비해 해수면이 적어도 3배 빠르게 상승하기 때문에 미시시피 삼각주의 심각한 침수가 불가피하다"라고 결론짓는다.[146)

루이지애나주립대학Louisiana State University의 해양학 명예교수인 콘드레이에 따르면 토지의 유실에 관한 주 정부의 데이터는, BP의 엄청난 자본 투입에도, 해안 복원 계획이 작동하지 않고 있다는 것을 보여준다.[147) 토지 유실의 비

144) Suzanne Goldenberg, "Lost Louisiana: The Race To Reclaim Vanished Land from the Sea," *The Guardian*, October 14, 2014.

145) Ibid.

146) Michael Blum and Harry Roberts, "The Drowning of the Mississippi Delta Due to Insufficient Sediment Supply and Global Sea-Level Rise," *Nature Geoscience*, 2(June 2009), pp. 488~491.

147) Condrey, Personal Interview. Condrey, Hoffman and Evers, "The Last Naturally Active Delta Complexes of the Mississippi River" 또한 참조.

율은 수십 년 동안 유지되었는데, 주의 복원 노력은 이러한 추세를 많이 완화하지 못했다. 게다가 가장 야심찬 퇴적물 전환 계획도 삼각주가 단순히 새로운 흙이 부족해서 죽어간다는 전제에 기초하기 때문에 치명적인 결점을 가지고 있다고 콘드레이는 시사한다. 이와 반대로 유랑하는 미시시피강은 한때 삼각주 아래 놓여 있는 대수층을 다시 채우는 데 핵심적인 역할을 했다고 콘드레이는 주장한다. 콘드레이의 조사는 1930년대까지 미시시피강이 대수층을 통해 이러한 하부의 흐름 및 상부의 흐름을 삼각주의 엽에 계속 공급했다는 것을 시사한다. 제방 때문에 강이 제한되면서 대수층으로 물이 흘러드는 이러한 재활성화 흐름은 점차 사라졌다. 게다가 한때 만의 물 유입을 저지하던 대수층에서 나오는 물의 흐름이 점차 줄어들면서 장벽-섬을 보호하던 해안 습지대의 식물과 대규모 굴 군락지가 점차 높아지는 염도에 노출되었다. 미시시피강을 따라 흘러내려 가는 퇴적물의 분량을 충분하게 준설된 퇴적물로 대체할 수 있다고 하더라도 "복원된" 해안 장벽-섬은 거기에 자리 잡을 이러한 동식물이 없다면 점차 쓸려나가게 될 것이다.[148]

만약 가장 야심차고 충분한 재원이 마련된 복원 계획도 작동하지 않는다면 루이지애나 해안의 주민들에게 무슨 대안이 남아 있는가? 이러한 곤란한 질문은 불가피하게 빌럭시-치마차-촉토 인디언 거주 섬인 아일드진찰스밴드에 대한 주택도시개발부의 지원을 떠올리게 만든다. 그것에 대해 기꺼이 언급하려는 정치인은 거의 없지만 아일드진찰스밴드 주민은 점차 루이지애나 해안의 많은 공동체를 위한 불가피한 운명처럼 보이는 길에, 즉 철수에 앞장서고 있다. 그런데 그들은 현재 재정착을 위한 재정 지원을 받는 유일한 공동체다. 그리고 해안을 버린다는 발상을 논의하는 것은 여전히 정치적으로 매우 꺼려지는 일이기 때문에 현재까지 아일드진찰스밴드 사례가 유일한 계획된 철수

---

148) 미시시피강에 쓸려나가는 퇴적물의 분량에 대한 상세한 논의는 Campanella, "Beneficial Use" 참조.

사례다.[149]

그렇지만 공동체의 재배치가 일어나는 삼각주의 완만한 죽음에 대처하기 위한 프로젝트 가운데 체인징코스Changing Course처럼 비교적 주목을 받은 프로젝트도 있었다.[150] 록펠러재단Rockefeller Foundation과 셸 오일Shell Oil의 재정 지원을 받은 체인징코스는 해안탄력성의 구조처럼 유명한 공학자, 과학자, 기획자, 설계자의 학제 간 집단으로 구성된 일련의 팀을 개입시켜 자기-유지적인 삼각주 생태계를 설립하는 계획들을 도출했다. 이러한 팀들은 주 당국의 해안 복원을 위한 종합 계획을 기초로 활용해서 "항해업계 등 업계와 삼각주의 공동체 및 경제의 필요와 목표를 처리하면서도 삼각주의 경관을 보호하고 복원하는" 제안을 만드는 사명을 부여받았다.[151] 이러한 사명의 선언에서 잘못된 문법이 무심코 드러났다. 즉, 해운산업과 도처에 존재하지만 지명하기 어려운 화석연료산업 등 역사적으로 이 지역을 지배해온 산업에 삼각주의 공동체는 문법적으로 사라지고 흡수되었다. 우리가 앞으로 보게 되듯이, 이렇게 주의 깊게 누락된, 거대 유류회사와 맺고 있는 관계는 심각한 의미를 지닌다.

그럼에도 불구하고 체인징코스에서 승리한 세 팀의 제안 모두 정말로 획기적인 중요한 변화를 요구한다. 즉, 뉴올리언스시 남쪽 삼각주 토지 전부를 포기해야 한다고 말한다. 조금씩 차이는 있지만 각 팀은 퇴적물의 축적 과정을 통해 토지를 구축하고 민물을 유입시키기 위해 미시시피강을 제한하는 제방에 통제된 구멍이나 틈을 만들어서 "강을 경로에서 벗어나게"하자고 주장한

---

149) Barry, Personal Interview.

150) Changing Course, "Changing Course Has Brought Together Teams of the World's Best Engineers, Scientists, Planners and Designers to Show the Art of the Possible in Creating a Selfsustaining Delta Ecosystem," n.d., changingcourse.uslthe-competitionlabout-the-competition.

151) Ibid.

다. 각 팀의 계획 모두 뉴올리언스 근처 하류 미시시피의 급하게 굽은 잉글리시턴English Turn 상류 주요 지점에 토지를 구축하는 과정을 채택한다. 근본적으로 축소되었지만 "자기-유지"적인 삼각주의 축적과 성장을 확실하게 하기 위해 각 제안은 이렇게 새로 만들어진 강의 "입"을 통한 순환을 제시한다. 세 제안 모두 토지의 포기가 인간에게 미치는 영향에 대해 인식하고 결과적으로 나타나는 대규모의 공동체 철수에 대한 해결책 제공을 시도한다. 예컨대 베어드와 동료들Baird and Associates의 계획은 위협받는 해안 공동체 주민을 위해 보호되는 상류 지점에 두 번째 집을 만들어주는 목적으로 토지 은행을 활용하는 "두 집 프로그램Two Home Program"을 제안한다.152) 토지 신탁 프로그램은 공동체의 정체성을 보존하기 위해 함께 이주하기를 원하는 빌럭시-치마차-촉토 인디언의 아일드진찰스밴드 같은 단체에 부지를 제공할 것이다. 그 계획은 주민들이 현재의 집을 보유하고 새로운 두 번째 집은 "일시적인 집/폭풍으로부터의 피난처"로 기능하도록 보장해서 철거와 소유권 상실에 대한 두려움을 해소할 것인데, "시간이 지나면 내륙의 부지는 더 영구적인 집으로 전환될 수 있을 것으로"153) 예상된다. 공동체 재배치를 위한 이러한 노력에 더해 미시-지비MISI-ZIIBI 팀은 리빙델타Living Delta 프로젝트에서 가장 높은 수준의 폭풍해일 방어와 학교, 병원, 공원 같은 매력적인 도시 편의시설 구비라는 특징을 지닌 새로운 공동체의 형성을 통해 재정착을 유도할 것을 요구한다.154) 이주는 불가피하게 주로 시골 인구인 삼각주 주민들에 대한 새로운 직업과 기술에 대한 훈련을 수반할 것인데, 그들 대부분이 현재 어떤 형태로든 삼각주의 토지와 물에 직접 연계되어 고용되어 있다는 것을 미시-지비 팀은 인식한다.

---

152) Baird Team, *A Delta For All* (February 2015), changingcourse.us.

153) Ibid., T-21.

154) Studio MISI-ZIIBI, *Living Delta: Changing Course for the 22nd Century* (February 2015), changingcourse.us.

체인징코스 프로젝트는 무엇보다도 먼저 퇴적물 고갈과 운하 개설의 결합이 저지대 삼각주를 망쳤다는 것을 솔직하게 인정한다는 점에서 인상적이다. 삼각주에서 퇴출될 주민들에 대한 사회적 정의의 실현에 헌신하는 것과 마찬가지로 미시시피강의 자연적인 토지 구축 능력을 활용해서 지속가능한 ─ 축소될 수 있지만 ─ 삼각주를 구축하자는 제안 또한 주목할 만하다. 그러나 그 제안은 이러한 주제 각각에 대해 수많은 성가신 질문을 제기했다. 무엇보다도 먼저 각 팀에서 활동하는 공학자와 자연과학자는 분명 유능하지만 미시시피의 자연적인 토지 구축 능력을 활용한다는 그들의 계획은 현재의 퇴적물 유출 비율과 용인된 해수면 상승 전망에서 나온 추정에 기초한다. 그렇지만 이러한 추정 모두 극단적으로 불확실하며 낮은 숫자일 가능성이 크다. 예컨대 "토양 침하 및 해수면 상승에 대한 가장 완만한 전망과 장래의 퇴적물 공급에 대한 후한 근사치를 근거로 하더라도 삼각주는 2100년까지 10억 톤에서 50억 톤에 이르는 *(170억 톤까지도 이를 수 있는)* 거의 대처할 수 없을 만큼의 퇴적물 고갈에 처하게 될 것이다"라고 루이지애나주립대학 과학자들의 연구는 시사한다.155) 더 작은 삼각주가 유지되는 데는 퇴적물이 덜 필요하겠지만 이러한 넓은 범위의 퇴적물 고갈 추정은 축소된 삼각주도 여전히 퇴적물 박탈로 어려움을 겪을 것이라는 점을 시사한다. 게다가 핸슨 같은 과학자들은 해수면 상승에 대한 기존의 추정은 그린란드와 남극대륙 빙상 융해의 피드백 체제를 고려하지 못한 치명적인 결점을 가지고 있다는 연구 결과를 발표했다. 조류와 폭풍해일은 체인징코스 팀의 추정보다 훨씬 더 빠르게 상승할 것 같다. 마지막으로 시간이 여기에서 핵심이다. 더 많은 땅이 바닷속으로 사라지는 것은 매년 매월 발생할 뿐만 아니라 매일 매시간 발생한다. 당국이 이러한 해안 재건 절차의 개시를 미루면 미룰수록 기존의 삼각주는 더 많이 축소될 것이고 보충이 가능한 퇴적물은 더 적어질 것이다.

---

155) Campanella, "Beneficial Use."

체인징코스 프로젝트가 고려하지 못한 또 다른 주요한 기술적 장애는 뉴올리언스의 항구시설이 미래의 축소되지만 지속가능한 삼각주에 필수적이라는 짜 맞추기식 주장과 관계가 있다. 선적을 유지해야 할 뿐만 아니라 확대해야 한다는 이러한 주장이 특별히 놀라운 것은 아니다. 즉, 미시시피강은, 예컨대 모든 수출 곡물의 60%를 운반하는, 이 나라의 가장 중요한 경제적 수송 동맥 가운데 하나다.156) 이 강을 따라 이루어지는 미국의 수상 무역은 멕시코만 해안 경제에서 상대적으로 적은 비중을 차지하지만, 그런데도 종종 수천억 달러의 가치를 지닌다고 평가된다.157) 그러나 콘드레이가 강조하듯이 거대한 컨테이너 선박들의 운행을 위해서는 적어도 50ft의 깊이가 요구되는데, 거대 선박의 진입을 용이하게 만들기 위해 계속되는 이 강의 준설은 강어귀에 얕게 가라앉은 모래톱의 파괴에 따른 부정적인 환경의 반격을 심각하게 악화시킬 것이다. 그러한 파괴는 이즈의 돌제 건설과 더불어 1세기 이전에 시작되었다.158) 돌제는 미시시피의 흐름을 재촉해서 퇴적물을 삼각주에서 해안 대륙붕 바깥의 심해로 쓸어냈다. 콘드레이는 돌제가 또한 이 강의 대수층 재충전 능력에 부정적인 영향을 미친다고 덧붙인다. 세계적인 선적항의 위상을 유지하기 위해 뉴올리언스 근처 수로를 깊게 준설하는 것은 대수층의 이러한 붕괴를 심화시킬 것이고, 급속하게 침식되고 있는 남아 있는 습지대는 이 도시를 강력한 폭풍해일에 점점 더 많이 노출시킬 것이다. (현재 2.7mile의 습지대마다 폭풍해일 1ft를 흡수한다고 추정된다.)159) 미시시피의 어귀를 자유롭게 만들자는 주장은, 다시 말해, 뉴올리언스를 더 큰 위험에 빠뜨리는 것이다. 이 도시는 계속 높아지는 제방에 둘러싸인, 해수면 상승의 완만한 폭력과 멕

156) The Mississippi River Delta Science and Engineering Special Team, *Answering Ten Fundamental Questions About the Mississippi River Delta* (2012).

157) Ibid.

158) Richard Condrey, April 11, 2016, Email correspondence with the author.

159) Uberti, "Is New Orleans in Danger of Becoming a Modern-Day Atlantis?."

시코만에서 밀려오는 점점 더 빈번해지는 더 격렬한 폭풍을 억제할 어떤 자연 장벽도 없는, 뉴아틀란티스가 될 것이다.

체인징코스의 가장 인상적인 요소는 아마 해안 공동체를 위한 사회적 정의에 관련된 주장일 것이다. 그러나 공동체의 이전과 직업 재훈련을 제공하는 계획이 매력적인 것만큼 이 계획의 요소에는 몇 가지 주요한 문제에 부딪칠 가능성이 있다. 첫째, 물류의 문제가 있다. 체인징코스 팀이 주목하는 성공적인 이전 사례에는 오직 수백 명에 불과한 극단적으로 작고, 조밀하게 구성된 공동체들만 포함되어 있다. 아일드진찰스밴드의 빌럭시-치마차-촉토 인디언을 이주시키는 데 50만 달러가 넘는 연방정부의 비용이 든다. 그러나 멕시코만 해안에는 현재 수만 명의 주민이 거주한다. 이러한 많은 인구를 이주시키는 재원이 어디에서 마련되는가? 그 주민들은 어디로 이주하는가? 그들은 이주지에 대해 얼마나 많은 선택권을 갖게 되는가? 이러한 대규모 이전에 직면해서 공동체와 가족의 유대는 어떻게 유지될 것인가?

이러한 어려운 물류 문제 때문에 해안 공동체의 격렬한 항의가 촉발될 가능성이 크며 많은 주민이 완고하게 현재의 집에서 떠나는 것을 고려하지 않으려 할 것이다.[160] 역사적으로 해안 공동체에는 이동성이 있었다는 사실을 감안하면 아마 언뜻 보면 이러한 반대는 놀라운 일이다. 해안 주민들은 전통적으로 대가족으로 살면서 특히 심한 폭풍이 닥칠 때 친척들과 머물기 위해 간단히 내포內浦까지 이동하곤 했다.[161] 해안 공동체는 터전에 매우 강한 자부심을 갖고 있으며 많은 가족들이 적어도 6세대 걸쳐 해안에서 거주하지만, 이것이 이동성을 심각하게 배제하지는 않는다. 그러나 이제 공동체는 점차 어떤 형태의 이전 논의에도 저항한다. 이러한 저항은 일반적으로 연방정부와 이 해안의 외부인에 대한 광범위한 불신과 관련이 있고, 공화당 의원들이 "워

---

160) Craig Colten, March 21, 2016, Personal Interview.
161) Ibid.

싱턴"에 대한 신랄한 공격을 부추기기 위해 진력했다는 불신과 관련이 있다.162) 반정부 입장을 취한 의원들의 위선은 카트리나 재난 뒤에 연방 자금을 받기 위해 급급한 것과 연방의 해안 복원기금을 얻기 위해 강력한 로비를 한 것을 감안하면 꽤 분명하다. 그럼에도 불구하고 로드홈Road Home 프로그램과 카트리나 이후 뉴올리언스 및 멕시코만 해안 재개발에서 발생한 많은 뚜렷한 불의를 감안하면 이주 프로그램에 대한 주민들의 상당한 우려가 있다는 점은 놀라운 일이 아니다.163) 결과적으로 원인이 무엇이든 적어도 다음의 대형 재난이 해안을 휩쓸어 가장 극단적인 조건에서 이주하도록 강제할 때까지 사람들이 행동하지 않게 되었다.

마지막으로, 그렇지만 앞에서 말한 것과 마찬가지로 중요한 것인데, 거대 유류회사의 문제가 있다. 리빙델타 같은 제안은 "에너지 수송 파이프라인을 통합하고 자원(예컨대 정유장치, 내륙과 연안의 플랫폼, 내륙 수로와 항구)에 대한 접근성을 개선하고 습지대에 접근하는 운하의 수를 감소시키도록 설계된 항해 가능한 수로 통로"의 창조를 상상했다.164) 그러나 새로운 유정油井을 찾아 공격적으로 시굴試掘하고 습지대를 관통하는 새로운 운하를 만드는 관행뿐만 아니라 기존 기반시설의 상당 부분을 화석연료업계가 기꺼이 포기할 것인가? 역사적인 기록은 그러한 추정을 거의 지지하지 않는다. 그리고 심지어 거대 유류회사가 새롭고 재설계된 삼각주의 책임 있는 구성원이 되려고 할지라도 화석연료산업이 지속가능한 삼각주의 일부가 될 수 있겠는가? 체인징코스 팀들은 그렇게 생각하는 것 같다. 예컨대 리빙델타는 "루이지애나 남부의 에너

162) Ibid.

163) 카트리나 이후 불의에 대해서는 Cedric Robinson, *The Neoliberal Deluge: Hurricane Katrina, Late Capitalism, and the Remaking of New Orleans*(Minneapolis: University of Minnesota Press, 2011); Gotham and Greenberg, *Crisis Cities*; Naomi Klein, *The Shock Doctrine*(New York: Picador, 2008) 참조.

164) Studio MISI-ZIIBI, *Living Delta*.

지 부문은 계속 지역과 나라를 위한 커다란 경제적 동력이 될 것이다"라고 주장한다. 리빙델타의 개념은 첨단기술의 발전을 활용해서 생태적으로 건전한 방법으로 에너지 부문의 확장을 허용하는 일련의 전략을 통해 화석연료산업을 지지한다.[165] 그러나 에너지 부문의 확장이 어떻게 생태적으로 건전한 관행과 일치할 수 있는가? 우리가 봐왔듯이 이 산업의 역사적인 확장은 해안 습지대 파괴의 상당 부분에 책임이 있다. 더구나 운하의 준설이 내일 중단된다고 하더라도 화석연료산업의 지속적인 확장 계획은 확실히 더 많은 온실가스 배출을 의미한다. 이는 해수면 상승을 가속화해서 체인징코스의 지속가능한 삼각주에 대한 추정을 부적절한 것으로 만들 것이다.

"자체적으로 유지되는 삼각주"를 위한 진정 믿을 만한 어떤 계획도 극단적으로 신속하게 화석연료에서 벗어나는 방안을 반드시 포함해야 한다. 체인징코스 또는 루이지애나 연안의 미래를 위한 다른 어떤 계획도 그러한 방안을 고려하지 않는다. 그 이유는 너무나 명백하다. 현재의 석유-체제는 그러한 계획을 정치적 자살로 만들 것이다. 신속하게 즉각적으로 화석연료에서 전환하는 것에 집중하지 않는 계획은 더 전체적이고 장기적인 관점에서 보면 불가피하게 공허한 시도이기 때문에 곤경을 겪게 된다. 체인징코스 같은 계획의 개별적 요소는 매력적일 수 있고 공동체 토지신탁 같은 기구를 통해 공동체를 이전한다는 발상은 미래를 위한 발걸음을 연상시키지만, 그러한 계획이 화석 이후의 미래 연료를 위해 상상하고 기획하는 과제를 놓고 씨름하지 않는 한 그것은 다가올 환경의 반격으로 이어지는 길을 불가피하게 만들게 될 것이다.

---

165) Ibid.

바다의 변화

Sea Change

침몰의 느낌: 빙하, 좀비, 치명적 영향

요새는 기후혼란에 대한 이정표가 너무 흔하다. 2015년 하와이에 있는 마누아로아 기상대Manua Loa Observatory는 대기의 이산화탄소 일일 평균 농도가 처음으로 400ppm을 초과했다고 보고했고, 매년 북극해의 얼음 높이는 계속 낮아지고 있고, 시베리아와 알래스카 같은 영구동토permafrost 지역이 녹으면서 위험스럽게 많은 양의 메탄methane이 대기에 방출되고 있으며, 매년 더욱 강력한 폭풍과 더욱 심각한 가뭄이 전 세계 여러 지역을 덮치고 있다. 실제로 종말이 온 것 같은 기후 관련 사건에 대한 뉴스는 너무 다양하고 엄청나다는 느낌을 줄 수 있고 일종의 재난 피로를 만들어내고 있다.[1] 그렇지만 최근의

---

1) Eddie Yuen, "The Politics of Failure Have Failed: The Environmental Movement and

한 발표는 특별히 주목할 만한 가치가 있다. 2014년 여름 미국항공우주국 NASA의 과학자 한 팀은 남극의 서쪽 아문센해Amundsen Sea 지역 얼음의 퇴각을 막을 수 없게 되었다는 결정적인 증거를 발표했다.[2] 그들은 이 융해만으로 전 세계적으로 1m 이상 해수면 상승이 일어날 것이라고 결론을 내렸다. 파인 아일랜드 빙하Pine Island glacier처럼 아문센해 지역의 스웨이츠Thwaites와 기타 빙하가 바다로 가라앉으면서 마치 샴페인 병에서 코르크가 분리된 것 같은 효과가 나타날 것으로 예상된다. 즉, 빙하가 억제하고 있던 얼음이 매우 빠르게 바닷속으로 돌진할 것이고, 남극 서쪽 빙상West Antarctic ice sheet 전체가 붕괴될 것이다. 결과적으로 해수면은 3~5m 정도 상승할 것이다. 게다가 이러한 붕괴를 일으키는 과정 — 빙하 밑으로 따뜻한 바닷물이 침투하는 현상 — 이 남극 동쪽에서도 발생해서 주요 빙하들이 침식되고 있다는 것이 최근에 발견되었다.[3] 남극 동쪽 빙상East Antarctic ice sheet은 서쪽 빙상보다 더 많은 얼음을 포함하고 있다. 즉, 토텐Totten 빙하 하나로도 7m의 해수면 상승을 유발할 수 있다.[4] 마치 이것만으로는 충분히 나쁜 소식이 아닌 것처럼 유사한 융해 과정이 그린란드에서도 발생하고 있는데, 여기에서는 내륙 안까지 멀리 관통한 피오르드fjords가 빙상 아래 깊숙이 따뜻한 물을 옮기고 있다.[5]

최근까지 과학자들은 따뜻해지는 바다에 인접한 빙하들이 녹더라도 그린란드의 빙상은 안정될 것이라고 예측해왔는데, 이러한 보고들은 그린란드 빙

Catastrophism" in Sasha Lilley and David McNally(eds.), *Catastrophism: The Apocalyptic Politics of Collapse and Rebirth*(Oakland, CA: PM Press, 2012).

2) Eric Rignot, "Global Warming: It's a Point of No Return in West Antarctica. What Happens Next?," *The Guardian*, May 17, 2014.

3) Chris Mooney, "The Melting of Antarctica Was Already Really Bad. It Just Got Worse," *The Washington Post*, March 16, 2015.

4) Rignot, "Global Warming."

5) Matheiu Morlighem, Eric Rignot, Jeremie Mouginot, Helene Seroussi and Eric Larour, "Deeply Incised Submarine Glacial Valleys Beneath the Greenland Ice Sheet, *Nature Geoscience*, 7(2014), pp. 418~422, doi: 10.1038/ngeo2167.

하들의 안정성에 대해 오랫동안 견지해온 가정을 뒤집고 있다. 빙하의 융해가 예상보다 훨씬 더 심할 것이기 때문에 내륙으로 거의 65mile에 뻗친 얼음으로 뒤덮인 피오르드의 발견은 중요한 시사점을 지닌다. 남극 빙상과 그린란드 빙상은 전 지구 빙하의 99% 이상을 차지한다. 만약 남극 빙상과 그린란드 빙상이 완전히 녹는다면 지구의 해수면 상승은 사실상 상상할 수 없는 65m에 이를 것이다.[6] 이 빙상들의 붕괴가 발생하기까지 정확히 얼마나 오래 걸릴지는 여전히 불투명하더라도 그러한 융해가 세계 해안도시에 의미하는 바는 엄연한데, 여전히 일반 대중은 거의 인식하지 못하고 있다. 세계 최대 빙하들의 융해율melt rates이 심각하게 더 빨라질 것이라고 예측하는 한 최근 연구의 공동 저자인 로버트 드콘토Robert DeConto가 지적하듯이 우리는 이미 매년 3mm의 해수면 상승과 싸우고 있지만 만약 극지의 빙상들이 붕괴된다면 "우리는 매년 센티미터 단위의 해수면 상승에 대해 말하게 될 것이다. 이는 정말로 심각하다. 그러한 지점에 이르면 우리의 공학으로는 대응할 수 없으며 우리에게는 파괴와 재건밖에 남지 않을 것이다".[7]

놀랍게도 해수면 상승에 대한 권위 있는 과학적 예측에서 남극 빙상과 그린란드 빙상의 붕괴를 고려한 것은 거의 없다. 예컨대 IPCC의 최근 보고서는 2100년까지 3ft의 해수면 상승을 추정하지만, 이 예측은 남극 서쪽 빙상의 심각한 영향을 포함하고 있지 않다.[8] 최근의 보고서에서 2100년에서 2050년으로 당겨진 IPCC의 북극해 얼음 붕괴에 대한 추정처럼 그러한 예측은 분명히 너무 낮다. 그러한 커다란 오산을 설명해주는 것은 무엇인가? 과학적인 검증의 프로토콜protocol이 부분적인 설명이 될 것이다. 카트리나와 샌디처럼 도시

---

6) Jonathan L. Bamber and Willy P. Aspinall, "An Expert Assessment of Future Sea Level Rise from the Ice Sheets," *Nature Climate Change*, January 6, 2013.

7) Nicola Jones, "Abrupt Sea Level Rise Looms as Increasingly Realistic Threat," *Yale Environment 360*, May 6, 2016.

8) "Ice Sheet Tipping Points," ClimateNexus.

를 파괴한 허리케인 뒤에 일반 대중은 그러한 재난이 기후변화 때문에 유발되었는지 다급하게 알고 싶어 한다. 그렇지만 불행하게도 과학자들은 최근까지 특정한 극단적인 기후와 기후변화 일반의 직접적인 연계를 밝힐 수 없었다. 환경철학자 데일 제이미슨Dale Jamieson이 『암흑기의 이성Reason in a Dark Time』에서 썼듯이 이는 어떤 타자의 타율에서 특정한 홈런이 "유발되었다"라고 말하는 것과 같을 것이다.9) 귀인歸因학이 점차 더 정교해져서 극단적인 기후를 추적할 수 있게 됨에 따라 과학자들이 이러한 연계를 밝히는 데 점점 덜 과묵해지고 있더라도, 그 변화는 여전히 느리게 이루어지고 있다.10)

그렇긴 하지만 IPCC가 남극과 그린란드 빙상의 붕괴에 대한 설명을 잘하지 못한 것은 그들의 예측에 대해 오직 의구심만 더할 뿐이다. 특히 IPCC가 히말라야 빙하의 융해 속도에 관련된 2007년의 오산으로 광범위한 공격과 압력을 받아 지나치게 보수적으로 변한 뒤에는 더욱 그렇다. 기후변화를 부정하는 업계에서 힘을 받은 IPCC의 미래에 대한 극단적인 장밋빛 전망은 오직 의구심만 증가시킬 것이다. 예컨대 2000년의 보고서에서 IPCC는 거의 60%로 기대되는 배출가스 감소가 명시적인 완화 수단과 무관하게 발생할 것이라고 가정했다. 도시 이론가인 데이비스가 지적하듯이 IPCC의 완화 목표는 화석자본주의fossil capitalism의 이윤이 치솟는 고층 건물의 펜트하우스 스위트룸보다는 녹색기술의 재활용에 투입되리라는 것을 가정한다.11) IPCC는 석탄 이후 경제를 향한 시장이 추동하는 진화를 전망하는데, 2000년 이후 급증하는 가스 배출 수준이 너무 명백히 보여주듯이 그러한 전망에 관련된 일련의

9) Dale Jamieson, *Reason in a Dark Time: Why the Struggle Against Climate Change Failed-and What It Means for Our Future* (New York: Oxford University Press, 2014), p. 4.

10) Erich Markus Fischer and Reto Knutti, "Anthropogenic Contribution to Global Occurrence of Heavy-Precipitation and HighTemperature Extremes," *Nature Climate Change*, April 27, 2015.

11) Davis, "Who Will Build the Ark?," p. 33.

전제는 완전히 잘못된 것이다. 해수면 상승과 해안도시의 취약성에 관련된 그러한 전망은 근본적으로 재조명되어야 할 것인데, 특히 엄청난 도시재난이 현행 전망의 부적절함을 부각시킨 이후에는 더욱 그렇다. 그러나 세계를 바꾸는 이러한 변화가 먼 미래에 일어나지는 않을 것이다. 오늘날보다 1℃ 가까이 높았던 약 12만 년 전의 엠Eem 간빙기에서 추출한 증거를 인용하면서, 기후학자 핸슨은 급격하고 지속적인 온실가스 배출 감소가 없다면 지구 차원의 해수면 상승은 "향후 50년에서 100년 사이에 걸쳐 수m 증가할 것 같다"라고 예측한다.[12] 그 예측이 정확하다면 핸슨의 전망은 한 세대 이내에 전 지구에 걸쳐 인류 주거의 완전한 변화가 발생한다는 것을 의미한다.

IPCC의 낮은 예측은 인류의 지구환경 지배 시기인 인류세의 핵심적인 도덕적 딜레마와 관련이 있다. 점차 증가하는 전 지구에 걸친 파괴적인 기후변화의 영향에도 원인과 결과 그리고 가해자와 피해자를 꼭 집어내는 것은 시간과 공간 어느 측면에서도 극단적으로 어렵다. 기후변화는 완만한 폭력의 궁극적 형태다.[13] 이는 누가 책임을 져야 하는지에 대한 규명을 어렵게 만들었고 정치적 마비를 초래했다. 철학자 스티븐 가디너Stephen Gardiner가 『완벽한 도덕적 폭풍A Perfect Moral Storm』에서 주장하듯이 세 가지 구조적 비대칭이 현재의 막다른 골목을 만들어냈다.[14] 전 세계적으로 초부유층 1%가 모든 낭비를 능가하는 무책임하고 쾌락적인 낭비에 간여하고 있고, 그들의 체계적 소비는 빈곤층, 자연 그리고 미래세대의 가능성을 앗아간다. 지구를 약탈하

---

12) James Hansen, Makiko Sato, Paul Hearty, Reto Ruedy, Maxwell Kelley, Valerie Masson-Delmotte … and Kwok-Wai Lo, "Ice Melt, Sea Level Rise, and Superstorms: Evidence from Paleoclimate Data, Climate Modeling, and Modern Observations That 2C Global Warming Could Be Dangerous," *Atmospheric Chemistry and Physics*, 16(2016), pp. 3761~3812.

13) Rob Nixon, *Slow Violence and the Environmentalism of the Poor*(Cambridge, MA: Harvard University Press, 2012).

14) Stephen Gardiner, *A Perfect Moral Storm: The Ethical Tragedy of Climate Change*(New York: Oxford University Press, 2013).

는 동안 잘 보호된 펜트하우스와 교외의 요새에서 살면서 그들은 지구의 대다수와 급속하게 악화하는 자연계, 그리고 그들이 그렇게 경솔하게 없애버린 미래를 끈질기게 외면한다. 현재로서는 미래세대가 그들의 방탕을 저지할 길은 없고, 자연이 자신의 권리를 주장할 길도 없으며, 기후혼란의 희생자들이 1%의 폭압을 끝장낼 기회도 희박하다.

허리케인 샌디 같은 재난은 우리가 현대 과학기술이 성취한 업적의 희생물임을 깨닫게 만들었지만, 우리는 도시가 촉진하는 재난을 향한 저돌적 돌진을 우리 스스로는 멈출 수 없다는 사실을 발견하게 된다. 재난 이론가들은 이러한 상황을 이해하는 다양한 방법을 생각해냈다. 냉전 시대 핵전쟁으로 초래될 전면적인 멸절 가능성에 대한 미국인들의 반응에 대해 쓰면서 정신과의사 로버트 제이 리프턴Robert J. Lifton은 소멸 위협에 직면했을 때 사람들이 도피하는 심리적인 마비 상태를 묘사했는데, 이는 인위적인 기후파괴의 미래에 대한 현재의 반응을 심리적인 부인否認의 한 형태로 이해하는 데 도움이 된다.15) 이러한 분석에 기초해서 사회학자 캐리 마리 노가드Kari Marie Norgaard는 노르웨이나 미국 같은 부유한 나라에서 발생하는 사회조직의 부인에 대해 썼는데, 그러한 곳에서는 아직 인구 대다수가 기후변화로 인한 부정적인 영향을 받지 않았을 뿐만 아니라 미래는 물론이거니와 점차 현재 지구의 광범위한 부분을 위태롭게 만드는 지속적인 화석연료 소비에서도 이득을 얻는다고 말할 수 있다.16) 마찬가지로 비판 이론가이며 전문적인 선동가인 슬라보예 지젝Slavoj Žižek은 어렴풋이 다가오는 아마겟돈Armageddon에 대한 우리의 대응은 집단적인 부인, 절망, 포기의 모습으로 나타난다고 주장한다.17)

---

15) Robert J. Lifton and Greg Mitchell, *Hiroshima in America* (New York: Harper Perennial, 1996).

16) Kari Marie Norgaard, *Living in Denial: Climate Change, Emotions, and Everyday Life* (Cambridge, MA: MIT Press, 2011), p. 6.

17) Slavoj Zizek, *Living in the End Times* (New York: Verso, 2011).

대중문화와 일상생활 모두, 우리가 단지 문명의 붕괴를 앞두고 있는 것이 아니라 이미 문명의 붕괴 한가운데 있다는 본능적인 느낌을 지칭하는, 소위 "파국적 정서"라고 불릴 수 있는 것에 흠뻑 젖게 되었다.[18] 때때로 기후변화의 엄청난 위기에 관련되고 때때로 더욱 기발한 다양성, 즉 어디에나 있는 좀비, 전 세계적 전염병, 해일, 급속냉동, 기근 등과 관련이 있는 세상의 종말에 대해 매혹을 느끼는 것이 그 결과다.[19] 이는 사람들에게 한편으로는 종말론적인 환경적·사회적 와해의 두려운 환상을 견딜 수 있는 능력인 기후 카타르시스의 경험을 제공하면서, 다른 한편으로는 강력한 백인 남성 주인공들이 생존한 오합지졸을 이끌어 퇴출된 사회 질서의 재건을 추구하는 얇게 포장된 정착-식민의 비화로 증폭되면서 진정된다. 이러한 선정적이고 완전히 반동적인 이야기와 대조적으로 수반카르 바네르지Subhankar Banerjee 같은 사진가들은 북극권 국립 야생동물 보호구역Arctic National Wildlife Refuge에서 툰드라가 녹아내릴 때 이동하는 순록의 경로에 대해 유령 같은 항공 영상을 만들고 있으며 제임스 밸로그James Balog는 숭고하지만 불안한 느낌을 주는 저속 촬영 영상으로 빙하의 급속한 퇴각을 문서화하고 있다.[20] 그들 모두 역사가 단선적으로 진행된다는 개념에 대해 도전하는 영상의 창조를 통해 파편화하고, 일관성 없고, 재난으로 단절되고, 점차 종말로 다가가는 현재와 미래를 암시한다.

18) Evan Calder Williams, *Combined and Uneven Apocalypse*(New York: Zero Books, 2011).

19) Ibid.

20) Ashley Dawson, "Documenting Accumulation By Dispossession" in Emily Eliza Scott and Kirsten Swenson(eds.), *Critical Landscapes: Art, Space, Politics*(Berkeley: University of California Press, 2015).

도시의 절정: 지구적 도시화와 기후변화의 충돌

크리스천 퍼렌티Christian Parenti는 그의 책 『혼돈의 열대Tropic of Chaos』를 에 카루 로루먼Ekaru Loruman이라는 이름을 가진 사람의 사체를 묘사하는 것으로 시작한다.[21] 로루먼은 케냐 북서부 투르카나Turkana 부족의 목축민인데, 리프 트 계곡Rift Valley의 매우 건조한 사바나savanna에서 소 떼를 길렀다. 퍼렌티에 따르면 그는 인근 포코트Pokot 부족이 소 떼를 습격하는 와중에 살해되었는 데, 투르카나 부족은 전통적인 방목지가 심한 가뭄으로 훼손되자 포코트 영 역에 침입했었다. 로루먼의 죽음을 매개로 퍼렌티는 소위 "기후전쟁 감식"을 통해 직접적인 사인의 바탕에 깔려 있는 지정학적이고 기후학적인 거대한 힘 에 대해 질문하고 있다. 퍼렌티가 볼 때 전 지구적으로 열대구역에 위치한 과 거 식민지 국가들은 점차 세 가지 요소의 결합에 좌우되고 있다. 즉, 냉전 시 대 대리전쟁의 유산인 내전의 지속, 남반구 개발도상국에서 수십 년의 신자 유주의적 긴축재정 프로그램에 의해 형성된 내실 없고 대개 힘이 없는 국가 기구, 리프트 계곡의 투르카나와 포코토 부족의 방목지처럼 이미 과도하게 세금이 부과된 자원에 대해 압박을 가중하는 인류가 유발한 기후변화가 그것 이다.[22] 세계보건기구The World Health Organization는 그러한 중첩된 위기를 "복 합적 비상사태complex emergencies"로 부른다. 기후변화는 가뭄 같은 극단적인 날씨를 유발해서 퍼렌티가 "혼돈의 열대"라고 부르는 영역 전체에 걸쳐 복합 적 비상사태를 가속화한다.

퍼렌티는 로루먼에게 3명의 부인과 8명의 아이가 있었다고 말한다. 그는 로루먼이 죽은 뒤에 부인들과 아이들에게 무슨 일이 일어났는지 설명하지 않

---

21) Christian Parenti, *Tropic of Chaos: Climate Change and the New Geography of Violence* (New York: Nation Books, 2012), p. 4.

22) Ibid., pp. 8~9.

는다. 아마 그들은 적대적인 환경적·사회적 조건에 직면해서 남아 있는 소떼가 계속 살아갈 수 있도록 분투했을 것이다. 확실히 그들은 도움을 청하기위해 부족들에게 눈을 돌렸겠지만, 퍼렌티가 묘사한 상황을 감안하면 안정적이고 편안한 피난처를 발견하지는 못했을 것 같다. 아마 로루먼의 부인들과아이들은 결국 매년 세계 곳곳에서 땅에서 쫓겨나는 수백만 명의 발자취를따랐을 것이다. 경쟁이 치열하고 매우 건조한 로루먼의 땅을 버리고 나서 부인들과 아이들은 인근 도시에서 피난처를 찾았을 수 있다. 그랬다면 그들은거기에서 더 높은 생활수준과 더 평화로운 거주를 기대했을 것이다. 그러나퍼렌티가 묘사한 것처럼 그들은 지구상의 인류 및 생물 전체의 미래를 위해훨씬 더 중요하고 두려운 또 다른 사태에 직면했을 것이다. 즉, 도시화하는인류와 기후변화가 촉발한 점점 더 극단적으로 변하는 날씨의 충돌에 직면했을 것이다.

　도시의 전례 없는 절정을 만들면서 두 거대한 물결이 세계의 도시로 수렴하고 있다. 첫 번째는 인류의 물결이다. 2007년 인류는 주로 도시에 거주하는종種이 되었다. 현재 약 70억 명의 인구 가운데 33억 명이 도시에서 살고 있다. 그러나 인류의 상태가 이제 도시적인 것이 되었어도 이러한 도시 인구가전 세계의 도시에 균등하게 분산된 것은 아니다. 북반구 선진국global North의도시주의자들은 종종 지난 2세기 동안 유럽과 북미에서 도시를 건설한 과정이라는 시각을 통해 도시화를 보지만, 오늘날 도시 인구 대부분은 개발도상국에 거주하며 거기에서 도시 인구 성장의 대부분이 이루어진다. 이러한 도시민의 상당수가 농업에 대한 규제 완화와 금융자유화 정책이 만든 난민이다.[23] 세계은행이나 국제통화기금 같은 선진국의 금융 패권 도구에 의해 이러한 경제적 긴축재정 정책이 시행되어 수백만 명의 농민이 땅에서 쫓겨나지난 반세기 동안 급속하게 성장하고 있지만 대체로 산업화되지 않은 남반구

---

23) Davis, *Planet of Slums*, p. 15.

개발도상국 도시복합체의 빈민가로 들어갔다. 세계적인 농업 위기의 이러한 쏠쏠한 대가는 인류 역사에서 가장 큰 변화 가운데 하나였다.[24] 신자유주의 세계 질서는 본질적으로 불평등에 뿌리내린 극단적 형태의 도시화를 만들어 내는 기계다. 남반구 개발도상국의 도시에서는 1/3에서 1/2까지의 도시 인구가 무단정착지에서 거주한다.[25] 이러한 계획되지 않은 구역의 주민들은 생존을 위한 투쟁에서 매우 어려운 상황에 처해 있다. 데이비스가 말하듯이 "21세기 도시세계는, 하늘을 향해 치솟는 빛의 도시 대신, 많은 지역에서 무단거주자가 공해와 배설물과 부패로 뒤덮인 채 불결하게 자리 잡고 있다".[26] 신자유주의적인 "빈민가의 행성"에 대한 과장된 묘사를 통해 가장 가난한 무단거주자까지 함께 묶는 인간 연대의 일상적인 양상을 무시했다는 이유로 데이비스는 어느 정도 부당하게 비판을 받아왔다.[27] 그럼에도 그의 설명은 인류가 처한 상황의 토대 변화에 의해 제기된 근본적 과제를 포착하고 있다. (비록 그가 기후변화에 대해 상세히 논의하지 않았더라도.)

데이비스의 소위 빈민가 생태계slum ecology의 위험한 본질이 현행 도시화의 핵심 요소다. 가난한 사람들이 차지할 수 있는 유일한 땅은, 산사태에서 홍수에 이르기까지 자연의 위험 때문에 개발되지 않은 상류층의 거주지로는 부적합한, 도시에서 가장 재난에 취약한 구역에 위치하는 경향이 있다.[28] 도시의 무단거주자들은 자주 유독성 쓰레기 매립지나 산업 폐기물 무더기 한가운데,

---

24) Eric Hobsbawm, *Age of Extremes: A History of the World, 1914~1991*(New York: Pantheon, 1994), p. 288.

25) Micahel Kinyanjui, "Development Context and the Millennium Agenda" in *The Challenge of Slums: Global Report on Human Settlements 2003*, revised and updated version (Nairobi, Kenya: UN-HABITAT, April 2010).

26) Davis, *Planet of Slums*, p. 19.

27) 예를 들어, Jennifer Robinson, *Ordinary Cities: Between Modernity and Development*(New York: Routledge, 2006) 참조.

28) Davis, *Planet of Slums*, p. 121.

철도나 전선의 가장자리, 저지대의 홍수에 취약한 땅에서 거주한다. 환경재난에 대한 그들의 취약함은 그들이 위험한 지역에서 살도록 강제하는 가혹한 사회 법칙의 확장이다. 게다가 단순히 이러한 장소에서 사는 것 때문에 가난한 사람들은 데이비스의 소위 "배설물의 과잉excremental surplus"을 포함해 자신들의 생명을 위협하는 상황을 만들고 있다.[29] 빈민가에는 효과적인 위생 기반시설이 거의 없어서 급수, 폐기물 처리, 쓰레기와 관련된 질병으로 날마다 세계 곳곳에서 수천 명이 죽는다.[30] 이러한 기반시설의 부족은 많은 경우 식민주의의 유산이다. 유럽에서 온 정착민들은 식민지 원주민들에 대해 본질적으로 도시에서 거주할 가치가 없다고 간주했고, 그 결과 원주민들이 살고 있는 도시 지역의 근대적 편의시설의 도입을 체계적으로 거부했다.[31] 식민지 기반시설의 이러한 끔찍한 유산은 개선되지 않았고, 최근 수십 년 동안 남반구 개발도상국의 도시에서 하수 시스템과 정수 처리 설비를 민영화하려는 세계은행 같은 국제금융기구의 움직임에 의해 오히려 강화되었다.

이러한 위험한 빈민가 생태계를 악화하면서 세계적으로 도시거주자 대부분이 점점 더 극단적인 형태를 띠는 날씨의 길목에 직접적으로 놓여 있다. 긴 축재정과 이에 수반되는 주민 갈등 및 기후격변 때문에 세계 거대 도시로 추방되는 점점 더 많은 인류가 우리 시대에서 두 번째로 커다란 변화의 힘인 인류가 유발한 기후파괴에 자신들이 특히 취약하다는 것을 알게 된다. 오늘날 세계 인구의 70% 가까이가 가뭄에 취약한 지역에서 살고 있으며, 도시의 열섬효과는 폭염의 영향을 확대해서 뇌막염, 말라리아, 뎅기열, 웨스트나일 바이러스West Nile Virus 같은 치명적인 전염병을 가져올 수 있다. 게다가 500만 명이 넘는 인구를 보유한 세계 도시 거의 2/3 가까이가 부분적으로 해안구역

---

29) Ibid., p. 137.

30) Ibid., p. 142.

31) Mahmood Mamdani, *Citizen and Subject: Contemporary Africa and the Legacy of Late Colonialism*(Princeton, NJ: Princeton University Press, 1996).

의 저지대에 위치해 있으며, 기후변화가 촉발한 강력한 사이클론과 해안폭풍에 더욱 빈번하게 영향을 받고 있다.[32] 인류의 38%에 해당하는 20억 명에 가까운 사람들이 현재 파괴적인 홍수에 매우 취약한 인구밀도가 높은 해안 지역에서 살고 있다.[33] 열대성 폭풍과 사이클론은 현재 도시화한 세계 인구의 24%에 해당하는 14억 명에게 매년 영향을 미친다. 사이클론에 노출될 인구만 2050년까지 2배 이상 증가한 6억 8000만 명에 이를 것으로 추정된다.[34] 중앙아메리카, 캐리비안the Caribbean, 벵갈만the Bay of Bengal, 중국, 필리핀의 도시와 같이 그러한 재난에 가장 취약한 지역은 지구의 열대에 하나의 대역帶域으로 확대된다. 이러한 "혼돈의 열대" 도시의 빈민가 거주자들에게 닥치는 재난을 "자연적인" 재난으로 간주해서는 안 되며 불균등한 발전과 사회적 불평등이 핵심적인 역할을 하는 인위적인 기후파괴로 간주해야 한다.

그러나 파국의 절정이 남반구 개발도상국에만 펼쳐지는 것은 아니다. 기후변화가 부유한 나라들에 끼치는 위협은 실제이고, 현재이며, 증가하고 있다. 다가올 아수라장에 대한 가장 극명한 경고는 아마 약 7만 명의 사망자가 발생한 2003년 유럽의 폭염이었을 것인데, 이는 허리케인 카트리나로 인한 뉴올리언스의 사망자 숫자 1800명이 왜소하게 보이도록 만든다.[35] 더구나 해수면 상승은 세계 자본주의 경제에 대한 지휘 및 통제의 핵심적인 교점인 강력한 세계적인 도시들에 많은 영향을 미칠 것이다. 이러한 거대 도시 대부분이 항구도시인데, 세계적인 도시에 대한 문헌에서 거의 전적으로 무시되어

32) Gordon McGranahan, Deborah Balk and Bridget Anderson, "The Rising Tide: Assessing the Risks of Climate Change and Human Settlements in Low Elevation Coastal Zones," *Environment and Urbanization*, 19:1(2007), pp. 17~37.

33) Judy L. Baker, *Climate Change, Disaster Risk, and the Urban Poor: Cities Building Resilience for a Changing World*(Washington, DC: World Bank, 2012), p. 15.

34) Somik V. Lall and Uwe Deichmann, "Density and Disasters: Economics of Urban Hazard Risk," *Policy Research Working Paper 5161*(Washington, DC: World Bank, 2009).

35) Stone, *The City and the Coming Climate*, p. 12.

온 사실이다.36) 예컨대 미국의 세계적인 도시 8개, 즉 뉴욕, 로스앤젤레스, 시카고, 보스턴, 샌프란시스코-오클랜드, 워싱턴, 마이애미, 필라델피아가 모두 연안구역에 위치한다. (시카고는 미시간호수Lake Michigan 연안에 위치한다.) 해수면 상승과 더 강력해지는 폭풍은 이 도시들 거의 전부를 위협하고 있다. 세계적인 관점에서 보면 뭄바이, 광저우, 상하이, 마이애미, 호치민, 콜카타, 뉴욕, 오사카-고베, 알렉산드리아Alexandria, 뉴올리언스 등 오늘날 거주자들이 자연재해에 노출된 상위 10개 도시는 선진국과 개발도상국 사이에 거의 균등하게 분포되어 있다.37) 하지만 위태로운 경제적 자산이라는 관점에서 보면 목록은 심하게 선진국에 기우는데, 마이애미, 뉴욕, 뉴올리언스, 오사카-고베, 도쿄, 암스테르담, 로테르담, 나고야, 탬파-세인트피터즈버그Tampa-St Petersburg, 버지니아비치가 목록의 상위를 차지한다. 위태로운 경제적 자산의 60%를 이러한 도시들이 차지하지만 그 도시들은 미국, 일본, 중국, 네덜란드 등 오직 네 나라에만 위치한다. 각 도시는 세계의 교통 및 거래의 흐름에서 핵심적인 교점이다. 다가올 폭풍 때문에 어느 한 도시라도 심하게 손상된다면 세계경제에는 극단적으로 심각한 파장이 일어날 것이다. 2070년까지 이 도시들의 자산에 대한 위험은 10배로 증가할 것이지만, 반면에 자연재해에 노출된 총 인구는 3배에 이르는 약 1억 5000만 명으로 증가할 것으로 추정된다.38) 극단적인 날씨에 대한 취약성은 단순히 많은 사람들이 허리케인, 사이클론, 가뭄에 노출되어 발생한 것이 아니라 인구, 기반시설, 경제 및 정치 제도, 인위적인 기후변화의 복합적인 산물이라는 사실을 이러한 통계는 강조한다.39)

---

36) Herman Boschken, "Global Cities Are Coastal Cities Too: A Paradox in Sustainability?," *Urban Studies*, 50: 9(July 2013), pp. 1760~1778.

37) Robert J. Nicholls, Susan Hanson, Celine Herweijer, Nicola Patmore, Stephane Hallegatte, Jan Corfee-Morlot … Robert Muir-Wood, "Ranking Port Cities With High Exposure and Vulnerability to Climate Extremes: Exposure Estimates," OECD Working Papers 1(Paris: OECD Publishing).

38) Ibid., p. 3.

연안도시는 기후변화로 인해 지속되는 체계적인 위기의 미래에 직면하고 있다. 이러한 위기는 사망률의 완만한 증가로 펼쳐지다가 엄청난 재난에 의해 일단락되는 방식으로 진행될 것 같다. 이러한 도시들의 인구가 급증함에 따라 재난에서 보호해주는 기반시설의 부재나 부실 때문에 점점 더 많은 사람들이 스스로 마련한 장비에 의존해야만 할 것 같다. 대부분의 해안도시가 들어선 땅은 잘 알려진 침하 과정을 통해 가라앉으면서 동시에 상승하는 해수면의 위협을 증폭한다. 이러한 과정은 뉴올리언스에 허리케인 카트리나가 끼친 파괴적인 영향의 직접적인 원인이며, 이탈리아 포 삼각주Po delta, 이집트 나일 삼각주, 인도와 방글라데시 갠지스-브라마푸트라Ganges-Brahmaputra, 베트남 메콩, 중국 황하 삼각주 등 세계 곳곳에서 급속하게 도시화하는 삼각주에 펼쳐지고 있다. 전 세계적으로 현재 5억 명이 넘는 사람들이 믿기지 않을 만큼 부유하지만 생태적으로 민감한 삼각주에서 살고 있는데, 이들 지역은 매년 약 10cm라는 놀라운 비율로 침하하면서 바다가 매년 수십m의 육지를 삼키도록 만들고 있다. 지난 10년 동안 세계 주요 삼각주 85% 이상이 홍수를 겪었고 이 때문에 수십만 명의 사망자가 발생했다.[40] 이러한 침하 과정과 더불어 해안 침식이, 점점 더 심해지는 폭풍과 해일에서 삼각주 도시를 보호해주는, 자연 장벽을 파괴하고 있다. 산악 빙하가 녹으면서 생긴 수백 조gal의 물이 온난화하고 있는 주위의 바다에 흘러들어가면서 결과적으로 바닷물의 부피가 커지고 있다. 이를 종합해보면 점점 더 많은 수의 해안도시가 곧 해수면 아래로 잠길 것이고 과열된 지구로 인해 점점 더 심해지는 폭풍과 해일에 노출될 것이라는 의미다.

39) Stefania F. Balica, Nigel George Wright, Nicolaj Meulen, "A Flood Vulnerability Index for Coastal Cities and Its Use in Assessing Climate Change Impacts," *Natural Hazards*, 64:1 (2012), pp. 73~105.

40) Hong Van and Sebastian Moffett, "The Quiet Sinking of the World's Deltas," *FutureEarth Blog*.

세계 곳곳의 해안도시 주민들은 다가올 수십 년 동안 점점 더 극심한 상황에 직면할 것인데, 도시의 기후변화에 가장 취약한 사람들은 가난한 사람들이다. 남반구 개발도상국 도시에서는 이미 기후변화 때문에 무단거주자들이 생명을 위협받는 상황이 악화되고 있다. 재난이 급조된 건물과 불안정한 땅을 무너뜨려 직접 사람들의 생명을 앗아가지 않더라도, 폭풍에 대비한 배수시설과 폐기물 처리시설의 부족은 홍수의 영향력을 확대할 수 있다. 전염병은 홍수를 통해 급속하게 전파되어 홍수가 물러간 뒤에도 사람들의 생명을 앗아가는 콜레라, 장티푸스, 렙토스피라Leptospira, 수막염의 발발로 이어질 수 있다. 점점 더 취약해지는 세계의 식량 공급은 지장을 받고 있다. 무단거주지의 사람들에게 기반시설은 보이지 않게 당연히 주어지는 도시생활의 일면이 아니라 끊임없이 즉흥적이며 협상으로 얻어지는 집단적인 성취다.[41] 결과적으로 일상적인 위험은 종종 남반구 개발도상국 도시의 가난한 사람들에게 재난으로 변할 수 있다. 그러나 극단적인 날씨 때문에 기반시설이 붕괴되면 뉴올리언스와 뉴욕의 허리케인 및 시카고와 유럽의 폭염이 보여주듯이 심지어 세계에서 가장 부유한 도시의 취약한 주민들도 자신의 삶이 위태로울 수 있다는 것을 알게 될 것이다. 그러한 상황에서는, 도시화와 기후변화의 비극적 절정이 누구보다도 더 노인과 가난한 사람 같은 취약계층에 영향을 미칠 것이지만, 또한 막대한 자본주의의 자산도 위태롭게 만들 것이다. 현재와 미래의 이러한 극적인 위협에도 왜 여론의 경고가 더 이상 없단 말인가?

---

41) Stephen Graham(ed.), *Disrupted Cities: When Infrastructure Fails*(New York: Routledge, 2009).

보이지 않는 도시들: 어떻게 현대의 도시들은 너무나 눈에 띄면서 또한 완전히 무시되는가?

인도의 수도 뉴델리New Delhi에서는 무더위 때문에 사람들이 우물에서 물을 끌어올리려고 전기 펌프를 작동하고 부자들이 냉방기를 가동함에 따라 2012년 7월 30일에 기록적인 전력 소비가 발생했다. 한편, 장마철 도래의 지연에 직면한 북쪽 펀자브Punjab주와 하리아나Haryana주의 농민들은 논에 물을 대는 펌프를 가동해서 작물이 계속 자랄 수 있도록 애를 쓰면서 송전망에서 점점 더 많은 전력을 뽑아냈다. 장맛비가 내리지 않는 것은 역설적으로 수력 발전소가 전력을 더 적게 생산한다는 것을 의미했다. 인도의 시민들이 주기적인 정전에 익숙하다지만, 이날 북부 인도 대부분에서 발생한 연쇄적인 정전은 기록적이었다. 3억 명이 넘는 사람들에게 공급되는 전력이 끊겼다. 전화기와 교통 신호가 작동을 멈췄다.[42] 기차 운행이 몇 시간 동안 중단되면서 많은 사람이 아침 통근 길에 갇혔다. 많은 병원이 수술을 중지해야만 했다. 정수시설과 급수장의 작동이 멈추면서 물 공급이 끊겼다. 전기 펌프로 우물에서 물을 끌어올리는 것이 불가능해졌다. 전력은 비교적 빨리 복구되었지만 다음날인 7월 31일에는 더 광범위한 정전으로 6억 2000만 명에게 공급되는 전력이 중단되었다.

인도는 전력 기반시설에 관련된 독특한 과제를 안고 있다. 인도의 전력 당국에 따르면 생성된 에너지의 약 27%가 전력 공급 과정에서 상실되거나 도난당하며, 총인구의 25%에 해당하는 약 3억 명이 전혀 전력을 이용할 수 없다.[43] 그러나 선진국의 시민들이 개발도상국의 전력 공급 장애에 대해 우쭐

---

42) "Power Grid Failure: FAQs," *Hindustan Times*, July 30, 2012.

43) Rajesh Kumar Singh and Rakteem Katakey, "Worst India Outage Highlights 60 Years of Missed Targets," *Bloomberg Business*, August 1, 2012.

해 하지 않도록 미국 북동부도 2003년 여름 유사한 연쇄적인 정전을 겪었다는 것을 상기하는 일은 가치가 있을 것이다. 그 정전으로 극심한 폭염의 한가운데에서 5500만 명에 대한 전력 공급이 중단되었다.[44] 뉴욕의 지하철 운행은 중단되었다. 냉방기는 더 이상 작동하지 않았다. 수도꼭지에서 물이 흘러나오지 않았다. 수십만 명이 작열하는 태양 아래 외곽에 있는 집으로 걸어서 돌아가야만 했다.

폭염과 종종 폭염이 유발한 연쇄적인 정전은 선진국과 개발도상국 곳곳의 도시에서 점점 더 빈번해지고 있다. 극단적인 더위는 이미 어떤 다른 형태의 극단적인 날씨보다 더 날씨와 관련된 사망에 영향을 미치고 있다.[45] 만약 지속적인 폭염이 뉴욕이나 상파울루 같은 주요 도시를 여러 날 동안 정전에 빠뜨린다면 어떻게 되겠는가? 전기 펌프가 더 이상 물을 공급하지 못하고 정전 구역 밖으로 사람들을 이동시켜줄 교통 시스템이 마비될 경우 수천만 명의 도시 인구를 지원해줄 어떤 비상 시스템이 구비되어 있는가? 2003년 유럽과 1995년 시카고의 치명적인 폭염은 극단적인 더위가 미치는 잠재적으로 비극적인 영향을 보여줬지만, 과학자들이 말하는 열섬효과와 도시 주민들의 취약성에 대해서 사람들은 놀라울 정도로 거의 관심이 없다. 열섬효과는 도시가 시골보다 평균적으로 30% 더 기온이 높다는 것을 의미한다. 그렇지만 기후과학은 온난화의 영향이 훨씬 더 극단적으로 나타나는 도시 차원이 아니라 지구 전체 차원에서 기후변화를 측정한다. 실제로 과학자들은 지구의 기온 변동을 측정하려 할 때 도시의 기상관측소에서 수집한 데이터를 통계적으로 조정한다.[46] 결과적으로 — 현재 대부분의 인류가 거주하는 장소인 — 도시에서 발생하는 극단적인 형태의 온난화는 기후변화의 과학적인 평가에서 배제된

---

44) Stone, *The City and the Coming Climate*, p. 68.

45) Ibid., p. 81.

46) Ibid., p. 14.

다. 이는 오늘날 전 세계 도시민들이 경험하는 온난화의 규모를 공식적인 평가에서는 실제로 근본적으로 과소평가한다는 것을 의미한다. 스톤이 말하듯이 "많은 사람들에게 오늘날 대도시에서 사는 것은 인류가 경험하지 못한 가장 급속하게 변화하는 환경의 최전선에서 사는 것(심지어 환경의 최전선에서 살고 있다는 점에 대해 알지도 못한 채 사는 것)을 의미한다".[47]

기후과학이 실제로 도시가 눈에 들어오지 않도록 만들었다고 할 때, 그것은 도시를 자연의 도가니에서 주조된 현장으로 간주하는 것을 오랫동안 거부해온 서구의 환경주의를 바탕으로 구축된 것이다. 서구의 사고방식에서는 실제로 오랫동안 도시와 시골, 사회와 자연을 근본적인 대척점으로 간주해왔다.[48] 결과적으로 환경이론은 보통 도시화 과정이 환경문제의 숨은 동력의 하나라는 점을 지속적으로 무시해왔고, 사회와 환경의 문제가 가장 극적으로 경험되는 장소로서 도시에 대해 논의하는 것을 소홀히 해왔다.[49] 그렇지만 도시는 인간이 자연을 신진대사하는 곳이며(〈제1장〉 참조), 인도와 미국의 기록적인 정전은 이러한 신진대사 과정이 얼마나 복잡하고 불안정할 수 있는지를 강조한다. 즉, 중서부의 폭풍, 지연된 장마, 델리와 뉴욕 같은 도시의 높아가는 기온은 현대 생활의 가장 기본적인 편의시설 — 예컨대 깨끗한 식수 관련 시설 — 의 작동도 멈추게 만드는 예측할 수 없는 연쇄적 정전으로 이어진다. 그렇지만 서구 환경주의 사고의 지적인 유산 때문에 현대 과학자들은 자연을 생산하는 현장의 역할을 하는 도시의 중심성에도 전 지구 차원에서, 즉 지금 대부분의 사람들이 살고 있는 특정한 장소에서 일어나고 있는 일을 무시하는

47) Ibid., p. 66.

48) Raymond Williams, *The Country and the City*(New York: Oxford University Press, 1975).

49) Nik Heynen, Maria Kalka and Erik Swyngedouw, "Urban Political Economy: Politicizing the Production of Urban Natures" in Nik Heynen, Maria Kalka and Erik Swyngedouw (eds.) *In the Nature of Cities: Urban Political Ecology and the Politics of Urban Metabolism* (New York: Routledge, 2006), p. 2.

규모에서, 기후변화에 대한 틀을 짜게 된다.

　이러한 불행한 지적 전통에도 도시는 기후변화의 재앙이 가장 격렬하게 느껴지는 영역이다. 뉴올리언스의 가난하고 주로 아프리카계인 주민들이 자신의 나라에서 버려진 채 지붕 위에 서서 구조를 갈구하고, 슈퍼돔Superdome의 비위생적인 환경에서 웅크리고 있고, 독성 홍수로 불어난 물에 엎드려 있는 이미지가 대중매체에 가득 차면서, 허리케인 카트리나는 사회학자 벡이 말하는 위험에 빠진 세계world at risk를 가장 강력하게 표현했다.50) 허리케인 샌디에 관련된 뉴욕의 이미지는 사회적 불의에 대한 동일한 본능적인 지각을 전달하지는 못했지만, 뉴욕 같은 세계적인 도시의 주민들이 당연한 것으로 여기는 현대성의 취약함을 극적으로 보여줬다. 전력망이 무너지면서 지하철과 도로는 침수되었고, 휴대전화는 불통이 되었고, 도시 일부 지역의 주민들은 난방이 끊긴 건물의 고장 난 승강기에 갇혔다. 현대의 도시생활은 점점 더 불안정해지고 위험해지고 있으며, 광범위한 영역에서 상호 결합된 놀라울 만큼 취약한 기반시설 네트워크에 의존한다는 것을 허리케인 샌디는 분명하게 보여줬다.

　도시는 전 지구를 망라하는 에너지, 물, 쓰레기, 상품, 통신, 자본의 방대한 기반시설의 중심이다.51) 만약 과학과 기술을 통해 자연을 통제한다는 계몽주의의 꿈을 도시가 구현한다고 한다면, 그 꿈은 너무나 분명하게 유형적인 기반시설이 촉진하는 것이다. 이러한 기반시설은 한편으로는 국가에 강력한 이념적인 정당성을 부여하면서 때때로 종합적인 성취의 상징으로 고양되며, 다른 한편으로는 빈번하게 당연한 것으로 여겨지면서 보편성과 투명성을 통해 그 성공이 측정된다. 그렇지만 이는 어느 곳에나 해당되는 것은 아니다. 남반구 개발도상국 많은 곳에서, 생명을 유지해주는 담수를 공급하고 하수를

---

50) Ulrich Beck, *World at Risk*(New York: Polity, 2008).
51) Graham, "When Infrastructures Fail."

배출하는 파이프 같은 기반시설의 이용은 불가능하며 전력 이용은 일시적이
거나 불안정하다. 그러한 상황에서는 임기응변적이고 중첩된 예비 시스템이
핵심적인 역할을 한다. 불안정한 기반시설의 이러한 상태는 신자유주의 시대
에 사라지지 않고 오히려 확장되어왔다. 실제로 남반구 개발도상국 도시의
많은 주민들은 민영화와 요금을 지불해야 하는 신자유주의적 구조 때문에 물
에 대한 접근성이 축소되었다는 것을 알게 되었다. 이전에는 보편적이고 일
상적인 것으로 간주되었던 이러한 도시의 현대성의 요소가 제거됨에 따라 그
정치적 특징 또한 분명해졌다.

뉴욕은 오랫동안 도시생활의 취약성에 대한 두려움의 진원지였다.[52] 9·11
세계무역센터 파괴는 뉴욕이 재난으로 타격을 받는다는 오랫동안 유지되어
온 대중문화 장르에 활기를 불어넣었다. 2세기가 넘도록 뉴욕은 소설과 영화
에서 괴물에 의해 짓밟히고, 폭파되고, 바다에 의해 삼켜졌다. 브루클린 다리
Brooklyn Bridge 같은 익숙한 주요 지형지물이 열대식물로 뒤덮인 폐허로 변형
되는 모습과 더불어 브루클린을 광대한 범람원으로 묘사한 알렉시스 록맨
Alexis Rockman의 벽화는 단지 최근의 사례일 뿐이다. 이탈리아 화가 니콜리노
칼리오Nicolino Calyo의 재앙적인 1835년 맨해튼 화재에 대한 묘사까지 거슬러
올라가는 이러한 표현들은 도시의 건설에서 나타나는 고질적인 파괴와 건축
의 일상적인 과정에 형태를 부여한다.[53] 각 세대는 자신들의 두려움을 반영
하는 파괴의 이미지를 만들어내고 그 해결책을 모색해왔지만, 재난 장르를
관통하는 중심 주제는 아마 분노한 노동자와 봉기한 이민자들의 도시 파괴였
을 것이다. 호아킨 밀러Joaquin Miller의 〈고섬 파괴The Destruction of Gotham〉(1886)
에서 1981년의 〈아파치 요새Fort Apache〉와 〈브롱크스 그리고 뉴욕에서 탈출

---

52) Max Page, *The City's End: Two Centuries of Fantasies, Fears, and Premonitions of New York's Destruction*(New Haven, CT: Yale University Press, 2008).
53) Ibid.

the Bronx and Escape from New York〉 같이 도시의 금융 위기 기간에 만들어진 영화에 이르기까지 뉴욕의 이미지에는 인종적·민족적 폭력으로 소모되는 도시에 대한 두려움이 광범위하게 스며들어 있다. 뉴욕의 다양성과 극명한 불평등이 그러한 장르를 위한 적합한 환경을 제공하지만, 이 도시의 독특한 건축학적·도시적 특성도 마찬가지다. 즉, 밀집된 매우 높은 건물들로 인해 스크린에는 특별한 폭파 장면이 만들어진다. 그렇지만 궁극적으로 그러한 종말론적인 환상의 토대를 제공하는 것은 계급과 인종에 바탕을 둔 도시 상류층의 반동적인 두려움이다.

9·11 공격으로 이러한 두려움은 현실이 되었고, 뉴욕과 세계의 주요 연결망의 하나인 상업용 여객기는 무기로 바뀌었다. 자본의 수도인 뉴욕의 재정적인 결정은 이제 전 세계 수백만 명의 삶의 기회에 영향을 미치고 있는데, 알카에다al-Qaeda의 공격은 인종화한 도시 파괴 장르가 지구 차원에서 공연된 하나의 사례다. 그라운드제로Ground Zero에서 실시된 조지 부시George Bush 대통령과 루돌프 줄리아니Rudolph Giuliani 시장 같은 공인들의 슬픔 및 도전 연기는 외국 테러리스트의 악마적 공격, 소방관 및 구급대원 같은 용감한 뉴욕 시민들의 영웅적 대응, 애국적 재탄생과 도시의 회복성에 초점을 맞췄다. 적절한 의료 지원을 받기 위한 많은 초기 대응자들의 투쟁에서 맨해튼 도심에 인구를 재유입하려는 상류층에 편향된 차별적인 재정적 우대조치에 이르기까지 9·11에 관련된 지속적인 현안은 상류층의 이러한 진통성 서사에 의해 편리하게 덧칠되었다.

허리케인 샌디는 그러한 지배적인 분위기를 완화했다. 즉, 많은 뉴욕 시민들이 보기에 갑자기 우리가 잘못된 위협에 대응하느라 지난 10년을 낭비한 것 같았다. 테러에 대한 전쟁 시기에 도시를 격리하기 위해 수십억 달러가 소모되었는데, 증가하는 기후변화의 흐름을 되돌리는 데 아무런 도움이 될 수 없는 분야였다. 결코 실현되지 않았던 테러리스트의 공격에 대비하기 위해 공공장소를 폐쇄하고 시민의 자유를 분쇄하는 대신 뉴욕은 실질적인 에너지를 폭풍해일과 해수면 상승 대비에 쏟을 수 있었을 것이다. 샌디는 뉴욕이 화염뿐만 아니라 다가올 홍수에도 직면하고 있다는 것을 분명히 했다.

환경 정치와 보험제도와 금융시장에서 1980년대 후반 등장하기 시작한 위험에 대한 새로운 이해가 허리케인 샌디를 통해 확인되었다. 이러한 상호연계된 영역에 있는 재앙적인 위험으로 인해 "생물권 차원의 기술적인 사건으로서 미시적이며 동시에 세계적인 수준에서 작동하는 것", 다시 말해 여러 나라에 걸쳐 있으며 또한 동시에 보이지 않을 정도로 작은 규모의 사건이 지정되었다.[54] 에볼라 같은 새로운 전염병에서 지구온난화, 오존층 파괴 그리고 "인간이 초래한 복합적 재난"에 이르기까지 재앙적인 위험이라는 개념으로 인해 사건에 대해 근본적으로 새로운 계산법이 도입되었다. 매우 정확하게 통계적인 방법으로 그 발생에 대해 계산할 수 있는 자동차 사고나 심장마비와 달리 재앙적인 위험은 너무 예측이 어렵고 규모가 커서 보험에 가입될 수 없다. 현대의 도시들을 묶고 있는 세계적인 네트워크 때문에 그러한 위험은 훨씬 더 넓은 폭으로 번지며 국지적인 위험이 체계적인 붕괴를 만들어낼 가능성이 점점 더 커진다. 예컨대 2008년의 금융 위기는 상대적으로 국지적인 사건이 어떻게 세계경제 기반시설의 파괴를 위협하는지 보여주었다.[55]

허리케인 샌디가 닥치기 오래전부터 극단적인 기후에 대한 뉴욕 기반시설의 취약성에 대해 도시계획 전문가들은 경고해왔다. 예컨대 2009년 뉴욕시 기후변화위원회는 예언적인 보고서를 발표했다. 헌터 대학Hunter College의 지리학자 솔렉키 위원은 도시가 직면하고 있는 위험에 대해 "다가오는 수십 년 동안 우리의 해안도시는 더 급속한 해수면 상승과 더 높은 기온은 물론 잠재적으로 더 심한 가뭄과 홍수에 직면할 것인데, 그로 인해 뉴욕시의 주요 기반

---

54) Melinda Cooper, *Life as Surplus: Biotechnology and Capitalism in the Neoliberal Era* (Seattle: University of Washington Press, 2008).

55) Melinda Cooper, "Turbulent Worlds," *Theory, Culture and Society*, 27:2-3(2010), p. 179.

시설이 영향을 받을 것이다"라고 썼다.[56] 솔렉키의 경고는 뛰어난 예지력이 있는 반면 기존 기후변화 과학의 완화되고 먼 미래를 지향하는 특징을 반영했는데, 역설적으로 그의 예측은 단지 3년 만에 현실화되었다. 대조적으로 물 장벽과 이어지는 급속 냉동으로 파괴되는 뉴욕에 초점을 맞춘 〈투모로우 The Day After Tomorrow〉 같은 할리우드의 블록버스터blockbuster 영화는 보통 너무 과장되어서 심하게 공상적인 것으로 보인다. 그러한 과장된 경고와 엄청난 경관은 역설적으로 이 도시의 기반시설에 대한 실질적인 위협을 경시하게 만든다. 그러한 조작적 환경-격변주의eco-catastrophism를 맞이한 블룸버그 정부는 대담하게 자전거 도로를 구축하는 것으로 — 마치 이 도시를 보호하는 데 그것으로 충분하다는 듯이 — 기후변화에 반응할 수 있었다. 상승하는 조류에 대비해 도시의 취약한 지역에 있는 지하철 입구를 올리는 것 같은 가장 간단한 방어조치조차 집행되지 않았다. 엄청난 재난만을 대변하는 것은 천식의 증가율에서 노후화하는 전력망까지 물질적·사회적 기반시설에 대한 희석되고 소모적인 재난을 무시하게 만드는 경향이 있고, 허리케인 샌디 같은 더욱 급격하고 엄청난 재난으로 이어지게 만든다.

그러나 뉴욕이 허리케인 샌디의 대비에 실패한 가장 큰 이유는 아마 반테러 기반시설과 무제한적 도시개발에 대한 도시와 국가 지배층의 편집광적인 집착에 있었을 것이다. 건축가이면서 도시 이론가인 소킨과 그의 동료들이 보여주듯이 전 도시에 걸친 공공건물 앞 콘크리트 장벽 같은 방어적인 수단, 공항 같은 덜 유형적인 감시 형태, 우리는 위태롭다는 메시지를 외치는 인터넷과 더불어 국가안보 구조는 역설적으로 넓게 퍼진 불안감을 낳았다.[57] 그러한 두려움은 국내외적으로 치안 유지 활동과 군국주의를 전례 없는 수준으

---

56) Atlas, "Is This the End?." 인용.

57) Michael Sorkin(ed.), *Indefensible Space: The Architecture of the National Insecurity State* (New York: Routledge, 2007).

로 정당화했고, 9·11 이후 국가를 통제했던 지배층에게 크게 유용했다. 9·11에 대한 언론의 묘사는 마치 냉전 시기에 그랬던 것처럼 제국주의적 자본주의의 확대된 통치에 대해 대중이 훨씬 더 용인하도록 만들었다.[58] 이는 심각한 사회적·물질적 영향을 미쳤다. 이러한 두려움의 통치는, 외국 테러리스트 같은 특정한 위협에 대중의 주의를 집중시키는 것을 통해 다른 위험이 눈에 띄지 않도록 만들면서, 기후혼란으로 형성된 뉴욕 시민의 관심을 다른 데로 돌렸다.

허리케인 샌디는 이러한 안보 및 탄력성 이야기의 모순과 불의의 가면을 벗겼다. 도시 상류층과 관료는 대중에게 그들이 "주요 기반시설"을 강화하고 있다고 장담했지만, 샌디가 이 도시를 타격했을 때 기반시설은 도시의 시스템을 통해 연쇄적으로 붕괴되었다. 허리케인 카트리나 이후의 뉴올리언스와 마찬가지로 폭풍이 뉴욕의 서로 다른 지역에 영향을 미치는 정도에는 극적인 차이가 있었다. 홍수가 부유한 도심 지역과 금융구역을 먼저 침수시켰지만, 그럼에도 깨끗한 물, 음식, 전력을 누가 이용할 수 있는지, 그리고 도시의 교통수단 재건축 자원이 어디에 어떻게 할당되는지의 관점에서 도시의 권력 배분이 분명해졌다. 무엇보다도 시 당국이 10년이 넘도록 간여한 주요 기반시설의 방어가 폭력적인 죽음의 위험에서 보통 사람들을 보호하는 것과는 거의 관계가 없다는 것이 분명해졌다. 9·11 테러 이후 상류층은 그러한 기반시설 대신 지속적인 자본축적을 허용하는 기반시설의 보호에 초점을 두었다.

---

58) Joseph Masco, "Engineering Ruins and Affect" in Uli Linke and Danielle Taana Smith(eds.), *Cultures of Fear: A Critical Reader*(Chicago: University of Chicago Press, 2009).

도시가 당신을 행복하게 만들 것이다: 새로운 도시 찬가와 시장환경주의의 한계

모든 사람이 도시생활에 대해서 그러한 비관적인 태도를 지니고 있는 것은 아니다. 인류가 주로 도시 종으로 바뀜에 따라 한 무리의 분석가들이 『해피시티Happy City』, 『스마트시티Smart Cities』, 『도시 혁명에 오신 것을 환영합니다 Welcome to the Urban Revolution』 등 사정없이 낙관적인 제목의 책을 내면서 등장했다. *시테라티citerati*라고 불릴 만한 이러한 새로운 도시 찬양자들은 지구적 도시화에 대해 상대적으로 완전한 선善이라는 프레임frame을 만들었다.59) 시테라티들은 도시 당파에 늦게 합류했으며 상류층이 매우 이윤이 높은 부동산 투기의 장으로서 도시를 발굴한 뒤 수십 년이 지나 점포를 차렸지만, 도시생활에 대한 그들의 흠모는 세계 자본주의에서 도시 재개발이 차지하는 지속적인 중요성을 반영한다.60) 이러한 해설자 대부분은 미국에 기반을 둔 훈련된 경제학자다. 다수가 또한 "도시 전략 자문가", "사회적 기업가"이며 맨해튼 연구소Manhattan Institute 같은 저명한 보수적 두뇌 집단think tank의 동료들이다.61) 그들 모두는 어떠한 의미 있는 방식으로도 극단적인 도시의 가장 결정적인

---

59) 내 분석에 대해서도 알 수 있는 새로운 도시학에 대한 비판적 논의는 Gleeson, *The Urban Condition*, pp. 59~71 참조. 새로운 도시주의자의 전형은 Charles Montgomery, *Happy City: Transforming Our Lives Through Urban Design*(New York: Farrar, Straus, Giroux, 2014); Anthony Townsend, *Smart Cities: Big Data, Civic Hackers, and the Quest for a New Utopia*(New York: Norton, 2014); Jeb Brugmann, *Welcome to the Urban Revolution: How Cities Are Changing the World*(New York: Bloombury, 2009) 참조.

60) Neil Smith, *The Urban Frontier: Gentrification and the Revanchist City*(New York: Routledge, 1996).

61) 젭 브루그만Jeb Brugmann의 웹사이트에 따르면 자신은 "사회적 기업가", "도시전략 자문가"이고, 앤소니 타운센드Anthony Townsend는 "미국의 테크놀로지 자문가"이며, 찰스 몽고메리 Charles Montgomery는 해피시티 관련 책임 자문가다. 하버드대학교 교수인 글레이저는 맨해튼 연구소의 도시정책 전문 선임연구원이다. jebbrugmann.com and manhattan-institute. org/ expert/edward-l-glaeser 참조.

특성에 대해 다루지 못했다.

하버드대학교 경제학과 석좌교수인 에드워드 글레이저Edward Glaeser는 *시테라티* 가운데 가장 높은 평판을 받고 있으며, 그의 견해는 그 집단 전체를 대변한다. 그는 『도시의 승리The Triumph of the City』에서 "도시는 플라톤과 소크라테스가 아테네 시장에서 논쟁한 이래 혁신의 원동력이었는데, 도시의 근접성, 밀집성, 근사성이 인간의 창조적인 잠재력을, 특히 가장 사랑받는 신자유주의 유행어인 혁신을, 발휘하게 만들었다"라고 썼다.[62] 다시 말해 도시의 인재 집중이 신생 기업에서 지적인 생활에 이르기까지 인류가 전진하도록 추동하는 새로운 아이디어와 테크놀로지를 지속적으로 창출한다. 이러한 주장은 놀라운 역사적 무지에 근거한다. 런던과 도쿄 같은 자본축적의 세계적인 중심이 혁신을 통해 두각을 나타냈다는 생각은 대서양을 횡단한 노예무역과 위계적인 제국주의 세계 질서에서의 그 도시들의 역할 및 금융 흐름에 대한 지휘와 통제의 교점으로서의 그 도시들의 역할을 무시하는 것이다. 시대를 관통해 도시는 분명히 엄청난 창의성의 도가니였지만, 500년이 넘는 동안 도시의 성장은 엄청나게 불평등한 자본주의 제도를 통해 이루어졌다. 여타 도시의 빈곤과 더불어 일부 도시가 번창하는 것은 이 제도의 직접적인 산물이며 소수의 부가 다수의 고통에 의존하는 것과 거의 같은 방식이다. 이 점을 간과한 글레이저는 일부 도시의 빈곤의 원인을 그 도시거주자들의 상상력 부족으로 돌렸다. "디트로이트와 수많은 여타 산업도시는 전체로서 도시의 어떤 약점을 반영하는 것이 아니라 오히려 도시 재창조의 필수적인 요소와의 접촉을 상실한 도시의 불임을 반영한다"라고 글레이저는 말한다.[63] 글레이저는 디트로이트의 추악한 인종주의, 기업 탈출, 신자유주의적 유기의 역사에 대해 편리하게 무시한다.[64] 게다가 그는 세계 곳곳의 빈민가를 긍정적인

---

62) Glaeser, *The Triumph of the City*, p. 1.
63) Ibid., p. 8.

제3장 바다의 변화 **185**

시각으로 바라본다. "도시의 빈곤에 대해 좋아할 만한 것이 많다"라고 그는 말한다.[65] 사회경제적으로 혜택을 많이 받지 못한 사람들이 리우Rio에서 로테르담까지 도시로 들어오는 것은 도시의 약함이 아니라 강함을 증명한다.[66] 다시 말해서 도시의 빈곤은 도시의 부와 비교해서가 아니라 시골의 빈곤과 관련해서 판단해야 한다. 도시의 빈민가는 "종종 중산층 번영의 발판 역할을 한다".[67]

세계 빈민가 생활에 대한 글레이저의 분별없는 설명에는 많은 두드러진 누락이 있다. 먼저 무단거주지에서 연명하고 있는 수억 명의 사람들이 얼마나 자주 자신의 힘으로 "중산층 번영"에 도달할 수 있는지 분명하지 않다. 그의 이야기는 "뉴욕의 로어이스트사이드에 정착한 유대인"(오늘날 카라치Karachi나 하라레Harare의 빈민가에서 살고 있는 사람들과 거의 연관성이 없는 사례)과 리우의 빈민가에서 성장한 브라질의 미용실 소유주 이야기에 근거를 두고 있는데, "중산층 번영"이 무엇을 의미하는지 또한 분명하지 않다. 신중하게 선택된 그러한 가난뱅이에서 부자로 성공한 이야기[68]는 도시의 성장하는 부는 궁극적으로 모든 거주자를 부유하게 만들 것이라는 뻔한 낙수효과 이론trickle-down theory을 반영한다. 이러한 견해는 1890년대의 뉴욕에서는 어느 정도 공감이 있었을 수 있지만, 오늘날의 현기증 나게 증가하는 불평등 속에서는 벵갈루루Bangalore에서뿐만 아니라 뉴욕에서도 믿을 만하지 않다.

---

64) 글레이저는 실제로 더 높은 수감율이 미국 도시의 범죄 감소에 기여한다고 본다. *The Triumph of the City*, pp. 110~111 참조. 무관용 치안 정책의 역사에 대한 비판은 Christina Heatherton and Jordan T. Camp(eds.), *Policing the Planet: Why the Policing Crisis Led to Black Lives Matter*(New York: Verso, 2016) 참조. 깨진 유리창 이론에 대한 학술적인 논박은 Bernard Harcourt, *Illusion of Order: The False Promise of Broken Windows Policing*(Cambridge, MA: Harvard University Press, 2001) 참조.

65) Glaeser, *The Triumph of the City*, p. 9.

66) Ibid.

67) Ibid., p. 74.

68) 행복에 대한 설문조사 보고서는 Ibid. 참조.

그렇지만 더 나쁜 것은 글레이저가 사람들을 도시로 이주하게 만드는 동인에 대해 완전히 왜곡된 견해를 제시한다는 점이다. 글레이저가 보기에 사람들을 농촌 밖으로 밀어내는 것은 끊임없는 농업 생산성의 향상인데, 남반구 개발도상국의 농업 부문에 대한 수십 년에 걸친 신자유주의 구조조정의 영향을 편리하게 무시한 견해다.[69] 데이비스가 『빈민가의 행성』에서 상세하게 기술했듯이 그러한 프로그램은 식민지에서 벗어난 나라들의 농업을 보호하는 관세 시스템을 억지로 개방해서, 대량으로 세계 농민의 소유를 박탈해온 부유한 자본주의 국가의 보조 농업 상품의 공격에 그런 나라들이 휘둘리도록 만들었다.[70] 그러한 신자유주의 정책은 한편으로는 인식되지 않은 빈민가 대량생산의 도구였고, 다른 한편으로는 개발 시대 도시빈곤 퇴치 프로그램의 근본적인 축소를 수반했다. 이러한 구조적 압박 요인의 무시를 통해 글레이저는 그러한 요인이 생성하는 거대한 고통, 그러한 고통에 책임이 있는 경제 주체들, 그리고 가장 중요하게는 보수가 좋은 도시 일자리와 산업 시대의 도시를 경제적 발판으로 만든 기반시설을 생성하지 않고, 대신 빈민가의 행성을 만들어내는 자본주의 세계 시스템의 구조적 모순을 편리하게 누락시킬 수 있었다.

그리고 『도시의 승리』 어느 곳에도 기후변화가 도시에 ─ 빈곤한 나라이건 부유한 나라이건 ─ 미치는 위협에 대한 어떠한 진지한 인식도 없다. 세계의 도시들에 대한 글레이저의 논의에서 가장 노골적인 생략은 아마 데이비스가 말하는 "빈민가 생태계", 즉 도시의 무단거주자들이 가장 한계적이고 종종 위험한 지역에서 살도록 밀어내는 불평등 형태에 대한 고려일 것이다. 빈민가 생태계에서는 남반구 개발도상국의 급성장하는 도시에서 살고 있는 무단거주자 공동체가 기후위기의 최전선에 배치된다. 글레이저가 도시와 기후변화에

69) Ibid., p. 75.

70) Davis, *Planet of Slums*.

대해 말할 때 그것은 도시 스프롤sprawl의 위협에 대해 경고하고 뉴욕 같이 고도로 밀집된 도시에서 사는 생태학적 이득에 대해서 격찬하려고 한 것이다. 데이비드 오언David Owen의 『녹색 거대 도시: 왜 더 작게 살고, 가깝게 살고, 운전을 줄이는 것이 지속성의 핵심 요인인가Green Metropolis: Why Living Smaller, Living Closer, and Driving Less Are the Keys to Sustainability』에서 더욱 상세하게 전개된 주장은 현재 미국의 하늘을 찌르는 온실가스 배출의 원인은 일차적으로 1945년 이후 교외로 탈출한 백인 중산층이라는 것이다.71) 기름, 고속도로, 자동차, 교외 주택단지, 그리고 데이비스가 말하는 "기괴하게 거대한 환경적 자취"72)의 독특한 미국적 결합은 미국의 도시는 나머지 세계의 사례가 될 수 없다는 것을 의미한다. 밀집되었다고 해서 자동적으로 배출가스가 감축되는 것도 아니다. 소비와 공해를 제한하는 데에는 다른 수단들이 필요하다. 실제로 고도로 밀집된 국제도시의 호화주택 개발은 탄소 배출의 주요한 요인 가운데 하나다. 예컨대 뉴욕에서 도시 전체 건물의 2% — 도시 상류층의 호화 콘도와 기업체의 고층 건물 — 가 도시 전체 에너지의 45%를 소비한다.73) 글레이저 같은 *시테라티*의 밀집성에 대한 옹호는, 더 광범위한 자본주의 제도처럼, 무제한적이고 무분별한 성장에 헌신하는 도시체제의 지속불가능한 특성을 완전히 무시한 것이다.

시테라티 가운데 한때 글레이저의 협조자였고 『클라이마토폴리스: 더 더운 미래에 우리의 도시는 어떻게 번창할 것인가Climatopolis: How Our Cities Will Thrive in the Hotter Future』의 저자인 매슈 칸Matthew Kahn은 기후변화와 도시에 대해 주의를 기울였다는 점에서 예외적이다.74) 칸은 부유한 도시민들이 기후

71) David Owen, *Green Metropolis: Why Living Smaller, Living Closer, and Driving Less Are the Keys to Sustainability*(New York: Riverhead, 2009).

72) Davis, "Who Will Build the Ark?," p. 41.

73) Climate Works for All Coalition, "Elite Emissions: How the Homes of the Wealthiest New Yorkers Help Drive Climate Change"(November 2015).

변화에 관련된 위험으로부터 얼마나 자신들을 고립시키는지 기꺼이 비판하려 했다.[75] 그는 또한 남반구 개발도상국 거대 도시에 부과된 심각한 위협을 인정했다. "나는 그 도시의 부동산을 구매하지 말라고 권하고 싶은 몇몇 도시의 이름을 기꺼이 말하고자 한다. 다카Dhaka, 자카르타, 마닐라, 캘커타Calcutta가 그곳이다. 이 도시들은 해안의 위험 지대에 위태롭게 자리 잡고 있다. 이 도시들의 인구밀도는 매우 높다. 이 도시들은 이미 덥거나 최소한 그 수준에 도달해 있으며, 각 정부는 그 도시들을 보호하기 위한 일을 하고 있는 것으로 보이지 않는다"라고 칸은 말한다.[76] 칸의 문제는 시장이 그러한 모든 문제를 해결할 것이라고 믿었다는 데 있다. "우리 모두가 하나의 집단적 결정을 통해 구조할 수 있는 하나의 큰 배에 타고 있는 것이 아니다. 대신 우리는 자기-이익에 충실하고 오직 재치와 자본주의 시장에 대한 접근성으로 무장한 사람들의 다양성을 통해 '구조받을' 수 있을 것이다"라고 칸은 말한다. 자본주의의 성장은 대량의 온실가스 문제를 만들었지만, 이제 자본주의의 역동성과 자기를 재창조하는 능력이 우리가 만들어온 기후변화에 우리가 적응할 수 있도록 도울 것이다.[77] 『클라이마토폴리스』에서 탄소 배출 감축에 대한 세계적인 협상의 주요 중심지인 국제연합이 오직 한 번만 언급되었으며 기후변화 협상과 관련해서는 전혀 언급되지 않은 것이 우연은 아니다.[78] 칸은 자본주의가 기후변화에 책임이 있다는 점을 아마 기꺼이 받아들일 것이지만, 신자유주의 경제학이라는 형편없는 과학의 옹호자로서 인류가 집단적 수단을 통해 이러한 재난에 대응해야 한다는 생각은 감수할 수 없을 것이다.

그는 "기후변화로 도시가 더워지면서 사람들을 보호하기 위한 새로운 상

---

74) Kahn, *Climatopolis*.

75) Ibid., p. 181.

76) Ibid., p. 186.

77) Ibid., p. 7.

78) Ibid., p. 178.

품에 대한 막대한 수요가 창출될 것이다"라고 말하면서 자본주의 시장의 마법의 손을 찬양한다. "더운 피닉스Phoenix에서 계속해서 살고 있는 가정은 여름의 더위를 막기 위해 집과 창문의 새로운 건축학적 설계와 더 에너지-효율적인 냉방을 추구할 것이다. 이는 빙산의 일각에 불과하다. 그러한 수요에 대한 기대는 녹색 기업가들의 개입 및 개선의 기회뿐만 아니라 시장을 점유하기 위한 그들 상호간의 심각한 경쟁을 만들어낼 것이다."[79]

수륙양용 도시들: 적응의 우여곡절과 네덜란드의 녹색도시 만들기

　어떤 도시들이 칸의 주장의 실험 사례로 간주될 수 있다면 그것은 암스테르담Amsterdam, 로테르담, 헤이그The Hague, 위트레흐트Utrecht로 구성된 *랜드스태드Randstad*로 알려진 네덜란드의 거대 도시군일 것이다. 네덜란드의 1/4은 바다 아래에 위치해 있으며, 이 나라의 절반이 폭풍해일과 강의 범람에 위협받고 있다. 세계적으로 유명한 네덜란드 사람들의 홍수에 대한 투쟁은 저지대의 *간척지/polders* ― 물을 펌프(원래는 풍차, 오늘날에는 디젤엔진)로 뿜어내서 조성한 지대 ― 에서만 펼쳐지는 것이 아니라 도시에서도 진행된다. 이러한 도시들은 도시계획가에게는 균형 잡힌 경제, 통합된 토지 이용 및 수송 계획, 한정된 자원으로 생활하려는 헌신의 모범으로 보인다.[80] 이러한 도시들은 또한 기후변화 적응 패러다임의 설정자로서 점점 더 많이 화제가 되고 있다. 예컨대 로테르담은 네 방면 모두 물에 둘러싸여 있는데, 이는 물을 간단히 밖으

---

79) Ibid., p. 8.

80) Peter Hall, *Good Cities, Better Lives: How Europe Discovered the Lost Art of Urbanism* (New York: Routledge, 2013).

로 뿜어낼 수 없다는 의미다. 로테르담은 도시의 기후변화 적응 프로젝트로 디자이너들과 환경론자들의 갈채를 받아왔다. 그 사례 가운데 하나인 *벤덤플레인Benthemplein* 공원은 보통 때에는 광장으로, 그리고 강력한 폭우 때에는 물을 흡수하는 수조로 기능하는 공간이다. 그밖에 칭찬받는 로테르담의 사례에는 물 저장시설로 배증倍增될 수 있는 시 당국이 건설한 대형 지하주차장, 시의 보조금을 받는 녹색지붕 계획, 도시의 오래된 항구를 떠다니는 수륙양용 태양력 파빌리온pavilion이 포함된다. 네덜란드의 공학 및 설계회사는 도시의 적응에 대한 이러한 실험을 통해 국제적인 명성과 수익성 있는 자문 계약을 확보해왔다. "세상은 큰 도시에서 돈을 번다. 그래서 그러한 도시가 작동해야 하는데, 이는 그러한 도시에 기후변화 방어와 기반시설이 필요할 것이라는 의미다"라고 기후변화 적응에 대해 자카르타에서 뉴욕까지 자문한 네덜란드 기반 회사 아카디스Arcadis의 국제 물 관리 임원 피에트 디르케Piet Dircke는 강조한다.[81] 아카디스 같은 회사와 네덜란드의 공간 계획과 물 관리부 Office of Spatial Planning and Water Management의 임원으로 있다가 자리를 옮겨 오바마 대통령 시절 미국의 주택도시개발부 장관인 숀 도너번Shaun Donovan의 참모로 일한 헨크 오빙크Henk Ovink 같은 사람의 성공은 도시의 기후변화 적응 노력은 혁신적인 기업가들에 의해 추동될 것이라는 칸의 주장을 뒷받침하는 것처럼 보인다.[82]

네덜란드가 마주하고 있는 극단적인 조건으로 물에 대한 그들의 투쟁은 유명해졌지만, 또한 그러한 조건은 비교적 독특해서 많은 다른 맥락에서는 아마 적용될 수 없을 것이다. 먼저, 네덜란드의 해안선은 총 1139mile인데 비교적 짧다.[83] 플로리다의 해안선만 따져도 200mile이 더 길다. 게다가 네덜란

81) Elizabeth Braw, "Rotterdam: Designing a Flood-Proof City to Withstand Climate Change," *The Guardian*, November 18, 2013.

82) Russell Shorto, "How to Think Like the Dutch in a Post-Sandy World," *New York Times*, April 9, 2014.

드는 부유하고 문화적으로 동일한데, 이는 대규모 공학 업적을 위한 경제적·사회적 자본을 동원하는 일이 세계의 다른 많은 지역들처럼 어렵지는 않다는 것을 의미한다. 이러한 특별함 때문에 네덜란드의 물에 관련된 경험의 이식에 대한 질문이 마땅히 제기된다. 상승하는 해수면에 적응하기 위해 네덜란드의 도시에서 개발된 해법들은 정말로 다른 맥락에서도 실행가능한가? 로테르담 같은 네덜란드의 도시는 진짜로 얼마나 지속이 가능한가? 이러한 네덜란드의 혁신은 정말로 어느 정도로 *시테라티*가 찬양하는 자유시장이 추동하는가?

네덜란드는 최초의 근대자본주의 경제 가운데 하나였으며, 지구촌을 누빈 함대의 상업적 기량에 기초한 제국이었다.[84] 그러나 순수한 자본주의적 개발보다는 민주적인 거버넌스가 네덜란드와 물의 관계를 더 많이 결정했다. 네덜란드의 물위원회waterschappen들이 간척지 시스템의 창출과 북해에서 대규모 단지를 개척하는 것을 감시하는데, 물위원회는 지역에 기반을 두고 집단적으로 운영되는 기관으로서 제방과 댐을 유지하고 17세기의 황금시대 Golden Age에서 현재까지 나라를 건조하게 지켜온 광범위한 수압 공학 시스템이 적절하게 기능하는지 확인하는 책임이 있다.[85] 이름이 암시하듯이 암스테르담이나 로테르담 같은 상업도시는 해안 댐과 제방 주변에서 발달했는데, 이러한 댐과 제방은 홍수 방지, 위치 좋은 항구, 광범위한 운하를 통해 바다로 흘러나가는 강물에 의해 빈번하게 정화되는 도시의 물 시스템의 효과적인 조합을 만들어냈다. 그러나 그들이 바다와 강물을 길들이는 데 성공한 일은 통제의 역설을 낳았다. 즉, 땅은 건조되면서 또한 침하되었는데, 이는 이 나

83) Pilkey et al, *Retreat from a Rising Sea*, p. 63.

84) Giovanni Arrighi, *The Long Twentieth Century: Money, Power, and the Origins of Our Times*(New York: Verso, 1994).

85) 이러한 역사의 개요는 Tracy Metz and Maartje van den Heuvel, *Sweet and Salt: Water and the Dutch*(Rotterdam: naiOIO publishers, 2012) 참조.

라의 보호 장벽이 지속적으로 높아질 필요가 있다는 것을 의미한다. 물에 대한 더 강한 방어는 때때로 얄궂게도 간단히 그러한 장벽에 대해 부딪치는 물의 힘을 강화하는 데 기여한다. 결과적으로 네덜란드 사람들은 빈번하지만 비교적 하찮은 홍수에 익숙해졌다.

물을 길들이려는 네덜란드 사람들의 야망이 네덜란드의 물 계획 전통을 지역 규모에서 전국 규모로 바꾸는 것이 필요한 일련의 거대한 공학 프로젝트로 이어진 것은 20세기였다. 이러한 프로젝트의 첫 번째는 북해에서 암스테르담 북동쪽에 이르는 크고 얕은 만인 자위더르해Zuiderzee를 댐으로 막은 프로젝트였는데, 제1, 2차 세계대전 사이에 주로 건설되었다. 새롭게 가둬진 물에 있는 수천km의 땅이 전통적인 간척지 시스템을 통해 매립되었다. 자위더르해 공사는 이 나라 북서쪽 측면을 재앙적인 홍수로부터 방어했지만, 1953년에 엄청난 폭풍해일이 북해에서 이 나라의 남서쪽 로테르담 주변의 강어귀로 바닷물을 밀어내면서 16만 5000ha의 땅이 침수되었고, 1835명의 사람들과 3만 마리의 동물들이 익사했다. 네덜란드 당국은 그러한 치명적인 홍수가 그들의 나라를 절대로 다시 타격하지 못하도록 하겠다고 맹세했다. 그들은 다가올 폭풍에 대비해서 남동쪽 해안선을 효과적으로 축소, 무장시키는 댐, 수문, 도랑, 제방, 폭풍해일 장벽의 거대한 시스템인 델타웍스Delta Works 구축에 착수했다.[86] 그러나 델타웍스가 완전한 불침투성 장벽을 형성하고 있는 것은 아니다. 만약 그렇다면 이 지역의 비옥한 하구 퇴적지대는 풍부한 야생 생물 모두와 함께 죽음에 이를 것이다. 이를 방지하기 위해 네덜란드의 공학자들은 9km 길이의 *오스테르스헬더케링* 폭풍해일 장벽에 일련의 수문을 설치했다. 그 수문들은 보통 열린 채로 유지되어 풍부하지만 취약한 지역 생태

---

86) 델타웍스의 역사에 대해서는 Han Meyer, Inge Bobbink and Steffen Nijhuis(eds.), *Delta Urbanism: The Netherlands*(Chicago, IL: American Planning Association Planners Press, 2010) 참조.

계를 보존하지만, 북해의 폭풍이 해일을 삼각주 지역으로 몰아올 위험이 있을 때에는 닫힐 수 있다. 이 장벽이 1986년에 완성된 이후 북해로 통하는 통로는 오직 하나만 남았는데, 세계 최고의 분주한 항구이며 유럽의 심장부로 향하는 화물의 진입 지점인 로테르담과 라인강Rhine river을 연결하는 수로가 그것이다. 라인강은 수송을 위해 계속 개방되어 있어야 했지만, 그렇게 유지되는 한 로테르담은 잠재적으로 재앙적인 홍수의 위협을 받게 되었다. 이러한 명백한 곤경의 해결책으로서 네덜란드의 수력 공학자들은 폭풍해일이 로테르담을 위협할 때 수로 봉쇄를 위해 회전하는 한 쌍의 거대한 로봇팔로 구성된 폭풍해일 장벽 *매스란트케링*Maeslantkering을 설계했다. *매스란트케링*의 건설은 1991년 시작되어 6년 뒤 완성되었고, 델타웍스 단지가 마무리되어 네덜란드를 폭풍의 바다에서 완전히 그리고 영원히 방어한다는 이상이 실현된 것처럼 보인다.

　네덜란드의 델타웍스는 3가지 주요한 관점의 근거인데, 각각 칸 같은 사람들의 주장에 대해 비판적으로 조명한다. 첫째, 이러한 거대한 프로젝트 — 세계 공학의 위대한 업적의 일부 — 는 네덜란드 정부의 종합적인 정치적·경제적 지원을 통해서만 가능했다. 네덜란드 물위원회들의 민주적인 홍수 통제와 네덜란드 사회 곳곳에 위험이 광범위하게 퍼질 수도 있다는 그들의 인식은 거대 프로젝트 비용을 조달하기 위해서는 막대한 정부 지출에 대한 정치적 반대도 무시할 수 있다는 것을 의미한다. 델타웍스를 뒷받침하는 정치적 계산법은 칸 같은 *시테라티*들의 이상을 활성화하는 미국의 매우 지배적인 자유시장 이념과는 완전히 동떨어져 있다. 한편으로는 개별 엔지니어링 기업이 델타웍스에 참여하고 종종 이 삼각주 생태계의 도전에 대응해서 엄청난 재간을 발휘했지만, 20세기에 네덜란드에서 구축된 막대한 기반시설 프로젝트는 오직 중앙정부의 강력한 통제를 통해서만 실행될 수 있었다. 이에 상당하는 공공 기반시설에 대한 야심적인 국가 차원의 기여를 찾아보려면 미국 역사의 기록을 거슬러 뉴딜New Deal의 댐과 고속도로 건설 노력에까지 이르러야 한다. 트위터Twitter나 테슬라Tesla가 그러한 확장된 공공사업을 하는 것 ― 즉, 그러한 자본주의 대기업이 그렇게 막대하고 체계적인 규모로 홍수의 위협을 처리하는 것 ― 이 가능하리라고 상상하는 것은 근본적으로 기반시설을 구축하는 과업을 오해한 것이다. 제방 하나 잘못되는 것이 나라의 광대한 영역을 위협하는 네덜란드의 경우에서 보듯이 그러한 과업의 수행은 총체적이어야 하며 그렇지 않으면 완전히 실패하게 된다. 미국에서 공공 기반시설의 파편화와 쇄락 ― 무너져가는 교량, 불안정한 댐으로 인한 대규모 대피, 길보다 구멍이 더 많은 고속도로 ― 은 개인의 부유와 공공의 빈곤이라는 신자유주의 교리의 증상이다.[87]

델타웍스에 대해 관측해야 할 두 번째는 네덜란드 사람들을 정말로 두드러지게 만든 *오스테르스헬더케링*의 수문과 *매스란트케링*의 로봇 팔이 네덜란드 공학자들의 창의성뿐만 아니라 로테르담 주변 강어귀를 구하기 위해 싸운 네덜란드 환경운동가들과 해양 노동자들의 정치적인 운동에서 획득되었다는 점이다. 다시 말해 이 유명한 델타웍스가 오직 설계의 혁신이었던 것은 아니다. 그것은 중요한 문화적 변화였다. 네덜란드 사람들의 홍수에 대한 투쟁이 인간의 자연계를 주조하고 억누르는 프로메테우스적인 힘을 찬양하는 전형적인 현대적 태도를 낳았다고 한다면, 델타웍스 주위의 환경을 위한 투쟁은 자연을 정복한다는 편협한 생각에 도전하는 문화적 변화를 촉진하는 데 도움이 되었다. 네덜란드 사람들은 자연을 따라 사는 것이 어떻게 가능한지 묻기 시작했고, 그들을 둘러싼 물의 세계에서 단순히 자신들을 격려하기보다는 자연의 형태를 오히려 방어하는 힘으로 이용했다. 자연계에 대한 이러한 태도의 변화는 물을 다루는 사람들의 변화 또한 촉진했고, 네덜란드의 도시와 시골을 홍수에서 보호하는 책임이 있는 공학자 및 물 관리자 집단에 생태학자와 조경건축가를 합류시켰다.

그러나 델타웍스는 장대한 스케일에도 네덜란드를 곤경에 빠뜨린 통제의

---

87) 신자유주의와 공공 기반시설의 붕괴에 대해서는 Graham(ed.), *Disrupted Cities* 참조.

역설을 해결하지 못했다. 그들은 실제로 어떤 측면에서는 이 역설을 악화시켰다. 네덜란드 사람들은 오랫동안 그들의 해안을 상승하는 조류와 싸우는 최전선으로 간주해왔고, 델타웍스는 여러 측면에서 이 전선에 대한 그들의 전투에서 최고의 업적을 이루었다. 그러나 네덜란드 사람들은 바다를 바라보면서 강물의 범람으로 발생하는 위험에 대해서는 상대적으로 관심을 두지 않았다. 1990년대 중반 폭우가 삼각주 지역에 있는 강들을 부풀려 한계치까지 끌어올렸을 때 이러한 사실이 분명해졌다. 기념비적인 델타 및 자위더르해웍스Delta and Zuiderzee Works에도 그 때문에 1953년 이래 네덜란드를 타격한 가장 최악의 홍수가 발생했다. 강물은 재앙적인 손실을 입히지 않고 결국 물러났지만 이 나라를 횡단하는 강의 범람 위협은 충분히 인식되었다. 이때에 이르러 네덜란드 과학자들은 기후변화가 점점 더 심한 강우를 초래하면서 극심한 통제의 역설을 창출할 것이라고 이해했다. 즉, 잠재적인 폭풍해일에 대비해 해안선을 봉쇄하는 것은 병에 넣듯이 홍수의 물을 라인이나 뫼즈Meuse 같은 강에 가둔다는 의미일 수 있다. 기후변화와 연관된 폭우가 강력한 재난을 위협하는 한편 기후변화 또한 더 완만하게 변하는 보이지 않는 위험을 초래하는데, 점점 더 건조해지는 여름이 네덜란드의 대수층을 통한 민물의 흐름을 감소시켜 이로 인해 민물과 토양에 점점 더 많이 침투되는 염수가 농업을 위태롭게 만든다.[88]

2005년 허리케인 카트리나가 뉴올리언스를 심하게 훼손했을 때 네덜란드 사람들은 자신들의 도시가 겪을 잠재적 운명의 전조를 느꼈다. 그들은 두 번째 델타위원회Delta Commission를 임명해서 이에 대응했는데, 이 위원회는 다가오는 기후변화 시대에 나라를 보호하기 위한 일련의 방안을 수립할 책임이 있었다. 위원회는 비교적 전통적이지만 그럼에도 전향적인 일련의 조치인 모든 제방구역의 홍수방어 수준을 10배로 올리고 네덜란드 국민총소득의 약

---

88) Metz and Van den Heuvel, *Sweet and Salt*, p. 282.

1%에 해당하는 천연가스 소득에 대한 과세를 통해 그러한 변화에 대한 비용을 충당하는 특별 기금을 조성하는 것 등을 제안했다.[89] 위원회는 또한 *강을 위한 공간*Room for the River 프로그램을 창출하는 데 기여함으로써 자연계에 대한 네덜란드 사람들의 태도를 한층 더 변화시켰다. 물을 완전히 배제하려는 노력이 반드시 안전을 증가시키지는 않는다는 점을 인식하면서 *강을 위한 공간*은 다양한 공학적인 수단을 통해 라인, 뫼즈, 발Waal, 에이설IJssel 같은 강의 통수능력通水能力, discharge capacity 개선을 제안했다. 위원회는 또한 필요할 때 전략적으로 통제된 홍수구역으로 사용될 수 있는 농지를 구매해서 강의 잠재적 범람 시기에 대비할 것을 제안했다.[90]

도시 홍수의 위협을 다룬 유사한 계획으로 *로테르담 수상도시 2035* Rotterdam Water City 2035 같은 계획도 등장해서 도시 배수시설의 부적합을 다루었다. (이는 로테르담의 많은 역사적인 운하가 20세기에 도입된 "현대적인" 급수시설로 뒤덮일 때 어느 정도 발생하는 문제다.) *로테르담 수상도시*는 도시의 집수集水를 위한 공간을 증가시키는 방법을 모색했는데, *벤덤플레인* 물 광장 같은 설계 계획을 창출해서 이 도시를 상승하는 해수면에 대한 적응의 상징으로 변화시켰다. 로테르담과 암스테르담의 도시 물 관리에 대한 이러한 실험은 도시 활성화 노력과 연계되어왔는데, 폐기된 이전의 항만구역을 도시 생태학자들의 도움으로 새로운 거주구역으로 변화시키면서 도시의 자연계에 대한 영향을 최소화했을 뿐만 아니라 지역의 생태계에 긍정적으로 공헌했다. 2000년대에 암스테르담 동쪽에 건설된 새로운 주거지인 에이뷔르흐IJburg에서는 7개의 작은 인공섬으로 이루어진 제도가 20세기에 있었던 댐 건설의 영향으로 점점 더 정체되는

---

89) 두 번째 델타위원회에 대해서는 Han Meyer, Inge Bobbink and Steffen Nijhuis, "Introduction: How to Deal with the Complexity of the Urbanized Delta" in Meyer et al., *Delta Urbanism*, xiv 참조.

90) 네덜란드의 강을 위한 공간 프로그램에 대해서는 Han Meyer, "Delta City Rotterdam: Where It All Comes Together" in Meyer et al., *Delta Urbanism*, pp. 155~165 참조.

자위더르해구역의 물 흐름을 가속화하는 데 도움이 되고 있다.[91] 계획된 개발에 대해 처음에는 적대적이었던 환경단체들은 도시계획가들과 개발업자들이 도시 생태학자들을 고용해서 그러한 형태의 생물학적 환경 정화를 만들어내자 한편이 되었다. 국제적 중요성을 지닌 습지 서식지로 인식되어온 수생 생태계의 강화된 건강과 많은 물새는 소위 도시 물의 녹화greening of urban water에 공헌했다. 즉, 운하 같은 도시의 수계도 서식지 복원을 위한 중요한 현장이 될 수 있다는 인식이 강화되었다.[92]

그러나 잘 알려진 에이뷔르흐의 환경적 성공도 비판을 진정시키지 못했다. 생태학자들은 여전히 이러한 레이크 디스트릭트Lake District 개발이 장기간에 걸쳐 미치는 총체적 영향에 대해 확신하지 못한다.[93] 그들은 오직 비교적 좁은 구역에서만 생물다양성이 강화되었을지도 모른다고 우려한다. 게다가 더 많은 도로와 자동차, 폭풍우暴風雨로 생성된 지표수地表水 유출 증가, 궁극적으로는 기후변화를 가져오는 도시확장의 더 광범위하고 장기적인 영향은 여전히 해결되지 않고 있다. 그런데도 에이뷔르흐 프로젝트의 소위 생물다양성 촉진은 부동산 개발업자들에게 핵심적인 마케팅 수단이 되었고, 이 지역을 암스테르담에서 가장 빠르게 발전하며 가장 비싼 곳의 하나로 바꾸었다. 도시의 수계는 여러 가지 방법을 통해 녹화되어왔다. 무엇보다도 에이뷔르흐는 도시의 불평등 문제를 처리하기 위해 거의 한 것이 없으며, 허리케인 카트리나와 샌디가 너무나 분명하게 보여주듯이, 사회적 불평등이 어떻게 특정한 공동체를 더 잘사는 동네보다 극적으로 더 취약하게 만드는지에 대한 고려 없이는 기후변화에 직면해서 도시의 탄력성에 대해 언급하는 것은 거의 의미

---

91) 에이뷔르흐에 대한 상세한 논의는 Kimberley Kinder, *The Politics of Urban Water: Changing Waterscapes in msterdam*(Athens: University of Georgia Press, 2015), pp. 94~116 참조.

92) Ibid., p. 96.

93) "IJburg: Guest in Nature"는 Ibid., p. 107에서 인용됨. 에이뷔르흐 관련 주요 관심사의 개요는 Ibid., pp. 110~112 참조.

없는 일이다.

도시생활의 위험이 암스테르담 같은 곳의 복합적이고 불균등한 개발 때문에 증폭된다면 네덜란드에서 전국적 규모로 그러한 위험이 증가하고 있다는 것 또한 명백하다. 강을 위한 공간의 가장 큰 논란 하나는 주기적으로 농지의 침수를 허용하는 계획이었는데, 그것은 시골 생활의 가치를 평가 절하하는 것처럼 보였다.[94] 그 땅의 많은 부분이 여러 세대에 걸쳐 가족들의 것이었고, 깊은 문화적 기억이 시골의 풍경에 엮여 있었다. 네덜란드 사람들은 공공선에 대한 강력한 지향을 지니고 있는데, 에이뷔르흐 같은 도시개발의 추진이 농지의 희생을 수반하면서 정책 집행으로 인한 이익 및 손실 분배의 불균등이 특히 두드러졌다. 시골 사람들 입장에서 기후변화가 불가피하게 그들 조상들의 땅을 버리게 만들었다는 생각은 편의주의적인 것으로 보였다. 왜 농민만 희생을 요구받느냐고 그들은 물었다. 네덜란드 정부는 이러한 이재민들에 대한 보상과 그들의 재정착을 위해 상당한 경제적 자원을 동원했지만, 돈으로 상실된 장소와 집에 대한 애착을 되살 수는 없었다. 이러한 논란은 위태로운 해안에서 철수하려는 세계 다른 지역의 시도에 중요한 교훈이 된다. 너무나 자주 공학자들과 건축가들이 경관 재설계를 진행한 이후에야 비로소 공동체의 재정착이 고려된다.[95] 상실로 인해 사람들이 분개하고 심지어 무력해지게 만들지 않으려면 재정착 과정에서 공동체의 통합성을 유지하는 것이 무엇보다도 더 중요하다.

적응은 항상 모두가 승리하는 상황이 아니라는 점을 우리가 일단 받아들인다면 누가 이러한 노력에 대한 대가를 지불하느냐는 곤란한 질문이 불가피하게 머리를 든다. 강을 위한 공간 프로그램을 통해 드러난 도시와 시골의 분리는 네덜란드가 해수면 상승을 다루기 위해 취한 비교적 평등한 조치들을 시

---

94) Kimberley Kinder, April 12, 2016, Personal Interview.

95) Joep Janssen, April 4, 2016, Personal Interview.

제3장 바다의 변화   **199**

험하고 있다. 이미 엄청난 수요를 감당하고 있는 물 관리 시스템에 기후변화가 추가적인 부담을 지우면서 모든 사람들을 만족시키는 데 점점 더 비용이 많이 들고 있다. 증가하는 염분 때문에 위협받는 네덜란드 서부의 농업 같은 산업을 구원하는 비싼 해결책에 비용을 지불하는 것에 대해 네덜란드 동부는 점차 의구심을 나타내고 있다.[96] 염수의 침투와 동시에 부식성인 신자유주의 이념 또한 네덜란드의 통치체제를 잠식하고 있다. 지난 수십 년 동안 복지국가, 국가적인 물 관리 공학, 그리고 *랜드스테드*를 낳은 종합적이고 합리적인 도시계획은 점차 침식되어왔다.[97] 그 대신 지역 차원의 계획에 점점 더 많은 중점을 두고 있다. 문제는 누가 그러한 규모의 계획을 책임져야 하는지, 여러 다른 지역과 이러한 규모로 연결되는 다양한 정책을 어떻게 통합해야 하는지 불분명하다는 데 있다. 실제로 네덜란드의 도시들은 서로 협력하기보다는, 미국의 도시들이 그렇듯이, 오히려 점점 더 많이 서로 경쟁하고 있다. 네덜란드 같은 저지대 국가에서 그러한 조정된 협력의 부족은 극심한 기후변화에서 심각한 위험을 안고 있는 것이다.

그렇다면 규모에 대해, 특정한 지역과 도시와 공동체 사이의 관계에 대해, 심지어 개별 건물과 전체 건물의 관계에 대해 질문이 생긴다. 암스테르담의 에이뷔르흐 공동체와 로테르담의 *벤덤플레인* 물 광장 같은 비교적 고립된 도시의 실험이 전 도시의 지속성을 보장할 만한 규모가 될 수 있는가? 네덜란드의 건축가 올트후이스가 보기에 국제적인 명성을 구가하는 네덜란드의 설계 혁신은 "종종 도시 물 시스템 전반의 변화에 거의 공헌하지 못하는 고립된 전시물일 뿐이다". 또한 전시 프로젝트를 대규모로 복제하는 일은 발생하지 않았다. 그래서 그 전시물들은 여전히 고립되어 있으며 도시의 주요한 일상적

96) Tracy Metz, June 22, 2015, Personal Interview.
97) Han Meyer, "Composition and Construction of Dutch Delta Cities" in Meyer et al., *Delta Urbanism*, p. 90.

물 관리 관행에 영향을 미치지 못하고 있다.[98] 그러한 실험적인 프로젝트가 인근과 도시 전체 수준으로 확대되지 않는 다양한 이유가 있다. 아마 가장 뚜렷한 이유는 비용일 것이다. 즉, 로테르담 같은 도시 전역에서 재산을 파괴하고 물 광장을 건설하는 것은 엄두를 못 낼 만큼 비쌀 것이다.[99] *벤딤플레인*은 결국 물과 도시문제의 진정한 해결책이기보다는 매력적이며 언론을 사로잡는 전시 프로젝트로 계속 남아 있을 것이다. 실제로 로테르담 같은 지역의 시 당국은, 특히 기후변화가 점차 더 강한 폭풍해일을 초래함에 따라, 홍수 문제를 해결하는 데 대규모의 혁신도 궁극적으로는 불충분하다는 점을 인식하고 있다. 로테르담의 물 관리 자문위원인 다니엘 회드블뢰드Daniel Goedbloed는 집 주인들이 집 단위로 홍수에 대비하는 책임을 받아들여야 한다고 강조한다.[100] 이러한 인식이 녹색지붕, 물-흡수 정원, 기타 소규모 적응 기제의 설치에 대한 시 당국의 세금 혜택 프로그램의 바탕이 되는 동인이다. 그러한 프로그램을 통해 촉진된 상당한 진전에도 특정한 동네는 불가피하게 더욱 빈번한 범람에 직면할 것이라고 회드블뢰드는 인정한다. 필요한 것은 물 관리 계획과 더불어 주택 공급에서 기반시설 제공에 이르기까지 일상생활을 위한 계획의 통합이지만, 역설적으로 정치권의 분열은 가장 필요한 시기에 그러한 총체적인 계획의 수립을 더욱 어렵게 만들고 있다.

한편, 이스턴스헬트Eastern Scheldt의 폭풍해일 장벽인 *오스테르스헬더케링*은 조간대潮間帶에 상당한 지장을 초래했다.[101] 이는 장벽 주위의 모래 침전물을 감소시켜 보호 역할을 하는 간석지干潟地의 침식으로 이어졌다. 네덜란드의 물 관리 당국은 단기적으로는 상실된 모래를 보충하면서 동시에 주변 지역의

---

98) Koen Olthuis, October 13, 2015, Personal Interview.

99) Ibid.; Metz, Personal Interview.

100) Daniel Goedbloed, "Extreme Rainfall & Rotterdam," Rotterdam Climate Initiative, lecture, available on youtube.com.

101) Orrin H. Pilkey, Linda Pilkey-Jarvis and Keith C. Pilkey, *Retreat from a Rising Sea*, p. 62.

홍수방어를 강화하기로 계획하고 있다. 그러나 심지어 그들조차 *오스테르스헬더케링* 같은 대규모 공학작품은 결국 쓸모가 없어진다는 것을 알고 있다. 강을 위한 공간 프로그램에 포함된 계산된 철수는 그래서 아마 궁극적으로는 더욱 전면적인 철수로 이어질 것이다. 재난 위험 전문가이자 기후과학자인 야콥은 네덜란드의 동료들에게 항상 이웃인 프랑스 및 벨기에 사람들과 잘 지내는 것이 좋을 것이라고 말한다.[102]

무엇보다도 네덜란드 사람들이 경험한 통제의 역설은 자본주의 경제의 모순과 긴밀한 관련이 있다. 네덜란드의 지리학자 요헴 더 프리스Jochem de Vries와 마르턴 볼싱크Maarten Wolsink가 주장하듯이 "홍수방어 수단은 홍수 발생 가능성을 감소시키고 그러고 나면 해당 구역이 개발에는 더욱 매력적인 곳이 된다. 이러한 개발은 홍수가 발생하면 더욱 재앙적인 결과로 이어진다".[103] 역설적인 결과는 "홍수방어를 위한 그 모든 투자에도 지난 수십 년 동안 전반적인 위험이 증가했을 가능성이 높다"[104]라는 점이다. 부동산 개발이 점차 네덜란드 경제의 중심 동력이 됨에 따라 네덜란드 사람들은 버려야 하는 장소에 건축을 하도록 떠밀렸고, 심지어 계속해서 거주가 가능했을지도 모르는 지역을 버리면서까지 그렇게 했다. 그리고 심지어 네덜란드의 수계에 유연성이 더해지더라도 바탕이 되는 세계경제의 동력은 지구 생태계를 벼랑 끝까지 몰고 있다. 대규모의 탈탄소화 및 자원 억제를 위한 집단적이고 평등한 노력이 없다면 네덜란드 사람들은 그들의 위대한 창의와 투지에도 가라앉는 선박에 묶인 죄수로 계속 남아 있을 것이다. 현재의 자본주의체제가 지속되는 한 모여드는 폭풍에서 완전히 안전한 항구는 있을 수 없다.

---

102) Klaus Jacob, January 7, 2016, Personal Interview.

103) Jochem de Vries and Maarten Wolsink, "Making Space for Water: Spatial Planning and Water Management in the Netherlands," Metz and van den Heuval, *Sweet and Salt*, p. 282 인용.

104) Ibid.

제4장

상투어 탄력성
The Jargon of Resilience

기후변화에 대처하기 위한 도시공간의 설계를 통해 도시를 현대의 건축가와 도시계획가의 유토피아적 희망에 부응하도록 만들 수 있는데, 그들은 사람과 생활공간을 유기적인 관계로 엮을 거대 도시의 건설을 꿈꿨다. 루이스 멈퍼드Lewis Mumford와 제이콥스 같은 도시 비평가들은 도시를 소외와 거대한 관료주의 및 금융자본주의의 지배처가 아니라 공동체와 시민 문화의 도가니로 만들기 위해 싸웠다. 빅Bjarke Ingels Group: BIG이라는 천박한 이름의 건축회사 회장인 비야케 잉겔스Bjarke Ingels는 자신을 이러한 프로젝트의 후계자로 간주하면서 기후변화에 도시를 적응시켜 도시를 단기적으로나 장기적으로 더 살기 좋은 곳으로 만들 수 있다고 주장한다. 한 무리의 여타 건축 및 공학회사들과 더불어 빅은 10mile 길이, 15ft 높이의 맨해튼 남단 주위 폭풍해일 방어 장벽을 설계함으로써 연방정부가 기금을 조성한 설계를 통한 재건 대회에서 대상을 수상했다. 잉겔스는 그 장벽(그는 건조선Dry Line이라는 별칭을 붙였다.)을 도시를 위한 새로운 수변공원, 즉 한때 소 떼를 미트패킹 디스트릭트 Meatpacking District로 데려오던 고가 철로를 용도 변경한 하이라인 공원High Line park의 선을 따라 존재하는 매력적인 공공 편의시설로 인식한다. 잉겔스에게 그 건조선은 "모지스와 제이콥스가 모두 사랑하는 아이, 모지스의 큰 규모의 야망임과 동시에 제이콥스의 미세한 규모의 이웃도 배려하는 것이어야 한다. 그것은 이 도시가 물에 등을 돌리는 것이 아니라 물을 포용하고 물에 대한 접근을 권장하는 것이어야 한다".[1]

빅과 같이 세간의 이목을 끄는 기업이 설계를 통한 재건에 참가했다는 것은 건축 분야에 중요한 변동이 발생하고 있다는 점을 시사한다. 건축가이면서 비평가인 모센 모스타파비Mohsen Mostafavi가 『생태적 도시주의Ecological Urbanism』에서 지적한 것처럼 1960년대와 1970년대의 생태학적 사고의 선구자인 버크민스터 풀러Buckminster Fuller와 이언 맥하그Ian McHarg의 노력에도 지속가능하고 생태적인 관행에 헌신하는 건축가의 비율은 최근까지 미미했다.[2] 모스타파비와 여타 비평가들은 핵심적인 난관 두 가지가 환경에 민감한 건축을 저해한다고 주장한다. 첫째, 지속가능한 건축에 대한 헌신은 종종 빈약한 설계를 동반하고, 둘째, 환경지향적인 건축은 대개 도시 규모이기보다는 건물 수준에서 적용된다.[3] 모스타파비는 지구의 허약성에 대한 인식의 제고는 건축가와 도시설계가가 도심과 심지어 도시권역을 위한 높은 품질의 "과감한 설계 혁신"을 발전시키도록 압박할 수 있다고 주장한다.[4] 그래서 기후위기에 대해 건축을 위한 시급하고 새로운 필수 요소 — 즉, 현대 도시의 생태

---

1) Oliver Wainwright, "Bjarke Ingels on the New York Dryline: 'We Think of It as the Lovechild of Robert Moses and Jane Jacobs'," *The Guardian*, March 9, 2015.

2) Mohsen Mostafavi, "Why Ecological Urbanism? Why Now?" in Mohsen Mostafavi(ed.), *Ecological Urbanism*(New York: Lars Muller, 2010), p. 12 참조.; Douglas Murphy, *Last Futures: Nature, Technology, and the End of Architecture*(New York: Verso, 2015).

3) Mostafavi, "Why Ecological Urbanism? Why Now?," p. 13.

4) Ibid., p. 17.

적 삶과 죽음에 관련된 환경설계에 대해 고려할 필요성 — 라고 말할 수 있다.

모스타파비와 잉겔스가 말하듯이 도시의 생존이라는 시선이 건물 같은 고립된 건축 대상에서 훨씬 더 광범위한 영역으로 건축의 규모가 도약되도록 건축 분야를 바꾸고 있다. 홍수구역에 위치해 있다면 리드Leadership in Energy and environmental Design: LEED가 인증하는 친환경 건물을 설계하는 것이 결국 무슨 의미가 있겠는가? 적극적인 건축가들과 도시설계가들은 동네를 주위의 도시 및 지역과 더불어 보면서 도시, 배후 촌락, 세계의 도시들을 한 데 묶는 더 넓은 기반시설 망에 초점을 두고 더 광범위하고 더 총체적으로 접근하기 시작했다. 결과적으로 경관 설계는 도시에 접근하는 근본적인 방법에 따라 어느 정도 전통적인 건축을 대체하고 있다.5) 첨단 설계가들은 이제 경관건축가, 공학자, 생물학자, 심지어 인류학자 및 사회학자와 함께 여러 학문 분야가 망라된 팀에서 협업을 하는 경향이 있다.

동시에 시민들의 적극적이고 활동가적인 기획의 가치에 대한 관심이 높아지고 있다. 즉, 세계 곳곳에서 일종의 비공식적인 합의가 다루기 힘든 도시생활의 문제를 아래로부터 해결하는 즉흥적인 해법이 되고 있다는 인식이 증가하고 있다.6) 일부 건축가들은 공동체의 확립된 유대를 뻔뻔하게 무시하는 전통적인 모더니스트modernist의 종합 계획을 버리고 소위 "전술적 도시주의tactical urbanism"7)로 대응한다. 전술적 도시주의는 저명한 브라질 도시주의자 자이미 레르네르Jaime Lerner가 말하는 "도시 침술urban acupuncture" — 주위의 여건을 변화시킬 수 있는 잘 설계되고 생태적으로 지속가능한 공공 공간 같은 것을 목표로

---

5) Charles Waldheim(ed.), *Landscape Urbanism Reader*(New York: Princeton Architectural Press, 2006), p. 11.

6) Mostafavi, "Why Ecological Urbanism?Why Now?," p. 40.

7) 전술적 도시주의에 대해서는 Mike Lydon and Anthony Garcia, *Tactical Urbanism: Short-Term Action for Long-Term Change*(Washington, DC: Island Press, 2015); Richard Burdett, Teddy Cruz, David Harvey, Saskia Sassen, Nader Terrain and Pedro Gadanho (eds.), *Uneven Growth* 참조.

주의 깊게 개입 ─ 에 참여하는 한편, 다른 한편으로 기존 사회조직에 대한 지지를 추구한다.[8] 전술적 도시주의는 도시계획의 통찰을 전적으로 회피하지는 않지만 제한된 자원과 유연한 사고를 이용해서 공동체 사람들을 중점에 두고 개발을 계획한다.[9]

이러한 방식으로 도시설계의 새로운 패러다임이 기후변화와 도시화의 재난적인 결합에 대응하는 열쇠가 되었다. 실제로 도시설계 혁신은 기후변화를 두려움, 쇠약, 절망으로 간주하는 세계 문화에 가장 큰 희망을 제공할지도 모른다. 정치인들이 계속해서 탄소 배출 제한을 지연시키면서 "적응adaptation"이란 개념이 점점 더 뚜렷해지고 있다. 신석기혁명 이래 인류가 누려온 비교적 안정적인 환경을 우리가 더 이상 유지할 수 없기 때문에 펼쳐질 기후혼란에 대한 창의적인 형태의 적응으로 대중적인 관심과 갈망이 바뀌고 있다. 건축은 그러한 적응 수단의 중심에 있으며, 이는 일련의 문화기관이 지원하고 있다.[10] 뉴욕 현대 미술관Museum of Modern Art의 *상승하는 조류Rising Currents: 뉴욕의 수변을 위한 프로젝트*, 비엠더블유-구겐하임BMW-Guggenheim의 *도시실험실 Urban Lab*, 휘트니미술관Whitney Museum의 *저류Undercurrents* 같은 전시를 통해 문화기관은 인간의 절대적 자연 지배의 전형으로서 도시의 오만한 21세기의 꿈을 드러내왔다. 이러한 전시물은 초대받은 관람객에게 화석자본주의가 자연과 사회의 깔끔한 경계를 무너뜨려 어떻게 얽어맸는지 보여주는 도시환경을 고려하도록 요구한다. 점점 더 재난에 취약해지는 극단적인 도시의 상황에서 생존이 핵심단어가 되고 있으며 건축은 전술적인 적응 수단에 대한 연구를

---

8) Jaime Lerner, *Urban Acupuncture*(Washington, DC: Island Press, 2014).

9) 그러한 시도의 온상인 현대 남미의 전술적 도시주의의 토착 형태에 대한 논의는 Justin McGuirk, *Radical Cities: Across Latin America in Search of a New Architecture*(New York: Verso, 2015) 참조.

10) Bruce Braun and Stephanie Wakefield, "Inhabiting the Postapocalyptic City," *Environment Planning D: Society and Space*(2014), societyandspace.com.

통해 도시 미래의 새로운 길을 개척하고 있다. 예컨대 뉴욕 현대 미술관의 *상승하는조류*는 건축가, 경관건축가, 공학자, 생태학자, 미술가 등 5개 팀이 함께 해수면 상승과 더욱 빈번해지는 극단적 기후 현상에 비춰 뉴욕시 해안 지역을 재구성함으로써 이러한 요청에 대응하고 있다.

이러한 실험의 중심에 "탄력성" 개념이 있다. 국립과학원The National Academy of Sciences은 탄력성을 "역경에 대비해서 준비와 계획을 하고, 역경을 흡수하고, 역경에서 회복하고, 더욱 성공적으로 역경에 적응하는 능력"이라고 정의한다.[11] 정적이고 방어적인 방식인 지속가능성과 달리 탄력성은 유동적이며 민첩하고 역동적인 자세를 취한다. 복합적인 규모로 스스로 조직되고 다양한 형태의 스트레스에서 회복되는 (도시 같은) 복잡한 시스템의 능력에 근거해서, 탄력성은 다양하고 예측할 수 없는 도시화와 기후변화의 재앙적인 결합을 견뎌낼 능력을 내포한다. 최근 몇 년 동안 탄력성 개념은 재난 대비, 대형 금융, 국가 방어, 테러리즘과 투쟁하기 위한 노력 등 광범위한 영역에 걸쳐 핵심적인 유행어가 되었다.[12]

그러나 탄력성 개념이 가장 비옥한 터전을 발견한 곳은 바로 도시의 문제였고, 허리케인 카트리나와 샌디를 계기로 건축과 도시계획 분야에서 그 점은 이미 명백하다. *상승하는조류*의 소개에서 록펠러재단의 회장인 주디스 로딘Judith Rodin이 썼듯이 우리에게는 "머리 앞에 닥친 기후변화의 위협을 맞이해서 위험을 더욱 매력적이고, 생생하고, 탄력적인 세계를 만드는 유인책으로 변화시킬" 필요가 있다.[13] 『탄력성의 배당금The Resilience Dividend』의 저자

---

11) Igor Linkov, Todd Bridges, Felix Kreuzig, Jennifer Decker, Cate Fox-Lent, Wolfgang Kroger and Thomas Thiel-Clemen, "Changing the Resilience Paradigm," *Nature Climate Change*, 4(June 2014), p. 407.

12) Brad Evans and Julien Reid, *Resilient Life: The Art of Living Dangerously*(New York: Polity, 2014).

13) Judith Rodin, "Preface" in Barry Bergdoll, *Rising Currents: Projects for New York's Waterfront*(New York: MOMA, 2011), p. 9.

이기도 한 로딘이 제시하듯이 이 도시의 탄력성을 구축하기 위한 노력은 충격을 견디는 능력을 개선하려는 시도다. 이 도시는 결과적으로 조류, 하수, 컨테이너 선박(몇 가지만 말하자면)의 세계적인 회로가 불가분하게 인간사의 예상하지 못한 변화와 뒤얽힌 복잡한 시스템으로 간주되고 있다.[14]

　　이러한 총체적인 접근 방법은 과거에 자본주의의 근대성을 지배했던 인간과 자연 사이의 이분법에서 벗어나는 환영할 만한 출발이지만, 이제는 도시가 반드시 적응해야 하는 충격의 원인인 정치적인 조건에 대해 너무나 자주, 그것이 마치 자연스러운 일인 양, 의문을 제기하지 못한다. 결과적으로 탄력성은 상류층이 극단의 도시에 대처하기 위해 채택하는 적절한 도구다. 탄력성 담론은 극단의 도시에서 만들어진 불안정에 대해 질문하고 이의를 제기하는 대신 위험에 적응하는 책임을 개인들에게 전가하는 경향이 있다. 다시 말해 탄력성 개념은 극단의 위험에 직면해서 집단적인 연대를 촉발하기보다는 사회를 고립된 생존자들의 집단으로 분해하는데, 그들은 텔레비전의 리얼리티쇼에서처럼 체제에서 배제되지 않기 위해 점점 더 희박해지는 승률을 안고 싸워야 한다.[15] 탄력성은 이러한 위험을 야기한 조건의 근본적인 변화 없이 극단의 도시가 겪는 여러 가지 위기를 해결하는 데 사용되는 지배적인 상투어가 되었다.

　　〈제4장〉에서는 극단의 도시에 적용되는 탄력성 담론을 탐구한다. 나는 허리케인 샌디 이후 "더욱 탄력적인 미래를 위해 설계, 재원, 집행전략을 연결하는 새로운 방법"을 추구하기 위해 록펠러재단과 미국 주택도시개발부가 조성한 계획인 설계를 통한 재건 대회에 초점을 맞추고자 한다.[16] 설계를 통한

---

14) 그러한 복잡하고 개방된 시스템에 대해서는 Jane Bennett, *Vibrant Matter: A Political Ecology of Things*(Durham, NC: Duke University Press, 2010); William Connolly, *A World of Becoming*(Durham, NC: Duke University Press, 2012) 참조.

15) Julien Reid, "Interrogating the Neoliberal Biopolitics of the Sustainable Development-Resilience Nexus," *International Political Sociology*, 7(2013), pp. 353~367.

재건은 허리케인 샌디 이후 어떻게 뉴욕에서 회복이 개념화하는지에 관해 특히 주목할 만하며, 국제적으로도 뛰어난 사례를 제공하고 있으며, 아마 경관건축을 이용한 도시의 적응에 관련된 가장 야심차고 적극적인 실험일 것이다. 그것은 또한 기후변화의 시기에 더욱 공정한 도시를 만들기 위한 지속적인 도전에 대해 강조한다.

설계를 통한 재건과 환경정의

설계를 통한 재건에서 새롭게 등장한 주요 모습 중 하나는 록펠러재단의 돈 — 샌디 이후 뉴욕을 더욱 탄력적이게 만드는 프로젝트를 위한 공동조사, 설계, 심사에 근거한 보상 과정에 착수하는 데 사용되던 자금 — 을 활용했다는 점이다. 이어서 주택도시개발부가 6개의 경합 프로젝트에 재정을 지원했다. 공공기관과 민간기관 사이의 이러한 협업은 연방정부의 중점을 재난 이후 긴급 보조에서 재난 예방으로 이동시키기 시작했다는 측면에서 특히 찬사를 받았다. 설계를 통한 재건은 그렇게 연방정부의 순전히 반사적인 입장이 바뀌는 데 일조했는데, 그 덕분에 전형적으로는 오직 재난 발생 이후에만 손상을 보수하기 위해 집행되었던 기금이 폭풍에 견딜 수 있는 미래지향적인 네트워크를 창출하는 데 할당되었다.[17] 록펠러재단의 웹사이트가 주장하듯이 설계를 통한 재건은 "재난 이후 연방의 자금이 집행되고 미국의 공동체가 재건되는 방식의 혁신"으로 주목할 만하다.[18]

전술적 도시주의의 실력자들이 지지하는 방식의 상징인 공동체의 개입에

16) Rebuild By Design, rebuildbydesign.org.
17) Lilah Raptopoulos, "Congress Allocated Billions for Sandy Relief," *The Guardian*, December 8, 2014.
18) The Rockefeller Foundation, Rebuild By Design.

따른 참여적인 설계 과정의 반영을 통해 설계를 통한 재건은 기존의 재난 관리 관행에서도 벗어났다. 설계를 통한 재건은 3개월의 집중적인 현장조사 프로그램으로 시작되었다. 다양한 분야의 전문가로 구성된 연구자문위원회 Research Advisory Board가 이끄는 설계 팀들은 다가올 위험에 대한 취약성을 이해하기 위해 샌디의 영향을 받은 지역 곳곳으로 퍼졌다.[19] 이러한 현장조사의 일환으로 설계를 통한 재건은 건축가, 엔지니어, 환경과학자, 도시계획가 팀을 스테이튼섬의 토튼빌Tottenville과 퀸스의 파로커웨이 같이 허리케인 샌디의 대대적인 피해 때문에 여전히 비틀거리는 지역의 공동체로 보냈다. 그 팀들은 공동체의 필요와 장래의 위험에 대해 조사하는 책임을 맡았다. 이러한 현장조사와 철저한 연구를 바탕으로 각 팀은 방문한 장소의 형태에 대해 종합적인 취약성 평가를 산출했다. 입을 떡 벌릴 만큼 놀랍게도 총 535개의 공동체조직이 이 현장조사에 참가했다. 설계를 통한 재건 대회를 위해 각 팀이 제안한 프로젝트는 이러한 취약성 평가에 대한 직접적인 반응으로 개발되었다. 그 프로젝트에 대한 평가에서 어번인스티튜트Urban Institute는 다음과 같이 썼다.

설계를 통한 재건은 팀워크와 창조성 고취를 통해 전통적인 설계의 틀을 부쉈다 … 설계 개발 초기 단계의 공개와 피드백의 지속적 통합은 이해관계자 집단 다수의 필요를 대변하고 다양한 사회 부문의 지지를 모으는 제안을 창출하는 데 필수적인 것이었다.[20]

설계를 통한 재건 대회에서 수상한 6개의 팀은 주택도시개발부에서 총 9억

---

19) Josh Bisker, Amy Chester and Tara Eisenberg(eds.), *Rebuild By Design*(Madison, WI: American Printing Company, 2015), p. 26.

20) Ibid., p. 239.

3000만 달러의 상금을 받았다. 맨해튼 남단 저지대를 폭풍해일과 해수면 상 승으로부터 방어하는 10mile 길이의 둔덕berm인 빅유BIG U를 제안한 잉겔스 의 회사는, 적절하게, 가장 큰 상을 받았다. 빅의 제안은 이 도시의 홍수방어 기반시설이 실제로 단지 짧은 시간 동안만 이용된다는 인식에 힘입은 것이었 다. 빅은 나머지 시간 동안 그러한 기반시설을 통해 뉴욕시민들의 수변에 대 한 연결성을 적극적으로 개선해서 모지스 시기 맨해튼을 이스트강에서 단절 시킨 에프디알 드라이브FDR Drive 같은 거대 프로젝트의 소외 효과를 해소해 야 한다고 주장했다.[21] "특정한 지형에 맞춰 각 홍수의 위협에 대응할 필요가 있다"라는 인식에 따라 빅유는 일련의 별개 단위로, 웨스트57번가West 57th Street에서 남쪽으로 배터리파크를 경유하고 뒤돌아 올라가 동쪽 방면 이스트 42번가East 42nd Street를 잇는, 10mile의 경로로 구성된다. 로어이스트사이드에 서 빅유는, 전통적으로 근로계층지역이었지만 지금은 많이 고급화된 동네와 빅의 둔덕 위에 새로 건설된 이스트리버파크East River Park를 연결하는, 조경된 교량들로 구성된다. 빅유는 남쪽으로 더 들어간 차이나타운의 동쪽 에프디알 드라이브 아래에 일련의 거대한 강철 패널panel을 설치해서 스케이트공원 및 태극권광장을 위한 공간을 창출하고 폭풍해일이 발생하면 그 패널을 뒤집어 방어하는 방식을 제안했다. 배터리파크에서 빅유는 일련의 조경된 둔덕과 방 문객이 지나다니며 뉴욕 항만의 수중생물을 볼 수 있는 "거꾸로 된 수족관"으 로 바뀌었다. 빅유는 분명히 차이나타운과 로어이스트사이드 같이 너무나 자 주 소외되는 지역의 공동체가 강력하게 표출한 편의시설 접근성 요구 때문에 만들어진 것이지만, 또한 급성장하는 관광산업이 매우 성공한 하이라인High Line을 이용해서 극단적이고 약삭빠른 방식으로 호소한 결과다.

　그렇지만 추정된 기간을 들여다보면 빅유의 한계는 놀라울 만큼 분명하다. 현재의 제안대로 건축되더라도 빅유 전체는 2050년까지의 해수면 상승 추정

---

21) Ibid., p. 68.

에 근거한 16ft의 고정된 높이로 건설된다. 그렇다면 2050년 이후에는 어떻게 되는가? 그린란드와 남극대륙의 얼음이 녹아서 들어오는 물의 양이 계속해서 많아지는 것을 감안하면 그렇게 될 가능성이 매우 높은데, 만약 해수면 상승이 현재의 추정보다 더 급속하다면 어떻게 되는가? 해수면이 상승함에 따라 더 적은 규모의 폭풍이라도 더 낮은 해수면을 기준으로 세워진 장벽을 넘을 수 있다. 결과적으로 적어도 현세대를 넘는 시간을 기준으로 살펴보면 빅유는 위험을 감소시키기보다는 실제로 *증가시키*는 개입의 사례라고 기후과학자 야콥은 봤다.[22] 뉴올리언스의 제방이 그렇듯이 그러한 장벽은 안전에 대한 그릇된 인식을 제공해서 미래의 위험을 증폭하며, 근본적으로 지속이 불가능한 장소에 건축을 하도록 이끈다.

그러나 빅유가 단지 미래로만 위험을 전가하는 것은 아니다. 빅유는 또한 다른 물리적 장소로 위험을 전가한다. 빅유의 근간을 형성하는 둔덕은 일부 공동체를 건조하게 유지하려고 물을 주위의 공동체로 내보내는 문제가 있는 것으로 잘 알려져 있다. 빅유가 내보내는 물은 어디로 가는가? 그 물은 허리케인 샌디가 특히 공공주택을 심하게 타격했던 레드훅 같은 대규모 빈민층이 있는 인접 공동체로 흘러들어갈 가능성이 크다. 흥미롭게도 빅유의 연구는 레드훅을 위한 홍수방어에 대해 살펴봤지만 그것은 최종 제안에는 들어가지 않았다. 월스트리트에 대한 방어가 레드훅 같은 역사적으로 가난한 지역에 대한 방어보다 더 많은 관심과 자금을 끌어모은다는 것이 특별히 놀라운 일은 아니다. 인간이 초래한 기후재난에 대한 세계 도시들의 노출과 취약성이 결합되어 있지만 불균등하다면, 소위 자연재해는 온전하고 평등한 도시들을 공격하는 재앙은 아닐 것이다. 도시는 이질적이고 불균등하며, 이것이 바로 도시의 탄력성을 구축하는 것에 대해 일반적으로 말하는 것이 거의 의미가

---

22) Lilah Raptopoulos, "'Are We Safe? Of Course Not': Climate Scientist's Warning After Sandy," *The Guardian*, November 5, 2014.

없는 이유다. 그러한 보편화된 담론을 접하면 우리가 누구의 탄력성에 대해 말하고 있는지 물어보는 것이 현명할 것이다. 미래의 폭풍이 도시의 공동체에 영향을 미칠 것인데, 재정적·사회적 자본에 대한 접근성 덕분에 일부 공동체는 탄력적일지 모르지만, 많은 공동체가 가난과 연계된 완만하게 움직이는 만성적 위기와 열악한 고용과 교통, 보건, 교육 같은 기본적인 자원에 대한 접근성 부족으로 이미 갈기갈기 찢겨 있다.[23]

빅유의 다른 문제는 분명히 장래의 폭풍해일이 둔덕이 끝나는 42번가에서 멈추지 않을 것이라는 사실에서 발생한다. 예컨대 허리케인 샌디 기간에 고수위의 물이 맨해튼에서 허드슨강을 거슬러 65mile 떨어진 비콘Beacon까지 이동했다.[24] 만약 빅유가 맨해튼의 남단에 있는 공동체, 즉 우연이 아니지만, 금융산업이 위치한 지역을 보호한다면 북쪽 저지대의 공동체에는 무슨 일이 일어나겠는가? 미드타운 맨해튼의 초고가 부동산 (허드슨야드 디벨롭먼트the Hudson Yards development가 가장 두드러지는데) 다수가 42번가 남쪽에 위치한다. 허드슨야드 26ac 범위의 주요 부분은 100년에 한 번 확률로 침수 가능성이 있는 범람원100-year-floodplain 안에 있다.[25] 개발업자들은 철도부지 위의 플랫폼에 건설될 많은 호화 고층 건물의 1층이 범람원보다 더 높은 곳에 위치한다고 주장하지만, 이는 당연히 현재 시점에서 구성된 범람원을 기준으로 한다. 건물이 건설되어 완공되고 점유될 때까지 범람원 — 그리고 거기에 도달할 폭풍해일 — 은 더 높아질 것 같다.[26] 더구나 그 프로젝트에 포함된 첫 번째 건물들의 일부는 플랫폼에 세워지는 것이 아니다. 새로운 호화주택은 더 높은 층

---

23) Superstorm Research Lab, *A Tale of Two Sandys*(December 21, 2013).

24) Adam Yarinsky, July 23, 2015, Personal Interview.

25) Jim Dwyer, "Still Building at the Edges of the City, Even as the Tides Rise," *New York Times*, December 4, 2012.

26) Charles Bagli, "Redevelopment of Manhattan's Far West Side Gains Momentum," *New York Times*, June 19, 2015.

에 위치해서 필수적인 기반시설을 보유할지 모르지만, 이러한 새로운 건물들은 저소득 주민이 주로 거주하게 되는 오래되고, 방비가 덜 갖춰진 건물들을 향해 홍수를 밀어낼 것이다. 허리케인 샌디 기간 그랬듯이 부유한 주민들의 홍수방어는 실질적으로 가난한 이웃들의 삶을 위험에 빠뜨릴 수 있다.

더 북쪽 할렘Harlem에서는 홍수의 위협이 훨씬 더 심각하다. 할렘은 오랫동안 환경의 불의로 고통을 받아왔다. 할렘은 개방된 공간과 공원의 제공이라는 점에서 20세기 중반의 모지스까지 거슬러 올라가는 오래도록 방치된 역사를 지니고 있는데, 모지스는 기본적으로 할렘의 아프리카계 미국인의 요구를 무시하면서 리버사이드파크Riverside Park 조성 같은 사업을 통해 백인이 대다수인 어퍼웨스트사이드Upper West Side 지역을 아름답게 만드는 데 자신의 열정을 기울였다.27) 이후 수십 년 동안 버스 차고에서 소각로에 이르기까지 이 도시에서 가장 독성이 강한 시설 상당수는 할렘에 설치되었다. 그 결과 할렘은 뉴욕에서 어린이 천식 발병률이 가장 높은 지역이 되었다. 1980년대 후반 그리니치빌리지에서 맨해튼 북단 인우드Inwood까지 맨해튼 서쪽 대부분의 폐수를 처리하는 노스리버North River 폐수 처리 공장에서 방출된 유독가스에 반대하는 할렘주민들이 일어섰다. 137번가에서 145번가까지의 허드슨에 위치한 노스리버 공장은 할렘에 유독가스를 뿜었고, 극적인 시위와 성공적인 소송은 뉴욕시 환경보호부Department of Environmental Protection가 그 공장에서 악취를 감축시키는 것을 강제하도록 만들었다.28)

1호선 열차를 타고 웨스트사이드를 거슬러 125번가로 가봤다면 할렘 또한 심각한 홍수의 위협에 직면해 있다는 것을 알 것이다. 열차는 120번가 근처의 지하터널에서 기적을 울리며 빠져나와 흔들리는 강철교량을 질주한 뒤 할

---

27) Julie Sze, *Noxious New York: The Racial Politics of Urban Health and Environmental Justice*(Cambridge, MA: MIT Press, 2007), p. 81.

28) Ibid., p. 84.

렘밸리Harlem Valley 위 약 50ft 상공에 위치한 125번가 역에서 멈출 것이다. 서쪽으로 몇 블록 더 가면 허드슨강이다. 컬럼비아대학Columbia University이 대규모 새 캠퍼스를 짓고 있는 곳이 바로 이 지역에 있다. 토지수용권을 이용해서 그 지역 부동산 소유주를 대체할 권리를 확보한 뒤 컬럼비아대학은 맨해튼빌Manhattanville로 불리는 많은 새로운 고층 건물뿐만 아니라 이 도시에서 가장 큰 지하단지를 계획했다. 이 80ft 깊이의 지하층은 17개 블록을 뻗어 허드슨강둑에서 불과 수백ft에까지 이를 것이다. 컬럼비아가 2007년 공표한 「환경영향 평가 보고서Environmental Impact Statement」는 1983년 경신된 연방재난관리청의 홍수지도를 이용해서 홍수의 위협을 묵살했다.[29] 맨해튼빌 개발에 대해 컬럼비아가 발행한 일반 프로젝트 계획General Project Plan에 따르면 지하시설은 "난방, 통풍, 냉방을 공급하는 중앙화한 에너지시설과 기타 기계장치"를 수용할 뿐만 아니라 이 도시를 위한 버스 차고가 될 것이다.[30] 게다가 그 시설에 대한 공동체 백서 보존 연합Coalition to Preserve Community's White Paper에 따르면 지하단지는 바이오메디컬 연구수준 3실험실Biomedical Research Level 3 laboratory 또한 수용할 것인데, 이는 컬럼비아가 바이오디펜스biodefense 및 바이오메디컬biomedical 프로젝트를 위한 연방기금을 낚아채는 것을 허용할 것이다.[31] 컬럼비아는 이미 바이오디펜스와 신종 전염병 동북 지역 우수센터Northeast Regional Center of Excellence for Biodefense & Emerging Infectious Diseases를 수용했지만 만약 바이오세이프티 수준 3시설Biosafety Level 3 facility을 설치할 수 있다면 국토안보부Department of Homeland Security로부터 더 많은 기금을 확보할 것 같은데, 그 시설은 장티푸스, 웨스트나일 바이러스, 조류독감, 페스트, 말라리아, 인플루엔자, 탄저병 같은 독소를 가지고 작업할 것이다.[32] 컬럼비아대학

---

29) Elizabeth Dwoskin, "Columbia Ignores Peril," *The Village Voice*, October 1, 2008.

30) Ibid.

31) Coalition to Preserve Community, "White Paper: FAQ's on the Proposed Biohazard Bathtub," bathtubtalk.typepad.com

은 이러한 잠재시설들에 대한 정보 제공을 거부했지만, 독소를 잘못 취급한 기록을 가지고 있다. 2002년 환경보호국은 이 대학이 유독 폐기물을 처리하면서 안전규약을 위반한 것에 대해 거의 80만 달러의 벌금을 부과했다.[33] 바이오세이프티 수준 3시설은 비록 엄격한 보안으로 보호되고 있지만, 할렘밸리에 심각한 홍수가 닥칠 경우 그러한 장치는 밀려드는 조수를 막는 데 아무 소용이 없을 것이다.

설계를 통한 재건 대회는 이 도시에서 가장 가난한 지역 가운데 하나인 사우스브롱크스를 취약한 장소로 인정했다. 그러나 이 지역이 이 도시에서 가장 큰 농산물, 축산물, 수산물 시장으로서 연간 총 50억 달러가 넘는 소득을 창출하는 거점이기 때문에 그렇게 했다. 허리케인 샌디는 뉴욕을 타격할 때 헌츠포인트 식품유통센터Hunts Point Food Distribution Center가 홍수는 물론 전력 및 연료의 단절에도 취약하다는 점을 보여줬다. 브롱크스강Bronx River의 만조 시점이었던 6시간 뒤 샌디가 닥쳤다면 뉴욕 권역의 2200만 명의 사람들을 위한 식품 공급은 극심하게 훼손되었을 것이다. 뉴욕과 이 지역을 위한 이러한 필수적인 기반시설 자원을 보호하는 것이 그 설계 팀에게 제일 중요했겠지만, 설계자들은 사우스브롱크스 공동체의 주민들이 표출한 사회적·경제적 정의에 대한 호소를 간단하게 무시할 수는 없었다. 펜디자인/올린PennDesign/OLIN이 이끄는 *헌츠포인트 생명줄*Hunts Point Lifelines 팀의 헌츠포인트 재개발을 위한 제안은 결과적으로 면적이 제곱마일에 불과한 헌츠포인트의 국지적이고 지역적인 상호연계의 중요성을 인정한다. 사우스브롱크스에서 어떤 견인력을 얻으려면 탄력성이 광범위하게 정의되어 취약한 지역 공동체에 대한 사회적·경제적 혜택뿐만 아니라 뉴욕 권역 전체에 혜택을 가져올 환경의 지속

---

32) Richard Perez-Pena, "On the Front Lines of the Virus War," *New York Times*, October 31, 2003.

33) Coalition to Preserve Community, "White Paper: FAQ's on the Proposed Biohazard Bathtub."

가능성을 포함해야 한다. 펜디자인/올린 계획은 결과적으로 "장기적인 공동체 계획을 바탕으로 성장하는 작동하는 수변, 작동하는 공동체, 작동하는 생태계를 위한 공식"을 제안하기 위해 애를 썼다.[34] 헌츠포인트 생명줄 팀의 발표는 식품 공급시설이 미국에서 가장 가난한 선거구인 이 지역에 1만 개가 넘는 직접적인 일자리를 제공한다는 사실을 강조한다. 헌츠포인트의 탄력성에 투자하면 지역에 식량안보가 제공되고, 생활임금 일자리가 보호되고, 뉴욕의 가장 중요한 작동하는 수변의 지속을 위한 공동체에 근거한 진정한 활동모형이 만들어질 것이라고 그 설계 팀은 판단한다.

헌츠포인트 생명줄에는 네 가지 주요 요소가 있다. 수변공원, 녹색전용도로, 브롱크스강에 대한 접근성을 상당하게 증가시키도록 설계되어 자전거 및 보행자 통로의 네트워크로서 교통안전을 향상시키고 환경의 악화를 방지하는 사우스브롱크스 그린웨이South Bronx Greenway에 통합된 일련의 홍수방어장치인 "레비랩Levee Lab"이 그 첫 번째 요소다. 펜디자인/올린 계획은 제방의 대규모 출입구를 수용하면서 풀턴 수산시장Fulton Fish Market이 제안한 새로운 부두와 레스토랑의 건축을 허용하는 일련의 부양 수문浮揚 水門, buoyant floodgates을 요구했다.[35] 공공이용에 대한 이러한 강조는 두터운 녹지구역까지 확장되는데, 이 설계 팀은 그곳에 서식지와 로킹더보트Rocking the Boat가 운영하는 청소년 항해 프로그램의 확장 같은 수상 레크리에이션 플랫폼을 제안했다. 헌츠포인트 생명줄의 두 번째 요소는 앞서 말한 설계 제안과 현지 조달 및 이 지역의 높은 실업률을 해결하기 위해 설계된 노동력 전략에 참가하겠다는 약속을 결합하며, 또한 수변의 역학과 대중적인 참여에 대해 더 강력한 지식을 창출한다. 나머지 두 요소는 주요 기반시설의 변화에 초점을 맞추고 있다. *클린웨이스*Cleanways로 불리는 세 번째 요소는 헌츠포인트에 건설될 새로운 역을

---

34) Bisker et al., *Rebuild by Design*, p. 147.
35) Ibid., p. 154.

포함한 대중교통은 물론 "냉방에 의존하는 지역의 엄청난 열 부하"에 대응하기 위해 "폐열을 냉각수로 전환"하도록 설계된 "청정 삼중 발전소clean Tri-Gen Power Generating Station"에 대한 연계를 제안한다.36) 설계 팀에 따르면 이 발전소는 "도시의 배전망이 무너졌을 때 헌츠포인트 반도가 소규모 독립 배전망의 기능을 할 수 있도록 만든다".37) 펜디자인/올린 계획의 마지막 요소는 헌츠포인트가 동부 해안 전체의 비상 해양 공급망을 위해 유통의 교점 및 공급물의 비축장소로 사용될 것을 요구한다. 재난을 당한 현장에 대한 접근성은 종종 다른 수단보다 먼저 복원될 수 있고 뉴욕권의 1500만 명의 사람들이 뉴욕 항구, 이스트강, 롱아일랜드해협, 허드슨강, 패세이크강Passaic River, 래리턴강Raritan river 등 항해가 가능한 수로에서 몇 마일 이내에 살고 있다는 사실에 근거해서 이 요소가 형성되었다.38)

헌츠포인트 생명줄은 많은 진보적인 요소를 포함하고 있으며 더포인트THE POINT, 지속가능한 사우스브롱크스Sustainable South Bronx, 브롱크스강 동맹Bronx River Alliance 같이 환경에 관련된 교육, 행동, 친환경 일자리에서 전국적으로 인정받는 지역사회단체에 설계 팀이 관여하고 있다는 명백한 증거가 있다. 이러한 단체들의 오래된 투쟁과 펜디자인/올린 계획의 결점 일부를 이해하려면 헌츠포인트를 사우스브롱크스의 수변을 따라 형성된 더 광범위한 산업구역의 일부로 볼 필요가 있다. 이 구역은 뉴욕에서 오직 6개만 지정된 주요해양산업구역의 하나이며, 나머지는 선셋파크Sunset Park, 레드훅, 뉴타운크리크, 브루클린네이비야드, 스테이튼섬 노스쇼어다. 주요해양산업구역 지정의 의도는 중공업과 공해시설의 군집화를 장려하는 것이다. 주요해양산업구역 모두 주로 저소득 유색인 공동체에 위치한다는 것은 우연이 아니다. 2010년 뉴

---

36) Ibid., p. 158.
37) Ibid.
38) Ibid., p. 159.

욕시 환경정의동맹New York City Environmental Justice Alliance: NYC-EJA의 수변정의 프로젝트Waterfront Justice Project는 6개의 주요해양산업구역 모두 폭풍해일구역에 위치했을 뿐만 아니라 시 당국이 그러한 취약한 위치를 중공업단지로 사용하는 것에 관련된 누적적인 오염 노출 위험에 대해 분석하지 않았다는 것을 발견했다.[39] 뉴욕시 환경정의동맹 같은 단체에서 지속적인 압력을 받은 뒤 시 당국은 수변활성화 프로그램Waterfront Revitalization Program을 개발하는 데 동의했는데, 그 프로그램은 홍수 및 기상이변 시기 유해물질의 방출 방지를 목적으로 신생 기업들에게 위험관리 계획 개발을 요구했다. 그렇지만 기존 기업들은 이러한 요구에서 제외되었다.

사우스브롱크스는 가장 큰 주요해양산업구역이며, 결과적으로 뉴욕에서 가장 오염이 심한 지역 가운데 하나다. 이곳은 펜디자인/올린 계획에서 언급된 저지대 하수 처리시설뿐만 아니라 1억 배럴의 가정용 난방유를 보관하는 연료창고, 뉴욕주의 천연가스 발전소 10개 가운데 4개, 장거리 트럭에 폐기물을 적재하는 10여 개가 넘는 폐기물 처리장의 기지다.[40] 사우스브롱크스에 있는 시설이 브롱크스에서 만들어진 폐기물 전부와 도시 전체 상업 폐기물의 23%를 처리한다. 헌츠포인트 식품유통센터와 더불어 이러한 시설은 날마다 1만 6000대의 트럭을 사우스브롱크스 거리로 불러들인다. 뉴욕주 감사관의 2014년 연구에서는 뉴욕주 전체에서 브롱크스의 천식 사망률이 가장 높으며 뉴욕주 평균의 거의 4배에 이른다고 밝혔다.[41] 사우스브롱크스연합 South Bronx Unite 같은 지역사회조직은 식품유통회사 프레시 디렉트FreshDirect를 위해 제안된 새로운 중앙 창고시설에 반대해 싸웠고, 뉴욕의 최고 전력 수요기에 대응하기 위해 일시적으로 설치되었지만 14년 동안 계속해서 운영되고

---

39) New York City Environmental Justice Alliance, "Waterfront Justice Project," nyc-eja.org.
40) Caroline Spivack, "Bronx's Asthma Alley Protests Plans to Extend Power Plant Permits," *City Limits*, November 12, 2015.
41) Ibid.

있는 천연가스시설의 운영 허가 연장에 반대해 싸웠다.

그렇다면 지역사회의 조직가들이 헌츠포인트 생명줄의 추가적인 "청정" 발전소에 대해 의구심을 가지고 반응하는 것이 놀라운 일이 아니다. 무엇이 그러한 발전소를 위한 연료가 되겠는가라고 사우스브롱크스연합의 존슨은 묻는다.[42] 그것이 화석연료인가? 만약 그렇다면 그것은 이미 엄청나게 과도한 환경부담을 떠안고 있는 사우스브롱크스 주민들에게 영향을 미칠 것이며, 그러한 부담을 대가로 맨해튼의 어퍼이스트사이드Upper East Side 같은 인근 부유한 지역의 주민들은, 자연 그대로의 강변공원과 깨끗한 공기를 하수와 공해로 더럽히지 않고, 풍부한 전력과 청결한 거리를 향유할 수 있을 것이다. 계획 중인 발전소가 채택할 열병합발전co-generation 방식은 전기뿐만 아니라 유용한 난방과 냉방능력을 산출하기 때문에 분명히 전통적인 발전소보다 더 깨끗하다. 그럼에도 그러한 시설에는 연료자원이 필요한데, 헌츠포인트 생명줄에는 태양력 같은 재생가능 에너지 자원을 사용하는 새로운 시설의 운영에 대한 논의가 없다. 계획된 삼중 발전소는 헌츠포인트의 시장단지에 있는 냉장시설에 전력을 추가로 공급하겠지만, 사우스브롱크스 전반에 이미 만성화된 오염을 악화할 것이다. 진정한 환경정의를 촉진하기 위한 계획은 새로운 시설의 건축보다는 오염 발전소의 폐쇄를 포함해야 할 것이다.

이러한 공평성 문제는 헌츠포인트 생명줄 계획에 대한 지역사회의 문제제기에서, 특히 설계를 통한 재건의 일자리 창출 약속과 관련해서 뚜렷이 나타난다. 일자리 기회는 "특정한 건설 역할, 유지보수, 생태 생산성 모니터링은 물론 민간부문의 성장"을 포함한 프로젝트에 의해 창출되어야 한다고 헌츠포인트 생명줄은 지적한다.[43] 게다가 그 설계 팀은 "현지조달 및 현지노동력 전략을" 사용할 것을 약속했다. 사우스브롱크스가 계속해서 뉴욕주에서 가장

---

42) Mychal Johnson, January 7, 2016, Personal Interview.

43) Bisker et al., *Rebuild By Design*, p. 156.

높은 실업률과 전국적으로 가장 높은 빈곤층 주민 비율을 보여온 사실을 감안하면 그러한 전망이 재개발계획의 가장 큰 매력에 포함될 것이라고 예상할 것이다.[44] 그러나 존슨이 말했듯이 "우리는 이러한 일자리 창출 약속에 대해 이전에도 들었는데, 어디에서 그러한 일자리가 나오며 그러한 일자리가 지역 실업에 어떤 영향을 미치는가?"[45] 헌츠포인트 생명줄이 그린 장밋빛 고용 전망에도 지역 주민들을 추가로 고용한다는 보장이 헌츠포인트 생명줄의 자금 지원을 받는 어떠한 계약에도 없는 것으로 그와 지역사회 구성원들은 판단한다고 존슨은 말했다. 다시 말해 숙련이 필요한 어떠한 일자리도 감당할 수 있는 지역 주민 대상의 직업훈련 프로그램 없이는 그들을 추가로 고용한다는 보장이 없었다.

그러한 훈련 프로그램의 도입 없이 사우스브롱크스 산업구역에 이주하려던 기업들의 오랜 역사가 있다. 지속적으로 높은 실업률이 말하듯이 결과적으로 이 지역의 산업 발전에서는 양질의 일자리를 통해 지역 주민들이 생활임금을 받는 낙수효과가 발생하지 않았다. 이에 대응해서 지역사회의 조직가들은 독자적인 직업훈련 프로그램을 개발했다. 즉, 지속가능한 사우스브롱크스 환경관리학원Sustainable South Bronx's Bronx Environmental Stewardship Academy은 그러한 지역 일자리 창출 노력의 강력한 사례다.[46] 그러나 이 지역에 자본이 유입됨에 따라 역사적인 불평등이 강화되는 것을 보지 않으려면 그러한 노력을 확대할 필요가 있다. 사우스브롱크스 연합은 "극심한 젠트리피케이션과 대량의 퇴출"로 이 지역을 위태롭게 하는 부동산 투기 여파에 대응한 민영 개발의 원칙Principles for Private Development을 수립해서, 헌츠포인트 생명줄에 현저하게 결핍된 정책들을 정확하게 명시했다.[47] 다음 요구들은 사우스브롱크스연합

---

44) Patrick Wall, "Bronx Gains Jobs and People, But Suffers from High Unemployment," *DNAInfo*, July 12, 2013.

45) Johnson, Personal Interview.

46) 사우스브롱크스 환경관리학원은 ssbx.org/best-academy 참조.

이 배포한 것이다. ① 모든 부동산 개발 건축 기회는 조합원 자격이 있는 근로자에게 주어야 하는데, 사우스브롱크스 거주자에게 우선권이 있으며 모든 건축 거래에서 사우스브롱크스의 유색인 거주자에게 도제 프로그램apprentice-ship programs을 통해 상당한 비율을 주어야 한다. ② 임대 목적이나 판매 목적으로 새롭게 개발되는 주거용 건물의 상당한 비율은 현재 사우스브롱크스 주민의 중위소득 수준에 맞춰 별도로 지역 주민을 위해 배정해야 한다. ③ 개발업자들은 그들이 진행하는 프로젝트의 건강에 대한 영향을 분석해야 하고, 건강을 증진하는 공간을 만드는 설계 과정으로 이어지는 모범사례를 이용해야 한다. ④ 모든 부동산 개발업자들은 지역사회가 설계하고 지역사회에 의해 추진되는 수변 재개발계획뿐만 아니라 850ac의 사우스브롱크스 산업구역 축소도 지원해야 한다.[48] 사우스브롱크스 연합의 민영 개발의 원칙은 사우스브롱크스를 특징짓는 복합적인 불균등 개발의 역사를 처리하는 데 어느 정도 도움이 될 수 있는 구체적이고 비교적 실행이 용이한 일련의 정책을 제공했다. 사회적·환경적 정의에 대한 그러한 구체적인 요구가 헌츠포인트 생명줄 계획에 포함되지 않았다는 것은 통탄할 일이다.

마지막으로 사우스브롱크스 주민들은 헌츠포인트 생명줄 계획의 지리적 한계에 대해 문제를 제기했다. 펜디자인/올린의 제안은 헌츠포인트 반도에 배타적으로 초점을 두면서 사우스브롱크스 산업구역에 포함되어 생명을 위협하는 다양한 오염원으로부터 동일한 영향을 받고 있는 모트헤이븐Mott Haven과 포트모리스Port Morris 같은 인근 동네를 배제한다.[49] 이러한 인근 구역 9만 명의 사람들이 설계를 통한 재건에서 제외되어 침수 가능성과 반 마일도 떨어지지 않은 식품시장에 접근하지 못할 가능성을 떠안게 되었다. 사우

---

47) South Bronx Unite, *Principles for Private Development*, southbronxunite.org/principles-for-private-development.

48) Ibid.

49) Ibid.

스브롱크스 연합의 존슨에 따르면 펜디자인/올린 팀과 함께 했던 여러 번의 회의에서 지역사회 구성원들은 헌츠포인트만이 아니라 반도 전체를 보호할 것을 촉구했다. 사우스브롱크스 연합은 나아가 자율적인 지속가능성 계획, 즉 모트헤이븐-포트모리스 수변 계획Mott Haven-Port Morris Waterfront Plan의 생성에 앞장섰다.50) 궁극적으로 다른 지역까지 녹지화와 홍수방어 수단을 확대할 프로젝트를 재개발하는 두 번째 단계가 있을 것이라는 사우스브롱크스 지역사회에 대한 약속이 비록 있었지만 헌츠포인트 생명줄에 이러한 요구는 포함되지 않았다. 그렇지만 지금으로서는 헌츠포인트 식품유통단지에서 생성되는 이익이 가장 중요한 우선사항이다. 그 프로젝트의 두 번째 단계가 언제 실행될 것인지, 심지어 실행 자체가 될 것인지조차 분명하지 않다. "우리는 뉴욕의 식품 공급을 안전하게 할 필요를 이해하지만 인근 지역사회에 대한 헌츠포인트의 이러한 우선권을 사우스브롱크스에 다른 어느 곳보다도 더 영향을 미치는 환경적 불의의 오랜 역사의 일부로 보고 있다"라고 존슨을 비롯한 지역사회 구성원들은 말한다. 존슨이 말하듯이 "역사는 자본주의가 가난한 사람들을 보호하는 것을 보여주지 않았다".51)

상투어 "탄력성"

주택도시개발부가 설계를 통한 재건을 출범시킨 같은 해에 국토안보부는 일리노이대학University of Illinois에 유치될 핵심 기반시설 탄력성에 관련된 새로운 최고 기관을 위해 2000만 달러의 기금 조성을 선언했다. 이후 국토안보부

---

50) South Bronx Unite, "State 'Priority Project'," southbronxunite.org/a-waterfront-re-en visioned/state-designa tion-as-priorityproject-on-draft-open-space-plan.

51) Johnson, Personal Interview.

는 해안 탄력성에 공헌하는 기관 하나와 "식량 보호와 방어"에 초점을 둔 기관 하나를 포함한 탄력성에 관련된 많은 기관을 설립했다.[52] 이어서 주택도시개발부는 재난의 영향을 받는 지역사회가 참가할 수 있는 10억 달러 규모의 전국 재난 탄력성 대회National Disaster Resilience Competition를 만들었다.[53] 탄력성에 관련된 이러한 시도와 함께 록펠러재단은 전적으로 탄력성에 관한 업무를 담당하는 임원 보직을 만들었고, 100대 탄력성 도시100 Resilient Cities 계획에 착수했다. 2014년 재단 회장인 로딘은 『탄력성의 배당금』이라는 제목의 책을 발간했다.[54] 탄력성 담론의 소음에 더해 세계은행은 재난 축소와 회복을 위한 국제시설Global Facility for Disaster Reduction and Recovery을 통해 탄력성 도시 프로그램Resilient Cities Program에 착수했고, 기후변화가 유발한 재난에 직면해서 국제 개발 프로그램에 적응 조치를 펼칠 필요를 강조했다.[55] 미국 연방정부와 자선재단 영역과 국제금융기구에 걸친 이러한 전개는 탄력성이 현대통치에서 국제적인 전략의 중심이 되었다는 증거다. 탄력성은 도시 기반시설, 재난 대비, 대형 금융, 국가 방어, 모든 종류의 테러에 대한 점검 등 숨 막힐 정도로 다양한 영역을 함께 엮는 산만한 비유의 핵심이 되었다.

탄력성이라는 용어가 가진 힘의 일부는 그것이 제공하는 희망의 광채 속에 있다. 실제로 의미 있는 완화 정책을 촉진하기 위한 국제적인 노력의 마비에 대해 탄력성 및 관련된 적응 수단은 정책수립자들이 환영하는 유예를 제공한다. 게다가 그 용어에 부여될 수 있는 많은 의미 때문에, 탄력성은 사람들과 기관들에 피상적으로는 유사하지만 매우 다른 목적을 지닌 의제를 허용하며

---

52) Department of Homeland Security, *Welcome to the Centers of Excellence*, dhs.gov/science-and-technology/centers-excellence.

53) Department of Housing and Urban Development, *National Disaster Resilience Competition*, hudexchange.info/programslcdbg-dr/resilient-recovery.

54) Judith Rodin, *The Resilience Dividend: Being Strong in a World Where Things Go Wrong* (New York: Public Affairs, 2014).

55) The World Bank, *Resilient Cities Program*.

그래서 의심의 여지없이 매력적이다. 그러나 그 무엇보다도 탄력성의 유행은 위험한 시대 국가의 역할에 대한 지배적인 신자유주의적 견해와 그것이 얼마나 잘 들어맞는지와 관련이 있다.[56] 생물학에서 파생된 개념인 탄력성은 유기체, 생태계, 사회 또는 기타 복합 시스템에는 불리한 조건에 대한 대응으로서 "회복bounce back"하는 능력을 강화하는 고유한 속성이 있다는 것을 암시하는 경향이 있다. 기후변화에 대비하는 것이 모두의 이익에 부합한다는 점은 분명하지만 탄력성은 현대의 사회적 위험 및 재난의 정치적 근원을 해결하는 것 없이 조정된 해결책을 제시하는 것처럼 보인다.

탄력성은 생태학자 시. 에스. 홀링C. S. Holling의 연구에서 냉전 시대를 지배하던 생태계 균형에 대한 기계적 모델을 비판하는 개념으로 등장했다. 기계적 모델은 재난 이후 스스로를 바로잡도록 놓아두면 생명이 돌아오는 지점인 "자연의 균형(평형)balance of nature equilibrium"이 존재한다고 가정했다. 홀링은 대조적으로 탄력성을 "시스템이 동요와 변화를 흡수하고 활용하고 심지어 거기에서 이득을 얻어 그 시스템의 구조에 질적인 변화 없이 지속되는 능력"이라고 묘사하면서 자연이 어떻게 재난을 흡수하고 그것에 적응하는지를 강조했다.[57] 이러한 탄력성 개념이 지난 20년 동안 갈피를 못 잡을 정도로 다양한 영역에 적용되면서 홀링의 기본적인 정의는 무수히 많은 방향으로 뻗어나갔다. 탄력성에 대한 인기 있는 책의 저자인 앤드류 졸리Andrew Zolli는 다음과 같이 말한다.

공학에서 탄력성은 교량이나 건물 같은 구조물이 손상을 입은 후 기준 상태로 돌아올 수 있는 정도를 의미한다. 비상사태에 대한 대응에서 탄력성은 핵심적

---

56) Kathleen Tierney, "Resilience and the Neoliberal Project: Discourses, Critiques, Practices-And Katrina," *American Behavioral Scientist*, 59:10(Sept 2015), p. 1335.

57) Timothy Beatley, *Planning for Coastal Resilience: Best Practices for Calamitous Times* (Washington, DC: Island Press, 2009), p. 3에 인용된 C. S. Holling 참조.

인 시스템이 지진이나 홍수 이후 복원될 수 있는 속도를 말한다. 생태학에서 탄력성은 회복 불가능하게 저하되는 것을 방지할 수 있는 능력을 가리킨다. 심리학에서 탄력성은 개인이 정신적 외상trauma을 효과적으로 극복할 수 있는 능력을 중요하게 여긴다. 사업에서 탄력성은 인위적인 혹은 자연적인 재난에 직면해서 지속적인 운영을 담보할 수 있는 비상 시스템을 구비하는 것을 종종 의미한다.58)

졸리는 이러한 이질적인 정의들이 변화에 직면한 시스템, 기업, 인간의 인내하고 회복하는 능력에 대한 강조에 의해 통합된다고 시사한다. 그렇지만 탄력성이 역경을 맞이해 "회복"하는 능력에 기초한다는 생각은 그 개념의 극단적인 단순화이며 그것의 더욱 근본적인 함의를 무시하는 것이다.

생태학에서 탄력성은 두 가지 대조적인 의미로 규정된다. 첫 번째는 고전적인 생태학과 관련이 있다. 고전적인 생태학은 자연에 단일한 평형 상태가 있으며 장애를 겪은 이후 이러한 평형 상태에 도달할 수 있는 속도와 관련된 탄력성이 있다고 추정한다.59) 가장 잘 알려진 사례는 그 유명한 "자연의 균형"이다. 이러한 패러다임에 고양되어 탄력성을 꾀하는 노력은 지속성, 예측 가능성, 효율성을 유지하는 데 초점을 맞춘다. 이러한 생태학적 모델이 지속 가능한 개발sustainable development이라는 개념을 유명하게 만든 1987년 국제연합 브룬트란트위원회Brundtlandt Commission의 보고서인 「우리의 공통미래Our Common Future」를 뒷받침한다. 보고서는 경제적인 성장이 환경보호와 사회적

---

58) Andrew Zolli and Ann Marie Healy, *Resilience: Why Things Bounce Back* (New York: Free Press, 2012), p. 6.

59) Jianguo Wu and Tong Wu, "Ecological Resilience as a Foundation of Urban Design and Sustainability" in Steward T. A. Pickett, Mary L. Cadenasso and Brian McGrath(eds.), *Resilience in Ecology and Urban Design: Linking Theory and Practice for Sustainable Cities* (New York: Springer, 2013), p. 213.

공정 조치에 의해 적절하게 제한될 수 있다면 지구 차원의 꾸준한 평형 상태 (자연의 균형과 비슷한 어떤 것)를 유지하는 것이 가능하다고 예상했으며, 지속 가능한 개발을 "미래세대가 자신의 필요를 충족하는 능력을 손상하지 않으면서 현재의 필요를 충족하는 개발"로 규정했다.[60] 이 위원회는 결국 세계의 탄소 배출을 감축하는 공정한 틀을 구축하는 노력을 통해 역사적인 1992년 리우정상회담Rio Earth Summit의 토대를 마련하는 데 일조했다.

그렇지만 「우리의 공통미래」에는 주목할 만한 문제점이 있었는데, 그 가운데 지구의 생물종과 생태계가 "개발의 자원resources for development"이란 주장이 가장 중요한 것이었다. 「우리의 공통미래」는 또한 경제성장이 보존과 완화의 광범위한 다양성에 관련된 노력을 위해 투입될 자본의 증가를 창출할 것이라고 가정했으며, 만연한 도시화에 대응하는 일반적인 접근법을 반복했다.[61] 즉, "지속가능한 도시개발은 진정한 도시건설자인 도시 빈민들과 더욱 밀접하게 협력하는 것, 그들 가정에 기초적인 서비스를 제공하고 주변에 더 괜찮은 주거를 구축하는 것을 지원할 '부지와 서비스' 계획에 의존한다"라고 말했다.[62] 데이비스가 엄청나게 상세하게 문서화했듯이 풀뿌리 도시개발에 대한 이러한 호소는 가난한 국가들의 주택 제공 프로그램 축소와 세계은행 같은 금융기관이 유포한 신자유주의적 국가-축소 독트린을 가리는 역할을 했다.[63] 더구나 「우리의 공통미래」가 옹호하는 평형은 미래세대의 안녕을 위한 관심에 그늘을 드리웠다.[64] 1987년 「우리의 공통미래」가 발표된 이후 탄

---

60) "Report of the World Commission on Environment and Development: Our Common Future," UN Documents.

61) Ibid., p. 20.

62) Ibid., pp. 21~22.

63) Davis, *Planet of Slums*, p. 62.

64) Ingolfur Bliihndorn, "Sustainability-Post-sustainability-Unsustainability" in Teena Gabrielson, Cheryl Hall, John M. Meyer and David Schlosberg(eds.), *The Oxford Handbook of Environmental Political Theory*(New York: Oxford University Press, 2015).

소 배출은 급증했다. 자본주의 제도에서 조지프 슘페터Joseph Schumpeter가 말하는 "창조적 파괴의 돌풍gale of creative destruction"에 공헌하는 평형 상태를 달성하는 것은 명백하게 불가능하다.65)

그러나 탄력성은 여러 단계의 평형 상태를 특징으로 하는 "생태계 탄력성ecosystem resilience" 같이 훨씬 더 파괴적인 용어로 정의될 수도 있다.66) "생태계 탄력성"은 기후체계, 전력망, 도시거주자 같은 인간 및 비인간 행위자 네트워크의 상호연계성을 주장한다.67) 그러한 시스템은 복잡한 경향이 있어서 상호작용하는 다양한 존재와 층위가 그 시스템을 전체로서 적응하도록 허용한다. 가장 잘 알려진 사례가 인터넷인데, 인터넷은 원래 상호연계되었지만 어떠한 단일한 교점node의 파괴도 견딜 수 있는 자율적인 네트워크 시스템으로서 설계되었다. 다른 사례에는 다양한 나무와 식물이 혼합된 원시림과 산호초에서 호혜적으로 공존하는 많은 생명체가 포함된다. 그러나 만약 그러한 탄력성 시스템의 상당 부분이 스트레스에 처하면 그 시스템은 전체로서 이른바 "체제 변환regime shifts"을 만드는 정점tipping point을 지나는데, 그 지점에서 시스템 전체는 갑작스럽거나 극적인 구조 및 기능의 변화를 겪을 수 있다. 세계적인 산호초 붕괴 ─ 어류 남획, 부영양화, 퇴적을 포함한 다양한 스트레스 요인에 직면한 것 ─ 는 그러한 정점의 사례다.68) 체제 변환은 점진적이거나 더 지속적일 수 있지만, 또한 갑작스럽거나 예측이 불가능할 수도 있다. 체제 변환은 또한 성장, 보존 또는 통합, 해체 또는 붕괴, 재구성 또는 재생의 네 가지 진화 단계를 보이는 경향이 있다.69) 성장, 파괴, 재생의 적응 순환은 자연 생

65) Joseph Schumpeter, *Capitalism, Socialism, and Democracy*(London: Routledge, 1994), pp. 82~83.

66) 생태학적 탄력성에 대해서는 Wu and Wu, "Ecological Resilience as a Foundation of Urban Design and Sustainability," p. 215 참조.

67) 예를 들어 Bennett, *Vibrant Matter* 참조.

68) Isabelle M. Cote and Emily S. Darling, "Rethinking Ecosystem Resilience in the Face of Climate Change," *PLOSIBiology*, July 27, 2010.

태계에서는 상당히 보편적이지만 질서와 계속성을 위한 인간의 분노는 그러한 순환의 동력을 방해하는 경향이 있다. 실제로 졸리의 탄력성에 대한 정의는 모두 기본적으로 지속성과 기초적인 안정성을 유지하는 것을 목표로 가정하는 "공학적인 탄력성" 개념에서 파생된다.

졸리와 로딘 같은 "탄력성" 보급자들이 재난에서 회복할 수 있는 기반시설 네트워크 능력의 촉진을 모색하면서도 특정한 시스템의 완벽한 재편 또는 붕괴 가능성을 허용하지 않는 것은 분명하다. "탄력성을 구축함에 따라 우리는 식별할 수 있는 스트레스와 충격을 더 많이 방지하거나 완화할 수 있고 예측할 수 없거나 피할 수 없는 것에 더 잘 대응할 수 있다. 이상적으로는 우리가 환경파괴를 관리하는 데 더 능숙해지고 탄력성을 구축하는 데 더 숙련된다면 좋을 때나 나쁠 때나 새로운 기회를 창출하거나 활용할 수 있다. 그것이 바로 탄력성의 배당금이다"라고 로딘은 말한다.[70] 다시 말해 로딘은 탄력성이 시스템을 강화하고 심지어 재앙에서 이익을 얻는 것을 허용한다고 상정한다. 로딘은 또한 "공학적인 탄력성" 모델에 영향을 미치는 시스템의 계속성에 대한 인식을 당연한 것으로 받아들이지만, 그 시스템이 충격적인 환경파괴로 인해 심각하게 변형될지 모른다는 인식은 그녀에게 없다. 또한 그녀가 보기에 탄력성은 역경을 맞이하여 견디는 것뿐만 아니라 거기에서 돈을 버는 것을 포함한다. "배당금dividend"이 비극에서 얻어진다는 로딘의 언급은 그녀가 말하는 너무 많이 숨겨지지는 않는 "당신들"이 실제로는 세계적인 상류층과 그들의 다국적 기업이라는 것을 시사한다.

로딘이 이러한 환경파괴를 불가피하다고 묘사한 것 또한 주목할 만하다. 급격한 세계화, 도시화, 기후변화 같은 요소를 인용하면서 로딘은 근본적인

---

69) Wu and Wu, "Ecological Resilience as a Foundation of Urban Design and Sustainability," p. 216.

70) Rodin, *The Resilience Dividend: Being Strong in a World Where Things Go Wrong*, p. 3.

원인은 그저 주어진 것이며 유일한 합리적인 대처는 적응하는 것이라고 암시하는 방식으로 환경파괴를 표현했다.[71] 이는 이러한 환경파괴를 생성하는 조건에 대해 의문을 제기하지 못하게 만드는 한편, 탄소 완화의 중요한 형태에서의 상류층의 더 광범위한 이탈을 반영한다. 그러나 지난 40년 동안의 세계화와 도시화는 자연스러운 것이 아니다. 즉, 한편으로는 민간영역에 다양한 종류의 권한을 위임하면서 다른 한편으로는 공공규제를 폐지하고 공공영역을 질식시키려는 신자유주의적 노력이 개입된 점점 더 제한을 받지 않는 자본주의의 산물이다. 더구나 로딘이 언급한 마지막 주요 환경파괴 요소인 기후변화는 탄소 기반 자본주의와 밀접하게 얽혀 있는 지구적인 환경파괴로 간주되어야 한다.[72] 클라인이 지적했듯이 탄소 배출을 감축하려는 시도는 모든 규제 노력을 비판하는 신자유주의 교리의 패권 때문에 그렇게 극적으로 실패했다.[73] "탄력성"에 대한 논의는, 선행한 지속가능한 개발이라는 개념과 꼭 마찬가지로 세계적인 불안정과 고통의 근본적인 원인을 호도하는데, 불평등과 위험 때문에 가장 위태로운 사람들 입장에서는 자신들에게 무자비한 영향을 미치는 힘에 적응하는 것 외에 다른 의존 수단이 없다는 것을 시사한다.

현대의 신자유주의와 탄력성 개념이 잘 들어맞는 것을 감안하면 탄력성 개념이 어디에서 왔는지 물어볼 가치가 있다. 그렇게 많은 영역에 걸쳐 선택받는 용어가 되기 이전에 탄력성 개념은 어떤 영향을 미쳤는가? 앞서 언급했듯이 생태학자 홀링은 1970년대에 시스템은 시간이 흐르더라도 평형을 유지해야 한다는 것을 가정하는 자원관리 모델을 비판하기 위해 이 용어를 만들었

---

71) Tierney, "Resilience and the Neoliberal Project: Discourses, Critiques, Practices And Katrina," p. 7.

72) 자본주의와 기후변화 사이의 불가분하게 얽혀 있는 역사에 대해서는 Andreas Malm, *Fossil Capital: The Rise of Steam Power and the Roots of Global Warming*(New York: Verso, 2016) 참조.

73) Klein, *This Changes Everything*.

다. 그러한 모델이 집약적인 농업 및 자원관리 방법 때문에 압박을 받게 되면 시간이 지남에 따라 점차 취약해지고 예상치 못하게 붕괴될 수 있는 생태계의 복잡한 상호의존성을 무시했다고 홀링은 느꼈다.[74] 홀링 같은 연구자들은 몰락하고 있는 대서양 북서쪽 대구 어업처럼 극단적으로 불안정한 상태를 겪고 있는 생태계에서 수확을 지속하는 방법을 찾는 데 관심이 있었다. 결과적으로 그는 생태계의 운동을 예측하는 인간능력의 한계를 강조했고, 예측이 안 되고 종종 극단적인 형태를 띠는 혼란에도 버틸 수 있는 생태계의 능력을 확대하는 방법을 모색했다.

홀링의 탄력성에 대한 연구는 신자유주의의 대부 프리드리히 폰 하이에크 Friedrich von Hayek의 연구와 동시에 펼쳐졌는데, 하이에크는 복합적인 적응 시스템으로서 시장의 분석을 발전시키고 있었다. 홀링과 유사하게 하이에크는 중앙 계획가들이 시장의 변동을 효과적으로 통제하거나 심지어 예측하는 것도 궁극적으로는 불가능하다고 주장했다.[75] 노벨상 수락 연설 "지식의 허위 The Pretense of Knowledge"에서 그는 부분적으로 현대 자연과학의 커다란 업적의 영향 때문에 사회에 대해 분석해서 사회를 주조하는 과학의 능력에 관한 공공의 기대가 크게 과장되었다고 주장했다.[76] 사회에 대한 깊은 지식은 개선에 대한 열망을 고취하기보다는 누그러뜨리는 경향이 있지만 대중은 너무 희망에 굶주려 있기 때문에 "전문 지식"의 이름으로 선언된 사실상 어떤 허튼소리도 기꺼이 믿으려 한다고 하이에크는 주장했다. 이는 많은 재앙적인 실패에도 반복해서 긴축재정을 처방하고 있는 현대 신자유주의 경제학 권위자들의 허위에 대한 굉장한 문제제기로 보이지만, 하이에크는 1974년의 이 연설

---

74) Melinda Cooper and Jeremy Walker, "Genealogies of Resilience: From Systems Ecology to the Political Economy of Crisis Adaptation," *Security Dialogue*, 42:2(2011), p. 146.

75) Ibid., p. 149.

76) Friedrich von Hayek, "The Pretense of Knowledge," *The American Economic Review*, 79:6 (December 1989), p. 6.

에서 정부의 케인스Keynes적인 규제 노력을 정면으로 반박했다. 더구나 시장을 규제하려는 노력에 대한 그의 반감은 로마클럽Club of Rome의 보고서 「성장의 한계Limits to Growth」에 대한 간략한 언급에서 매우 분명하게 드러나는데, 성장의 한계는 자본주의의 성장명령에 대해 심각하게 도전했었다.[77] 하이에크는 자본주의가 필수적인 지구 생태계를 고갈시키고 궁극적으로는 파괴하는 경로를 밟고 있다는 관점을 조롱했는데, 이는 이후 자본주의의 한 도그마가 되었다. 하이에크가 보기에 그러한 관점은 "사회를 통제하려는 인간의 치명적인 노력"의 산물이었다.[78] 다시 말해 자유시장은 자연의 상태와 가장 유사하며 통제되지 않을 때 가장 잘 작동한다.

하이에크의 규제에 대한 거부는 부분적으로 신경학에 대한 인상 깊게 박식한 연구와 오스트리아의 루트비히 폰 베르탈란피Ludwig von Bertalanffy 같은 유기 생물학자와 나눈 교분에서 얻어졌다. 1920년대 비엔나에서의 학창시절에 하이에크는 현대심리학을 공부했고 인간 두뇌의 신경섬유다발 경로를 추적하는 해부학자와 같이 연구했다. 그는 『감각질서, 1952The Sensory Order, 1952』에서 이러한 초기 연구를 종합하고, 우리가 말하는 "마음the mind"―감각적인 표현에서 믿음과 계획까지―은 인간 두뇌의 신경세포 상호작용으로 창출된 속성이라고 주장했다.[79] 하이에크가 말하는 창출Emergence은 한 시스템의 서로 다른 부분들이 상호작용해서 그렇지 않으면 존재하지 않을 속성을 형성한다는 생각을 가리킨다. (즉, 전체는 부분의 합보다 더 크다.)[80] 개미개체의 단순한 행동 특성에도 고도로 복잡한 사회적 조직이 나타나는 개미집단과 도시라고 알려진 인간의 사회적 조직형태가 자주 인용되는 사례다. 하이에크의 사고를

---

77) Ibid.

78) Ibid., p. 7.

79) Paul Lewis, "The Emergence of 'Emergence' in the Work of EA. Hayek: An Historical Analysis"(p. 4), *Social Science Research Network*.

80) Ibid., p. 6.

형성한 베르탈란피 같은 생물학자에게도 유사한 생각이 영향을 미쳤다. 베르탈란피가 보기에 생물 유기체와 시스템은, 동물개체의 장기에서 특정한 생태계를 채우는 다양한 유기체에 이르기까지, 조직된 부분의 중첩된 위계로 구성된다.[81] 베르탈란피는 "일반 시스템 이론general system theory"이라고 지칭한 틀에서 이러한 원칙은 조직된 복합성을 나타내는 모든 현상에 적용된다고 주장했다. 이러한 통찰을 경제학과 사회학에 적용하면서 하이에크는 자유시장이 두뇌 신경세포나 생태계와 유사하게 구조적으로 상호작용하면서 어떠한 외부적 간섭의 필요도 없이 자율적으로 조직된 복합적인 형태를 창출한다고 주장했다.

노벨상 수락 연설을 할 때까지 하이에크는 생물학자 홀링의 연구에 의존했는데, 홀링은 그때까지 경쟁자와 포식자를 제거해서 위협받는 생태계를 보존하려는 노력은 생태계 전체의 탄력성을 알지 못하는 사이에 약화할 수 있다고 주장했다.[82] 이러한 견해를 바탕으로 하이에크는 시장에 대한 외부적인 간섭 — 실패한 경제 분야(그가 생각하기에 "건강하지 못하거나" "지속이 불가능한" 분야)에 자금을 투입하는 케인스적인 정책 — 은 장기적으로 경제체제를 훼손하는 역할을 한다고 간주했다. 하이에크의 획기적인 금융, 사회, 생물학 등식에서 복잡한 시스템은 주기적인 교란과 더 높은 수준의 복잡성 창출을 통해 자발적으로 움직이는 경향이 있다. 그러나 하이에크가 생각하는 정부의 역할은 당시 일부 그의 동료들이 주장한 것처럼 방관이 아니다. 그것은 자유시장이 스스로를 더 잘 조직할 수 있도록 사회를 근본적으로 바꾸는 것이었다. "만약 인간이 사회질서를 개선하려는 노력으로 이득보다 손해를 더 많이 끼치지 않으려면 인간이 성취할 수 있는 지식을 사용해야 할 것이다. 우리는 공예가가

---

81) Ibid., p. 35.
82) Chris Zebrowski, "The Nature of Resilience," *Resilience: International Practices, Policies and Discourses*, 1:3(2013), p. 166.

수공예품의 모양을 만드는 것과 같은 방식으로 결과의 모양을 만들 것이 아니라 정원사가 식물을 다루는 방식으로 적절한 환경을 제공해서 성장을 고양해야 할 것이다"라고 "*지식의 허위*"에서 하이에크는 말했다.[83]

한때 중요하지 않은 것으로 간주되었던 이러한 주장은 오늘날 신자유주의의 탄력성 논의에서 중심인데, 그 논의에서 정부의 역할은 중앙화된 통제의 달성을 시도하기보다는 개인과 기업이 활동하는 최적의 조건을 만드는 것이다. 그러나 이러한 주체들은 사회에서 사람들과 공존하지만, 탄력성을 지향하는 많은 일에서 실제로 사람들은 뒷전이다. 그러한 가정은 탄력적인 지구적 도시계획을 구축하려는 록펠러재단의 프로그램을 뒷받침한다. 설계를 통한 재건을 다수의 국제도시에 확대한 100대 탄력성 도시 프로그램은 "탄력성 도시"의 지정이 경쟁적이고 (마치 오직 가장 경쟁력 있는 도시들만 탄력성을 누릴 자격이 있는 것처럼) 지원 도시 수백 개가 그 프로그램과 자금 지원을 거절당하기 때문에 신자유주의적이다.[84] 게다가 그 프로그램은 록펠러재단이 조성한 자금으로 민관협력을 통한 탄력성 구축을 제안하고 선별된 도시에서 탄력성 계획을 수립하는 임무를 띤 "최고 탄력성 담당Chief Resilience Officer"의 설립을 후원했다.[85] 더구나 이러한 탄력성 도시에 필요한 자원에 대한 접근 권한을 제공하려는 의도를 지닌 대부분의 "플랫폼 협력자platform partners"는 마이크로소프트Microsoft와 시스코Cisco 같은 사기업이다.[86] 조금 덜 알려져 있지만 국토안보와 금융 분야에 근거를 두고 있는 데이터 마이닝 기업인 팰런티어Palantir, 원자력기술로 특화한 미국 군산복합체기관인 샌디아 국립 연구소

---

83) Hayek, "The Pretense of Knowledge," p. 7.

84) Tom Slater, "The Resilience of Neoliberal Urbanism," Open Security: Conflict and Peacebuilding Forum, January 28, 2014.

85) Judith Rodin, "Realizing the Resilience Dividend," *Rockefeller Foundation Blog*, January 22, 2014.

86) "플랫폼 협력자" 목록은 100resilientcities.org/partners

Sandia National Laboratories, 빈곤국 도시의 물 공급을 민영화하는 데 핵심적인 역할을 해온 프랑스의 다국적 기업 베올리아Veolia 또한 여기에 포함된다.87) 100대 탄력성 도시 프로그램에 참가한 일부 협력자는 취약한 공동체에 위험을 전가하는 의제 또한 제안했다. 예를 들어 자문 기업인 아이시에프 인터내셔널ICF International은 허리케인 카트리나 이후 로드홈 프로그램을 운영하면서 수행한 역할로 악명이 높다. 그 재난 이후 입찰 없이 계약한 정치적 연계가 있었던 많은 기업 가운데 하나였던 아이시에프 인터내셔널은 카트리나 이후 5년 동안 신청자의 오직 55%만 지원했고 나머지 신청자는 자격을 박탈당하거나 거절당하거나 도움을 받는 것을 포기했다.88) 록펠러의 100대 탄력성 도시 사업에 아이시에프 인터내셔널이 포함된 것은 탄력성이란 상표로 조직된 재난-구조 노력이 실제 어떻게 진행되는지를 상기시킨다. 경쟁력 있고 효율적인 서비스를 제공한다는 온갖 빛나는 수사에도 그러한 사유화한 구조 및 회복 활동은 대중과 고통을 겪고 있는 재난피해자들의 희생으로 주로 기업의 임원 및 주주의 주머니를 채우는 창의적인 새로운 형태의 부패를 발전시키는 데 효율적이다.89)

물론 많은 선의의 개인과 단체가 공동체의 탄력성을 구축하는 노력에 참가한다. 탄력성은 재난으로 많은 사람이 완전한 절망과 무시의 상태로 망연자실하게 되는 그 순간에 매혹적인 희망을 제공하는 개념이다. 그렇지만 그 개념의 이념적 토대는 너무 자주 가려지며, 개별적 노력은 아무리 이타적이더

---

87) 베올리아와 세계적인 물 공급 민영화에 대해서는 Karen Piper, *The Price of Thirst: Global Water Inequality and the Coming Chaos*(Minneapolis: University of Minnesota Press, 2014) 참조.

88) Tierney, "Resilience and the Neoliberal Project: Discourses, Critiques, Practices And Katrina," p. 12.

89) 카트리나 이후 뉴올리언스의 부패에 대해서는 Vicanne Adams, *Markets of Sorrow, Labors of Faith: New Orleans in the Wake of Katrina*(Durham, NC: Duke University Press, 2013); Naomi Klein, *The Shock Doctrine*(New York: Knopf, 2007) 참조.

라도 쉽게 신자유주의 통치의 파괴적 형태를 진전시키는 탈정치화한 맥락을 창출하게 된다. 설계를 통한 재건이 분명 이러한 경우인데, 이는 흥미롭게 보이지만 신자유주의하에서 도시가 어떻게 변하는가와 관련된 더 광범위한 맥락을 너무 자주 무시하는 설계를 내민다. 그리고 이러한 모순은 "플랫폼 협력자"의 진용이 명백히 드러남에 따라 100대 탄력성 도시 프로그램에서 훨씬 더 분명해진다.

이러한 논의에서 눈에 띄게 부족한 점은 오늘날 지구적 도시생활의 가장 탄력적인 양상인 강탈을 통한 이윤 축적 경향에 관한 것이다. 실제로 탄력성을 단순히 긴축재정을 지지하는 담론으로 봐서는 안 되며 능동적으로 강탈을 촉진하는 어떤 것으로 봐야 한다.[90] 지리학자 톰 슬레이터Tom Slater가 주장하듯이 도시계획가와 정치인이 생물학에서 획득한 개념을 도시문제에 적용한 오랜 역사가 있는데, 이는 가난한 공동체에 믿을 수 없을 정도로 파괴적인 결과를 초래했다. 예를 들어 영향력 있는 시카고학파의 인간생태학Chicago School of Human Ecology은 생물학 이론에 근거해서 "황폐화한blighted" 동네의 주민들을 해체하고 분산한 "도시재생urban regeneration" 형태를 정당화했다.[91] 생태과학적인 "탄력성" 개념 사용은 최근의 사례일 뿐인데, 세계적인 불경기의 정치적 근원을 모호하게 만들고 지역사회의 탄력성을 회복한다는 명목 아래 전 세계적으로 도시의 공공 지출을 감축하는 길로 이끈다. 도시의 탄력성을 강력하게 퍼뜨리는 사람들이 전 세계적으로 토지 장악과 강제적인 축출을 추동하는 중단 없는 부동산 이익 추구에 대해 거의 거론하지 않는다는 것은 놀라운 일이 아니다. 어쨌든 횡재 또한 이러한 정책 및 인간이 유발한 기후변화에 어떻게 적응해야 하는지 조언하는 것에서 얻어진다. 업턴 싱클레어Upton Sinclair의

---

90) Slater, "The Resilience of Neoliberal Urbanism."

91) 시카고학파의 도시 교리에 대한 논의는 Andrew Ross, *The Chicago Gangster Theory of Life: Nature's Debt to Society*(New York: Verso, 1995) 참조.

경구를 적용해서 말하자면 문제의 근원을 이해하지 않는 것에 어떤 컨설턴트의 급여가 달려 있을 때 그 컨설턴트가 문제의 근원을 보도록 만드는 것은 극히 어렵다.

설계를 통한 재건과 오세아닉커먼스

건축가 일라 버먼Ila Berman은 삼각주 같은 수변구역의 설계에 대한 에세이에서 "우리에게는 부드럽고 역동적인 기반시설 및 유동적이고 적응적인 공간 전략을 향해 나아가는 새로운 문화-자연 연속체를 생성할 필요가 있다"라고 말한다.[92] 그녀의 핵심적인 주장은 건축, 공학, 예술 분야는 육지/terra firma를 인류 문화의 영역으로 보는 경향이 있다는 것이다.[93] 대조적으로 물은 혼돈의 무질서한 힘, 심지어 죽음으로서 인간의 모든 것과 대립한다. 결과적으로 지도에 육지와 바다를 구분하는 굵은 선을 그리는 경향이 있는데, 이는 삼각주나 해안지대 같은 수변구역이 끊임없이 중첩되는 유동적인 현장이라는 사실을 가리는 양자택일적인 구분이다.[94] 침하하는 도시와 상승하는 해수면에 직면해서 건축가들은 점차 이러한 어리석음을 이해하고 또한 버먼이 말하는 "새로운 문화-자연 연속체"를 포용하게 된다. 그렇게 하면서 그들은 인간과 비인간 행위자가 복잡하고, 유동적인 네트워크로 얽혀 있는 것으로 보는 생태학에서 발현된 통찰에 의존한다.[95] 이는 설계의 새로운 관행을 형성하는

---

92) Ila Berman, "From Inundation to Scarcity" in Mathur and Da Cunha(eds.), *Design in the Terrain of Water*, p. 114.

93) Philip E. Steinberg, "Of Other Seas: Metaphors and Materialities in Maritime Regions," *Atlantic Studies*, 10:2(2013), pp. 156~169.

94) Anuradha Mathur and Dilip Da Cunha, "Waters Everywhere" in Mathur and Da Cunha(eds.), *Design in the Terrain of Water*, p. 1.

95) 예를 들어 Bruno Latour, *We Have Never Been Modern*(Cambridge, MA: Harvard

것인데, 설계를 통한 재건에서 첫 번째로 수상한 제안인 살아 있는 방파제 Living Breakwaters 프로젝트가 여기에 포함된다.[96] 살아 있는 방파제에 "사회적으로 책임지는 설계"상을 수여한 버크민스터 풀러 인스티튜트Buckminster Fuller Institute에서 온 심사자는 "그 프로젝트는 자연 에너지와 싸우기보다는 그것을 소멸시키고 그것과 함께 작동하려 한다"라고 썼다.[97]

스케이프 경관 건축SCAPE Landscape Architecture 팀과 유체역학, 해양생물학, 공공 교육, 굴 복원 등 다양한 분야의 협업으로 설계된 살아 있는 방파제는 뉴욕시 주위의 얕은 수변 생태계에 관련된 도시화, 오염, 퇴적물 고갈, 해수면 상승의 도전에 대해 조사하고 대응했다.[98] 전 세계적으로 많은 공동체가 이러한 문제에 직면하고 있지만 뉴욕 권역은 특히 심각하다. "웨스트뱅크West Bank"로 알려진 얕은 해변 지층은 한때 스테이튼섬 연안 공동체의 침수를 막아주었는데, 허리케인 샌디가 만든 폭풍해일이 그 지역을 황폐화했을 때 심각함이 분명해졌다. 준설, 오염, 자연 및 양식 굴 군락지의 축소는 스테이튼섬 연안 지역이 지속적인 파도로 인한 침식뿐만 아니라 재앙적인 폭풍해일에 주기적으로 노출되게 만들었다. 이러한 위협에 대응해서 *살아 있는 방파제*팀은 스테이튼섬 해안선 남동쪽 해변에 접한 바다의 바닥에 정박된 일련의 노출된 방파제를 제안했다. 이 팀의 제안은 해안 장벽의 건설이라는 전통적인 해안방어 접근법과 선명하게 대조된다. 그러한 전통적인 수단은 해안 생태계와 지역사회를 바다에서 분리하고 필수적인 수인성 퇴적물로 형성된 해안선을 고갈시킨다. 상승하는 조류의 위협을 느끼는 지역사회로서는 전통적인 수

University Press, 1993); 더 최근의 것은 Eben Kirksey, *Emergent Ecologies*(Durham, NC: Duke University Press, 2015) 참조.

96) "Governor Cuomo Announces $60 Million Living Breakwaters Barrier to Protect Staten Island Shoreline and Habitat," governor.ny.gov.

97) Bill Browning, *IDEA Index*, The Buckminster Fuller Institute, bfi.org/ideaindexlprojects/2014/living-breakwaters.

98) Bisker et al., *Rebuild By Design*, p. 178.

단이 매력적일지 모르지만 해안 장벽은 궁극적으로 치명적인 실패를 겪을 운명인데, 폭풍으로 불어난 바닷물이 장벽을 넘거나 조수가 점차 장벽의 바다 방면 땅을 침식해서 결국 붕괴하게 된다. 살아 있는 방파제 팀이 수행한 연구에 따르면 이와 대조적으로 방파제는 파도의 에너지를 흡수하도록 설계된 "두터운 가장자리"를 통해 허리케인 샌디 같은 폭풍 기간에 파도를 4ft 정도 축소할 뿐만 아니라 홍수의 기저부 상승을 완화한다.[99] 또한 방파제로 인해 잔잔해진 물은 퇴적을 촉진하는데, 이는 해변 지역사회에 필수적인 보호막인 해변을 보충하는 데 일조한다.

제목의 첫 부분이 말하듯이 살아 있는 방파제는 1만 3000ft의 콘크리트와 재활용 유리재료 장벽에 굴 유생을 파종해 섞는 방식으로 기존의 방파제 계획을 혁신한다. 살아 있는 방파제 팀은 이러한 굴이 유기적으로 성장하는 확장된 군락지가 형성되고, 수중 구조물의 규모가 확장되고, 나아가 파도 에너지를 감축하는 방파제의 기능이 향상될 것으로 기대하고 있다. 스케이프 팀이 말하듯이 "살아있는 시스템으로 상정되는 살아 있는 방파제는 미래의 해수면 상승과 병행해서 생물학적으로 구축된다".[100] 게다가 여과 섭식생물인 굴은 물에서 오염물질과 독성을 걸러내 갑각류나 어류 같은 다른 해양생물에게 더 바람직한 서식지를 만들어낸다. 라리탄만Raritan Bay은 북대서양에서 어류의 산란장소로 극히 중요하며 북대서양 철갑상어 같은 공식 멸종위기종의 서식지다. 살아 있는 방파제는 조개류와 갑각류뿐만 아니라 철갑상어 같은 어종을 위한 서식지를 최대화하도록 설계되었는데, 철갑상어 같은 어종에게는 성체가 되어 대서양으로 뛰어들기 이전에 보호처가 될 수 있는 바위투성이 서식지와 작은 구멍이 있는 공간이 필요하다.

그러한 중요한 환경적인 이점에 더해 살아 있는 방파제는 또한 스테이튼섬

99) Ibid., p. 184.
100) Ibid., p. 186.

의 공동체가 주위의 바다와 더욱 밀접하게 연결되도록 설계되었다. 스케이프 팀이 설명하듯이 그 프로젝트는 "수생 서식지와 공동체의 접근성을 통합하는 경관 수준의 개입을 구축해서 위험에 대한 인식을 제고하는 한편 실질적인 위험을 축소하는" 것을 목표로 한다.[101] 다시 말해 해수면 상승과 잠재적인 폭풍해일이 부과하는 위험을 축소하는 것은 단순히 물질적인 노력만으로 되는 것이 아니다. 여기에는 중요한 문화적·교육적 요소가 있다. 해변 공동체가 바다에 대해 더 많이 알면 알수록 건강한 바닷물이 제공하는 이익과 환경 악화로 부담하는 위험 모두에 대해 더 잘 인지하게 된다. 살아 있는 방파제는 해변 공동체를 프로젝트의 필수적인 요소로서 건강한 수변 생태계를 유지하는 인간 및 비인간 행위자 네트워크의 연계라고 상정한다. 그래서 그 프로젝트는 해변을 따라 스테이튼섬 주민과 방문자가 새를 관찰하고, 카약을 임대하고, 굴을 기르고, 행사와 교육 계획을 위해 모이는 공동체의 거점인 "워터 허브water hubs"를 특별히 설계해서 건축할 것을 요구한다. 이러한 교육적인 노력의 일환으로 스케이프 팀의 일원인 뉴욕항구학교New York Harbor School는 뉴욕 항구를 교실로 취급하는 프로그램과 교육과정을 개발하고 있다. 뉴욕항구학교는 10억 굴 프로젝트Billion Oyster Project를 통해 뉴욕 만에 10억 개체의 살아 있는 굴을 생성해서 허드슨강 하구를 22만ac가 넘게 뒤덮었던 이 핵심적인 종을 복원하려 한다.[102] *살아 있는 방파제* 프로젝트는 스테이튼섬 주민을 이 흥미로운 생태계 복원 프로젝트에 참가시킬 의도를 가지고 있으며, 해안의 방어와 복원에 대한 공동체 구성원의 인식을 근본적으로 바꾸는 길을 닦고자 한다. 만약 성공한다면 살아 있는 방파제는 미국과, 나아가 세계의 해안보호 및 복원의 접근법을 근본적으로 바꿀지도 모른다.

모든 설계를 통한 재건 프로젝트 가운데 살아 있는 방파제가 너무 자주 급

---

101) Ibid., p. 185.

102) billionoysterproject.org.

속하게 악화하고 있는 해변 공동체 주민과 그들이 거주하는 섬세한 생태계 사이의 관계에 대해 가장 근본적이고 혁신적인 고려를 하고 있다. 헌츠포인트 생명줄 같은 다른 제안도 폭풍해일을 흡수하고 수질과 천연 서식지를 개선하는 습지 같은 복원된 자연영역을 활용하고 있지만, 살아 있는 방파제는 훨씬 더 높은 강도와 더 넓은 규모로 이른바 자연공학을 포용한다. 이 프로젝트는 또한 허접스러운 허약한 제안으로 보일 수도 있다. 즉, 살아 있는 방파제는, 실행될 첫 제안임에도, 뉴욕의 다른 지역 사람들은 잊어버리기 쉬운 스테이튼섬에 초점을 두고 있으며 설계를 통한 재건 대회에 주택도시개발부가 제공할 수 있는 시상금의 15%인 단지 6000만 달러의 기금만 받았다. 마지막으로 살아 있는 방파제는 이 지역 굴 군락의 복원을 통해 스테이튼섬의 중요한 문화유산 일부를 재생했다고 말할 수 있다. 20세기 이전에 이 섬 주변의 바다는 독보적인 굴 생산지였고, 그 유산인 섬의 남동쪽 끝 토튼빌은 "굴이 건설한 도시"로 유명했었다.

이 프로젝트의 많은 강점에도 취약한 경관에서 생태적 건축 및 도시주의를 실행하는 노력에 관련된 더 깊은 갈등을 드러내는 수많은 문제 때문에 살아 있는 방파제는 어려움을 겪을 것 같다. 유동성과 유연성에 대한 건축계의 모든 논의에도 살아 있는 방파제는 여전히 근본적으로 상대적인 정지 상태에서 경관을 수정하는 데 헌신하고 있다.[103] 이는 놀라운 일이 아니다. 즉, 집과 기억과 공동체를 뒤로하고 해안선에서 철수하는 것은 미국에서는 적어도 큰 규모로는 상정할 수 없는 전망이다. 뉴욕시 샌디-복구 프로그램의 이름인 빌드잇백Build It Back이 해안 철수에 대한 지배적인 입장을 분명히 보여준다.

---

103) 유동성과 도시설계에 대해서는 Mathur and De Cunha, "Waters Everywhere"; Timothy Beatley, *Biophilic Cities: Integrating Nature into Urban Design and Planning*(Washington, DC: Island Press, 2010); Neeraj Bhatia and Lola Sheppard(eds.), *Bracket 2: Goes Soft* (Barcelona and New York: ACTAR, 2013); Bruno De Meulder and Kelly Shannon(eds.), *Water Urbanisms East*(Zurich: Park Books, 2013); Chris Reed and Nina-Marie Lister(eds.), *Projective Ecologies*(Cambridge, MA: ACTAR, 2014) 참조.

그럼에도 스테이튼섬의 다수 공동체가 그러한 근본적인 대책을 정확하게 수용해왔다. 오크우드비치 구매위원회Oakwood Beach Buyout Committee 구성원들은 홍수-방어 재건축은 물론 거주지 재배치를 포함하는 자금 공급 완화조치를 통해 생명과 재산의 손실을 감축하도록 설계된 연방정부의 위험 완화 보조금 프로그램Hazard Mitigation Grant Program에서 자금을 지원받기 위해 스테이튼섬 해변 공동체의 주민들을 조직했다. 지원받는 철수를 위한 이러한 공동체-주도 요구는 허리케인 카트리나 이후 뉴올리언스의 소개疏開를 위한 계획과 선명한 대조를 이루는데 뉴올리언스의 상류층 집단이 제기한 하향식 모델은, 예견된 것이지만, 퇴출에 직면한 시민들의 분노에 찬 저항을 유발했었다.104) 도시의 항구를 산업적으로 지원하기 위해 20세기 초 포장된 습지 위에 그들의 집이 자리 잡고 있는 것을 인식한 오크우드비치 주민들은 그 지역을 원래의 습지 상태로 되돌리는 것을 촉진할 목적으로 정부가 공동체 전체를 구매하도록 압박했다.105) 오크우드의 성공과 빌드잇백의 형편없는 기금 지출 실적에 자극받은 스테이튼섬의 총 9개 공동체가 구매위원회를 구성했다. 논란의 여지가 있지만 그 가운데 오직 3곳만 연방정부의 재원으로 관리하는 구매 프로그램을 위한 로비에 성공할 수 있었다. 오크우드 주민들이 수혜를 입은 퇴거 프로그램은 위협받는 공동체의 이주를 위해 적절한 자금을 배분하는 것과 관련된 연방정부의 의지 결여로 현재 상황에서는 실행되기 어렵다.106) 실제로 (후한 홍수보험 보조를 중단하도록 설계된) '비거트-워터스 홍수보험 개혁 법령' 통과 이후 전적으로 반대 방향의 추세가 나타나는 것으로 보인다. 즉, 홍수의 위협을 받는 주택의 보험에 대한 책임을 주택 소유주에게 이전시키는

---

104) Anthony Fontenot, Carol McMichael Reese and Michael Sorkin(eds.), *New Orleans Under Construction: The Crisis of Planning*(New York: Verso, 2014).

105) Elizabeth Rush, "Leaving the Sea: Staten Islanders Experiment With Managed Retreat," *Urban Omnibus*, February 11, 2015.

106) Ibid.

데, 역설적으로 지난 반세기의 후한 연방지원 보험 때문에 건축이 고무되었던 지역도 포함된다.

만약 대규모의 관리된 철수가 당장에는 정치적으로 실현가능한 전략이 아니라면 살아 있는 방파제 프로젝트가 매력적이고 생태적으로도 세심한 대안일지도 모른다. 그럼에도 살아 있는 방파제는 다루기 힘들고 장기적으로 지속 불가능한 수많은 환경문제에 직면하고 있다. 첫째, 방파제가 해안 장벽보다 분명히 더 지속가능하지만, 방파제는 역동적인 해안 시스템의 환경에 큰 타격을 준다. 즉, 방파제는 상승조류를 방어하지만 하강조류에 따른 침식을 가속한다. 북쪽에서 남쪽으로 향하는 모래의 이동이 제한될 때마다 잠재적인 감퇴효과가 발생한다. 다시 말해 시간이 흐르면 방파제는 모래를 해변의 한 구역에서 다른 구역으로 옮긴다. 107) 살아 있는 방파제는 남동쪽 구석 토튼빌에서 스테이튼섬의 절반을 거슬러 그레이트킬스파크Great Kills Park에 이르도록 구상된 것이다. 네덜란드 등 확장된 범위에 걸쳐 구축된 그러한 프로젝트가 있는 다른 지역에서 관찰되듯이 만약 유사한 역학이 적용된다면 그 계획은 라리탄만을 횡단해서 뉴저지의 해변 공동체로 흐르는 모래를 감축시킬 것 같다. 그래서 살아 있는 방파제는 한 장소의 당면한 문제를 해결한 것으로 보이지만, 실제로는 그러한 환경문제를 다른 곳으로 옮기면서 정치적인 문제를 만들어낸다. 즉, 왜 뉴저지의 주민들이 뉴욕의 주민들을 보호하기 위해 실행하는 대응 조치 때문에 고통을 받아야 하는가? 살아 있는 방파제 설계 팀은 스테이튼섬 지역 공동체와 맺을 깊은 연계를 개발하는 데는 극히 세심했지만, 그들의 프로젝트는 전반적으로 미묘한 경관에 개입하는 것을 추구하는 프로젝트가 수용할 지리적 범주에 관해 심각한 의문을 제기한다.

그렇지만 살아 있는 방파제가 더 확장된 시간대를 넘어 유지될 수 있는지

---

107) Mary Kate Leming, "Dunes vs. Sea Walls: Stopping Sand Loss Is a Complicated Business," *The Coastal Star*, thecoastalstar.ning.com.

가 더욱 우려스러운 문제다. 우리가 보았듯이 그 프로젝트는 해수면 상승에 대한 생물학적 대응 계획에서 굴 유생에 의존한다. 그러나 이러한 계획은 해양의 산성화라는 인간이 만든 기후파괴의 가장 큰 영향 하나를 간과한다. 선진국은 너무 많은 이산화탄소를 배출하는데, 해양은 날마다 이산화탄소 배출량의 1/3을 흡수하며 전 세계적으로 물의 화학성분을 근본적으로 바꾸고 있다. 미국의 국립해양대기국National Oceanic and Atmospheric Administration에 따르면 해양의 산성은 2100년까지 5배 증가할 것으로 추정된다.[108] 5000만 년 동안 지구에서 이렇게 극적으로 전 세계의 해양이 바뀐 적은 없었다. 그렇게 강한 산성의 물에서 일반적인 연체동물 성체의 껍데기는 45일 이내에 녹을 것이다. 산성도pH가 더 낮아진다는 것은 굴, 가리비, 기타 조개류가 필수적인 껍데기를 구축하기 위해 의존하는 탄산염이 적어진다는 것을 의미한다. 산성도가 낮아지면, 즉 산성이 증가하면 껍데기는 얇아지고 성장은 늦어지며 폐사율은 증가한다. 그러한 환경에서 굴 유생에게는 가망이 없다. 굴 유생은 산성의 물에서 매우 쉽게 녹는 탄산칼슘 형태를 이용하며, 따라서 전 세계 해양의 이러한 변화에 특히 취약하다.

그렇지만 이는 단지 미래세대만의 문제가 아니다. 과학자들은 산성화가 태평양 북서쪽 조개류 산업의 위기에 책임이 있다고 추정하는데, 거기에서 2005~2009년 굴 종자의 생산은 80% 정도 급락했다.[109] 이는 최근 몇 해 동안 그 지역 굴 산업에 수억 달러의 손실을 초래했다. 과학자들이 미국 해안 전체에 걸쳐 조개류 개체 수에 대한 해양 산성화 영향 연구를 시작한 것은 단지 최근의 일이지만, 조개류 산업에 대한 경제적인 영향은 이전에 예측한 것보다 훨씬 더 광범위하게 퍼졌다는 것이 첫 번째 종합적인 연구를 통해 밝혀

108) Lisa Fletcher, "Ocean Acidification is Killing Baby Oysters," *Al Jazeera*, June 19, 2015.

109) National Oceanic and Atmospheric Administration, "Ocean Acidifications' Impact on Oysters and Other Shellfish", pmel.noaa.gov.

졌다.110) 실제로 향후 몇 년 동안 대서양 연안은 이산화탄소 배출이 야기한 해양의 일반적인 산성화뿐만 아니라 국지적으로는 조류 번성으로 발생하는 부영양화로 악화된 산성화 때문에 강한 타격을 입을 것 같다. 부영양화를 야기하는 하수와 화학폐기물은 연안의 물에 특정한 영양분을 유입하고 부패하면서 더욱 많은 이산화탄소를 물에 방출한다. 최근의 한 연구가 보여주듯이 해양 산성화에 대한 부영양화의 영향은 단지 근래에 와서 고려되고 있다. 그 연구는 상당히 불길한 언급으로 끝을 맺는다. "대기의 이산화탄소 유입이 미래에도 지속됨에 따라 연안의 이러한 과정은 연안 해양 유기체의 한계를 넘어설 것 같다."111) 다시 말해 굴과 그 밖의 해양생물들은 가까운 장래의 산성화한 바닷물에서는 생존이 불가능할 것이다.

살아 있는 방파제 팀이 그들의 계획에서 해양 산성화 요소를 무시한 것이 전적으로 놀라운 일은 아니다. 이 문제에 대한 과학적인 연구는 단지 최근에 시작되었다. 실제로 그 주제에 대한 과학 논문의 절반은 2014~2017년 사이에 발간되었다.112) 지난 5년에 걸친 굴 산업의 위기로 과학자들은 해양 산성화와 그 위기의 분명한 연계를 강조하면서, 굴이 그 유명한 탄광의 카나리아 canary in the coal mine 역할(영국 생리학자 존 스콧 홀데인John Scott Haldane은 카나리아가 일산화탄소에 민감하다는 사실을 발견했고, 카나리아는 유독가스 검출 장치가 도입될 때까지 탄광에서 사용되었다. '탄광의 카나리아canary in the coal mine'는 '닥쳐올 위험을 미리 경고한다'라는 의미를 담고 있다. - 옮긴이)을 물에서 수행한다고 시사한다. 살아 있는 방파제 팀과 협조자들이 라리탄만과 뉴욕시 주변의 수

---

110) Siri Srinivas, "Oysters, Clams, and Scallops Face High Risk from Ocean Acidification, New Study Finds," *The Guardian*, February 23, 2015.

111) Julia Ekstrom, Lisa Suatoni, Sarah R. Cooley, Linwood H. Pendleton, George G. Waldbusser, Josh E. Cinner ⋯ and Rosimeiry Portela, "Vulnerability and Adaptation of US Shellfisheries to Ocean Acidification," *Nature Climate Change*, 5(March 2015), p. 209.

112) Ulf Riebesell and Jean-Pierre Gattuso, "Lessons Learned from Ocean Acidification Research," *Nature Climate Change*, 5(January 2015), pp. 12~14.

계를 산업화 이전 시기의 현저하게 다양한 해양 생태계로 복원하려는 결의는 분명 칭찬할 만하다. 그러나 그러한 순수한 환경상태가 복원될 수 있다는 생각은 점차 훨씬 더 비현실적이 되고 있다. 탄력성 개념에서 추정되는 안정 평형stable equilibrium은 폐기되어야 할 것 같다. 해양은 지금 산업혁명 이전보다 30% 더 산성이 강하며, 심지어 우리가 오늘 이산화탄소 배출을 중단하더라도 해양이 계속해서 이미 대기에 존재하는 이산화탄소를 흡수할 것이기 때문에 지속적으로 더 산성화될 것이다. 더구나 화석자본주의는 지난 200년 동안 지구의 환경을 근본적으로 변화시켰다. 이는 광대하며 한때는 불변으로 보였던 해양의 경우에도 진실이다.

굴의 위태로운 상태는 인류가 초래한 기후파괴의 전면적인 영향의 증거다. 악화하는 해양 산성화 과정에 특히 취약한 민감한 유기체에 해안 공동체 탄력성의 근거를 두는 것은 비참하게도 짧은 생각이다. 심해지는 이산화탄소 배출에 대한 반응으로 해양이 산성화됨에 따라 살아 있는 방파제 모델에 근거한 지속가능한 해양 정책은 취약한 해안선에서 공동체를 전략적으로 이주시키는 방식으로 더 잘 사용될 수 있는 돈을 낭비하도록 위협한다. 그뿐만 아니라 살아 있는 방파제는 *빅유*와 정확히 똑같은 결과를 만들어낼 것이다. 즉, 안전과 희망에 대한 잘못된 인식을 만들어서 의도하지 않은 위험을 쌓게 될 것이다. 이것이 바로 탄력성이라는 구호 아래 설계된 가장 매력적인 계획에 내포된 위험이다.

제5장

기후 아파르트헤이트
Climate Apartheid

허리케인 샌디가 뉴욕을 타격한 지 1년 반 뒤에 나는 태평양의 섬나라 사모아Samoa와 뉴욕의 재난에 피해를 입은 공동체를 연계하는 협력 프로젝트인 리싱킹홈Rethinking Home 참가를 요청받았다.[1] 미국 자연사박물관과 사모아박물관Museum of Samoa의 큐레이터가 운영한 리싱킹홈은 기후변화가 생태에 미치는 영향에 해안선 가까이에 사는 사람들이 특히 취약하다는 전제하에 공동체가 해체되고 주거지가 파괴되는 데 따른 주택과 가정의 변화 방안을 모색했다. 프로젝트 조직자들의 목표는 기후변화와 관련된 다양한 형태의 퇴출에 직면한 섬 주민들 사이의 대화를 개시하는 것이었다. 그 프로젝트의 중심은 기후변화가 가장 심각한 방식으로 공동체에 영향을 미치고 있다는 점에 대한 인식이었다. 어쨌든 집은 단순한 벽돌과 회반죽 이상이다. 우리는 집이라는

---

1)   American Museum of Natural History, *Rethinking Home Blog.*

물리적인 현장을 통해 공동체의 구성원이 되는 많은 의례에 참가한다. 이러한 이유로 집을 뺏기는 것은 사회적으로 보이지 않는 존재가 된다는 것을 의미한다.

허리케인 샌디가 뉴욕을 타격한 해인 2012년에는 전 세계적으로 3200만 명이 넘는 사람들이 극단적인 기후 때문에 그들의 집에서 강제적으로 — 일시적이건 영구적이건 — 쫓겨났다.[2] 그 가운데 미국 24개 주에서 약 77만 6000명의 사람들이 허리케인 샌디 때문에 이재민이 되었다. 2005년 허리케인 카트리나 때문에 발생한 멕시코만 해안 지역의 이재민 약 100만 명보다는 적지만 뉴욕의 이재민 규모는 여전히 놀랍다.

리싱킹홈의 회합 뒤에 블로그blog에 쓴 글에서 스테이튼섬의 참가자 라일라는 이재민의 감정을 사무치는 씁쓸함으로 요약했다.

우리는 피곤하다. 생필품을 위해 날마다 싸우고 있다. 우리의 집과 동네의 미래에 대한 불확실성에 대처해야 한다. 보험회사, 지원 프로그램, 자선단체, 공동체 기금, 정부기구에 호소하여 우리가 회복할 수 있도록 도움을 간청하고 있다. 가장 심각한 홍수와 가장 광범위한 주택 파괴를 겪은 사람들은 가족과 친구의 친절함에 의존하고 있는데, 이는 관계를 해치고 있다. 15개월을 객실에 머물거나, 소파에서 자거나, 에어매트리스를 사용하면서 임시변통은 끝이 없는 것처럼 느껴진다.[3]

라일라의 이재민에 대한 설명은 가장 친밀한 관계 — 일반적인 조건에서는 가장 지속적인 관계 — 조차 재난 관련 퇴출로 촉진된 확장된 의존 때문에 부담

---

2)   Laura Gottesdiener, Rachel Falcone and Michael Premo (for Sandy Storyline), "The Time In Between: Displacement After Hurricane Sandy," *Creative Time Reports*, July 15, 2013 .

3)   Leila Rassi, "We Are Tired," *Rethinking Home Blog*, April 9, 2014, American Museum of Natural History.

이 되고 틀어질 수 있다는 것을 포착한다.

라일라의 경험은 결코 독특한 것이 아니다. 공동체에 끼친 샌디의 영향에 관한 이야기, 이미지, 영상을 수집하는 온라인 참여 다큐멘터리 프로젝트인 〈샌디이야기Sandy Storyline〉에서 퀸스의 해변 성인요양시설 거주민인 알렉스 우즈Alex Woods가 말했듯이 참혹한 퇴출은 허리케인 샌디 이후 일반적이었다.[4] 우즈는 요양시설의 다른 거주자 160명과 함께 샌디가 습격한 날 아침에 소개되어 결국 3개월이 넘게 임시 거주지에서 지냈다.[5] 요양시설은 범람원의 한가운데에 있어서 강제적으로 소개되는 "A구역Zone A"에 위치했지만, 샌디 이전에 우즈와 친구들을 이주시키려는 어떤 노력도 없었다. 우즈는 이 기간 동안 퀸스의 외딴 지역의 일부는 폐기되고 무너질 것 같은 정신병원 시설인 크리드무어 정신치료센터Creedmoor Psychiatric Center 터전의 반쪽짜리 숙소에서 지냈는데, 거기에서 그와 그의 친구들은 산발적인 난방과 온수 부족 등 악화해가는 상황에 적응해야만 했다.

허리케인 샌디 같은 자연재해 이후 사람들의 이주는 이미 제도적인 주택 위기를 겪고 있는 뉴욕에 특별한 도전이다. 샌디 때 5만 명이 넘는 사람들이 밤마다 도시의 대피소나 길거리에서 잤고, 이듬해에는 그 숫자가 상당히 늘어났다. 재난과 관련된 이주는 그렇게 사회적 정의와 관련된 근본적인 쟁점을 제기한다. 라일라는 *리싱킹홈*을 위한 블로그 글에서 그 교훈을 강력하게 끌어낸다.

> 뉴욕의 지속가능하고 공정하고 저렴한 주택의 필요에 대한 신중한 고려 없이
> 샌디의 영향에 대해 논의하는 것은 황폐화한 지역사회의 저소득 및 중간소득
> 주민의 필요를 무시하는 것이리라. 그것은 또한 주택 정의는 정부가 충분히 실

---

4) Sandy Storyline, sandystoryline.com.

5) Gottesdiener et al., "The Time In Between."

행할 수 있는 재량 안에 있는 가시적이고 달성 가능한 목표라는 실제를 무시하는 것이리라 … 이러한 우려를 공유하려는 내 의도는 우리의 공동체에 대한 인간-유발의 지속적인 파괴를 널리 알리려는 것이다.[6]

노숙자 문제는 허리케인 샌디 이후 특히 심각해졌는데, 퇴출된 사람들을 위한 주거를 찾는 문제는 점점 더 극단적인 기후가 홍수와 폭풍에 취약한 평원뿐만 아니라 연안도시까지 위협함에 따라 국가적이고 국제적인 과제로 대두되고 있다. 국내퇴출추적센터Internal Displacement Monitoring Centre의 보고에 따르면 기후변화와 연계된 극단적인 날씨가 2012년 퇴출 발생의 주요 원인이었다.[7] 최근의 보고에서 국내퇴출추적센터는 "2015년 113개 나라에 걸쳐 약 1920만 명이 재난으로 퇴출되었는데, 이는 분쟁과 폭력 때문에 탈출한 사람의 2배가 넘는다"라고 강조했다.[8]

기후변화와 관련된 재난으로 퇴출된 사람의 숫자가 증가함에 따라 퇴출된 사람들을 어떻게 표현하느냐는 문제도 점점 더 커지고 있다. 이러한 문제는 허리케인 카트리나 때문에 퇴출된 사람들을 어떻게 지칭할 것인가를 둘러싼 논의에서 가장 명백하게 조명되었다. 민권운동가인 알 샤프톤Al Sharpton은 언론이 퇴출된 사람들the displaced을 묘사하기 위해 "난민refugee"이라는 용어를 사용하는 것에 대해 특히 신랄하게 비판했다. 샤프톤에 따르면 "그들은 난민이 아니다. 그들은 미국의 국민이다. 그들은 자선을 바라면서 이곳저곳 헤매는 난민이 아니다. 그들은 무시와 애초에 결코 처할 일이 없었던 상황의 희생물이다".[9] 샤프톤은 난민이라는 용어를 거부하면서 가장 노골적인 인종적 고

6) Leila Rassi, "We Are Tired."

7) Gottesdiener et al., "The Time In Between" 인용.

8) Internal Displacement Monitoring Centre, "Global Report 2016."

9) Mike Pesca, "Are Katrina's Victims 'Refugees' or 'Evacuees'?," *National Public Radio Reporter's Notebook*, September 5, 2005.

정관념을 통해 카트리나 희생자들의 존엄성을 박탈하고 악마화한 방식에 문제를 제기했다.[10] 그러나 기자인 마이크 페스카Mike Pesca가 당시 언급했듯이 카트리나 희생자들은 실제로 구호받을 길을 찾고 있었다. 즉, "카트리나의 타격 이전에 경고를 받고 도시를 떠날 수단이 있었던 사람들은 소개된 사람들이었다. 모든 것을 잃고 곤경에 처한 사람들은 다른 문제였다".[11]

샤프톤이 주로 흑인인 카트리나 희생자의 시민권을 암암리에 박탈하는 용어의 사용에 굴레를 씌우는 것은 맞지만, 그의 언급은 퇴출된 사람들에게 주어지는 동정의 경계에 관한 까다로운 질문을 제기했다. 사람은 난민이 될 수 없으며 존경을 받고 권리를 누릴 가치를 지닌 존재로서 인식되어야 한다고 샤프톤은 가정한 것 같다. 그러나 이것이 그러한 경우이며 계속 그래야 하는 것인가? 기후혼란이 가속화함에 따라 법적으로나 상상으로나 우리는 어디에 동정의 경계를 설정해야 하는가? 오직 동료 시민만을 위해, 다시 말해 지리적인 경계 및 국가가 구성원이라고 정해준 사람들만을 위해 공감과 책임을 느껴야 하는가? 아니면 국경을 넘는 기후변화의 세계에서 윤리적·법적 의무를 더욱 넓게 확장해야 하는가? 어떤 힘이 이러한 더욱 넓은 윤리적 의무에 대한 지각을 방해하며 그러한 힘에 어떻게 도전할 수 있는가?

---

10) 카트리나 '난민'이라는 표현에 대한 추가 논의는 Cedric Johnson, *The Neoliberal Deluge: Hurricane Katrina, Late Capitalism, and the Remaking of New Orleans*(Minneapolis: University of Minnesota Press, 2011) 참조.

11) Ibid.

기후난민에 대한 편의적인 비/가시성

프랑스의 환경부장관 세골렌 루이얄Ségolène Royal은 2016년 나이로비의 국제연합 환경 프로그램United Nations Environmental Program 회의 연설에서 대규모 기후변화 이주의 미래에 대한 경고를 통해 참석자들이 온실가스 배출을 감축하는 결정적인 행동을 서두르도록 시도했다.12) 루이얄은 지구온난화가 주로 사회적 혼란과 후속하는 분쟁을 통해 21세기 말까지 수억 명의 기후변화 이주민을 만들 것이라고 경고했다. "기후변화 문제는 분쟁으로 이어지며 지난 수년 동안 발생한 전쟁과 분쟁을 분석해보면 몇몇은 기후변화와 관련이 있고 가뭄은 식량안보 위기와 관련이 있다는 것을 알게 된다."13) 루이얄은 참석한 170개 국가의 대표자들에게 파리기후변화협정Paris Agreement on Climate Change의 실행에 착수할 것을 촉구했다. "그것의 실행에 기여하는 것이 오늘 여러분의 책임입니다."14) 루이얄이 보기에 인위적인 기후변화를 방지하는 정책은 다가올 대량 이주에 관련된 인도주의적 위기를 해결하는 데 결정적인 것이었다. 기후변화가 유발한 대량 이주의 위협을 들먹여 개발도상국들이 파리협정을 수용하도록 자극하면서 루이얄은 부유한 나라의 지도자들의 흔한 미사여구를 채택했다. 그렇지만 청중 대부분에게 그러한 권고는 완전히 위선적으로 들렸음에 틀림없다.

이는 파리협정이 공허한 것이기 때문이다. 프랑스 외교부장관 로랑 파비위스Laurent Fabius는 지구온난화를 감축하는 "역사적인 전환점"이라고 찬양했지만 그 협정에는 어떠한 의무적 경감 조치도 포함되지 않았다.15) "2°C 미만"

---

12) Adam Vaughan, "French Minister Warns of Mass Climate Change Migration if World Doesn't Act," *The Guardian*, May 26, 2016.

13) Ibid.

14) Ibid.

15) Patrick Bond, "Who Wins From 'Climate Apartheid'?," *New Politics*, 15:4(Winter 2016).

으로 지구 평균 기온 상승을 제한한 합의된 탄소 배출규제는 순전히 자발적인 것이다. 더구나 그 협정은 잠재적 기후재앙의 근본 원인인 화석자본주의를 다루지 못했다. 예컨대 그 협정은 세계 기반시설의 탈탄소화를 절대 언급하지 않으며 지구적 도시화를 추동하는 지구적 부동산 투기 같은 파괴적인 성장 양상을 방지하려는 경제적 구조조정의 필요를 무시한다.16) 무엇보다도 영국이나 미국 같은 선진국이 남반구의 취약한 국가에 역사적으로 진 기후부채에 대한 인정이 그 협정에는 없다. 경제적으로 발전하면서 지구 공동의 대기를 오염시킨 데 가장 큰 책임이 있는 당사자인 이들 국가에 기후 배상금을 지불해야 할 윤리적 의무가 있다. 그리고 그들이 그렇게 하는 것이 실용적이기도 하다. 즉, 개발도상국에 적응을 위한 상당한 자금 지원을 하지 않는다면 기후혼란은 분명히 가난한 나라와 부유한 나라 모두에 엄청난 혼란과 퇴출을 촉진할 것이다. 국제연합 환경 프로그램에 파견된 아프리카 대표자들은 루이얄의 미사여구에 틀림없이 분노했을 것인데, 그들이 기후혼란 때문에 가장 피해를 많이 입지만 가장 책임 없는 국가들을 대변하기 때문이다. 실제로, G77+중국을 이끌었던 남아프리카 대표 노지포 조이스 마카토-디세코Nozipho Joyce Mxakato-Diseko는 파리에서 열린 사전협의에서 솔직한 평가를 내놓았다. 즉, "그 협정은 마치 아파르트헤이트와 같다. 우리는 우리 자신이 본질적으로 투표권을 박탈당한 처지에 있다는 것을 안다."17)

마카토-디세코의 논평이 단지 국제적인 탄소외교의 불평등한 본질에만 적용되는 것은 아니다. 전 지구적으로 환경파괴가 급증함에 따라 기후 아파르트헤이트라고 잘 묘사된 상태가 점점 더 분명해지고 있다. 기후 아파르트헤이트는 국경의 강화와 환경적·사회적 파괴로 영향을 받은 사람들의 이주에 대한 제한을 포괄한다. 또한 전 세계적으로 사람들을 점점 더 수탈하기 쉽게

---

16) Ibid.
17) Ibid.

만드는 사회적·경제적 취약 상태를 묘사한다. 남아프리카공화국의 아파르트헤이트에 구축된 인종자본주의 형태와 관련된 유사성은 의도적이다. 적어도 부분적으로는 기후변화에 연계된 전례 없는 난민 위기에 처한 세계에서 기후 아파르트헤이트는 점차 분명해지고 있다.

국제연합 난민기구에 따르면 고국을 탈출한 사람의 숫자는 2014년에 6000만 명으로 급증했는데, 이러한 '실향민'은 상세한 기록이 시작된 이후 가장 많은 숫자이며 영국 인구와 동일한 숫자다.[18] 시리아Syria에서의 전쟁은 난민 숫자 팽창의 단일 최대 요인이었다. 2014년 시리아는 아프가니스탄Afghanistan을 제치고 세계 최대의 난민 원천이 되었다. 세계적으로 난민 5명 가운데 1명이 시리아 출신이다. 시리아에서의 분쟁은 거의 틀림없이 세계 최초의 기후변화 전쟁이다.[19] 전쟁 발발 이전 10년 동안 시리아는 나라의 총 수자원이 절반 이하로 떨어지는 극심한 가뭄을 겪었다.[20] 가뭄으로 시리아의 농경지가 황폐화하면서 수십만 명의 사람들이 주로 농촌인 수니Sunni 지역에서 전통적으로 알라위Alawite 소수파가 지배하는 연안도시로 내몰렸다. 2010~2011년 밀 가격이 2배가 되었을 때 아사드Assad 정권은 하락하는 석유 매장량으로 인해 감소하는 소득 때문에 곡물 보조금을 유지할 수 없었다. 이러한 결핍은 시리아의 인구 과밀 도시들에서 대중의 저항을 야기했고, 급기야 아사드의 무차별적인 폭력진압에 저항하는 무장반란으로 확대되었다. 국제연합 환경 프로그램 포럼에서의 루이얄의 언급은 시리아의 폭력 및 그에 따른 최소 480만 명의 난민이 배경이었다.

---

18) Griff Witte, "New U.N. Report Says World's Refugee Crisis Is Worse than Anyone Expected," *Washington Post*, June 18, 2015.

19) Colin P. Kelley et al., "Climate Change in the Fertile Crescent and the Implications of the Recent Syrian Drought," *Proceedings of the National Academy of Sciences*, 112:11(March 2015).

20) Nafeez Ahmed, "Peak Oil, Climate Change, and Pipeline Geopolitics Driving Syria Conflict," *The Guardian*, May 13, 2013.

물론 2016년 지중해에서 익사한 사람들 모두가 기후변화로 쫓겨난 것은 아니다. 미국과 유럽 동맹국들의 "정권 교체" 촉진 시도로 전체 사회가 불안 정해진 아프가니스탄과 이라크 같은 나라에서 많은 사람들이 도망쳤다. 또한 많은 사람들이 국제통화기금 같은 국제금융기관이 부과한 수십 년의 긴축재 정 때문에 탈출했다. 그러나 기후변화는 점점 더 "복합 위기"의 핵심 요인이 되고 있으며 앞으로는 더욱 그럴 것 같다. 패런티가 썼듯이 전 지구를 아우르 는 "혼돈의 열대"는 기후변화가 냉전의 유산, 긴축재정 프로그램, 신제국주의 적 개입과 상호작용하여 사회적 혼란 및 대량 난민을 만드는 현장이다.[21] 현 대의 법률은 당면의 그리고 임박한 난민 위기를 다루기에 너무나 부적절하 다. 기후가 촉발한 이민에 대한 세계 지도자들의 언급도, 어떤 현행 국제협약 도 기후난민의 필요와 권리를 인식하지 않고 있다. 기후난민은 사법적 측면 에서는 없는 존재인데, 이는 피난처를 요구하는 그들의 호소를 실질적으로 무력화한다.

현대 난민의 대부분 — 10명 가운데 거의 9명 — 은 개발도상국에서 살고 있 다.[22] 실제 시리아 인근 터키에는 세계적으로 가장 많은 수의 난민이 있고 레 바논은 세계적으로 난민 밀집도가 가장 높다.[23] 100만 명이 넘는 시리아 사 람들이 인구가 400만 명뿐인 레바논에 들어갔고, 거기에서 매우 위태로운 상 태로 거주한다.[24] 매우 대조적으로 그러한 난민을 수용할 수 있는 가장 큰 능 력 있는 세계 부유국은 점점 더 난민에 대한 문을 거세게 닫고 있어서 치명적 인 결과를 낳고 있다. 루이얄이 국제연합 환경 프로그램에서 연설하기 바로

---

21) Christian Parenti, *Tropic of Chaos: Climate Change and the New Geography of Violence* (New York: Nation Books, 2010).

22) UNHCR, *Global Report 2015*.

23) Griff Witte, "New U.N. Report Says World's Refugee Crisis is Worse than Anyone Expected," *Washington Post*, June 18, 2015.

24) International Refugee Assistance Project, *IRAP Berkeley January 2016 Beirut Trip*, law.berk eley.edu.

며칠 전에 수십 명의 이민자를 태운 밀항선이 지중해에서 전복된 장면이 광범위하게 텔레비전으로 방송되고 있었다. 2014년 이후 만 명이 넘는 사람들이 유럽을 향해 지중해를 건너다 사망했다.[25] 2016년 지중해를 건넌 2명 가운데 1명에 해당하는 50만 명이 시리아 사람이었다.[26] 프랑스와 유럽연합의 다른 나라는 그러한 난민에게 피난처를 제공하기보다는 오히려 점점 더 이민을 불법화하는 데 의지하고 있다.[27] 육상, 해상, 공중의 순찰 저지선과 위성 및 드론의 경계 시스템으로 구성된 "요새 유럽"을 둘러싼 국경 통제는 증강되어 왔다. 이탈리아가 운영하던 지중해 탐색-구조 활동 *지중해*Mare Nostrum는 2014년 유럽연합의 국경 보안기구 프론텍스Frontex가 관할하는 더 광범위한 보안 활동 오퍼레이션 트리톤Operation Triton으로 대체되었다. 인도주의에서 불법화로 이러한 변동이 이루어진 이듬해 지중해의 사망자 수는 18배가 늘어났다.[28]

　적어도 부분적으로는 선진국이 원인인 분쟁을 피해 도망친 사람들에 대한 피난처 제공을 이렇게 거부하는 것은 그들의 인간성이 상실되지 않고서는 불가능했다. 부유한 나라의 정책 입안자와 상당수의 여론은 이러한 장면에 대해 어깨를 으쓱하면서 "물에 빠지게 놔둬"에 해당하는 정책으로 반응했다.[29] 이는 기후변화를 완화하기 위한 중요한 조치를 거부하는 것과 같으며, 남반구 개발도상국 전체가 해수면 상승이나 혹독한 가뭄으로 멸망하도록 놔두는 잘못된 일이다. 그러한 무시는 있는 그대로 간주되어야 한다. 즉, 그것은 오

---

25) "Refugee Deaths in Mediterranean Hit 10,000," *EurActiv*, June 7, 2016.

26) "Syria's Refugee Crisis in Numbers," Amnesty International, February 2016.

27) Kenan Malik, "Migrants Face Fortress Europe's Deadly Moat," *New York Times*, April 21, 2015.

28) Ibid.

29) Naomi Klein, "Let Them Drown: The Violence of Othering in a Warming World," *London Review of Books*, 38:11(June 2, 2016).

직 특권층에게만 온전한 인성을 부여하고 모든 경우에 대비해 그러한 특권을 유지하기 위해 변화를 통제하는 기후 아파르트헤이트의 한 형태다.

오직 유럽의 국가만 이민을 차단하기 위해 점점 더 군사적인 정책을 수립하고 있는 것은 아니다. 호주는 "퍼시픽솔루션Pacific Solution" 정책을 통해 망명신청자를 나우루Nauru와 파푸아뉴기니Papua New Guinea 같은 섬나라의 감옥으로 추방한다. 많은 빈곤한 국가 또한 점차 난민에 대해 배타적인 태도를 취하면서 부유한 국가를 모방하고 있다. 실제로 루이얄이 국제연합 환경 프로그램 정상회담에서 연설하기 직전에 케냐 정부는 세계 최대의 난민 수용소인 다답Dadaab을 포함한 모든 난민 수용소를 폐쇄하겠다고 위협했는데, 그렇게 되면 60만 명이 넘는 사람들이 쫓겨날 것이다.[30] 케냐 정부는 국가안보 이해 때문에 수용소를 폐쇄한다고 이러한 움직임을 정당화했으며, 국제사회가 난민에 대해 책임을 져야 한다고 주장했다.

이러한 움직임이 비난을 초래했다지만, 미국은 논쟁의 여지없이 전 세계적인 아파르트헤이트 패러다임을 수립했다. 미국은 매년 거의 40만 명의 사람들을 추방한다.[31] 미국의 감옥-산업단지는 230만 명이 넘는 사람들을 수용하고 있다. 어떤 날에는 1만 9000명이 '연방이민법federal immigration laws' 위반 범죄로 연방감옥에 수감되며, 이에 더해 3만 3000명이 형법 절차와 별개로 이민관세청Immigration and Customs Enforcement: ICE에 의해 민사적으로 억류된다. 이러한 "불법 외국인 체류자"는 어떠한 법률 대리인의 지원도 없이 이민자 억류 특별시설이나 이민관세청과 계약을 체결한 지역 감옥에 억류된다.[32] 그렇게

---

30) Peter Yeung, "Kenya to Close All Refugee Camps and Displace 600,000 People," *The Independent*, May 8, 2016.

31) A. J. Vicens, "The Obama Administration's Two Million Deportations, Explained," *Mother jones*, April 4, 2014.

32) Peter Wagner and Bernadette Rabuy, "Mass Incarceration: The Whole Pie 2016," *Prison Policy Initiative*, March 14, 2016.

"불법"이 되는 것은 법률적인 사망의 한 형태에 해당된다.[33] 미국은 국가안보라는 이름으로 배제 및 억류 제도를 정당화하지만, 그 관행은 국가의 경계를 훨씬 더 넘어 확대된다. 이러한 세계적인 억류와 추방체제는 오늘날 초국가적인 안보 국가를 지탱하는 3개의 기둥 가운데 하나인데, 나머지 둘은 반테러주의와 마약 단속이다.[34]

유럽연합의 정책은 이러한 아파르트헤이트 관행의 세계적인 특징이 점점 더 확대되고 있음을 보여준다. 지중해가 여전히 서유럽의 부유한 국가를 둘러싼 가장 크고 치명적인 해자垓子인 반면, 국경 통제는 ― 국가가 국민을 "불법 체류자" 및 "범죄자"와 구분하기 위해 영토 주권에 의존하더라도 ― 국민국가의 경계와 인접해 있지 않다. 유럽연합 같은 북대서양 국가와 미국은 국경 통제와 억류 공간을 리비아, 터키, 멕시코, 모로코 같은 "경유 국가"로 점차 이전하고 있다. 그 목적은 이민자들이 심지어 북대서양 국경을 향해 출발하기도 전에 그들을 돌려보내거나 가두어서 원격 이민 통제 형태를 만드는 것이다.[35] 이러한 강대국들의 주권은 그러한 식으로, 심지어 멀리 떨어진 국가들에까지 장벽과 수용소의 형태로뿐만 아니라 무기한 억류 네트워크로도 확장된다.

세계적으로 빈자들의 이동에 반대하는 이러한 전쟁은 남반구 개발도상국의 도시공간에서 가장 치열하다. 이 도시들은 종종 "치명적" 구역feral districts ― 에볼라Ebola 같은 글자 그대로 세계적인 유행병과 봉기, 환경파괴, 억제되지 않는 이민의 흐름 같은 다소 비유적인 위협 등 다양한 형태의 전염병 번식지 ― 으로 표현된다. 이는 만약 남반구 개발도상국 극단의 도시들이 진압되어야 하는 임박

33) Jenna Loyd, Matt Michelson and Andrew Burridge, "Introduction: Borders, Prisons, and Abolitionist Visions" in Jenna Loyd, Matt Michelson and Andrew Burridge(eds.), *Beyond Walls and Cages: Prisons, Borders, and Global Crisis*(Athens: University of Georgia Press, 2015), p. 8.

34) Gregory White, *Climate Change and Migration*(New York: Oxford University Press, 2010), p. 9.

35) Ibid., p. 7.

한 위협을 내포하고 있다고 간주된다면 그 도시들은 감시와 대_對테러 활동에 복속되어야 한다는 것을 의미한다. 기후변화에 관한 국제연합 기본협약_{United Nations Framework Convention on Climate Change} 같은 국제적인 포럼들의 기후혼란 적응에 대한 (대개 재원이 마련되지 않은) 모든 논의에도 세계 도시들의 군사화야말로 기후 아파르트헤이트를 가장 명백하게 볼 수 있는 지점이다. 이는 지난 10년 동안 테러에 대한 전쟁의 목표였던 바그다드_{Baghdad}와 카불_{Kabul} 같은 도시에만 해당하는 것이 아니다. 민간과 공공의 "보안" 자문가, 무기상, 구금_{拘禁}업을 영위하는 기업의 국제적인 망을 운용하는 로스앤젤레스와 뉴욕에도 해당한다. 그러나 가장 높은 장벽, 가장 정교한 감시 시스템 및 대_對반란 활동도 삶의 환경적 기반을 박탈당한 사람들이 도망치는 것을 중단시킬 수 없다. 그러한 상황에서 이동의 자유는 인간의 권리일 뿐만 아니라 의미 있는 유일한 적응 형태다.

환경난민 개념은 수십 년 동안 존재해왔다. 1970년대 초기에 세계 관측 연구소_{World Watch Institute} 설립자 레스터 브라운_{Lester Brown}은 처음으로 환경재난이 초래하는 대규모 난민 발생 가능성을 제기했다.[36] 브라운은 환경보존 조치를 추진하기 위한 인류의 자연파괴가 야기하는 이민의 유령을 상기시켰다. 브라운이 환경난민이라는 용어를 만들었지만 그 개념을 인도주의기관, 언론, 국제정책기관에 널리 퍼뜨린 것은 잇삼 엘-히나위_{Essam El-Hinnawi}가 1985년 국제연합 환경계획을 위해 쓴 논문이었다.[37] 엘-히나위는 환경난민을 "존재를 망가뜨리고 삶의 질에 심각한 영향을 미치는 (자연과 사람이 촉발한) 뚜렷한 환경파괴 때문에 일시적이거나 영구적으로 전통적인 주거지에서 밀려난 사람

---

36) James Morrissey, "Rethinking the 'Debate on Environmental Refugees': From 'Maxima lists and Minimalists' to 'Proponents and Critics'," *Journal of Political Ecology*, 19(2012), pp. 36~49.

37) Essam El-Hinnawi, *Environmental Refugees*(Nairobi: United Nations Environment Programme, 1985).

들"이라고 정의했다.[38] 이 정의는 지구적 기후변화와 그것이 촉발할 수 있는 사회적·경제적 파탄에 대한 집적된 인식을 통해 형성되었다. 실제로 세계 곳곳에 존재하는 환경난민의 숫자를 측정하고 가까운 장래의 놀랍게 많은 대량 난민에 대해 추정하는 보고서들이 엘-히나위 논문의 뒤를 이었다.[39]

2008년 62차 국제연합총회 의장이었던 스르잔 케림Srgjan Kerim은 환경이민자가 2010년까지 5000만 명에서 2억 명 사이가 될 것이라고 예측했다.[40] 케림은 기후변화에 미치는 인간의 영향에 대해 경고의 목소리를 더했는데, 영국 생물학자 노먼 마이어스Norman Myers는 2006년 영국 정부의 「스턴리포트Stern Report」에서 2010년까지 기후난민이 5000만 명이 될 것이라고 예측했었고, IPCC는 초기 보고서에서 5000만 명에 이르는 사람들이 다가오는 수십 년 동안 가뭄, 상승하는 조류, 확산하는 사막을 피해 이주할 것이라고 예측했었다.[41] 이 엄청난 숫자는 환경문제에 대한 관심의 촉발을 의도했을 터인데, 성문에 운집한 이방인 무리의 이미지를 상기시켜 그 충격적인 효과를 달성했다. 다시 말해 환경주의와 인도주의의 겉모습 아래 강한 외국인 혐오의 흐름이 있었다. 그리고 또 다른 문제가 있었다. 즉, 국제연합이 예측한 장소에서 난민이 현실화하지 않았다. 실제로 국제연합이 버려질 것이라고 예측한 몇몇 장소에서는 실질적으로 인구가 증가했다. 기후변화를 부정하는 사람들은 국제연합의 잘못된 예측을 환경주의자들이 공포 분위기를 조성하려고 시도했다는 증거로 이용했다.[42] 기후변화를 부정하는 사람들이 보기에 기후난민

38) White, *Climate Change and Migration*, p. 21 인용.

39) Jodi L. Jacobson, "Environmental Refugees: A Yardstick of Habitability," *Bulletin of Science, Technology and Society* 8:3(June 1988), pp. 257~258.

40) "General Assembly President Says 'Climate Refugees' Are Already a Reality," *UN New Centre*, June 24, 2008.

41) Norman Myers and Jennifer Kent, *Environmental Exodus, An Emergent Crisis in the Global Arena*(Washington, DC: The Climate Institute, 1995).

42) Axel Bojanowski, "Feared Migration Hasn't Happened: UN Embarrassed by Forecast on

개념은 보통 사람들을 위협하여 국제연합 같은 국제기구의 억압적인 힘에 복종하도록 만들기 위해 고안된 것이었다. 그러한 음모이론화는 기후혼란으로 추방된 사람들에 대한 모든 윤리적인 책임을 기후변화를 부정하는 사람들이 편리하게 회피하도록 만들었다.

그러나 기후변화를 부정하는 사람들은 다양한 요인이 이민 결정에 영향을 미친다는 진정한 문제를 지적했다. 국제연합의 최초 예측 이후 기후변화와 이민 사이의 단순한 인과관계를 정립하는 것은 매우 어렵다는 점이 분명해졌다. 이는 부분적으로는 특정 장소에 대한 기후변화의 영향이 불분명하기 때문이다. 기후변화와 이민 사이의 연계에 대한 명확성의 결여는 또한 이민의 흐름에 대한 지식 차이의 산물인데, 그러한 흐름이 국경을 넘지 않고 국내에서 발생할 때 특히 그렇다. 기후변화의 심각한 영향을 받을 가능성이 가장 큰 곳인 남반구 개발도상국 사이의 이민 양상과 관련된 지식은 특히 희박하다.[43] 이러한 불확실성 때문에 IPCC 같은 기구의 최근 보고서는 기후난민 문제에 대해 상당히 후퇴하면서 "미래의 이민 흐름에 대한 예측은 기껏해야 잠정적일 뿐이다"라고 주장한다.[44] 그럼에도 그들은 여전히 환경 위기가 사회적·경제적·정치적 요인과 상호작용해서 정확하게 시리아에서 관측되는 종류의 "복합 위기"를 생성한다고 피력한다.

기후난민의 숫자가 현대 지정학을 사로잡는 다른 이유들이 있다. 2013년 말 이오아네 테이티오타Ioane Teitiota는 세계 최초의 공식 기후난민이 되려고 시도했다. 뉴질랜드 고등법원High Court of New Zealand에서 테이티오타는 인간이 만든 기후변화가 초래한 해수면 상승이 고국인 태평양 섬나라 키리바티

Climate Refugees," *Der Speigel*, April 18, 2011.

43) Cecilia Tacoli, "Crisis or Adaptation? Migration and Climate Change in a Context of High Mobility," *Environment and Urbanization*, 21:2(October 2009), pp. 513~521.

44) Fred Pearce, "UN Climate Report Is Cautious about Making Specific Predictions," *Environment 360*, March 24, 2014.

Kiribati에서 살 수 있는 능력을 위태롭게 만들었기 때문에 자신이 난민지위를 부여받아야 한다고 주장했다.[45] 테이티오타의 소송은 성공하지 못했다. 그의 탄원을 기각하면서 존 프리스틀리John Priestly 판사는 "테이티오타가 키리바티로 돌아가더라도 생명 … 또는 적절한 음식, 옷, 주택 같은 기본적인 인간 권리를 지속적으로, 제도적으로 침해받지는 않을 것"이기 때문에 그의 난민 신청은 뉴질랜드로 망명하기 위한 법적 요건에 맞지 않는다고 썼다.[46] 그렇지만 테이티오타에게 불리한 결정을 내린 프리스틀리가 단순히 개별적인 소송에 대해 판결한 것은 아니었다. 그는 테이티오타에게 유리한 판결이 세계적인 선례를 만들 것이라는 점을 명백히 인지했었다. 테이티오타의 망명 신청이 수용되었더라면 다른 사법권의 모델 역할을 했을 것이며, "중기적인 경제결핍, 자연재해 및 전쟁의 즉각적인 영향, 기후변화가 유발한 실질적인 곤궁을 겪는 수백만 명의 사람들이 단박에 '난민협약Refugee Convention'에 따라 보호받을 자격을 획득할 것이다"라고 프리스틀리는 말했다.[47] 프리스틀리와 많은 법학자가 보기에 제2차 세계대전 직후 국제연합 회원국이 승인한 난민협약의 조건을 변경하는 것은 사법 제도의 권한이 아니다. 그렇지만 기후난민이 나치Nazi가 자행한 것과 유사한 권리 침해를 받는다고 말할 수 없더라도, 앤드류 로스Andrew Ross가 말하듯이 기후난민은 "기후부채가 길러낸 진퇴양난의 살아 있는 화신임"을 부인할 수 없다.[48]

프리스틀리 판사가 테이티오타의 망명 신청을 거부하면서 언급했듯이 어떤 국제협정도 현재 기후난민의 요구와 권리를 인식하지 않는다. 국제연합 같은 국제기구는 난민지위에 대한 정의를 명백한 정치적 박해와 연계해 좁게

---

45) John Queally, "World's First Climate Refugee Rebuffed by New Zealand," *Common Dreams*, November 26, 2013.

46) Ibid.

47) Ibid.

48) Andrew Ross, "Climate Debt Denial," *Dissent*, 63:3(2013).

유지해서 기후난민이 보이지 않을 뿐만 아니라 부적격하고 심지어 기회주의적인 "불법 체류자"로 인식되도록 조장한다. 그에 따라 기후난민은 다양한 형태의 배제와 추방에 직면한다. 결국 국제연합의 인권선언Declaration of Human Rights은 박해를 피해 어떤 나라를 떠나는 권리는 소중히 간직하더라도, 상응해서 다른 나라에 들어가는 권리를 부여하지는 않는다. 국민국가는 누가 합법적으로 영토에 들어올 수 있는지 결정하는 주권을 가지고 있으며 그에 따라 내국인과 외국인 체류자를 차별한다. 그 결과 무국적자가 되어 권리를 가질 권리가 없는 사람들의 범주가 생성된다. 해나 아렌트Hannah Arendt가 관찰한 바와 같이 권리를 생성하는 정치 제도를 박탈당하면 사람들은 실질적으로 인간이기를 멈춘다.[49] 국제연합 회원국은 박해에서 도망친 사람들에 대한 망명 허용을 의무로 하는 '난민지위에 관한 1951년 협약1951 Convention Relating to the Status of Refugees'을 통해 권리가 없는 이러한 인간-이하 범주에 대한 해결을 추구했다. 그렇지만 국민국가가 신청자의 난민 자격을 결정하는 권한을 보유했기 때문에 망명의 범주는 근본적으로 배제에 기초했다.[50] 망명 신청자는 그들이 출신 국가에서 당한 위협에 관한 문서에 기초해서 이민의 권리를 증명할 수 있을 때까지 "추방할 수 있는 체류자deportable aliens"로 남는다. 난민 신청자는 그의 국경을 넘는 이동성 때문에 근본적으로 영토에 입각해서 새겨진 시민권의 틀 밖으로 내쳐진 사람, 결국 제자리에 있지 않는 사람이다. 망명법은 한편으로는 인도주의적 요구를 존중하는 것처럼 보이지만 다른 한편으로는 이민자의 인간성에 대한 국가의 체계적인 부인을 허용한다.[51]

망명의 권리가 엄격하게 제한된다면 기후난민의 법적 지위는 완전히 존재하지 않게 된다. 법률 이론가 제인 매캐덤Jane McAdam이 지적하듯이 국제연합

---

49) Hannah Arendt, *The Origins of Totalitarianism* (New York: Meridian, 1958), p. 298.

50) Jill Williams, "The Spatial Paradoxes of 'Radical' Activism," *Antipode*, January 13, 2014.

51) Miriam Ticktin, *Casualties of Care: Immigration and the Politics of Humanitarianism in France* (Berkeley: University of California Press, 2011).

난민협정의 난민에 대한 정의에서 기후변화로 퇴출된 사람에 관련된 수많은 문제가 발생한다.[52] 정치적인 박해(예컨대 나치 정권에 의한)에서 도망친 사람은 명백하게 국제연합의 정의에 들어맞지만 프리스틀리 판사가 테이티오타의 난민 신청 소송 판결에서 명료하게 했듯이 기후변화는 보통 박해에 해당하는 형태로 간주되지 않는다. 부분적으로는 특정한 자연재난과 온실가스의 배출이 유발한 일반적인 환경변화 사이의 직접적 인과관계를 정립하기 어렵기 때문에 그렇다. 기후변화가 허리케인이나 사이클론 같은 특히 엄청난 재난을 일으키는 역할도 하지만 환경을 매우 점진적인 방식으로 변화시킨다는 사실도 그렇게 된 이유다. 기후변화는 문화 이론가 닉슨이 지칭한 완만한 폭력의 궁극적 형태로 간주될 수 있다.[53]

가해자를 식별하는 것이 불가능하고 기후난민이 박해를 받는 구체적인 특성(인종이나 종교 같은)을 식별하는 것도 불가능하기 때문에 기후난민 개념은 문제가 많다고 매캐덤은 주장한다.[54] 그러나 특정한 재난과 일반적인 기후변화 사이의 인과관계에 대한 과학적 질문과는 거리가 먼, 매캐덤의 입장은 난민협정의 낙후성뿐만 아니라 국제 법률제도의 이념적 본질도 드러낸다. 실제로 1750년 이후 화석연료가 추동한 이산화탄소 오염의 상대적 책임을 나라별로 규명하는 것은 매우 간단하다. 미국항공우주국 기후학자 핸슨의 분명한 명세明細에 따르면 미국과 영국이 역사적으로 배출된 양의 절반 이상을 차지하며, 독일과 호주가 세 번째와 네 번째를 차지한다.[55] 핸슨의 명세를 사용하면 기후 때문에 추방된 인구를 쉽게 규명할 수 있다. 게다가 현대적인 자원수

52) Jane McAdam, *Climate Change, Forced Migration, and International Law*(New York: Oxford University Press, 2012).

53) Rob Nixon, *Slow Violence and the Environmentalism of the Poor*(Cambridge, MA: Harvard University Press, 2012).

54) McAdam, *Climate Change, Forced Migration, and International Law*, p. 186.

55) James Hansen, "Letter to Kevin Rudd"(2008), columbia.edu.

탈 방식은 말할 것도 없고 식민지적 착취와 억압의 오랜 역사가 고려되어야한다. 그러나 현행 국제난민협약은 이러한 역사를 편리하게 가린다. 더욱 나쁜 것은 기후난민에 관련된 표준적인 법적 인정을 받는다고 곤경이 해결되는것이 아니라 그러한 인정을 통해 기후난민은 단순히 두 번째 등급의 이민자지위를 부여받고 감옥 같은 난민수용소와 억류시설에 격리될 운명에 처해진다는 것이다. 이는 결코 기후난민에 대한 적절한 보상이 될 수 없다. 세계의부유한 국가는 기후 채무자로서 기후난민에게 피난처와 시민권 보호의 빚을지고 있으며, 그들에게는 더욱 적절하고 합당한 형태의 보상 또한 필요하다.

기후난민의 정의를 설명하면서 엘-히나위와 환경 활동가들은 비가시성의체계적인 형태에 도전하려 했다. 이러한 노력은 냉전 이후의 빈곤과 안보를둘러싼 쟁점의 광범위한 변화와 맞물렸다. 예컨대 정치 이론가 제시카 매슈스Jessica Mathews는 1989년 영향력 있는 글 「안보 재정의Redefining security」에서국가안보 개념을 확장해서 식량안보 또는 에너지안보 같은 "자원, 환경, 인구문제"를 포함할 것을 주장했다.56) 이러한 견해는 또한 1987년 「브룬트란트보고서Brundtland Report」와 1994년 「인간 개발 보고서Human Development Report」등 다양한 국제연합 보고서에 반영되었다. 요지는 불안정한 생계에서 젠더화한 폭력과 식량안보에 이르기까지 전 세계적으로 사람들이 직면하고 있는 안보 문제에 대해 더 인본주의적인 접근방식을 채택하는 것이었다. 이러한 "인간안보human security" 접근방식은 "세계적 빈곤"에 대한 관심을 증가시키는 것으로 이어졌고, 결국 2005년 새천년 개발 목표Millennium Development Goals가 공표되었다.

그러나 빈곤을 위험으로 인식하는 오랜 역사가 이미 있었다. 예컨대 로버트 맥너마라Robert McNamara를 비롯한 냉전 시기 국가안보 분야 주요 인물은 베

---

56) Jessica Tuchman Mathews, "Redefining Security," *Foreign Affairs*, 68:2(April 1, 1989), pp. 162~177.

트남 같은 제3세계 국가의 빈곤을 공산주의의 온상으로 간주했다.[57] 이러한 입장 때문에 맥너마라는 제국주의 전쟁에 관련된 대통령 보좌역 역할을 연속해서 수행하다가 세계적 빈곤을 다루는 세계은행 총재로 거의 매끄럽게 옮겨 갈 수 있었다. 결과적으로 소위 "인간안보"와 인도주의적인 간섭을 위한 제국주의 전쟁을 치르는 것이 매우 쉬워졌다. 세계적 빈곤 문제 전문가인 제프리 색스Jeffrey Sachs는 9·11 이후 글에서 빈곤이 테러리즘의 온상이라면서 "빈곤, 실업, 급속한 인구 증가, 기아, 희망 부재에 시달리는 불안정한 사회 … 국외의 빈곤은 국내의 우리를 실제로 해칠 수 있다"라고 말했다.[58] 아킬 굽타 Akhil Gupta가 색스를 비판하면서 주장하듯이 인간안보 의제의 중심이 되어야 할 가난한 사람들은 이 논의의 진정한 문제인 세계 상류층을 위협하는 불안-유발자로 변모되었다.[59]

인간안보와 세계적 빈곤 개념처럼 기후난민의 인물상도 인도주의적 공감과 정책을 끌어내려던 것이었다. 특히 기후변화가 유발한 이민에 대한 예측은 이산화탄소 배출 감소를 촉진하고 퇴출된 사람들에 대한 지원을 끌어내는 것이 목표였다. 그러나 기후난민은 주요한 관심사가 되지 않았고 정말로 문제가 된 것은 오히려 부유한 국가와 국민의 안보였다. 결과적으로 시에라 클럽Sierra Club 같은 주류 환경단체의 수면 아래로는 절대로 깊이 잠기지 않는 맬서스주의Malthusian의 과잉인구 담론이 환경난민에 대한 논의에 강력하게 재등장한다. 매슈스는 사하라 사막 이남 아프리카에 대해 다음과 같이 썼다.

토지에서 얻은 것을 토지에 되돌려줄 수단이 없는 사람들의 숫자가 급속하게 증가하면서 토지의 생산력은 쇠퇴하고 있다. 인간 및 자원 궁핍화의 악순환이

---

57) Akhil Gupta, "Is Poverty a Global Security Threat?" in Ananya Roy(ed.), *Territories of Poverty: Rethinking North and South*(Athens, GA: University of Georgia Press, 2015), p. 94.

58) Ibid., p. 93 인용.

59) Ibid., p. 95.

시작되었다 ··· 그에 따른 경기침체는 분노, 내정 불안, 심지어 내전으로 이어진 다. 환경난민은 국경을 넘어 재난을 퍼뜨린다.[60]

빈곤과 기후혼란을 만드는 세계경제의 구조적 불평등에 대해서는 어떤 언급도 없으며, 대신 (망가진 것으로 낙인찍힌) 가난한 사람들의 행동은 위협으로 간주된다. 이는 식민지 주민들의 숫자가 너무 많고 환경 악화에 책임이 있다고 말하는 식민지 담론의 명백한 부활이다. 다가오는 기후이민에 대한 경고는 국경을 가로지르는 환경적 도전에 대응한 외교적 협력을 추동하려던 것이었지만, 너무나 쉽게 배타적인 기후안보 모델로 초점이 옮겨졌다. 다시 말해 기후난민에 대한 논의는 제국주의적인 안보 국가의 손에 놀아났다.

불안의 계보

『방어할 수 없는 공간Indefensible Space』의 도입부에서 건축가이며 비평가인 소킨은 9·11 이후 뉴욕 도심공간의 변화를 묘사한다.[61] 소킨의 맨해튼 사무실 주위 도시경관을 어지럽히는 폭발방어벽, 탐지견, 보안카메라의 확산은 도시공간뿐만 아니라 문화적 관습까지 다시 만들고 있는 두려움의 건축 일부인데, 도처에 만연한 감시 시스템을 정당화하는 깊은 공포로 스며들고 있다. 국가 불안 상태가 디자인을 만들어낸다는 소킨의 설명은, 위험에 대한 추정을 9·11 이후 계획의 가장 중요한 원칙으로 만들면서, 뉴욕의 도심을 변모시키고 있는 내화성 화분과 차량 진입방지 기둥을 보는 두려움의 기운을 강력하게 포착한다.[62] 그렇지만 국가안보, 이민, 환경을 연계하는 담론은 9·11

---

60) Mathews, "Redefining Security," pp. 167~168.

61) Michael Sorkin, "Introduction: The Fear Factor" in Sorkin(ed.), *Indefensible Space*.

이전에도 유포되었을 뿐만 아니라 테러에 대한 전쟁 시기 맨해튼 도심에서 매우 분명하게 자기의 존재를 선언한 초국적 안보 상태를 정당화하는 핵심적인 요소였다는 점에 주목하는 것이 중요하다.

실제로 반이민 정서는 기후변화와 안보 상태에 대한 논의에 수십 년 동안 나타났다. 빈곤한 나라의 이민자들이 미국과 서유럽 국가에서 제2차 세계대전 이후 시기에는 열렬한 환영을 받았다고 말하는 것은 매우 부정확할 것이다. 그러나 1945년 직후 노동력 부족 때문에 주로 멕시코에서 농업 노동자를 충원하는 미국의 브라세로 프로그램Bracero Program과 남유럽, 북아프리카, 터키에서 독일의 고양된 산업 부문의 일자리를 채우는 가스타바이터 프로그램Gastarbeiterprogramm 같은 협정의 체결이 이루어졌다. 산업화한 북유럽 다른 나라에서 정립된 유사한 구조를 따라 이들 프로그램은 국경을 건너는 사람들에게 상당한 자유를 허용했었다. 이는 1970년대의 경제적·정치적 위기로 인해 반이민 담론이 실질적인 관심을 끌기 시작하면서 바뀌었고, 이민을 제한하기 위한 정책의 변화가 산발적으로 이어졌다.

문화 이론가 스튜어트 홀Stuart Hall 등이 중요한 저작 『위기관리Policing the Crisis』에서 1970년대 자본주의의 "유기적 위기organic crisis"로 지칭했던 맥락과 같이 이제는 우리 모두 신자유주의라고 알고 있는 저하하는 기업 이윤율과 계급전쟁 과열에 수반된 사회적 갈등의 장본인으로서 카리브해 혈통 영국인이 희생양이 되었다.[63] 마거릿 대처Margaret Thatcher 같은 영국의 지배층은 이민자와 그들의 외계적인 행동 및 관습을 사회에 대한 근본적인 위협으로 간주하는 외국인 혐오적인 영국민족주의(홀 등은 *대중적 권위주의popular authoritarianism*라고 지칭)를 확고하게 만들기 위해 흑인 강도 숫자를 둘러싼 도덕적 공

---

63) · Stuart Hall, Chas Critcher, Tony Jefferson, John Clarke and Brian Roberts, *Policing the Crisis: Mugging, the State, and Law and Order*(New York: Palgrave Macmillan, 1978).

제5장 기후 아파르트헤이트 271

황moral panics을 이용했다. 흑인이 대다수인 도시구역에 대한 매우 억압적인 치안 절차가 이 대중적 권위주의의 가장 즉각적이고 가시적인 결과였지만 이러한 이념적인 변화는 또한 인종 차별주의적인 국민전선National Front의 부상, 대처의 토리당Tories이 시행한 반이민 수사의 성공적인 주류화, 1981년의 전면적이고 배타적인 국적법의 통과로 나타났다.[64] 다른 유럽 국가들과 미국에서도 유사한 변화가 진행되고 있었는데, 이민 정책에 대한 광범위한 함의를 담은 주요한 정책적 계기 두 가지를 통해 절정에 달했다.

미국에서는 1992년 민주당 대통령 빌 클린턴Bill Clinton 때 북미자유무역협정North American Free Trade Agreement: NAFTA이 체결되었다. 미국, 멕시코, 캐나다를 삼각무역동맹으로 묶은 북미자유무역협정으로 미국 농산물에 대한 방어관세가 단계적으로 폐지됨에 따라 멕시코의 농업은 극심하게 훼손되었다. 보조금을 받는 미국의 옥수수가 멕시코에 흘러넘쳤고, 200만 명에 이르는 멕시코 농민은 이러한 변화 때문에 파산하고 농촌을 떠나 일자리를 찾아 멕시코의 도시로 향하거나 미국 국경을 넘었다. 미국 당국의 대응은 국경을 대규모로 군사화하고 성공적으로 국경을 넘은 사람은 "불법체류자"로 범죄자가 되어 숨어 살도록 강요하는 것이었다. 1994년 클린턴 정부는 미국과 멕시코 사이 국경의 불법 이민을 막기 위한 목적으로 문지기 작전Operation Gatekeeper을 수립했다. 3년 뒤 이민귀화국Immigration and Naturalization Service의 예산은 8억 달러로 2배 늘었고, 거의 2배의 인원이 국경순찰대에 배치되었고, 장벽의 규모는 갑절이 되었으며, 지하의 감지기 숫자는 3배가 되었다. 문지기 작전의 일환으로 반복적인 침입자 및 "외국인 범죄자"의 식별을 지원하기 위한 자동 생체 인식 시스템이 도입되었다.[65]

---

64) Ashley Dawson, *Mongrel Nation: Diasporic Culture and the Making of Postcolonial Britain* (Ann Arbor: University of Michigan Press, 2007).

65) Joseph Nevins, *Operation Gatekeeper: The Rise of the "Illegal Alien" and the Making of the US-Mexico Boundary*(New York: Routledge, 2002).

대서양의 다른 쪽에서는 북미자유무역협정과 동일한 경제적 계산에 힘입은 움직임으로 1990년 '솅겐협약Schengen Convention'을 채택해서 대부분의 유럽연합 회원국 사이 국경 통제를 폐지했다. 2년 뒤 '마스트리히트조약Maastricht Treaty'이 체결되어 유럽연합과 단일통화가 생성되었다. 유럽 국가의 국민에게 이러한 협정들은 26개의 국가와 4억 명의 사람들로 새롭게 구성된 정치, 경제체제 안에서 이동하는 자유를 의미했다. 그러나 정치이론가 에티엔 발리바르Étienne Balibar가 주목했듯이 "외국인" ― 유럽에 거주하지만 유럽 국가의 국민이 아닌 사람 ― 은 새로운 개방형 국경에 관련된 시민권은 물론 유럽 국가에 적용되는 사회적 권리에서도 배제되었기 때문에 솅겐협약은 유럽의 아파르트헤이트를 구성하게 되었다.66) 솅겐협약에서 제3국 국민은 본질적으로 단순히 외국인이 아니라 안보 문제로 간주되었다. 유럽연합 회원국의 이동의 자유는 그렇게 비유럽 국가의 배제를 대가로 얻어진 것이었다. 발리바르는 이러한 배제 정책의 식민지적 기원을 암시하면서 유럽의 사회적 관계 "재식민지화"로서 솅겐협약이 적용되는 지역에 미치는 모순적 영향에 대해 묘사한다.67) 불법 외국인 체류자 숫자를 둘러싼 미국에서의 도덕적 공황과 마찬가지로 인종주의는 신자유주의적 세계화로 고소득 일자리와 사회복지가 해체되어 수많은 사람들이 좌절하면서 나타난 일반적인 반응이 되었다. 발리바르는 다음과 같이 말한다.

> 세계화를 감안하면 제도적 인종주의는 실제로 신화적인 주권을 상상 속에서 재구축하는 수단이다 … 국민은 만약 외국인의 권리가 자신보다 열등하다고 간주한다면 자신의 권리가 실제로 존재한다고 설득될 수 있다.68)

---

66) Etienne Balibar, *We, the People of Europe? Reflections on Transnational Citizenship* (Princeton, NJ: Princeton University Press, 2004), p. 43.

67) Ibid., p. 44.

68) Ibid., pp. 35~36.

유럽 내 이동의 자유 확립은 유럽연합 입국에 대한 점점 더 군사화하는 통제와 병행해서 이루어졌다. 점차 군사화하는 이민 정책 아래 환경난민의 숫자는 급속하게 국가안보의 담론 속에 동화되었다. 1992년 당시 상원의원 앨 고어Al Gore는 그의 책 『지구의 균형Earth in the Balance』에서 환경 위기를 안보 문제로 진지하게 취급해야 한다고 주장했다.[69] 그의 환경 위기에 대한 설명은 국가안보의 언어로 흠뻑 젖어 있다. 예컨대 그는 기후변화의 위험에 대한 대중의 경각심을 고취시키려고 국지적 "접전", 지역적 "전투", "전략적" 갈등 같은 군사 용어를 채택한다.[70] 그가 전략적인 위협이라고 분류한 기후변화는 반복해서 핵무기의 도전에 비교된다.[71] 그가 기후위기에 적응하기 위해 제안한 핵심적인 단계 하나는 레이건-시기 전략적 방위 구상(이른바 별들의 전쟁Strategic Defense Initiative)에 기초한 모델인 소위 "전략적 환경 구상Strategic Environmental Initiative"이다.[72] 이러한 틀 속에서 농업, 에너지, 건축 같은 다양한 영역의 환경 개선은 미국에 경제적으로 이익이 될 것이다.[73] 고어는 환경 난민 문제에 대해 길게 쓰지 않았지만, 저개발국가가 소위 세계적 마셜플랜 Marshall Plan에 기여할 주요한(사실상 유일한) 요소로 "세계인구 안정stabilizing world population"을 선정했다.[74] 그의 책은 역사적으로 북반구 산업화 국가에 책임이 있는 위기인 기후변화에 관심을 집중하고 있지만 인구증가, 환경파괴, 정치적 불안정 및 갈등 사이의 연계를 반복해서 암시한다.

(케냐, 이집트, 나이지리아 같은 나라에서) 나타나고 있는 이러한 인구증가율과

---

69) Al Gore, *Earth in the Balance: Ecology and the Human Spirit*(New York: Plume, 1992).

70) Ibid., pp. 28~29.

71) Ibid., p. 34.

72) Ibid., pp. 319~337.

73) Ibid., p. 335.

74) Ibid., pp. 307~314.

연계된 정치적 긴장은 가장 급속하게 인구가 증가하는 많은 나라의 사회질서 파괴를 위협하며, 나아가 증가된 인구가 동일한 양의 자원을 나눠야 하는 천연자원 부족을 둘러싼 전쟁의 가능성을 제고한다.[75]

고어는 세계적인 지정학 관점에서 그러한 갈등의 함의를 끌어내지는 않았지만 다른 사람들은 기꺼이 그렇게 했다. 토머스 호머-딕슨Thomas Homer-Dixon은 1993년 『환경적 결핍과 세계 안보Environmental Scarcity and Global Security』라는 책에서 정확하게 그러한 연계를 만들었다.[76] 과잉인구에 대한 고어의 맬서스적인 주장을 복제하면서 호머-딕슨은 그가 보기에 인구증가, 자원 고갈, 기존 천연자원에 대한 불균등한 접근성의 결합에서 나타나는 문제인 환경적 결핍에 대해 조사하는데, 그러한 일련의 조사는 전적으로 남반구 개발도상국에 초점이 맞춰져 있다.[77] 비록 사회학의 완화된 용어를 끌어 쓰지만, 그럼에도 그는 몇 가지 뚜렷하게 불길한 경고를 보낸다. "환경적 결핍은 이미 개발도상국 여러 지역에서 폭력적인 갈등의 원인이 되고 있다. 이러한 갈등은 아마 다가오는 수십 년 동안 결핍 때문에 촉발되고 심화될 폭력 급증의 전조일 것이다"라고 그는 연구 결과에 대해 말한다.[78] 고어의 경우와 마찬가지로 호머-딕슨의 사례 연구에서는 환경결핍을 야기하는 어떤 외부적인 요인에 대해서도 언급되지 않는다. 국제 문제에 대한 지배적인 모델에 부합되게 호머-딕슨이 그의 사례 연구에서 논의하는 특정 국민국가들은 고립되고 자기-충족적인 개체로서 권력과 불평등의 세계 시스템과 과거에도 현재에도 명백한 관련이

---

75) Ibid., p. 309.

76) Thomas Homer-Dixon, *Environmental Scarcity and Global Security*(New York: Foreign Policy Association, 1993).

77) Thomas Homer-Dixon, "Environmental Scarcity and Violent Conflict: Evidence from Cases," *International Security*, 19:1(Summer 1994), p. 9.

78) Ibid., p. 5.

없는 것으로 취급된다. 예컨대 필리핀과 페루 같은 곳은 제국주의의 역사와 그들이 겪은 불균등 발전에 대한 어떤 논의도 없이 분석된다. 이에 따라 그러한 사회에서 갈등은 순전히 내부적인 요인에서 생겨나는 것처럼 보인다.

그러나 이러한 갈등이 거의 전적으로 고립된 상태에서 싹튼다고 하더라도 오랫동안 그러한 갈등이 고립되는 것은 아니다. 실제로 호머-딕슨의 핵심 전제 세 가지 가운데 두 번째는 환경결핍이 이민, 나아가 폭력적인 "집단-정체성group-identity" 갈등의 원인이 된다는 것이다.79) 엘-히나위 같은 연구자는 이미 기후변화와 환경난민 사이의 연계를 그렸지만, 호머-딕슨은 난민 문제를 명백하게 갈등, 폭력, 안보의 쟁점으로 만들려고 시도했다. 호머-딕슨이 보기에 환경결핍 및 이민에 따라 촉발된 "집단-정체성 갈등"은 전적으로 남반구 개발도상국에서 펼쳐진다. 그는 인도와 방글라데시의 국경 분쟁을 인용하면서 특히 두드러진 사례로 방글라데시에서 아삼, 트리푸라Tripura, 웨스트벵골West Bengal 등 북동부 인도 지역으로의 이민에 초점을 맞춘다.80) 그러한 갈등에 "국제 안보"에 관련된 함의가 있다고 그는 주장한다. 기후-유발 이민은 국가의 "분열"로 이어져 "정부가 전반적으로 약화하고 외곽지역은 반정부 집단 및 군벌에 장악되어" "대규모 난민 유출"을 촉발한다.81) 대신 이러한 분열은 정권이 "권위주의적이고, 반대에 대해 무관용적이고, 군사화한 '강성 통치'를 하고" 또한 내부 불만을 무마하기 위해 거리낌 없이 주변 국가에 대한 군사적 공격에 착수한다면 중단될 수 있다.82) 그러한 독재체제는 부유한 국가의 군사적·경제적 이익을 위협할 수 있다고 호머-딕슨은 주장한다. 그는 1990년대에 인기 있었던 안보 개념 모두를 채택해, 소위 환경결핍의 인간에 대한 영향

---

79) Ibid., p. 20.
80) Ibid., pp. 21~23.
81) Ibid., p. 36.
82) Ibid.

에 초점을 맞추면서도 미국과 유럽연합 회원국 같은 북대서양 국가의 세계적인 패권을 유지하는 것을 겨냥한 훨씬 더 전통적인 일련의 "안보"에 관한 전제를 축으로 삼는다. 그의 연구에서는 환경안보와 제국의 유지가 궁극적으로 중요하다.

1994년 로버트 캐플런Robert Kaplan은 널리 읽힌 에세이 『무정부상태의 도래 The Coming Anarchy』에서 이러한 주장을 끔찍하고 명백하게 외국인 혐오적인 문체로 옮겼다. 새뮤얼 헌팅턴Samuel Huntington의 『문명의 충돌The Clash of Civilizations』과 더불어 미국과 위성국인 영국 등의 신보수주의자들의 새로운 호전적인 제국주의적 주장을 위한 주요한 이념적 입문서가 된 그 에세이에서는 인도주의에 대한 어떠한 가식도 사라진다. 캐플런이 호머-딕슨에게 진 빚은 (그 주장의 충격적인 본질에서는 물론이거니와) 에세이의 부제 "희소성, 범죄, 인구과잉, 종족주의, 질병이 지구의 사회적 구조를 어떻게 파괴하는가"에서 명백하게 드러난다. 캐플런의 글은 인종주의적 유언비어로 가득 차 있다. 케플런은 "불안정하게 눈을 굴리며 살피는 청년 무리가 내 택시를 둘러싼 채 창의 모든 곳에 손을 올리고 오직 배낭 하나밖에 없는 내 짐을 옮기겠다고 팁을 요구한다"라고 코트디부아르 아비장Abidjan의 버스터미널에 도착한 상황을 설명하면서 에세이를 시작한다.[83] 이는 수십 년 전의 식민지 담론에서 그대로 끌어온 묘사다. 그 영향은 그렇게 많이 다르지 않다. 즉, 문제의 아프리카 청년들은 구별되지 않는 위협적인 무리로 묘사된다. 실제로 캐플런은 임박한 소요의 위험을 지닌 그러한 청년들에 대해 말한다. "서아프리카 6개국의 도시 도처에서 나는 무리지어 있는 그러한 비슷한 청년들을 봤다. 그들은 명백하게 점화 직전인 매우 불안정한 사회적 유체流體 속의 느슨한 분자와 같았다."[84] 이런 위협적인 흑인 청년 "무리"에 대한 두려움은 내장된 것이지만,

---

83) Robert Kaplan, *The Coming Anarchy*, p. 5.
84) Ibid.

캐플런은 한 일화逸話를 통해 그의 혐오를 정당화한다. 즉, 캐플런이 방문한 어떤 아프리카 국가 관료에게 들었는데, 그 관료는 ― 영국의 식민통치 기간에 대한 향수가 있는 자신의 정치적 지향에 대해서는 아무것도 말하지 않고 ― 그러한 청년들은 농촌지역의 공동체적 생활이 제공한 문화적 지주를 상실해서 캐플런이 말하는 "도시생활의 유해한 사회적 영향"을 받아 범죄에 빠져들었다고 분명하게 말했다는 것이다.[85] 도시생활의 고립 효과에 대한 이러한 진부한 견해에 근거해 캐플런은 그가 택시의 창을 통해 봤다고 생각한 무정부상태가 미래 세계의 분명한 징조라고 진술하기까지 한다. "서아프리카"는 "전 세계의 인구적·환경적·사회적 스트레스의 상징이 되고 있으며, 그 속에서 범죄적인 무정부상태가 정말로 '전략적인' 위험으로 등장한다"라고 그는 말한다.[86]

지구적 무정부상태의 등장에 대한 캐플런의 설명은 그가 보기에 지구적 사안에서 저평가되고 있는 환경적 차원에 빛을 비춘 호머-딕슨의 주장에 직접적으로 근거한다. 캐플런은 이러한 주장을 극단적으로 받아들인다.

나일 삼각주와 방글라데시 같은 주요한 인구과잉 지역에서 인구급증, 질병확산, 산림파괴 및 토양부식, 수자원 고갈, 공기오염, 그리고 아마 해수면 상승의 정치적·전략적 영향은 ― 개발은 대규모 이민을 촉진하고 나아가 집단 갈등을 조장하는데 ― 대부분의 다른 문제가 궁극적으로 거기에서 발생하는 핵심적인 외교정책 과제가 될 것이다.[87]

여기에서 인과관계는 직접적이고, 부적격이고, 검증되지 않았다. 즉, 과잉인구와 환경 악화가 불가항력적으로 대규모 이민과 야만적인 내부 폭력을 이

---

85) Ibid., p. 7.

86) Ibid.

87) Ibid., p. 20.

끈다. 캐플런은 호머-딕슨의 환경결정주의를 증폭하지만[88] 또한 그가 예측하는 사회적 혼란 때문에 누구의 이익이 위협받는지 매우 분명히 했다.

내가 주장하는 바는 환경은 우리의 안보에 새로운 위협으로 정의되며 설계보다는 필요에 따라 냉전 이후 외교 정책이 가차 없이 등장하게 만드는 두려운 일련의 문제의 일부라는 점이다.[89]

이는 마치 캐플런이 미국의 정책 및 군사기구의 구성원에게 직접 연설하면서 그들에게 공산주의의 위협이 사라진 이후의 새로운 지향은 환경난민 때문에 촉발된 무정부주의적 폭력의 등장이 제공할 것이라고 말하는 것 같다. 캐플런이 예견하는 무정부상태는 "우리"의 안보에 대한 위협을 통해 편리하게 군산복합체를 위한 새로운 근거를 제공한다.

그러나 캐플런은 혼돈스러운 전쟁의 새로운 시대는 과거와 같지 않을 것이라고 경고한다. 인류는 "마지막 인간the Last Man", 즉 미국이나 서유럽 같은 나라의 부유한 주민과 그러한 고급 리무진 밖의 사람들로 나뉠 것이다.

스킨헤드 코사크skinhead Cossacks와 주주juju 전사들은, 쇠퇴하고 혼잡한 지구에서 서구 싸구려 문화와 고대의 종족적 증오의 가장 안 좋은 잔재에 영향을 받아 과도하게 사용된 땅 조각을 두고 게릴라전투를 벌이는데, 그러한 싸움은 대륙을 가로지르며 파문을 만들고 식별할 만한 어떤 양상도 없이 교차한다. 이는 쉽게 정의할 수 있는 위협은 없다는 뜻이다.[90]

88) 캐플런과 재레드 다이아몬드Jared Diamond 같은 인기 저자들의 부활한 환경결정주의에 대해서는 Andrew Sluyter, "NeoEnvironmental Determinism, Intellectual Damage Control, and Nature/Society Science," *Antipode*, 35:4(November 2003), pp. 813~817 참조.

89) Kaplan, *The Coming Anarchy*, p. 20.

90) Kaplan, *The Coming Anarchy*, p. 30; Francis Fukuyama, *The End of History and the Last*

이러한 무정부상태의 길거리 전사Road Warrior의 세계에서 폭력은 만연할 것이고 심지어 즐거운 일이 될 것이다. 이는 "신체적 공격이 인간성의 일부이기 때문이다. 어떤 경제적·교육적·문화적 표준을 획득해야만 인간의 이러한 특성이 진정될 것이다".91) 전쟁은 만연하고 전적으로 오직 미개한 세계 빈곤층에서 발생할 것이다. 미국중앙정보국CIA이 후원한 쿠데타, 대반란 작전, 비열한 정치공작, 냉전 시기 빈곤국가의 영역에서 일어난 대리전쟁, 이라크에서 수행된 미국의 "충격과 공포Shock and Awe" 작전, 적을 마비시키고 적의 투쟁의지를 꺾는 압도적이고 막강한 군사력 전개 등의 오랜 역사는 아무것도 아니다.92) 캐플런이 보기에 가난한 사람들은 간단히 말해 본질적으로 사악하며 다가오는 환경 위기 때문에 더욱 그렇게 되는 존재다.

캐플런이 조지프 콘래드Joseph Conrad에 조예가 깊다고 주장될 수 있겠지만 —『무정부상태의 도래』 끝에서 두 번째 장에서 캐플런은 콘래드의 위대한 소설 『노스트로모Nostromo』를 읽을 것을 제안한다— 그는 분명 소설가 콘래드의 핵심적인 통찰을 무시했다. 콘래드가 『어둠의 심연Heart of Darkness』에서 시사하듯이 콩고의 벨기에인 왕 레오폴드 2세Belgian King Leopold II의 대량학살 정책에 반대하는 활동의 일환으로 쓰인 그의 소설을 보면 실제로 야만적 폭력은 아프리카에 문명을 가져왔다고 주장하는 유럽인의 마음속에 깊이 들어 있다. 소설의 주인공 커츠Kurtz는 자신과 같은 유럽인 특사는 콩고인에게 "신성의 존엄함으로 접근해야 하는 초자연적인 존재로" 등장해야 한다고 말한다. 식민주의를 정당화하고 커츠—그리고 그가 대변하는 너무 현실적인 모든 벨기에인—가 가장 타락한 야만성으로 콩고에 간여하도록 허용한 것은 정확하게 이러한 우월성에 대한 주장이다. 캐플런이 제국주의 약탈에 대한 콘래드의 비판을

Man(New York: Free Press, 1992) 참조.

91) Kaplan, *The Coming Anarchy*, p. 45.

92) Harlan K. Ullman and James P. Wade, *Shock And Awe: Achieving Rapid Dominance* (National Defense University, 1996), p. XXIV.

무시한 것은 그렇게 놀라운 일이 아니다. 두 사람 모두 환경결핍에 관한 주장에 바탕을 두고 있지만 남반구 개발도상국 빈곤층에 대한 캐플런의 주장은 콘래드가 묘사한 것과 달리 우월성이라는 전제에 입각하고 있다. 다가오는 무정부상태에 대한 캐플런의 경고는 커츠가 유포한 것과 다르지 않게 "안보" 해법을 정당화하는 데 일조했다. 캐플런은 남반구 개발도상국이 광범위하게 몰락해서 무정부상태가 될 것이라고 예견했지만, 또한 이러한 무정부상태가 대륙을 가로질러 퍼지면서 부유한 국가를 위협할 것이라는 점을 분명히 했다. 만약 캐플런의 마지막 인간Last Man이 스킨헤드와 주주 전사, 그의 고급 리무진을 손으로 긁고 눈을 굴리면서 둘러싼 불안정한 무리의 예견된 맹공격에서 살아남아야 한다면 궁극적으로 그들을 전멸시키는 것 외에 그에게 어떤 선택이 있는가? 방어적으로 냉방이 된 리무진의 문을 여는 것을 거부하거나 공격적으로 군사적 수단을 사용해야 한다. 커츠가 쓴 소책자『야만적 관습의 억제를 위한 사회Society for the Suppression of Savage Customs』의 충격적 결론인 "모든 야만인을 말살하라!"가 캐플런의 에세이에 어울리는 제목일 것이다.

호머-딕슨과 캐플런이 윤곽을 그린 환경결핍, 대규모 이민, 무정부적 폭력 시나리오는 21세기 초까지 정책 지배층 사이에서 상식이 되었다. 예컨대 색스는 2001년 여름에 전적인 확신을 가지고 말했다.

> 해외의 경제적 실패는 국가 실패의 위험 또한 높인다. (국민을 위한 기초적인 공공재를 공급하지 못한다는 의미에서) 국가가 작동하지 않으면 그 사회는 미국 등 세계 다른 지역으로 퍼져나갈 급격하게 고조되는 문제를 겪게 될 것이다. 실패한 국가는 폭력, 테러리즘, 국제 범죄, 대규모 이민 및 난민운동, 마약 유통, 질병 등의 온상이다.[93]

---

93) Jeffrey Sachs, "The Strategic Significance of Global Inequality," *The Washington Quarterly*, 24:3(Summer 2001), pp. 187~198.

그러나 환경 위기와 대규모 난민에 대한 제국주의적인 환상은 수지맞는 국방부 지향 연구소 영역에서 가장 정교한 윤색에 도달했다. 피터 슈워츠Peter Schwartz와 더그 랜들Doug Randall의 2003년 보고서 「급격한 기후변화 시나리오와 미국의 국가안보에 대한 함의An Abrupt Climate Change Scenario and Its Implications for United States National Security」가 이러한 기후변화-군산복합체climate change-military-industrial complex의 전형을 보여주는데, 그들은 점진적인 지구온난화가 대서양의 열 염분thermohaline 전달을 상당히 급격하게 늦춰서 유럽 기온의 갑작스러운 하락을 일으킬 수 있다고 예측했다.94) 이러한 시나리오는 2004년 할리우드 영화 〈투모로우〉에서 터무니없이 극단으로 치달았는데, 그 영화에서는 급속하게 냉각이 진행되어 헬리콥터가 문자 그대로 공중에서 얼어붙는다. 국방부의 연구소인 총괄평가국Office of Net Assessment을 위해 쓰인 「급격한 기후변화 시나리오와 미국의 국가안보에 대한 함의」는 각 국가가 급격한 기후변화를 맞아 방어적이거나 공격적인 전략 가운데 하나를 개발할 것이라고 추정한다.95) 슈워츠와 랜들은 다음처럼 말한다.

국가 주위에 사실상의 요새를 구축해서 자국의 자원을 보존할 수 있는 능력이 있는 국가는 그렇게 할 것이다. 불우한 국가는, 특히 인접 국가와 오랜 적대관계인 경우 식품, 급수, 에너지에 접근하기 위한 투쟁에 착수할 것이다.96)

캐플런처럼 슈워츠와 랜들도 기후변화의 주요한 결말 가운데 하나로 가난한 나라에서 발생할 대규모 이민을 강조하면서 기후난민은 부유한 나라에 직

---

94) Peter Schwartz and Doug Randall, *An Abrupt Climate Change Scenario and Its Implications for United States National Security*(Office of Net Assessment, US Department of Defense, 2003).

95) Ibid., p. 2.

96) Ibid.

접적인 영향을 미칠 것이라고 주장한다. "적응할 자원이 있는 미국 같은 지역에서 더 나은 삶을 찾으려는 필사적인 사람들의 대규모 이민의 결과 몇몇 나라에서 기후변화는 엄청난 도전이 될 것이다."97) "위험증폭기threat multipliers"로 간주되는 기후변화와 환경난민의 관계에 대한 유사한 전제가 2010년과 2014년 국방부의 「4년 주기 국방검토 보고서Quadrennial Defense Reviews」에 담겨있다.98)

기후변화-군산복합체가 생성한 가장 상세하고 믿을 만하면서 과감한 추측성 서사는 「결말의 시대: 지구적 기후변화의 외교정책과 국가안보에 대한 함의The Age of Consequences: The Foreign Policy and National Security Implications of Global Climate Change」다. 이 「결말의 시대」는 전략국제문제 연구소Center for Strategic and International Studies: CSIS와 신미국 안보 연구소Center for a New American Security: CNAS가 2007년 만들었다.99) CSIS와 CNAS는 경력 좋은 국가안보 전문가 및 기후 과학자위원회를 소집해서 참가자에게 IPCC가 발간한 시나리오 보고서를 이용해 기후변화와 그에 따른 지구 차원의 사회적 영향에 대한 시나리오 세 가지를 개발하는 과제를 맡겼다.100) 「결말의 시대」의 훨씬 더 혼란스러운 미래 세계에 대한 예측은 IPCC의 과학적 추정과 구분된다. 기후과학의 근본적으로 보수적인 특성 때문에 더욱 극단적인 미래 시나리오가 확실하다고 「결말의 시대」 저자들은 주장한다. 실제로 기후변화의 최근 역사만 보더라도 IPCC가 추정한 가장 심각한 시나리오를 초과하는 경향이 있다. "그래서 미래를 예측하기 위해 기후 시나리오를 구축할 때 그럴듯한plausible 모든 범위를 살펴보는 매우 강력한 경우가 있다"라고 그들은 말한다.101) 결과적으로 탄소 배출

---

97) Ibid., p. 4.
98) Department of Defense, *Quadrennial Defense Review*(2014).
99) Center for a New American Security, *The Age of Consequences: The Foreign Policy and National Security Implications of Global Climate Change*(2007).
100) 시나리오 계획의 중요성과 역사에 대해서는 Cooper, "Turbulent Worlds," pp. 167~190 참조.

감축 노력에도 「결말의 시대」 세 가지 시나리오 어느 것도 기후 안정화 가능성을 고려하지 않는다. 세 가지 시나리오 모두 계속되는 배출로 지구가 평형 이후 상태postequilibrium state로 기울어 격변에 흔들리는 것을 고찰한다.[102]

세 가지 추정 가운데 첫 번째인 "예상 시나리오expected scenario"에는 저자들이 강조하듯이 "여기에서 추정되는 많은 기후 영향을 방지할 수 있는 예측가능한 정치적·기술적 해결책이 우리에게 없기" 때문에 "불가피한inevitable" 시나리오라는 이름을 붙일 만하다.[103] 이 시나리오를 위해 추정된 기후변화의 영향은 IPCC 제4차 평가 보고서의 에이원비A1B 온실가스 배출 시나리오에 근거하는데, 그 시나리오에서는 "막대한 식량 및 급수 고갈, 파괴적인 자연재해, 치명적인 질병 발생"을 예측한다.[104] 이 예상 시나리오의 국가안보에 대한 함의는 무엇보다도 먼저 대규모 기후 유발 이민과 남반구 지역의 자원결핍 때문에 촉발된 분쟁이다.[105] 호머-딕슨과 캐플런처럼 이 항목의 저자인 클린턴 시기 대통령 비서실장 존 포데스타John Podesta와 미국 진보 연구소 Center for American Progress의 피터 오그던Peter Ogden은 세계 각 지역을 조사하고 사하라 이남 아프리카와 남아시아가 국내 및 국외 이주 때문에 가장 혼란에 빠질 지역이라고 시사했다. 9·11 이후 시기를 반영하면서 「결말의 시대」는 또한 아프리카와 중동의 과잉 이민을 둘러싼 긴장이 국경 통제의 재시행과 연쇄적인 사회적·정치적·경제적 분열로 이어져 유럽연합이 붕괴될 수 있다고 추측한다.[106]

"심각한 기후변화 시나리오severe climate change scenario"라는 이름이 붙은 두

---

101) Center for a New American Security, *The Age of Consequences*, pp. 5~6.

102) 금융 및 환경 영역의 난기류 개념에 대해서는 Cooper, "Turbulent Worlds" 참조.

103) Center for a New American Security, *The Age of Consequences*, p. 55.

104) Ibid., p. 56.

105) Ibid., p. 6.

106) Ibid., p. 59.

번째 시나리오는 "막대한 비선형 사회적 사건massive non-linear societal events"을 일으키는 지구환경의 "막대한 비선형 사건massive non-linear events"에 근거를 둔다.107) 이 시나리오는 북극 지역 영구동토층의 융해에서 오는 이산화탄소 및 메탄의 방출 같은 환경의 피드백 효과와 갑작스럽고 예측하기 어려운 환경 및 사회 변화를 유발하는 효과로 표현된다. 빈곤한 국가 사이(예컨대 과테말라와 온두라스에서 멕시코로)와 빈곤한 국가에서 부유한 국가로 향하는 대규모 이민, 전 세계적인 민주적 통치체제 몰락, 물 같은 부족한 자원을 둘러싼 긴장의 고조, 치명적인 전염병의 출현, 궁극적으로 수억 명에 이르는 대규모 사망이 그러한 변화에 포함될 수 있다. 이 시나리오는 생태계 변화에 대한 현대의 이해에 기초하는데, 그에 따르면 생태계의 변화는 특정한 임계점에 도달할 때까지 점진적이지만 그 지점에 이르면 급속한 변화로 새로운 상태가 발생한다. 이 시나리오에서 세계적인 국민국가체제는 붕괴의 위험에 처한다. "이민의 극적인 증가와 농업 양식 및 수자원 가용성의 변화로 미국 등 각 국가의 내적 응집력은 심한 스트레스를 받을 것이다"라고 저자들은 주장한다.108) 아울러 네덜란드, 미국, 남아시아, 중국의 해안 공동체 침수가 지역의 긴장을 유발하고 심지어 국가의 붕괴로 이어질 수 있다고 그 보고서는 예측한다.

이러한 변화의 정치적·도덕적 함의는 파국이다. 보고서는 다음과 같이 말한다.

자원을 보유한 정부는 파괴된 환경의 나락에서 누구를, 무엇을 구조할지 결정해야 하는 길고 악몽 같은 선택을 강요받을 것이다. 해외뿐만 아니라 국내에서도 가장 가난한 사람들을 대상으로 선택할 필요가 있을 것이다.109)

---

107) Ibid., p. 7.
108) Ibid.

보고서 이 항목의 저자인 레온 푸어스Leon Fuerth는 고어 부통령의 국가안보 보좌관이었으며, 그의 결론은 매우 명백하게 뉴올리언스의 허리케인 카트리나에 잇따른 사건을 따라 형성된다. 중대한 대규모 사망이 발생하는 종말론적인 시나리오에 대한 그의 평가는 현저하게 솔직하며, 이러한 파국적인 시나리오를 어떻게 회피할 수 있는지에 대한 그의 평가는 훨씬 더 근본적이다. "세계화의 방향이 바뀌어야 할 것이다. 만족할 줄 모르는 자원소비에 기초한 현대의 형태로는 세계화가 영구히 지속될 수 없다. 수요의 수준은 자원의 가용성에 맞춰져야 할 것이다. 이는 현행 시스템의 붕괴 또는 결의에 찬 구조 변경을 통해 이뤄질 수 있다"라고 그는 말한다.110) 푸어스가 "세계화"의 변화를 옹호하는 것으로 보이지만, 그가 실제로는 제한된 지구 자원의 토대에서 억제되지 않는 성장을 지향하는 자살적인 명령에 근거한 자본주의에 대해 묘사하고 있다는 것은 자본주의를 "만족할 줄 모르는 자원소비"에 기초한 경제 시스템으로 묘사한 이어지는 설명에서 명백해진다. 자본주의의 성장명령을 저버리지 못한다는 것의 종말론적 함의는 분명하되, 그 시스템의 "결의에 찬 구조 변경"을 위한 푸어스의 호소는 그것이 혁명적인 변화를 필요로 하는지에 대해 질문은 제기하지만 대답은 하지 못한다.

이보다 더 나빠질 수 있는가? 「결말의 시대」 마지막 시나리오에 따르면 실제로 그럴 수 있다가 그 답이다. "파국 시나리오catastrophic scenario"라는 제목의 이 시나리오는 우리가 현재 거주하고 있는 준안정적인 기후체제에서 종말론적인 체제 격변으로 지구를 밀어넣는 남극 서쪽 및 그린란드 빙상의 융해 같은 일련의 전환점에 대해 추정한다. 이 항목의 저자인 전직 중앙정보국 국장 CIA Director 제임스 울시James Woolsey는 이러한 변동은 인간의 상상력을 무력화하는 천문학적 변화를 만들어낸다고 말한다.111) "이러한 파국 시나리오는 인

---

109) Ibid., p. 77.
110) Ibid., p. 78.

간 사회가 온 힘을 다해 적응해야 할 거의 상상할 수 없는 도전을 제기할 것이다. 그것은 단연코 믿음의 한계를 넘는 가장 시각화하기 어려운 미래다"라고 그 보고서는 언급한다.112) 실제로 기후변화와 테러리즘의 연계에 초점을 둔 미래의 도전에 대한 울시의 설명은 앞에서 논의한 덜 심각한 시나리오들과 비교하면 현저하게 완화되어 있다. 알 수 없는 우연성과 단속적인 파급효과에 기초해서 미래 세계를 도출하려는 노력은 현재의 투자와 그러한 상상에 참여하는 두려움이 규정하고 제한한다는 것이 여기에서의 교훈일지도 모른다. 기후변화 안보 시나리오의 제조는 그렇게 과학소설과 그 하위 장르인 기후소설Cli Fi 같은 문학 장르와 잘 어울리는데, 종말론적 미래는 실제로 현재의 공포와 환상, 디스토피아dystopias와 유토피아utopias를 투영한 것이다.113)

치명적인 도시와 기업 용병

국경 없는 의사회Doctors Without Borders에 따르면 지중해는 거대한 무덤이 되었다.114) 조류의 이동이나 폭풍 같은 어떤 자연적인 바다의 특성 때문이 아니라 유럽연합의 국경 통제 정책 때문에 그렇다. 보고서 「구조에 의한 사망Death By Rescue」에 쓰여 있듯이 구조 활동에 대한 책임을 장비가 취약한 배에 전가하면 더 많은 사망자가 발생할 것이라는 경고에도 매년 수천 명이 사망하는 것은 유럽연합 지도자들이 의도적으로 시행하고 있는 억제 정책과 직접

---

111) Ibid., p. 82.

112) Ibid., p. 7.

113) Angela Evancie, "So Hot Right Now: Has Climate Change Created a New Literary Genre?," Weekend Edition Saturday, April 20, 2013, npr.org.

114) Doctors Without Borders, MSF Calls for Large-Scale Search and Rescue Operation in the Mediterranean, April 19, 2015.

적인 관련이 있다.115) 유럽연합은 그러한 정책을 채택하면서 국경 순찰대가 1994년의 "억제를 통한 집행" 정책을 총괄한 미국의 선례를 따랐다.116) 그 결과는 미국과 멕시코 사이 국경지대 사망자 수의 급격하고 지속적인 증가였다. 그렇지만 만약 부유한 국가와 빈곤한 국가 사이의 국경지대에서 이민자의 사망률이 특히 높다면 국경은 시공간 측면에서 고정된 것이 아니라 대체 가능한 것으로 간주될 필요가 있다.117) 유럽연합의 경우 이는 특히 명백한데 독일 같은 강대국은 그리스, 이탈리아 같은 남유럽 국가에 많은 난민시설을 전가했을 뿐만 아니라 북아프리카와 동유럽 국가를 난민 차단 및 수용의 책임을 지는 식민지 이후 관리자로 전환시켰다.118)

환경난민 관련 문헌은 현재의 위기에 대해 편리한 맬서스주의 표본을 제시한다. 호머-딕슨과 캐플런 같은 분석가는 대규모 이민을 과잉인구 및 환경 위기가 유발한 갈등과 연계하려고 철저한 환경결정주의를 채택했으며, 또한 대규모 이민이 시작된 장소를 남반구 개발도상국 도시라고 특정했다. 예컨대 캐플런이 보기에 "사막화와 삼림파괴는─과잉인구와 함께─점점 더 많은 아프리카의 농민을 농촌에서 인구급증, 환경 악화, 인종갈등이 깊이 연계된 생태적 시한폭탄인 도시로 쫓아내는 것"이다.119) 이러한 환원주의적 논리에 따르면 쫓겨난 사람들이 남반구 개발도상국 도시로 흘러들어오면서 자동적으로 갈등이 뒤따르고 이민의 흐름이 생성된다. 실제로 서구의 안보 담론이 세

---

115) Charles Heller and Lorenzo Pezzani, "Death By Rescue: The Lethal Effects of the EU's Policy of Non-Assistance At Sea, Forensic Oceanography/Architecture Project"(University of York & Goldsmith's, University of London, 2015).

116) "Massive Deaths in Border Desert Caused by US Immigration Policy," *Buzzflash*, February 3, 2015.

117) 다양한 규모의 국경 확산에 대한 탁월한 논의는 Sandro Mezzadra and Brett Neilson, *Border as Method, or, the Multiplication of Labor*(Durham, NC: Duke University Press, 2013) 참조.

118) Ilker Atac, Stefanie Kron, Sarah Schilliger, Helge Schwiertz and Maurice Stierl, "Struggles of Migration as In-Nisible Politics," *Movements*, 1:2(2015), pp. 1~18.

119) Kaplan, *The Coming Anarchy*, p. 17.

계적 위협으로서 점차 환경난민의 숫자에 초점을 두면서 이러한 제국주의적 시선은 그러한 위협이 발아하는 중심지로서 남반구 개발도상국으로 쏠린다.

『무정부상태의 도래』에서 캐플런은 체계적 붕괴의 배양지로서 도시에 초점을 두는 것을 선보인다. 캐플런은 "서아프리카"를 "세계적인 인구적·환경적·사회적 스트레스의 상징"으로 여기는데, 이러한 "범죄적 무정부상태"의 진정한 지리적 기반은 상아해안Ivory Coast의 아비장에서 서쪽으로 나이지리아의 라고스에 이르는 메갈로폴리스에 있는 도시를 둘러싸고 산재한 무단정착촌이다. 캐플런이 버스터미널에서 그의 택시를 둘러쌌다고 묘사한 "불량청년들" 같은 사람들을 더 많이 마주친 곳은 앞에서 말한 도시의 "시카고" 빈민가이다. 캐플런은 이러한 빈민가에 대해 단지 충격적으로 가난하다고 표현하는 것이 아니라 더욱 나쁘게도 총체적으로 타락한 곳, 물리적인 부패가 주민 정신의 쇠락을 반영하고 촉진하는 "찰스 디킨스Charles Dickens 소설의 장면처럼 악몽 같은" 곳으로 표현한다.[120]

캐플런은 아프리카 도시의 생활을 무정부적인 미래 세계의 징조로 볼지 모르지만, 그의 디스토피아적 설명은 사실 유럽 및 미국의 도시와 남반구 개발도상국 도시 사이 양자택일적 구분에 의존하는 오래 지속된 서구의 도시 담론에 근거한다. 그러한 도시 담론은 오랫동안 서구도시를 근대성, 문화, 기술, 경제적 역동성의 본거지라고 말했다. 지배적인 도시 이론은 도시가 혁신과 기업가 정신의 주요한 터전이라고 주장한다.[121] 도시는 자본주의의 위대한 진보적 변화의 실험실이다. 반면에 서구 밖의 도시는 전형적으로 근대성과 완전히 동떨어진 것으로 표현되는데, "발전"은 오직 "선진"자본주의 국가 도시에서 생성된 규범의 모방을 통해서만 달성될 수 있다. 도시는 그렇게 근본적으로 식민주의 계통의 근대-전근대 양분화를 퍼뜨리는 데 중추적인 역할

---

120) Ibid., p. 27.

121) 예를 들어 Glaeser, *The Triumph of the City* 참조.

을 한다.122) 자본주의 중심에서 공간적으로 떨어진 도시는, 식민지를 전근대 상황에 고착하는 식민주의 담론을 재생산하면서, 정체된 전근대적 진공에 갇혀 있는 시간적 지체자로 표현된다.123) 결과적으로 남반구 개발도상국 도시에는 물질적 여유와 종종 그에 수반되는 기반시설 네트워크만 결핍된 것으로 보이지는 않는다. 결국 그러한 결핍은 간단히 말해 세계 남반구와 북반구의 역사적으로 불공평한 힘 관계의 산물로 보인다. 시카고학파의 전통 같은 것에 의거해서 그러한 도시는 도시생활과 배후지 시골에서 온 이민자의 근본적으로 전근대적인 가치 사이의 불균형, 즉 시골세계의 질서를 유지해온 관습의 해체에서 나오는 사회적 분열과 폭력의 형태를 따라 동요하는 것으로 표현된다.124) 순전히 결핍과 퇴보의 관점에서만 남반구 개발도상국 도시를 보는 이러한 지배적인 도시 담론과 아비장 및 기타 서아프리카 도시 빈민가의 도덕적인 타락에 대한 캐플런의 설명 사이에 놀라운 유사성이 있다.

이러한 무정부적 도시가 미래에 대한 전망을 제공한다는 캐플런의 생각도 서구도시 이론에서 만들어진 주장을 복제하고 있다. 예컨대 하버드의 도시 프로젝트Harvard's Project on the City에서 영향력 있는 건축가이자 이론가인 렘 쿨하스Rem Koolhaas는 그가 라고스에서 본 혼돈의 거리생활이 선진국 미래 도시생활의 전조라고 주장한다.125) 쿨하스가 보기에 라고스의 도시세계는 신자유주의가 이끄는 일반적인 도시생활의 종착지로 예견되는 초국가적 조직형태의 예시인데, 여기에는 "사법적·의회적·'도덕'적 억제의 밖에서 활동하는 새로운 조직 양상이 점점 더 많이 필요하다".126) 서구도시의 과거에 빠져 한

---

122) Jennifer Robinson, *Ordinary Cities: Between Modernity and Development*(New York: Routledge, 2006), p. 5.

123) Johannes Fabian, *Time and the Other: How Anthropology Makes Its Other*(New York: Columbia University Press, 2002).

124) Robinson, *Ordinary Cities*, p. 5.

125) Rem Koolhaas, Stefano Boeri, Sanford Kwnter, Nadia Tazi and Hans Ulrich Obrist, *Mutations* (New York: Actar, 2000), p. 632.

때 소위 종족주의, 원시주의, 전통주의로 표현되던 남반구 개발도상국 도시는 이제 근심을 유발하는 미래 세계 도시의 전형으로 간주된다. 그래서 시간의 역학은 도치된다. 그러나 도시 이론가 제니퍼 로빈슨Jennifer Robinson이 주장하듯이 근본적으로 식민주의적인 도시관都市觀의 이러한 도치는 가난한 도시의 인종 중심적이고 실제로 극심하게 인종 차별적인 전제에 대해 어떠한 문제제기도 하지 않는다.127)

북반구 선진국의 건강한 도시생활의 구성요소로 고려되는 특징이 그러한 도시에는 결여된 것으로 간주된다. 아프리카의 도시성都市性에 대한 캐플런의 설명이 틀림없이 그런 경우인데, 그는 순전히 부정적인 측면에서 아프리카의 도시성을 바라본다. 만약 그러한 도시에 사회 기반시설이 있다면 그것은 도시 마피아나 국제적인 범죄 신디케이트syndicates에서 만든 것이다. 만약 그러한 곳에 어떠한 역동성과 혁신이 있다면 그것은 부족 게릴라 전사나 이슬람 극단주의조직의 폭력적인 무리가 생성한 것이다. 쿨하스처럼 캐플런도 "우리의 도시에 계속 범죄가 증가하면서 시민을 보호하는 정부의 능력과 형사-사법 시스템이 약화된다"라고 말하며 이러한 무정부적 폭력의 디스토피아적 세계가 미국의 도시에 퍼지는 것을 우려한다.128) 남반구 개발도상국 도시생활에 관한 디스토피아적 전망은 그렇게 미국의 도시생활에 관한 공포와 밀접하게 연계된다. 의회가 '폭력범죄 통제지원법Violent Crime Control and Law Enforcement Act'을 통과시킨 해에 『무정부상태의 도래』가 발간된 점은 주목할 만한데, 그 법은 "삼진아웃제" 같은 억압적인 수단을 도입하고, 사형을 확대하고, 공격무기 금지를 해제한 새로운 흑인 차별 정책New Jim Crow의 핵심이다.129)

---

126) Koolhaas et al., *Mutations*, p. 715.

127) Robinson, *Ordinary Cities*, p. 91.

128) Kaplan, *The Coming Anarchy*, p. 49.

129) Michelle Alexander, *The New Jim Crow: Mass Incarceration in the Age of Colorblindness* (New York: New Press, 2012). 미국 치안 전략의 세계화에 대해서는 Jordan T. Camp and

군사 이론가인 데이비드 킬컬런David Kilcullen은 이러한 도시의 타락 논리를 끝까지 연장하면서, 일부 부유 국가의 도시에서 "치명적인 구역"이 출현해서 남반구 개발도상국에서 그와 캐플런이 본 "치명적인 도시feral cities"와 병행한다고 주장한다.130) 『산 밖으로Out of the Mountains』에서 그는 세계 해안도시에서 분쟁은 불가피하며 이러한 도시가 미래 갈등의 주요한 현장이 될 것이라고 시사한다. 군사 이론가는 반드시 "산 밖으로"(즉, 아프가니스탄 같은 장소에서 밖으로) 내려와 급속하게 증가하는 인구, 붕괴하는 기반시설, 급증하는 범죄, 자연재해에 대한 취약성, 에너지와 식량과 물의 결핍 같은 문제로 일상적으로 시달리는 갈등의 세계 해안선을 향해야 한다고 킬컬런은 말한다. 그러한 도시에서 가장 중요한 위협은 다른 어떤 것보다 환경 자체라고 킬컬런은 주장한다.131)

도시 지역 군사 작전에 대한 이론에 의거해서 킬컬런은 인구밀도가 높은 해안도시는 미국 같은 제국주의 국가에 선진기술이 부여한 장점을 대부분 무력화한다고 주장한다. 1980년대 후반 이래 "스마트 폭탄smart bombs"의 제조 같은 기술 발전으로 미국 군사 지도부와 정책 입안자는 원거리에서 원격 제어를 통해 파괴적인 무력을 방출할 수 있게 되었다.132) 오바마 정부의 드론drone 전쟁(그리고 그 목표인 사법 외적인 암살)은 원격 살상 장비와 관련된 진화의 최근 양상이다.

도시 지역의 전투에 개입하는 어려움을 감안해서 제국주의 권력은 단순히 그러한 무정부상태 도시를 피해야 하는가? 군대가 실제로 오랫동안 그러한

Christina Heatherton(eds.), *Policing the Planet: Why the Policing Crisis Led to Black Lives Matter*(New York: Verso, 2016) 참조.

130) Kilcullen, *Out of the Mountains*, p. 237.

131) Ibid., p. 30.

132) 도시 영역의 군사작전에 대해서는 Ashley Dawson, "Combat in Hell: Cities As The Achilles' Heel of US Imperial Hegemony," *Social Text*, 25(Summer 2007), pp. 169~180 참조.

현장을 우회하는 길을 추구했다고 킬컬런은 주장한다. 그렇지만,

> 전 대륙의 해안구역이 하나의 거대한 메가슬럼megaslum이 될 때, 세계 인구 대
> 부분이 해안도시에 집중될 때, 부분적으로는 우리의 존재 자체가 현지인을 적
> 으로 변화시켜 우리가 가는 곳마다 적이 있을 때 … 그것은 미래의 선택 수단이
> 아닐 것이다.[133]

그러나 킬컬런은 그러한 적개심을 극복할 수 있다고 믿는다. 실제로 그는
점령군을 협력과 공동체 능력 구축에 전념하는 일종의 비정부조직으로 표현
한다. 점령군은 "공동설계모델co-design model"을 채택하는데, 우수한 화력을
통해 일단 평화가 도입되면 "현지인"은 "함께 모여 문제의 본질에 관한 합의
를 향해 움직이기 시작한다".[134]

킬컬런의 설명에서 정치의 완전한 배제는 결국 식민지 이후 국가에 대한
제국주의적 무력 개입의 지지를 끌어내기 위한 수단을 묘사한 것인데, 그가
수평적이고 네트워크화한 정치조직이라는 관용어를 전용한 것만큼 주목할
만하다. 무정부주의 학자 제임스 스콧James Scott을 인용하면서 킬컬런은 그의
전문가 팀이 "중앙화한 계획의 현대적 전제주의 또는 외부 설계자 (더 나쁘게
는) 군사적 개입자의 일방적이고 정보를 갖추지 못한 처방을 방지"하고 협력
적인 수단을 적용해서 "우리가 해안도시를 시스템으로서 다룰 수 있도록 지
원하고 사람들이 그 시스템을 긍정적이고 더욱 탄력적인 방향으로 움직이도
록 개입하고 영향을 주는 지점을 찾도록 허용한다"라고 주장한다.[135] 킬컬런
의 공동설계모델은 현지 정보원을 설득해서 점령 군대를 위한 자료를 함께

---

133) Kilcullen, Out of the Mountains, p. 265.

134) Ibid., p. 257.

135) Ibid., p. 259.

생성하는 데 달려 있기 때문에 거기에 협업이라는 이름을 붙일 수 있을지도 모른다.

킬컬런의 그러한 첨단 정탐 활동에 대한 열정이 순전히 학술적인 것만은 아니다. 군사 이론가로서의 그의 일과 별도로 킬컬런은 또한 캐러스 어소시에이츠Caerus Associates의 설립자이며 회장인데, "전략적 연구 설계 기업인 캐러스 어소시에이츠는 정부, 국제기구, 기업 및 지역사회가 분쟁과 재난피해 및 사후갈등의 환경에서 탄력성을 구축하는 것을 지원한다".136) 온화하게 들리는 이러한 묘사는 탄력성에 대한 멋진 인용과 더불어 효과적으로 캐러스의 순수한 진의를 호도하는데, 캐러스는 군사적 목적으로 첨단기술을 응용하는 미국 국방 고등연구 기획국US Department of Defense Advanced Research Projects Agency: DARPA과 "아프간의 불안정성에 대한 단서를 수집하기 위해 첩보 레이더에서 과일 가격까지 모든 것을 결합하는" 군사정보 프로그램 넥서스7Nexus7을 개발하기로 계약한 3개 기업 가운데 하나다.137) 넥서스7은 분쟁과 반란을 예측할 수 있는 "빅데이터big data"를 수집하는 소프트웨어를 사용하기 위한 군부의 광범위한 노력 가운데 아마 가장 비밀스러운 프로그램일 것이다.138) 넥서스7은 국가안보국National Security Administration: NSA에 의해 시작된 첩보 프로그램에서 진화한 것인데, 국가안보국은 이러한 새로운 알고리즘에 기초한 컴퓨터 프로그램을 사용하여 미국인 수백만 명의 산더미 같은 9·11 이후 전화기록과 이메일 데이터를 샅샅이 살폈다. 2006년 국가안보국은 이라크 저항세력과 싸우기 위해 이러한 기술을 실시간 지역관문Real Time Regional Gateway: RTRG이라고 알려진 프로그램에 적용했는데, RTRG는 "전화 통화, 군사 사건, 도로교통

---

136) David Kilcullen Bio, New America Think Tank.

137) Roberto Gonzalez, "Seeing Into Hearts and Minds, Part 2: 'Big Data', Algorithms, and Computational Counterinsurgency," *Anthropology Today*, 31:4(August 2015), p. 15.

138) Roberto Gonzalez, "Seeing Into Hearts and Minds, Part I: The Pentagon's Quest for a 'Social Radar'," *Anthropology Today*, 31:3(June 2015), p. 9.

양상, 여론, 심지어 감자 가격" 같은 정보를 수집 및 분석하고 이라크 상공을 나는 드론에서 나온 데이터와 결합했다.[139] RTRG가 얼마나 정확하게 저항 세력의 공격을 예측할 수 있었는지는 불분명하지만, 비밀 합동 특수작전 사령부Joint Special Operations Command와 그 "살상 부대"가 생성된 예측 정보를 채택했다는 것을 우리는 안다. 2010년 DARPA는 RTRG를 인수해서 넥서스7로 개명했고 아프가니스탄 마을 감시, 정치적 충성 판별, 반란 공격 예측을 위해 데이터를 수집했다. 그리고 캐러스는 다른 지역에서 계속 이를 운용해서 「시리아 알레포의 분쟁 지도Mapping the Conflict in Aleppo, Syria」[140]라는 제목의 보고서를 만들었는데, 이는 "그 도시의 분쟁에 대한 4개월에 걸친 지역을 초월한 평가로서 그 목적은 알레포의 도시 보안과 분쟁의 인도적 영향에 대해 이해하는 것이었다".[141] 캐러스의 의도는 제국주의 정책 입안자와 군부에게 그들의 개입 이전에 정보를 제공하고 그 과정에서 수많은 돈을 버는 것이었다.

제국주의 국가의 이러한 국외의 대반란 예측 프로젝트와 국내의 이민 및 유색인 공동체에 대한 억압 사이에 직접적인 연관성이 있다. 예컨대 미국 전역에서 경찰은 미래의 범죄 현장을 추정하기 위해 현재 "예측 치안" 기술을 채택하고 있는데, 그 기술은 종종 제국주의 전쟁 지역에서 발전된 것이었다. 그러한 기술의 주요 공급업자의 하나인 프레드폴PredPol의 설립자는 미 육군 연구소US Army Research Office에서 소프트웨어 개발을 위한 초기 자금을 확보해서 아프가니스탄과 이라크의 "테러리스트와 저항 활동가"의 양상을 모델로 만들었다. 미국 군부에 제출한 2009년 보고서에서 이러한 예측 소프트웨어를 개발한 캘리포니아대학교University of California at Los Angeles 교수들은 "테러리스트"와 그들이 미국의 "폭력 단원"이라고 정의한 집단을 노골적으로 비교했

139) Ibid.

140) Caerus Associates, "Mapping the Conflict in Aleppo, Syria"(February 2014).

141) Ibid., p. 3.

다.[142] 그들은 로스앤젤레스 경찰Angeles Police Department: LAPD의 지원을 받아 "강력범죄구역"에 그들의 알고리즘을 채택하고, "해외의 봉기와 테러를 처리하기 위한 많은 새로운 데이터 집약적 예측 알고리즘을 군대에 제공할 것"이라고 군부 후원자들에게 장담했다.[143]

제국주의 전쟁기구, 국내 이민자 구금, 추방산업복합체 사이의 이러한 회전문은 체계적인 불의를 심화했다. 2010년 LAPD는 국립 사법 연구소National Institute of Justice에서 300만 달러를 받아 범죄 예측 수단 등 "정보 기반 치안" 관행을 개척했고, 2012년 LAPD 경찰관들은 프레드폴의 기술을 채택하기 시작했다. 그때부터 미국의 다른 많은 경찰서에서도 이 예측 소프트웨어를 확보했고 2015년 애리조나는 주 전역의 예측 치안 채택을 위해 재원을 책정하기에 이르렀다. 이 프로그램을 지원할 자금은 애리조나 공안부의 폭력 이민 정보 집행기구Gang and Immigration Intelligence Team Enforcement Mission: GIITEM에서 나올 예정이었다.[144] 프레드폴과 기타 유사한 예측 프로그램의 알고리즘은 경찰의 이전 수사망에서 끌어온 데이터를 사용하면서 홀과 그의 동료가 『위기관리』에서 비판한 것과 정확하게 동일한 역학을 만들어낸다. 즉, 인종화한 이민 공동체는 위협으로 인식되고, 따라서 강력한 치안(종종 체포 비율 할당과 함께)의 대상이 되는데, 이는 높은 범죄 통계로 생성되어 다시 장래의 더 강력한 치안을 정당화하는 데 사용된다.[145] 더구나 애리조나의 GIITEM이 시사하듯 "폭력배 활동gang activity"과 "이민 집행immigration enforcement"이 하나의 치안 조직으로 묶여 이민을 범법화하며 동시에 프레드폴의 채택과 더불어 남반구

---

142) Darwin BondGraham and Ali Winston, "From Fallujah to the San Fernando Valley, Police Use Analytics to Target "HighCrime" Areas," *truthout*, March 12, 2014.

143) Ibid.

144) Ali Winston, "Arizona Bill Would Fund Predictive Policing Technology," *Reveal News*, March 25, 2015.

145) Hall et al., *Policing the Crisis*, p. 184.

개발도상국에서 이루어지는 제국주의 전쟁을 위한 기술이 미국 내 이민자를 대상으로 한 강압적인 치안 전략과 연계된다. 오늘날 이러한 억압기술이 이미 이민자에게 사용되고 있는 상황에서 장래 환경난민에게 사용되지 않을 것이라고 보는 것은 순진한 생각일 것이다. 경찰이 공격용 소총, 병력 수송 장갑차, 드론, 기타 해외의 제국주의 행각에서 재활용한 군사용 장비로 무장하면서 국내 유색인 공동체는 마치 점령당하고 억압받는 내부 식민지처럼 취급된다.

기후 아파르트헤이트

이민자의 권리를 옹호하려는 사람 일부는 기후변화 적응의 한 형태로서 이민을 묘사해서 담론의 전환을 모색한다.146) 따라서 인도주의 조직은 이러한 전환을 촉진하기 위해 "기후난민"이 아니라 "기후이민자"라고 말한다. 적응의 한 형태로서 이민에 접근하는 방식은 신자유주의 용어로 표현되며 이민은 스스로의 힘으로 스스로를 돕는 형태로 간주된다. 이민자는 한편으로는 이민한 부유한 국가에 이익이 되면서 다른 한편으로는 자신의 경제적 능력을 향상하는 방식으로 어려운 상황에 대응하는 훌륭한 기업가적 인물로 비춰지며, 많은 경우 그 나라의 상대적으로 부유한 인구가 노령화함에 따라 떠오르는 인구학적 결핍과 만난다. 또한 세계은행 같은 기관에게 기후이민은 남반구 개발도상국에 경제 발전을 가져오는 것 ─종종 이민자의 송금 형태로─ 으로

146) Romain Felli, "Managing Climate Insecurity by Ensuring Continuous Capital Accumulation: 'Climate Refugees' and 'Climate Migrants'," *New Political Economy*, 18:3(2013), pp. 337~363; Hedda Ransan-Cooper, Carol Farbotko, Karen E. McNamara, Fanny Thornton and Emilie Chevalier, "Being(s) Framed: The Means and Ends of Framing Environmental Migrants," *Global Environmental Change*, 35(2015), pp. 106~115 참조.

간주되며 선진국과 남반구 개발도상국 대부분 사이에서 심화하는 경제적 불평등 문제의 회피를 허용한다.[147] 무엇보다도 심화하는 기후혼란에 대한 이러한 대응은 국제이민기구International Organization for Migration가 관리하는 이민의 한 형태로 대변되는데, 이는 신자유주의 국제 통치의 새로운 패러다임으로서 유연한 노동을 추구하는 이민 사회에 도움이 되는 동시에 사람들이 자신을 "무기력한 희생자"가 아니라 "명예로운 근로자"로 보도록 허용할 것이다.[148]

적응의 한 형태로 이러한 기후이민의 개념을 포용한 가장 두드러진 간행물 하나는 영국의 정부 공공정책 연구소 포사이트Foresight가 발간한 보고서 「이민과 지구적 환경변화Migration and Global Environmental Change」다.[149] 캐플런 같은 평론가와 대조적으로 포사이트는 국내적 퇴출과 국제적 이민을 추동하는 요소의 다양성을 인용하면서 환경난민의 개념을 거부한다. 그럼에도 그 보고서는 이민 양상에 대한 기후변화의 영향이 미래에 반드시 증가할 것이고 "미래의 환경변화 맥락에서 무-이민은 선택지가 아니다"라고 강조한다.[150] 이민은 "잘 관리되고 일상적"이거나 "만약 이민을 막으려는 시도가 있다면 그것은 비관리적·비계획적·강제적"일 것이다. 이러한 주장의 의도는 분명히 환경난민을 안보 위협으로 보는 개념에 대한 문제제기다. 포사이트는 국가 사이의 이주에 대해 일종의 권리를 주장하는 것처럼 보이며 이민과 기후변화의 문제에 대한 "새로운 전략적 접근법"으로서 이러한 선택을 제시한다.

포사이트의 보고서에서 똑같이 주목할 것은 환경위험이 높은 지역에서 동일한 숫자의 사람들이 이민자로 유입되고 유출된다는 주장이다. 남반구 개발

---

147) Jon Barnett and M. Webber, "Accommodating Migration to Promote Adaptation to Climate Change," *World Bank Policy Research Working Paper*, No. 5270(2010).

148) Jane McAdam, "Do Climate Change 'Refugees' Exist?"(Professorial Lecture Series, University of New South Wales School of Law, July 2011).

149) Foresight/The Government Office for Science, "Migration and Global Environmental Change: Final Project Report"(2011).

150) Ibid., p. 13.

도상국에서 농촌지역을 떠나 환경이 취약한 도시로, 특히 "거대 삼각주에 있는 저지대 도시구역이나 물이 부족한 확장된 도시의 빈민가"로 향하는 경우가 그러하다.[151] 그러한 환경에서 새로 도착한 무단거주자는 환경위험에 특히 취약하고 다른 곳으로 이주할 자원이 부족해서 점점 더 위험한 환경에 갇히는 것으로 끝날 것이다. 남반구 개발도상국 도시는 주거가 열악한 이민자 인구가 늘어나고 물 부족, 토지 상실, 다양한 종류의 자연재해에 이르기까지 환경위험에 대한 노출이 급증하는 이중 위험의 형태에 직면해 있다고 포사이트는 주장한다.[152] 그들을 수용하고 있는 도시가 그러한 환경위험에 대처하기 위한 장기 계획에 참여하고 비공식 정착지 확대의 필요성을 고려하는 것이 중요하다고 보고서는 제시한다. 그러한 처방에 대해 옥신각신할 것은 별로 없지만, 한편으로는 남반구 개발도상국의 도시화를 추동하고 다른 한편으로는 장기 계획에 입각한 개발 및 비공식 정착지의 개선을 지연시키는 투자 회수 양상을 저자들은 무시하고 있다.[153]

포사이트는 이민을 제한하는 것보다 순환 이민에 기초한 계획을 옹호한다. 이민은 "현재 위치에서 현재의 기후 조건에 대해 이루어지는 '대처하기'를 개선하려는 정태적 접근방법과 달리 변형적 대응 전략으로 간주될 수 있고",[154] "환경변화의 위협에 대해 개인과 공동체의 장기적 탄력성을 크게 높일 수 있다"라고 보고서는 말한다.[155] 세계은행처럼 포사이트도 부유한 국가로 이민한 사람들에게서 흘러나온 자금이 그들의 출신 공동체에 경제적으로 요긴한 것이 될 수 있다고 주장한다. 그렇게 해서 부유한 국가와 그 기구의 재원 부

---

151) Ibid., p. 67.

152) Ibid., p. 109.

153) 이것이 Davis, *Planet of Slums*의 핵심 추진력이다.

154) Foresight/The Government Office for Science, "Migration and Global Environmental Change," P. 175.

155) Ibid.

담 책임 ─ 다시 말해 기후부채 ─ 은 가려진다. 게다가 포사이트는 관리된 이민은 "이민을 받는 지역"의 경제에도 이익이 될 수 있는데, "이민은 주요 산업과 공공 서비스 부문의 기술 부족을 처리하고, 기업가 정신을 촉진하고 심지어 노령화하는 인구에 연계된 인구결핍을 해결하는 여지를 제공하는 데 도움이 될 수 있다"라고 제시한다.156) 그러한 "관리"의 사례는 뉴질랜드가 제공했는데, 뉴질랜드는 현 세기에 침수될 가능성이 큰 태평양 제도의 군도 하나인 통가Tonga의 주민을 위해 이민 복권을 운영했다.

누가 상승하는 해수면을 피할 자격이 있는지 누가 파도에 휩쓸려 사라져야 하는지 복권으로 결정한다는 생각은 관리된 이민 계획의 근본적인 불의를 강조하는데, 통가 같은 나라는 지구의 기후변화에 실제로 아무런 책임이 없다는 사실을 감안하면 특히 그렇다. 관리된 이민은 일부 ─ 보통 부유한 국가의 자본에 매력적인 기술을 가진 사람 ─ 의 이민은 허용하지만 대다수 사람들의 이동은 거부하는 시스템이다. 그것은 이동의 자유를 지지하는 것처럼 보이지만 실제로는 오직 선택된 소수에게만 이민의 길을 연다. 그것은 기후가 유발한 이민의 문제를 해결하기는커녕 간단히 복권에 "당첨"되지 못한 사람, 기업과 부유한 국가가 원하지 않는 사람, 자신의 힘으로 이동하기로 선택한 사람 모두를 "범법자"로 만든다.

포사이트는 참신한 전략적 접근법으로서 관리된 이민 계획을 제안하지만, 그 제안에 새로운 것은 거의 없다. "순환 이민"을 권장하는 정책은 1945년 이후 미국과 서구 유럽의 국가에서뿐만 아니라 아파르트헤이트 시기 남아프리카에서도(아마 가장 강력했을 것이다) 일반적이었다. 실제로 남아프리카의 노골적인 인종적 자본주의 시스템이야말로 "관리된 이민" 계획의 최고 전형이다. 남아프리카 공화국 흑인 대다수는 흑인 자치구역 제도Bantustan system를 통해 완전한 시민권을 부정당했고, 다이아몬드 및 금 광산에서 육체노동을 하

---

156) Ibid.

거나 백인 가정의 가사노동을 하는 경우에만 도시거주권을 제공받았다. 아파르트헤이트 노동 시스템은 남아프리카 흑인 대다수에 대한 인종 차별만이 아니라 성적 착취 및 성적 위계 강화에도 의존했는데, 육아 같은 무보수 노동 때문에 종종 도시에서 여성이 없어졌다. 아파르트헤이트 시스템은 가족의 부양비는 물론 교육, 연금, 사회 서비스를 이민 노동자에게 부과해 남아프리카의 자본을 확실히 보조하도록 만들었다.[157] 물론 아파르트헤이트 시스템은 오직 남아프리카 흑인 인구 대다수에 대한 체계적인 인간성 말살을 통해서만 정당화할 수 있었다.

오늘날 이민 노동자 아파르트헤이트 시스템은 세계 전역으로 확산되어 남반구 개발도상국에서 쫓겨난 수백만 명의 사람들은 북반구 선진국의 값싼 노동력에 대한 만족할 줄 모르는 수요와 직접 결합된다.[158] 이민자의 불안은 자본의 안전을 보장한다.[159] 포사이트가 제안한 "새로운 안보 패러다임"은 종종 외국인 혐오적인 민족주의와 대립되는 것으로 표현되지만, 관리된 이민 계획은 선택적 합법화에 의존하며 그래서 항상 합법적 이민에 저촉되는 불법 영역을 통해 규정된다. 게다가 외국인 혐오적인 담론을 통해 만들어진 이민자에 대한 사회적 억압은 오늘날 우리가 물려받은 인종 자본주의 시스템을 특징짓는 불안 상황에 절대적으로 중요하다. 인종주의자의 대량 이민의 홍수 담론은 현대자본주의가 의존하는 불안정성의 형태를 이루는 데 결정적이다. 이러한 이유로 루이얄, 캐플런, 킬컬런 같은 인물이 언급한 기후난민에 대한 표현은 본질 그대로, 즉 오늘날 팽창하고 있는 기후 아파르트헤이트 시스템

---

157) 아파르트헤이트 노동 통제에 대한 이러한 비판을 분명히 한 중대한 에세이로는 Michael Burawoy's "The Functions and Reproduction of Migrant Labor: Comparative Material from Southern Africa and the United States," *American Journal of Sociology*, 81:5(1977), pp. 1050~1087 참조.

158) Susan Ferguson and David McNally, "Capitalism's Unfree Global Workforce," *Open Democracy*, February 20, 2015.

159) Felli, "Managing Climate Insecurity," p. 338.

의 필수 요소로 간주되어야 한다. 이러한 신흥 축적체제에서 기후혼란에 대해 가장 책임이 없는 사람들이 가장 큰 대가를 치르고 있다. 기후 아파르트헤이트 시스템 아래에서는 남반구 개발도상국 사람들에게 지고 있는 기후부채에 대해 어떠한 인정도 이루어지지 않고 있다. 기후 아파르트헤이트 세상에서 기후-유발 이민이라는 유령은 재앙에서 돈벌이를 추구하는 재난자본주의의 결정적 책략이 되었다.

제6장

재난 공동체주의
Disaster Communism

뉴올리언스의 허리케인 카트리나(2005년), 뉴욕의 초대형 폭풍 샌디(2012년), 필리핀의 파괴를 초래한 태풍 욜란다Yolanda(2013년)에 이르기까지 최근 몇 년 동안 엄청난 재난이 점점 더 자주 세계의 도시들을 뒤흔들고 있다. 이러한 재난을 통해 대체로 인류의 과학기술 성과가 만들어낸 대재앙에 인류가 점점 더 취약해지고 있다는 점이 분명해졌다. 과학계에서는, 심지어 세계은행의 『온도를 낮춰라Turn Down the Heat』 같은 발간물조차 지구온난화를 2°C 아래로 유지한다는 국제 기후 협상가들의 약속은 거짓이며 지구는 이미 적어도 4°C에 이르는 지구온난화 경로에 들어섰다고 전제한다.[1] 국제에너지기구 International Energy Agency의 수석 경제학자 파티 비롤Fatih Birol은 현재의 에너지

---

1) World Bank, *Turn Down the Heat: Why a 4°C Warmer World Must Be Avoided* (November 2012).

소비 수준은 2100년까지 지구의 평균 기온을 산업혁명 이전 대비 적어도 6°C 이상 오르는 훨씬 더 놀라운 경로로 밀어붙일 것이라고 경고한다.[2] 우리는 유례없는 비율로 지구를 데우면서 모든 생물의 90%가 사라진 페름기 대규모 멸종Permian mass extinction을 포함한 지질학적으로 지구 역사상 어떠한 기록도 없는 속도와 규모로 지구 시스템의 변화를 강요하고 있다. 기후변화는 멸종과 관련해 비교적 낮은 비중(그러나 점점 커지고 있는)의 책임이 있지만 우리는 실제로 지구의 6번째 대규모 멸종 사건의 와중에 있다.[3]

인류 문명이 지구를 지배하도록 한 기후 조건 ─ 1만 2000년 전의 신석기혁명 이래 비교적 환경이 안정된 시기 ─ 은 이제 우리를 떠났다. 우리는 점점 더 위태로워지는 기후혼란의 시대를 살고 있다. 문화 이론가 에반 콜더 윌리엄스Evan Calder Williams가 시사하듯이 세계 자본주의는 복합적이고 불균등한 발전뿐만 아니라 불균등하고 복합적인 종말apocalypse이라는 특징도 지닌다. 종말은 단일하고 순간적인 사건이 아니라 "갑작스러운 도약 및 격동을 수반한 완만한 움직임으로 펼쳐지며" 붕괴지역은 전 세계 자본주의 사회 지형에 불규칙한 싱크홀처럼 확산된다.[4] 기후변화는 이미 현재의 실제이며 미래의 가능성이 아니다. 오늘날의 싸움은 기후변화가 얼마나 빠르게 일어날지 그리고 미래에는 얼마나 나빠질지에 대한 것이다.

재난의 역사는 또한 도시의 역사다. 실제로 둘은 불가분하게 얽혀 있다. 데이비스는 다음과 같이 말한다.

2) International Energy Agency, *World Energy Outlook* (November 25, 2011).

3) 이전과 현재의 대량멸종 사건에 대해서는 Ashley Dawson, *Extinction: A Radical History* (New York, OIR Books, 2016) 참조.

4) Evan Calder Williams, *Combined and Uneven Apocalypse* (Ropley: Zero Books, 2010). 윌리엄스의 주장은 제임스 퍼거슨James Ferguson이 아프리카 사회에 대해 주장한 것과 흥미롭게도 유사하다. James Ferguson, *Global Shadows: Africa in the Neoliberal World Order* (Durham, NC: Duke University Press, 2006).

이산화탄소 배출량 35~45%는 도시가 구축한 환경의 냉난방이 원인이고, 35~ 40%는 도시의 산업 및 교통이 원인이다. 어떤 의미에서 도시생활은 도시를 최대한 복잡하게 진화하게 만든 생태적 틈새 ─ 인류세의 기후 안정성 ─ 를 급속하게 파괴하고 있다.[5]

오늘날의 도시는 기후혼란의 주요 동인이지만 또한 제1의 희생자이기도 하다. 기후혼란의 폭풍은 이미 인간의 해안을 강타하고 있으며 그로 인한 황폐화는 취약한 기반시설, 막대한 경제자원, 유례없는 인구가 집중된 세계 해안 대도시에서 가장 명백하다. 도시는 역설적으로 격동하는 우리 시대의 최대 발현이고, 장본인이며, 가장 위험에 처한 조형물이다.

극단의 도시에 닥친 재난을 처리하는 방식은 기후혼란에 대처하는 데 주요한 장애다. 재난disaster은 어원학적으로 사악한 외부적인 힘 때문에 발생한 비정상상태, "불운한 사건ill-starred event"을 시사한다. 그렇지만 기후혼란에 책임이 있는 것은 하늘이 아니라 사람이다. 지구를 변화시키는 인류의 집단 능력을 보여주는 인류세의 개시는 우리의 책임이다. 그러나 인류세에 활기를 불어넣는 주인공은 누구인가? 사회역사학자 보뇌일과 프레소즈는 인류세가 인류 전체의 산물이 아니라는 것을 보여주었다.[6] 이 시대에 대해 더 적절한 용어는 (꽤 길어서 불편하지만) 올리건스로프신Oliganthropocene일 것이라고 그들은 주장하는데, 이 용어는 인류의 작은 분파가 막대한 수의 동족 인류는 말할 것도 없고 지구의 취약한 환경시스템을 지속가능성을 초과하는 지점까지 착취하는 시대를 뜻한다. 생태계를 대규모 멸종으로 몰아가는 화석자본주의는 극소수이지만 강력한 힘을 가진 세계 지배층의 이익을 위해 채택되었다.[7]

---

5) Davis, "Who Will Build the Ark?," P. 41.

6) Bonneuil and Fressoz, *The Shock of the Anthropocene*.

7) Andreas Malm, *Fossil Capitalism: The Rise of Steam and the Roots of Global Warming* (New York: Verso, 2016); Timothy Mitchell, *Carbon Democracy: Political Power in the Age*

허리케인 카트리나와 샌디는 도시의 재난이 이미 존재하는 사회적 불평등의 흠을 깊게 만든다는 것을 보여주었다. 뉴욕의 설계를 통한 재건 같은 재난 이후 활동 이야기는 이러한 역학을 새롭게 보여준다. 재난은 신자유주의적 자본주의 때문에 고도로 계층화한 공동체에 고통을 안기는데, 이는 지난 30여 년 동안 점점 더 심해지는 불평등과 극명한 취약성을 생성해왔다. 단절된 경제 지배층에게는 종종 보이지 않겠지만, 이러한 완만한 폭력은 침수된 건물, 떠다니는 시체, 재난이 강타한 이후 표면에 떠오른 버려진 사람들이 보여준다. 클라인이 말한 "재난자본주의"는 그러한 혼란이 만든 충격을 이용해 재건 과정 지휘를 통해 정부와 민간의 지원을 부유층으로 돌리면서 이미 쇠약해진 공공 부문을 더욱 궁핍하게 만든다.[8] "회복" 노력은 뉴올리언스에서처럼 너무 자주 기존의 경제적·사회적 불평등을 악화하는데, 카트리나 이후 재건 노력의 일환으로 공공주택은 철거되었고 공공 교육체계는 민영화되었다. 유사한 형태의 재난자본주의가 9·11 이후 뉴욕에서 발현되었는데, 막대한 정부 지원이 도심의 부자들에게 돌아갔고 차이나타운 같은 인접 근로계층 공동체는 자원을 박탈당했다.

그러나 사람들은 또한 RHI의 세릴이 한 것처럼 재난의 와중에서 집단적 목적과 연대를 찾는 경향이 있다. 심지어 극단적인 환경에서도 사람들 대부분은 이기적이고 반사회적이고 적대적인 행동을 부추기는 대신 자기 통제력을 회복하고 비교적 빠르게 주위 사람들에게 관심을 두는 경향이 있다고 증거는 말한다. 리베카 솔닛Rebecca Solnit이 『지옥에 내장된 천국A Paradise Built in Hell』에서 주장하듯이 재난은 일시적으로 기성사회 질서를 유보하고 사람들이 서로 종종(항상은 아니더라도) 공감, 관심, 영웅적인 우려로 반응하는 유동적인 상

---

of Oil(New York: Verso, 2013).

8) 재난자본주의에 대해서는 Klein, *The Shock Doctrine* 참조. 뉴올리언스와 뉴욕의 재건 과정에 대해서는 Gotham and Greenberg, *Crisis Cities*.

황을 만들면서 자본주의 문화가 끈질기게 권유하는 유아론唯我論을 깨부순다.[9] 재난은 그렇게 점점 더 원자화하고 폭력화하고 기진맥진해지는 일상생활에서 일시적인 유예를 제공할 수 있다. 1906년 샌프란시스코 지진, 1986년 멕시코시티 지진, 2005년 뉴올리언스의 허리케인 카트리나, 2001년 뉴욕의 9·11 등 솔닛이 조사한 사건은 누구에게도 일어나기를 바랄 수 없는 비통한 사건이지만, 그런 사건은 또한 의도치 않게 다른 존재 방식으로 통하는 창문을 열 수 있다. "천국의 가능성이 탄생의 가장자리를 맴돌고 있어서 그러한 천국의 도래를 저지하는 데 강력한 힘이 필요하다"라고 솔닛은 말한다.[10]

재난은 종종 자본주의를 더 강화하고 부자에게 이익을 주지만, 또한 급진 정치 이론가 조디 딘Jodi Dean이 말하는 공동체주의의 수평선, 즉 현재의 억압적인 상태를 극복할 수 있고 새로운 형태의 연대를 찾을 수 있다는 것에 대한 어렴풋한 지각을 제공할 수 있다. 자본주의는 더 이상 가능한 유일한 미래로 보이지 않는다. 우리는 심지어 인간의 공감과 상호협력에 기초해 다른 사회 만들기를 시작할 수도 있다.[11] 재난을 무릅쓰고 조성된 공동체적 연대는 재난 공동체주의의 한 형태로 간주될 수 있는데,[12] 거기에서 사람들은 서로의 기본적인 필요를 충족하고 집단적으로 생존하기 위해 자신들을 조직한다. 진정한 인간적 필요에 기초하고, 적절하고 생태적으로 지속가능한 사회를 향한 장기적인 과정을 포함하는 재난 공동체주의가 시야에 들어오기 시작했고 집단적 조직화의 목표가 되었다. 정부 또는 민간의 이해에 따라 이러한 상호협력은 방해를 받거나 이용될 수 있다. 즉, 가장 좋은 위치를 차지하고 있는 가장 부패한 사람들과 기관들이 폐허 속에서 더 공정한 질서를 추구하는 대중

9) Rebecca Solnit, *A Paradise Built in Hell: The Extraordinary Communities that Arise in Disaster*(New York: Viking, 2009).

10) Ibid., p. 7.

11) Jodi Dean, *The Communist Horizon*(New York: Verso, 2012).

12) "Disaster Communism, Part I," *Out of the Woods Blog*, May 8, 2014.

적인 운동에 자주 반대하면서 재난을 이용한다.13)

그럼에도 기후혼란은 세계 전역의 도시에서 재난 공동체주의를 점점 더 강력한 힘으로 만들 가능성이 크다. 여기에는 두 가지 이유가 있다. 첫째, 기후혼란은 혁명의 가능성을 높인다. 지리학자 안드레아스 말름Andreas Malm은 아랍의 봄 시위를 탐구한 일련의 논문에서 기후혼란은 자체적으로 혁명을 일으킬 수 없지만 점차 그 도화선에 불을 댕기는 중요한 요소가 될 것이라고 주장한다.14) 말름은 부분적으로는 우크라이나 같은 곡물 생산 국가의 가뭄으로 초래된 국제 곡물 가격 인상으로 촉발된 2011년 이집트 혁명Egyptian Revolution을 인용한다. 빵 폭동이 더욱 광범위한 폭동을 촉발한 오랜 역사가 있다. 통치 권력이 국민에게 적절한 음식물을 제공할 의지가 없거나 능력이 없는 경우 그 권력은 사람들의 신진대사를 보장하는 것이 아니라 위협하는 것으로 인식되어 정통성의 위기를 유발한다.15) 가장 유명한 사례는 의심할 여지없이 프랑스대혁명French Revolution인데, 초기 사건은 높은 빵 가격에 항의하는 시장터의 여성들이 주도한 베르사유 행진March on Versailles이었다. 상류층은 상당 기간 자신을 보호할 수 있고, 심지어 이러한 식량 위기에서 이익을 얻을 수 있지만 구매한 식량에 의존하고 생존을 위한 여유가 거의 없는 세계의 빈곤층은 이러한 충격을 즉각 느끼는 경향이 있다.16)

성공적인 혁명은 또한 기후혼란 시대의 생존 가능성을 높인다. 비상 시기에 누가 죽고 누가 살 것인가는 종종 다른 사람들과 맺은 유대의 힘과 이러한

---

13) 예를 들어 Diane E. Davis, "Reverberations: Mexico City's 1985 Earthquake and the Transformation of the Capital" in Thomas J. Campanella and Lawrence J. Vale(eds.), *The Resilient City: How Modern Cities Recover from Disaster*(New York: Oxford University Press, 2005) 참조.

14) Andreas Malm, "Tahrir Submerged? Five Theses on Revolution in the Age of Climate Change," *Capitalism Nature Socialism*(March 2014).

15) Ibid., p. 4.

16) Ibid., p. 5.

공동체가 얼마나 평등한지에 달려 있다.[17] 공동체의 취약성에 대한 수십 년의 연구는 자원의 평등한 소유가 자연재해에 대한 최선의 보호라는 점을 밝혔다.[18] 재난 전문가 벤 위스너Ben Wisner가 이 주제에 관한 그의 주요한 연구에서 시사하듯이 "오직 생산조직 내부 및 정치권력에 대한 접근의 근본적 변화만이 직접적이거나 간접적인 수많은 방법으로 재난에 대한 취약성에 영향을 미칠 것이다".[19] 이전 장들에서 살펴본 많은 적응 계획들은 미봉책을 제안하면서 위기의 뿌리에 대한 해결 없이 일부 자원을 낭비한다. 그러한 계획은 궁극적으로 지난 수십 년의 억제되지 않은 자본주의가 물려준 취약성을 악화할 수 있다.

위장환경주의greenwashing와 기타 재난자본주의 형태를 위한 창은 닫혔다. 기후 연구소 틴델센터Tyndell Centre for Climate Research의 임원인 케빈 앤더슨Kevin Anderson에 따르면 2°C 이상의 기온 상승을 2050년까지 적어도 50%의 확률로 방지하기 위해서는 "세계 에너지 관련 배출이 매년 10~20%씩 감축되고 2035년에서 2045년 사이에는 0에 도달해야 한다. 비행, 운전, 주택 난방, 일상 기기 사용 등 기본적으로 우리가 하는 모든 것에서 탄소 배출이 전혀 없어야 한다".[20] 시장경제는 체제 전반을 바꾸는 것보다는 그 가장자리를 만지작거리는 것을 전제로 하기 때문에 자유시장 자본주의를 통해 집행된 해법은 이러한 위험에 대처할 수 없다고 앤더슨은 주장한다.[21]

그러나 만약 자본주의가 위기에 대해 어떤 해결책도 내놓지 못한다면 현재

---

17) Eric Klinenberg, *Heat Wave: A Social Autopsy of Disaster in Chicago*(Chicago, IL: University of Chicago Press, 2003).

18) Malm, "Tahrir Submerged?," p. 7.

19) Ben Wisner, "Flood Prevention and Mitigation in the People's Republic of Mozambique," *Disasters*, 3:3(1979), p. 305.

20) Kevin Anderson, "Climate Change Going Beyond Dangerous: Brutal Numbers and Tenuous Hope," *Development Dialogue*, 61(2012), p. 25.

21) Ibid.

좌파Left 다수가 선호하는 급진 민주주의의 국지적이고 수평주의적인 실험도 마찬가지다. 샌디를 점령하라에서 앞으로 거론하겠지만 재난 공동체주의의 첫 번째 계기는 너무 쉽게 해체되고 권력에 의해 이용된다. 앤더슨과 여타 과학자가 요구하는 깊은 삭감에는 말름의 주장처럼 다음과 같은 수단이 포함된 제도적 변화가 필요하다.

> 수요 할당과 징발, 모든 산업에 대한 전시상태 관리, 화석 기반시설에 투하된 천문학적 자본의 조기 청산, 누가 어떤 상품을 얼마나 소비할지에 대한 중앙 집중적인 결정, 연간 배출 목표를 위협하는 위반자에 대한 처벌. 22)

"전시공산주의war communism"에 관련된 암시는 분명 논란의 여지가 있다. 심지어 기후정의운동에 대한 설명에서 클라인이 취한 명백히 반자본주의적인 입장도 보수주의자와 진보주의자 양쪽에서 공격을 받았다.23) 그러나 기후정의를 위한 운동에 어떤 딱지가 붙던 간에 그 운동은 공산주의적 전통의 중심과 관련된 많은 딜레마에 직면해야 할 것이다. 공산주의는 재건을 요구하는 집단 및 대중 개념과 맞물려 있고, 격변의 시대에 특히 필수적인 국제주의 및 연대의 계통으로 특징지어진다. 비평가들은 전체주의의 한 형태라고 공산주의를 일축하지만 마찬가지로 중요한 것은 공산주의가 국가와 대중적 사회운동의 관계에 천착하는 오랜 유산을 지니고 있다는 점이다. 이는 대량 멸종에서 인류와 지구를 구하는 데 필수적인, 비-전체주의적이지만 그럼에도 엄격히 규제되는 국가 형태에 관해 생각하는 길을 제시할지도 모른다. 볼리비아 부통령 알바로 가르시아 리네라Alvaro García Linera가 보기에는 원주민 대

---

22) Malm, "Tahrir Submerged?," p. 11.

23) 이러한 진보주의자의 공격에 대한 개요는 John Bellamy Foster and Brett Clark, "Crossing the River of Fire: The Liberal Attack in Naomi Klein and This Changes Everything," *Monthly Review*, 66:9(February 2015) 참조.

통령 에보 모랄레스Evo Morales 정부에서 시도하고 있는 바와 같이 그러한 국가가 사회의 자발적인 조직화 능력의 진화를 보조하는 방법을 모색하여 평등한 공산주의 사회를 향한 길을 닦을 수도 있다.[24] 가르시아 리네라에게 궁극적으로 동의하건 그렇지 않건 간에 적어도 대중적인 평등주의운동이 어떻게 다가오는 기후재앙의 위협에 상응하는 규모로 힘을 통합할 수 있는지 고려하는 것은 매우 중요하다.

무엇보다도 재난 공동체주의는 자본주의를 특징짓는 끊임없는 성장 일변도에 대한 거부를 나타내야 한다. 극단의 도시에서 이것을 가장 쉽게 볼 수 있는데, 극단의 도시는 기후변화의 뒤에 있는 주요한 동력이며 기후혼란이 가장 가혹하게 경험되는 곳이며 직면한 환경재난에 영향을 받고 있는 도시의 내부 공동체는 이미 조직화하고 있다. 공정한 도시를 위한 투쟁은 또한 결과적으로 기후정의를 위한 투쟁이다. 그렇지만 데이비스는 "그러한 도시의 생태적 특질은 보통 방대하고 감춰진 힘을 유지한다"라고 말한다.[25] 실제로 최근의 도시 사회운동은 전통적으로 정의된 환경문제보다는 도시의 권리에 대해 다루며, 반면에 환경운동은 보통 도시의 기후정의에 대한 투쟁을 무시하면서 자연을 도시의 반대 명제로 간주하는 경향을 보인다. 사회학자 대니얼 앨더너 코언Daniel Aldana Cohen이 지적하듯이 심지어 클라인도 기후정의에 대한 그녀의 설명에서 극단적인 수탈에 저항하는 시골의 환경운동, 소위 "블로카디아Blockadia"에 대해 주로 초점을 맞추는 경향이 있다.[26]

이러한 다양한 투쟁을 연결하는 것이 우리 시대의 중심 과제일 것이다. 데이비스가 주장하듯이 공정한 도시에 대한 투쟁은 또한 주로 도시에 거주하는 인간 종의 생존을 가능하게 만들 수 있는 저탄소 주거 양식을 위한 투쟁이다.

---

24) 리네라의 저작에 대한 논의는 Bruno Bosteels, *The Actuality of Communism*(New York: Verso, 2011), pp. 226~268 참조.

25) Davis, "Who Will Build the Ark?," p. 43.

26) Daniel Aldana Cohen, "The Urban Green Wars," *Jacobin*, Dec 11, 2015.

그리고 극단의 도시에서 도시 사회운동이 점차 스스로를 기후혼란의 최전선에 있다고 간주함에 따라 그 투쟁은 점차 남반구 개발도상국 "생태계 인간eco-system people"의 투쟁과 얽히고 더 넓게 기후정의와 얽혀 있다.[27] 환경정의를 위한 도시운동은 기후혼란에 적응하기 위한 사회적 연대와 근본적인 요구를 중심으로 조직되면서 이미 화석자본주의에 반대하는 전쟁을 벌이고 있다. 이러한 운동이 보여주는 바와 같이 극단의 도시에 대한 대안은 혁명의 도시다.

상호부조

허리케인 샌디가 뉴욕을 타격한 다음날 아침, 월가를 점령하라 운동에서 만나 유대를 형성한 뉴욕 시민은 도시 전역으로 흩어져 어느 구역이 가장 심하게 타격을 입었고 어느 곳에 도움이 필요한지 살폈다. '월가를 점령하라' 활동가는 사회적 매체와 지인 네트워크를 통해 여러 날 동안 접촉을 유지했다. 그들은 또한 폭풍으로 황폐화된 공동체를 지원하기 위해 무엇을 할 수 있는지 찾아 서로 점검했다. 불평등 문제에 대한 '월가를 점령하라'의 지향은 재난이 도시에 동등하게 영향을 주지 않는다는 점을 활동가들이 알았다는 것을 의미한다. 즉, 가장 큰 타격을 받는 사람들은 극단의 도시에서 이미 생존을 위해 투쟁하고 있는 사람들일 것이다.[28] 전력이 끊긴 채 방치되는 사람들은 도시의 외곽에 거주하는 가난한 사람들과 근로계층일 것이다. '월가를 점령하라' 활동가들은 그들이 모을 수 있는 어떤 자원도 한계에 부딪친 공동체에 집중되어야 한다는 점을 심지어 샌디의 타격 이전에 분명히 했다.

---

27) Ramachandra Guha and Juan Martinez-Alier, *Varieties of Environmentalism: Essays North and South*(New York: Routledge, 1997), p. 12.

28) Peter Rugh, "Climate Change Lifts the Lid Off Inequality in New York City," n.d., Occupy Wall Street.

광범위하지만 노쇠한 공공교통 시스템이 무너진 도시에서 자전거가 하나의 주요한 교통수단이 되었다. 심한 타격을 입은 동네로 향하는 두 바퀴 부대 투사들 속에 뉴욕시립대학교 대학원생인 코너도 있었는데, 그는 도시의 공원과 여타 공공장소에서 급진적인 교육을 시도하는 '월가를 점령하라'의 한 갈래인 자유대학Free University에서 활동했었다.[29] 문자로 '월가를 점령하라' 회원과 연결한 뒤 코너는 브루클린에 있는 파크슬로프아모리Park Slope Armory에서 몇몇 친구와 만나 폭풍 기간에 광범위한 홍수로 고통을 겪은 레드훅으로 자전거를 타고 3mile을 갔다. 수변 공동체를 따라 자전거를 타고 가면서 지역 주민들을 만났는데, 도시의 가장 오래되고 큰 공공주택단지의 전력이 끊겨 그곳 주민들은 조명 없이 15~20층 건물에서 승강기를 사용하지 못하고 5층 이상은 급수도 끊긴 채 방치되어 있다고 말했다. 단지의 노인들이 가장 영향을 많이 받았고 물, 음식, 필수 약품을 이웃 사람들에게 의존하고 있었다. 인근 고급 슈퍼마켓은, 근년에 레드훅을 덮고 있는 젠트리피케이션 물결의 일환으로, 문을 닫아 접근이 불가능했다. 인근에는 어떤 구호단체도 어떤 종류의 시 당국도 눈에 띄지 않았다.

이른 오후에 이르러 코너 무리는 RHI와 연결된 '월가를 점령하라' 활동가들과 접촉할 수 있었다. RHI는 (뉴욕에서 가장 오염된 "주요 해양산업구역"인) 레드훅 주민에게 영향을 주는 심각한 건강 및 사회 문제에 대한 대응으로서 2000년대 초기에 설립된 지역 공동체기구다. 기적적으로 RHI의 전력은 유지되었고, 구성원들은 RHI를 구호물품의 배포 중심지로 만들어 황폐화한 동네에 공급 가능한 구호물품을 배포하는 데 신속하게 동의했다. 인근 주민들은 그들의 주방에서 식량을 가져와 거대한 솥에 수프를 만들어 전력과 음식물이 없는 사람들에게 공급했다. 도심 맨해튼의 주코티공원을 여러 주 동안 점령하면서 음식물 및 기타 필수품의 공동 공급을 현장에서 실행한 깊은 경험을

---

29) Conor Tomas Reed, May 25, 2015, Personal Interview.

가진 '월가를 점령하라' 활동가들과 레드훅 공동체에서 온 활동가들이 저녁때까지 함께 일하면서 공동체 네트워크를 통해 재난구호 거점인 RHI에 대해 소문을 퍼뜨렸다. 며칠 만에 RHI는 수백 명 분량의 끼니를 제공했다. 도착하기 시작한 기부 물품 홍수를 정리하기 위해 접수기구가 만들어졌고, 의사 집단이 공동체 주민을 위해 의료 서비스를 제공했고, 민첩한 자원봉사자 네트워크는 취약한 지역사회 주민들의 필요를 조사하기 위해 날마다 RHI에서 출발했다. 공식 재난구호기구의 확연한 부재 속에 — 적십자와 연방재난관리청은 며칠이 지나고 나서야 모습을 보였다 — 코너 무리는 지역 활동가와 함께 상호부조mutual aid의 얼개를 짜기 위해 노력했고, 레드훅은 폭풍의 치명적인 후유증을 완화할 수 있었다.

중세 유럽의 길드에서 1998년 경제위기 이후 아르헨티나의 지역 집회neighborhood assemblies에 이르기까지 비위계적인 조직형태를 통해 공통 자원을 나누는 상호부조 노력은 인간 사회의 지속적인 특징이었다. 국가의 실패에 대한 분노 때문에 지난 20년 동안 이러한 상호부조 실험의 정치적 긴급성이 가중되었다. 사람들은 국가가 그들을 구호할 때까지 기다리기보다는 대의代議 정부에 내포된 위계를 회피할 수 있는 자율적인 상호부조 집단으로 스스로를 조직했다.30) 코너 무리가 레드훅에 기여한 상호부조 노력은 도시 전역에 걸쳐 다른 많은 지역에서도 행해져서 느려터진 시와 연방의 구호기관이 남긴 공백을 메웠다. 샌디를 점령하라로 알려지게 된 이 운동은 뉴욕시 전역에 중앙 구호 거점들을 창출했고 네트워크를 따라 더 작은 거점들의 구축을 촉진했다. '샌디를 점령하라'의 수평적인 조직 철학의 의미는 누군가 필요하다고 판단하면 언제라도 어디에서도 구호 거점을 만들 수 있고 터전을 마련할 작업의 주도권을 쥘 수 있다는 것이었다. 결과적으로 더 작은 거점들이 중앙 거

---

30) 상호부조와 혁명에 대해서는 Marina Sitrin and Dario Azzellini, *They Can't Represent Us! Reinventing Democracy from Greece to Occupy*(New York: Verso, 2014) 참조.

점들 주위로 놀라운 속도로 유연하게 확산되었다. 머지않아 '샌디를 점령하라' 운동은 뉴욕을 넘어 허리케인의 영향을 받은 뉴저지 해안 지역으로 퍼져 나갔다. '샌디를 점령하라'는 주요 배포 거점 3곳(퀸스의 "자코비Jacobi", 브루클린의 "클린턴Clinton", 브루클린의 "레드훅")을 설립해서 자원을 저장하고, 자원봉사자 훈련을 실시하고, 지역 운영을 조율했다. "회복" 거점은 로커웨이, 맨해튼의 로어이스트사이드, 스테이튼섬 등 폭풍에 특히 심한 피해를 입은 구역에 설립되었다. 더 작은 회복 거점 또한 캐너시, 시프스헤드베이, 베이릿지 Bay Ridge, 게리슨비치Gerritsen Beach, 롱아일랜드와 뉴저지 전역에 설립되었다. '샌디를 점령하라'는 매우 빠르게 지역의 핵심적인 재난구호 활동이 되었다.

기존 구호기관이 이러한 장소에 나타나지 않은 경우가 자주 있었지만, 문제가 단순히 그것에 국한되는 것은 아니다. 즉, 문제는 그러한 기관의 운영 지침이 언제든 어디서든 구호가 가장 필요한 사람들을 돕는 것을 방해했다는 데 있다. 예컨대 일부 공식기관은 공공주택단지에는 직원을 보내지 않았는데, 많은 노약자가 난방, 전력, 급수, 필수 의료가 끊긴 채 그곳에 갇혀 있었다. 기존 구호기관의 명백한 실패는 폭풍 뒤 며칠이 지나지 않아 '샌디를 점령하라'가 가장 중요한 구호조직이 되도록 만들었다. '샌디를 점령하라' 운동이 최고조에 달했을 때 이 조직은 6만 명에 이르는 자원봉사자의 활동을 조율했고, 적십자의 4배 규모로 자원을 동원했다.[31] 가장 필요한 사람에게 긴급 구호물자를 제공하는 데 '샌디를 점령하라'가 너무 효율적이었기 때문에 공식 재난구호기관과 시 당국은 허리케인 앞에서 마지못해 그러한 운동의 중요성을 인정하고 '샌디를 점령하라' 활동가와 협력할 수밖에 없었다. 뉴욕 경찰이 주코티공원에서 수백 명의 활동가들을 체포해 강제로 '월가를 점령하라' 운동을 해산한 지 1년이 되지 않아 당국은 샌디 이후 필요한 사람에게 도움을 제

---

31) Homeland Security Studies and Analysis Institute, *The Resilient Social Network*(September 30, 2013), anser.org.

공하는 데 동일한 활동가들에게 의존했다는 점을 상기해야 한다.

도시 및 지역 전체의 활동가를 연결하는 사실상의 네트워크를 구축한 것 또한 마찬가지로 중요했다. '샌디를 점령하라'는 명백히 재난구호를 조율하기 위한 목적으로 고안된 새로운 수단을 포함해서 사회적 매체를 극히 창조적으로 사용했다. 이러한 자원을 개발하기 위해 일한 활동가 밸킨드에 따르면 '샌디를 점령하라'는 사회적 매체를 사용해서 일종의 지식공유제를 만들었다.[32] 샌디가 도시를 강타한 당일 만들어진 웹사이트 'OccupySandy.net'은 어떻게 네트워크를 통해 새로운 소식을 받을지, 어떻게 자원봉사를 할지, 어디에 물품을 기부할지, 긴급 피난처를 어디에서 찾을지에 대한 정보를 제공했다.[33] 그 사이트는 자원봉사를 희망하는 사람을 위해 서명 양식을 제공했고 상호지원 사이트의 목록을 제공했다. '점령하라 운동Occupy movements'을 국제적으로 연결하는 실행조직인 인터오큐파이Interoccupy는 샌디 이후 신속하게 움직여 "Interoccupy Hub"로 불리는 웹사이트를 만들어 초기 '샌디를 점령하라'의 사회적 매체를 통합하고 구호물자 기부가 이루어질 수 있는 통로인 위페이WePay 계정을 제공했다. 밸킨드처럼 테크놀로지에 능숙한 활동가는 '샌디를 점령하라'의 페이스북Facebook 페이지를 채우고 @OccupySandy를 통해 주기적으로 트위터Twitter 메시지를 발송했다. 게다가 주요 구호 거점은 자체적으로 페이스북과 트위터 페이지를 만들어 밀려드는 기부와 자원봉사자에 보조를 맞췄다. '샌디를 점령하라'는 또한 구글 독스Google Docs, 짧은 문자 메시지, 문자 루프 등을 사용해 정보를 공유했으며 자체적으로 오픈소스 소프트웨어 사하나Sahana를 개발해 내부 재고를 통제했다. 폭풍이 덮친 일주일 뒤 '샌디를 점령하라'의 페이스북 페이지는 1만 개의 좋아요likes를, 트위터는

---

32) Devin Balkind, June 10, 2015, Personal Interview.

33) '샌디를 점령하라'의 사회적 매체 활용에 대한 개요는 Homeland Security Studies and Analysis Institute, *The Resilient Social Network* 참조.

5000명의 구독자followers를 기록했다. 상호부조 네트워크는 이 시점까지 700명의 자원봉사자 명단을 보유했고 도시 전역에 걸쳐 매일 2만 명 분량의 식사를 제공했다.

'샌디를 점령하라'를 그렇게 뚜렷하게 효과적으로 만들고 관료적인 기존 구호기관의 완고한 관행과 차별화한 핵심적인 요소는 그 운동의 특징인 유연성 및 자발성이었다. 예컨대 중앙 재난구호 거점의 자원봉사자들이 보기에 '샌디를 점령하라'가 만들어지고 얼마 지나지 않아 많은 기부 물품이 더 이상 필요하지 않다는 점이 분명해졌다. 한 자원봉사자가 아마존 선물등록Amazon.com gift registry을 설치해서 활용하는 아이디어를 내 다양한 거점의 긴급 구호물자 요구를 처리했다. 이러한 온라인 자원을 통해 세계 전역의 사람들이 곧바로 어떠한 중개자도 없이 실시간으로 구호 활동에 참가할 수 있게 되었다. 이러한 재난구호 등록은 개인의 독창성, 필요에 대한 자발적인 대응, 상호부조의 원칙 준수 등 '샌디를 점령하라'의 전형적인 특징을 보여준다.

테크놀로지 영역에서 사실인 것은 '샌디를 점령하라'의 다른 측면에도 동일하게 적용되었다. 전 지역에서 온 자원봉사자들은 매우 간략한 소개 이후 어떤 식으로든 자신이 원하는 조직에 합류해 그 시점의 필요에 그들의 기존 기술을 맞추면서 등장하는 위기에 탄력적으로 대응했다. 발등의 재난이 지나가고 더 장기적인 요구가 표면에 등장함에 따라 전문화한 팀들이 빠르게 구성되었다. 수천 명의 사람들에게 식사를 제공하는 "키친Kitchen"이 만들어졌다. 의료 팀이 조직되어 주택과 아파트에 있는 시신을 유치하고 처방전과 의료 장비를 배포했다. 훈련을 받고 건설 청소 팀으로 배정된 자원봉사자는 주택에서 물, 진흙, 잔해, 곰팡이를 제거하고 재건 과정을 시작했다. 주택 팀은 생존 이재민과 기꺼이 그들을 수용하려는 사람을 연결했고, 법무 팀은 임차권, 보험문제, 복잡한 지원 신청 절차에 대해 조언했다.

'샌디를 점령하라'는 자기선언적인 활동가들이 세계적인 운동 과정에서 "자치"(즉, 매우 관료적이고 하향식 정부 및 공식 구호기관에서 독립)로 알려진 창조적인 방법으로 스스로를 조직할 능력이 있다는 것만 보지는 않았다.[34] 허리케인 샌디의 피해를 입은 사람들은 수동적인 "희생자"로서 그들이 할 수 있는 일은 오직 구호기관 및 정부가 구호물자와 함께 도착할 때까지 생존하는 것밖에 없다는 생각에도 '샌디를 점령하라'는 문제를 제기하기 시작했다. 기존 구호기관 및 정부가 생존 이재민을 보는 주된 방식인 이러한 권리 박탈적인 태도가 아니라 폭풍에서 회복하기 위해 기꺼이 자신과 이웃을 구할 수 있는 배려와 상호부조의 가치에 '샌디를 점령하라'는 고무되었다.[35] 재난에 관한 연구는 대재앙에서 생존하는 사람들의 능력은 자주 그들의 사회적인 네트워크에 따라 결정된다는 것을 보여주지만, '샌디를 점령하라'는 사람들이 기존의 사회적 연결을 찾기 위해서뿐만 아니라 가능하다면 새로운 네트워크를 구축하고 자원을 공유하기 위한 기회도 잡으려 할 것이라는 이론에 입각했다. 이러한 행동은 지배적인 신자유주의 이념의 특성에 아주 많이 배치된다. 솔닛이 『지옥에 내장된 천국』에서 강조하듯이 상호부조는 야만스럽게 이기적인 인간 본성이라는 개념에 문제를 제기하는데, 이 개념은 홉스Hobbes나 맬서스Malthus처럼 영향력 있는 디스토피아적 철학자의 논지를 활성화하는 것일 뿐만 아니라 현대 매체가 재난에 대해 묘사하는 데서 보이는 뚜렷한 특징이다.[36] 예컨대 대중문화의 도처에서 좀비가 출현하는 것에 대해 생각해보자. 이는 단일한 야만적인 역병이 폭력적인 무정부상태로 이어져 오직 강력한 영웅(보통 백인 남성)만이 과격한 수단을 통해 반격할 수 있다는 전형을 보여준다. 솔닛이 강조하듯이 인간의 기본적인 이기심에 대한 그러한 설명은 편리하게 권력자와 부자에게 이득이 되는 서사를 제공하면서 불공정한 상태

---

34) 최근 세계적으로 발생한 봉기의 자치와 기타 무정부주의적 규율에 관해서는 Sitrin and Azzellini, *They Can't Represent Us!*.

35) Rana Jaleel, "Into the Storm: Occupy Sandy and the New Sociality of Debt," n.d., *Is This What Democracy Looks Like?*.

36) Solnit, *A Paradise Built in Hell*, p. 7.

의 대안은 없다는 생각을 뒷받침한다. '샌디를 점령하라'는, 그러한 디스토피아적인 이념 대신, 재난 공동체주의를 형성하는 상호부조의 실행을 원칙으로 삼았다. 집단적 공급의 협력적·이타적·즉흥적 형태는 마르크스의 "각자의 능력에 따라, 필요에 따라 각자에게for each according to ability, to each according to need"와 공명한다. '샌디를 점령하라'는 그렇게 공산주의의 지평을 엿볼 수 있도록 했다.

거대폭풍 연구 실험실Superstorm Research Lab이 『두 샌디 이야기A Tale of Two Sandys』에서 지적한 바와 같이 샌디 이후 허리케인과 관련된 사회적 위기에 대해 근본적으로 서로 다른 두 가지 접근법이 있었다. 하나는 시 당국과 공식 구호기관에서 전형적으로 드러났는데, 그들은 대대적인 재난에 대해 전적으로 폭풍과 관련된 것이라고 간주하면서 공동체를 단순히 폭풍 이전의 상태로 되돌리려 했다.[37] 다른 하나는 '샌디를 점령하라' 활동가에게서 전형적으로 드러났는데, 그들은 폭풍에 대해 빈곤, 저렴한 주택의 부족, 불안정하고 저조한 고용, 불공정한 자원 접근성 같은 요인을 특징으로 하는 만성적 불평등 위기가 악화된 것으로 보았다. '샌디를 점령하라' 활동가가 보기에 공동체를 되돌리자는 공식적인 재난 회복 서사는 평등에 대한 근본적인 질문을 가리는 것이었다.[38]

재난에 대한 접근법에는 기간의 문제 또한 있다. 정부 관료는 폭풍의 영향과 장기적인 도시 위기를 엄밀하게 구별하는 경향이 있기 때문에 그들의 대응은 폭풍 때문에 발생한 단기적인 기반시설 문제를 기술적으로 해결하는 형태를 취한다.[39] 연방정부의 프로그램은 전형적으로 지원에 대한 마감일이 있는데, 이는 도시의 위기가 폭풍이 닥친 날 시작되었고 연방정부가 자의적

---

37) Superstorm Research Lab, *A Tale of Two Sandys*.

38) Ibid.

39) Ibid.

으로 설정한 날짜에 만족스럽게 해결될 것이라는 점을 시사한다. 그러나 오랜 시간에 걸쳐 펼쳐지고 있는 만성적인 위기에 대해서는 마감일을 탄력적으로 연장하고, 사람들의 종종 예측 불가능하며 변화하는 요구에 부응하는 시스템이 훨씬 더 적절할 것이다. 이것이 바로 '샌디를 점령하라'가 채택한 접근법인데, '샌디를 점령하라'는 의사결정기구 스포크스카운슬spokescouncil을 설립해서 네트워크의 자원을 관리하고 탄력적인 프로젝트 제출 방식을 통해 특정한 회복 프로젝트에 재원을 배분하는 결정을 했다. 스포크스카운슬의 모든 회의는 일반에 공개되었고 누구나 아이디어에 대한 재원을 요구할 수 있었다. 거의 150만 달러에 이르는 모금된 자금을 샌디 이후 1년 동안 절반에 못 미치게 집행했다는 이유로 '샌디를 점령하라'는 비판받지만, 그러한 비판은 장기간에 걸친 위험에 대해 인식하는 '샌디를 점령하라'의 지향을 무시하는 것이다. 2015년 감사에서 뉴욕시의 빌드잇백 프로그램은 실제로 어떤 주택의 재건도 마무리하지 못하면서 믿을 수 없을 만큼 복잡한 지원 신청 절차를 수립한 자문단에게 수백만 달러를 허비했다는 것이 드러났다.[40] '샌디를 점령하라'는 수평적인 구조를 통해 그러한 부패를 방지했는데, 이는 자원의 유입 또는 재건을 위한 구호 활동 전개와 관련해서 투명하고, 책임감 있고, 공정한 방식의 관리를 보장했다.[41]

상호부조를 통해 공동체의 역량을 구축하려는 '샌디를 점령하라'의 노력 가운데 두드러진 사례로 심각한 홍수 피해를 입은 존F케네디JFK 공항 근처 보초도에 있는 퀸스 지역의 로커웨이 공동체 서비스 중추 *당신은 절대로 혼자가*

---

40) David Chen, "New York City Comptroller Cites Flaws in Hurricane Sandy Recovery Program," *New York Times*, March 31, 2015.

41) '샌디를 점령하라'의 수평주의와 기타 핵심 개념은 Writers for the 99%, *Occupying Wall Street: The Inside Story of an Action that Changed America*(New York: OIR Books, 2011) 참조. '샌디를 점령하라' 운동의 요소에 대한 비판은 A. J. Bauer, Cristina Beltran, Rana Jaleel and Andrew Ross(eds.), *Is This What Democracy Looks Like?*, what-democracy-looks-like.com 참조.

*아니다*You Are Never Alone: YANA의 복원이 있다. '샌디를 점령하라' 활동가들은 지속가능한 기술로 그 공간을 재건해서 식사뿐만 아니라 보통 시 당국과 대규모 구호기관이 애초에 무시했던 법률 자문, 주거 지원, 의료까지 제공하는 섬의 구호 중추로 바꿨다. RHI 활동가들과 마찬가지로 YANA의 재건 노력도 모지스의 "로커웨이 개선 계획" 이래 쭉 소외된 이 공동체의 주민을 위한 일자리를 만드는 것에 중점을 두었다.[42) 〈제2장〉에서 논의한 바와 같이 모지스와 시 당국은 제2차 세계대전 이전에 로커웨이를 꽉 채웠던 방갈로를 불도저로 밀어버리고 도시의 다른 지역과 완전히 격리된 고층 아파트단지를 건설했다. 이 지역은 허리케인 샌디가 수반한 폭풍해일 때문에 가장 심한 타격을 받았다. 또한 이 지역의 고통은 가장 눈에 띄지 않았고 가장 오래 지속되었다. 부유한 맨해튼 도심에서는 전력이 신속하게 복구되었지만 로커웨이에서는 샌디 이후 여러 주 동안 필수적인 도시 기반시설이 끊겼다. 레드훅에서처럼 많은 주민이 허리케인 기간에 엘리베이터 고장으로 공공주택단지에 갇혔고, 폭풍의 후유증 속에서 잔해 또는 상대적으로 비가시적인 자연재해 양상과 씨름하기 시작했다. YANA의 '샌디를 점령하라' 활동은 샌디의 영향뿐만 아니라 이러한 오랜 사회적 방치의 역사에 대해 대응을 모색했다.

폭풍 이후 몇 달 동안 YANA에서 '샌디를 점령하라'의 샌디 현장 조정자로 활동했던 소피아는 이러한 방치 문화에 부딪쳤다. 로커웨이 사람들이 재난을 관리하는 인증을 얻도록 만드는 노력의 일환으로 브루클린의 비상관리국 Office of Emergency Management에서 개최된 회의에서 소피아는 참석한 고위 관리에게서 재난 희생자는 재난 대응자가 되면 안 된다는 것이 연방정부의 공식 방침이라는 말을 들었다.[43) 비상관리국은 "사람들을 훈련시켜 다른 사람들

---

42) Jonathan Mahler, "How the Coastline Became a Place to Put the Poor," *New York Times*, December 3, 2012; Kaplan and Kaplan, *Between Ocean and City* 참조.

43) Sofia Gallisa Muriente, June 16, 2015, Personal Interview.

을 돕는 데 어떤 계획도, 능력도, 관심도 없다"라는 것을 소피아는 알게 되었다. 재난 기간이나 그 이후에나 똑같이 유권자들을 수동적인 존재로 봐야 한다고 정부 당국은 주장했다. 이러한 양상이 일상적인 재난의 형태에서 기본적인 요소이며, 그 속에서 집단적 가능성에 대한 생각은 위축되고 신자유주의에 의해 사유화된다고 솔닛은 주장한다.[44]

상호부조를 통해 이러한 생각에 도전하면서 소피아 같은 '샌디를 점령하라' 활동가는 로커웨이처럼 심하게 타격을 받은 지역의 많은 주민에게 오명을 씌우는 것에 대해서도 싸웠는데, 시 또는 주 당국과 그러한 주민의 조우는 치안 및 처벌과 관련된 경우가 많았다. 일반적으로 미국의 인종화한 공동체는 말할 것도 없이 노숙자와 무등록 이민자는 뉴욕시의 몸 수색Stop and Frisk 같은 인종적인 프로파일링 정책 때문에 최상의 상황에서도 제복을 입은 사람들을 피하는 경향이 있다. 그러나 재난 규약 대부분은 그러한 괴롭힘을 거의 당해본 적이 없는 비교적 부유한 사람들을 대상으로 작성되어 있다. 예컨대 "삶의 질" 관련 법규의 강요에 몰두한 경찰관의 강압을 일상적으로 경험한 노숙자는 공무원이 근무하는 영역으로 대피할 수 없거나 하려 하지 않는다. 무등록 이민자 입장에서는 미국의 추방체제에 노출될까 두려워 그들이 필요한 것에 대한 정보의 제공을 꺼리게 된다.[45] 비영리기관 메이크 더 로드 뉴욕Make the Road New York이 수행한 연구에 따르면 뉴욕지구 재난구역에 거주하는 이민자의 78%가 허리케인 샌디에 따른 재난구호를 신청하지 않았다.[46]

YANA에서 활동할 때 소피아는 재난구호 관료체제를 헤쳐나갈 수 없는 많은 무등록 이민자를 만났다. 소피아는 로커웨이에서 샌디가 촉발한 화재로

---

44) Solnit, *A Paradise Built in Hell*, p. 8.

45) Nicholas De Genova and Natalie Peutz(eds.), *The Deportation Regime: Sovereignty, Space, and Freedom of Movement*(Durham, NC: Duke University Press, 2010).

46) Make the Road New York, "Unmet Needs: Superstorm Sandy and Immigrant Communities in the Metro New York Area"(December 2012), p. 9.

집이 없어진 두 여동생 가족을 자기 집에 들인 엘살바도르 출신의 한 부인에게서 비상식량 스탬프를 받기 위해 용커스Yonkers까지 버스를 타고 간 이야기를 들었다. 그 부인은 거기에서 인증 카드를 받았는데, 비밀번호가 있어야만 그 카드를 사용할 수 있었다. 비밀번호를 얻기 위해서는 전화기가 필요했다. 전화기가 없었던 그녀는 다른 사람에게 빌린 전화기로 통화해서 영어로 녹음된 메시지를 이해하려고 애를 쓰다가 오직 사회보장번호Social Security number를 입력한 뒤에만 비밀번호가 발급된다는 것을 알게 되었다. 그녀는 무등록 이민자였기 때문에 사회보장번호가 없었다. 자동화한 전화 시스템을 통해서는 그녀의 곤경을 인간에게 설명할 방법이 없었다. 그렇게 해서, 비록 미국 농무부US Department of Agriculture가 명백하게 인종, 피부색, 출신 국가, 성별, 종교, 나이, 장애, 정치적 신념, 성적 지향, 결혼 및 가족에 따른 차별을 명시적으로 금지하지만, 심지어 가장 기초적인 재난구호도 그녀가 접근할 수 없는 것이 되었다. 대조적으로 '샌디를 점령하라'는 지역의 조직 및 지도자와 협력 관계를 구축하고 소피아처럼 이중 언어가 가능한 활동가를 동원해서 어떠한 질문도 없는 구호를 통해 사람들을 도우려고 노력했다.

'샌디를 점령하라' 활동가는 또한 기성 구호기관 대부분이 거부하는 장소에 갔고 그들이 거부하는 일을 했다. 기성 기관의 머뭇거림은 법적 절차에 관한 책임 문제와 어느 정도 관련이 있는데, 예컨대 그러한 절차는 구호 작업자가 늙고, 병들고, 장애가 있는 사람들을 점검하기 위해 허가 없이 주거 건물로 들어가는 것을 주저하게 만들었다. 비슷한 이유로 이러한 구호기관은 집에 갇힌 사람을 위한 의약 처방도 경계했다. 몇몇 경우에는 위험구역으로 표현되는 언론 보도 방식 때문에 연방재난관리청과 적십자 같은 지배적인 기구도 특정 지역 진입을 감행하지 못했다. 이는 로커웨이에 특히 치명적이었다.

YANA에서 활동한 지 이틀 뒤 소피아의 친구인 노동조합의 조직가 나스타란은 그녀의 집이 있는 이스트할렘East Harlem은 그렇게 많은 피해를 입지 않았다는 것을 깨닫고 로커웨이로 향하던 중 로커웨이의 거점을 찾고 있던 국경 없는 의사회 대표와 마주쳤다.[47) 나스타란이 보기에 YANA 인근 지역은 전체 도시에서 의료적으로 가장 낙후한 지역이라는 사실이 금방 분명해졌다. 양로원, 착취적인 3/4 주택(가난한 사람을 위한 물질남용 외래환자 치료를 잘못 규제한 형태), (마약 중독자, 수감자, 정신과 환자 등이 일반 사회생활에 적응하도록 돕는 시설이 중간 주택halfway house이다. 3/4 주택three-quarter house은 전통적인 중간 주택보다 낮은 수준의 감독을 하는 과도기 주택 시설인데, 일부 도시에서는 부패와 관련이 있다. ─ 옮긴이) 수감 경험자가 이 지역에 집중되어 있다는 것은 세 블록 반경의 인구 대부분이 그곳에서 어떤 형태의 약물 치료에 의존한다는 것을 의미했다.[48) 그렇지만 로커웨이에는 문을 연 의료기관이 거의 없었다. 그리고 운영하는 주유소도 없었고 로커웨이 반도를 벗어날 방법도 거의 없었다. 샌디의 습격 반년 전에 뉴욕주는 반도 병원Peninsula Hospital을 폐쇄했고 이 섬에는 오직 하나의 의료기관만 운영되었는데, 그 기관은 심지어 가장 좋은 시절에도 인력이 엄청나게 부족했다. 그래서 국경 없는 의사회는 매우 환영받았고 나스타란은 그 기관이 오션베이Ocean Bay의 공공주택단지에 공간을 마련하는 것을 신속하게 지원했다. 그러나 많은 뉴욕시 주택공사 시설처럼 오션베이도 폭풍 이후 몇 주일 동안 전력이 끊겼고 게다가 오랫동안 방치되고 있었다. 나스타란에 따르면 국경 없는 의사회의 구성원들은 그 단지에서 사람들이 칼에 찔리고 강간당한다는 소문에 불안해했다. 그녀가 단지에 의료팀이 존재한다는 것을 알리기 위해 현수막을 내걸려고 했을 때 국경 없는 의사회는 허락하지 않았다.

국경 없는 의사회가 그 지역의 가장 절실한 주민과 함께 일하기를 꺼려하는 것에 좌절하고 연방재난관리청, 뉴욕시 보건부, 기타 공식기관에서 어떤

---

47) Nastaran Mohit, June 4, 2015, Personal Interview.

48) 3/4 주택의 착취 시스템에 대해서는 Christopher Beall, "The 'Three-Quarter House' System We Need to Embrace," *Gotham Gazette*, October 12, 2015 참조.

지원도 없는 것에 아연실색한 나스타란은 '샌디를 점령하라'의 페이스북 페이지를 사용해 의료 종사자의 도움을 호소했다. 다음날 YANA는 의사, 간호사, 사회복지사로 넘쳤다. 뉴욕주 간호사협회The New York State Nurses Association는 신속 대응 팀을 구성해서 자원봉사자를 코니섬과 스테이튼섬은 물론 로커웨이에도 보냈다. 국경 없는 의사회가 이러한 간호사들을 거부했을 때 '샌디를 점령하라' 활동가들은 주인의 허가를 받아 YANA의 맞은편 점포 앞에 즉석 진료소를 개설했다. 한 예술가가 "YANA 메디컬클리닉YANA Medical Clinic"이라는 표지판을 만들었고 지역 주민들이 문으로 몰려들기 시작했다. 나스타란은 누구에게 의학적인 도움이 필요한지 조사하러 간호사 팀을 지역의 고층 건물에 보내는 것을 조율했다. 나스타란에 따르면 많은 경우 여러 날 동안 누군가의 문을 두드린 건 이 간호사들이 처음이었다. YANA 메디컬클리닉은 매일 아침 첫 번째 일과로 오토바이를 탄 사람들을 보내 의료처방전과 접수한 의료처방전을 약국이 이행하도록 강제하는 오바마 대통령의 행정명령 사본을 함께 가져오도록 했다.

나스타란의 경험에 대해 국경 없는 의사회의 대변인 골드파브는 국경 없는 의사회가 로커웨이에 진료소 2개를 개설했지만 내부적이거나 주에서 요구하는 규제 때문에 운영에 제한이 있었다고 언급했다.[49] 예컨대 국경 없는 의사회 같은 기관은 주 정부의 의료면허 요구를 준수해야 한다. 로커웨이의 의료 활동의 효율적인 조정이 전반적으로 부족한 상태에서 국경 없는 의사회는 힘든 결정에 직면했었다고 골드파브는 말했다. 즉, 자원봉사자에게 면허가 있다는 점을 확실히 하기 위해 시간을 보낼 것인가 아니면 그들이 가능한 한 많은 사람들을 돌보도록 할 것인가. 국경 없는 의사회가 주 당국에 로커웨이에 대한 의료 지원의 확대와 기존 구호기관의 전반적인 협력 강화를 호소하는 적극적인 로비 활동을 수행했다고 골드파브는 강조했다.

---

49) Michael Goldfarb, April 14, 2017, Personal Interview.

하루, 일주일, 한 달이 지나면서 나스타란은 그녀와 (그녀의 표현에 따르면) 일단의 무정부주의자 오합지졸이 로커웨이의 기능하는 극소수 진료소 가운데 1곳을 운영하는 것에 대해 점차 의구심을 가졌다. 기진맥진하게 하는 새로운 드라마가 날마다 만들어졌지만, 나스타란에게는 매일이 또한 '샌디를 점령하라'의 자치주의 이념의 생생한 증거인 재능과 사랑이 채워지는 나날이었다. 공식 구호기관과 유명인 방문객이 이 섬의 북쪽 116번가의 부유한 백인구역에 자원을 쏟기 시작함에 따라 YANA의 나스타란과 친구들은 이러한 계급-인종 구분선 남쪽 구역에서 활동하는 것의 결정적인 중요성을 점차 인지하게 되었고 소진되고 있는 YANA의 활동을 더욱 확실히 하기로 결심했다. 그러나 '샌디를 점령하라'가 거의 홀로 이 구역에서 봉사하고 활동한 것을 알았던 시, 주, 연방 당국이 로커웨이에 도착한 이후 상호부조로 채우고 있었던 이곳을 공백으로 남기면서 '샌디를 점령하라'와 협력하는 것을 지속적으로 거부하자 나스타란은 점차 분노하게 되었다. 기성 기관은 지역적 필요와 관련된 '샌디를 점령하라'의 깊은 지식을 이용하려 했을지 모르지만, '샌디를 점령하라'를 정당화할 수 있는 어떤 일도 하지 않으려 한다고 나스타란은 결론지었다. 나스타란에 따르면 연방재난관리청, 주 방위군, 거대 구호기관은 무엇을 해야 할지 물어보기 위해 그리고 '샌디를 점령하라'의 자원봉사자들이 공동체의 필요에 대해 수집한 정보를 흡수하기 위해 대표자를 파견했다. 그리고 나서 그들은 이 섬의 부유한 구역으로 되돌아갔다. 그들은 틈새를 메우는 데 '샌디를 점령하라'를 이용했고, 그들이 잘 모른다는 것을 구실로 이미 무력화한 로커웨이 주민들을 계속 소외시켰다.

로커웨이 '샌디를 점령하라' 활동가들의 씁쓸한 교훈은 재난 공동체주의와 수평적 조직화의 핵심적인 약점을 극적으로 보여준다. 재난 연구자 찰스 프리츠Charles Fritz(솔닛의 『지옥에 내장된 천국』에서 인용됨)에 따르면 재난에서 공동체를 발견한 경험이 사회적 가능성을 엿보게 만들어 구성원의 삶을 변화시키더라도 그들이 만든 해방된 공동체는 전형적으로 존속 기간이 짧으며, 종종 오직 사회가 안정성을 다시 얻고 기능하기 시작할 때까지만 유지된다.[50) 그 기간은 평화 시기 재난에서는 종종 오직 몇 주 또는 몇 달에 불과하지만 전쟁 시기 또는 만성적이거나 연쇄적인 재난의 경우에는 몇 년이 걸릴지 모른다. 이는 정부가 '월가를 점령하라'는 강력하게 진압했지만 '샌디를 점령하라'는 방치한 이유를 설명해준다. 그렇게 하지 않았더라면 소외된 공동체를 훨씬 더 열악한 상태에 처하게 만들었을 간극을 '샌디를 점령하라'가 메우는 것이 당국의 입장에서는 매우 기꺼운 일이었으며, 비상사태가 지나가고 일상성의 감각이 회복되자 당국은 지역의 열악한 소기업보다는 배경이 좋은 기업에 자금을 지원하는 방식 등을 통해 재난자본주의적 재건의 형태로 개입했다. 지속적으로 개인 및 지역사회에 위험을 전가하는 신자유주의 정부에게 '샌디를 점령하라'의 자발적인 창의성은 실제로 요긴한 것이었다. 이는 국토안보부가 '샌디를 점령하라'는 중요한 선례를 만들었을 뿐만 아니라 장래 재난에서 유사한 시민조직의 구호 활동이 일어나게 될 것이라고 '샌디를 점령하라'를 칭찬하는 연구에서 주장할 수 있었던 이유를 설명한다.[51) 재난 공동체주의는—순전히 지역적인 규모로는—자본주의 사회질서에 실제로 본질적인 위협이 되지 않는다.

그러나 공식 구호기관 및 재건 활동의 관료체제는 '샌디를 점령하라'에 장애가 되었다. 나스타란에 따르면 정보를 수집하기 위해 YANA를 방문한 주류 구호기관은 그들이 조사한 결과를 공유하는 것을 극도로 꺼렸다. 도시 다른 지역의 '샌디를 점령하라' 활동가들도 유사한 장벽에 부딪혔다. 스테이튼섬에서 '샌디를 점령하라'의 조사 활동을 이끈 골디는 시 차원의 유일한 그러한 조직형태 가운데 하나인 장기 회복기구Long-Term Recovery Organization: LTRO를 그

---

50) Charles E. Fritz, "Disasters and Mental Health: Therapeutic Principles Draw from Disaster Studies"(University of Delaware Disaster Research Center, 1996).

51) Homeland Security Studies and Analysis Institute, *The Resilient Social Network*, p. 69.

지역에 설립하는 것을 지원하기 위해 '샌디를 점령하라' 활동가들이 수집한 정보를 사용했다. 골디에 따르면 그 섬 해변을 따라 황폐화한 공동체에 구호 단체가 함께 제법 효과적인 구호를 제공했지만, 복구에 이르렀을 때에는 실망스럽게도 그에 훨씬 못 미치는 협조의 역학이 등장했다.[52] LTRO를 설립하기 위해 '샌디를 점령하라'는 수집한 모든 자료를 무료로 제공했지만, 골디가 알게 되었듯이, 비정부기구 세계에서 정보는 돈이며 LTRO의 다른 단체들은 기록을 모으고 조직체를 구성하는 대신 자료를 그들의 사무실로 가져가 보조금을 확보하기 위한 치열한 경쟁에 사용했다. 결과적으로 재난구호의 전문화와 함께 오는 계급 및 인종의 위계에 더해, 구호 활동에서 공개적으로 인정되지는 않지만, 신랄한 형태의 일상적인 인종 차별이 발생하며 백인 중산층 전문가들이 유색인 공동체에 낙하산을 타고 들어옴에 따라 나타나는 사일로 효과silo effect로 복구 활동 또한 어려움을 겪는다. 즉, 구호기관들은 현지 사람들의 필요를 최우선에 두고 함께 협력하는 대신, 오히려 급여가 높은 고위 직원들을 위해 보조금을 낚아채려는 목적으로 비밀리에 정보를 비축했다.[53]

샌디 이후 몇 주, 몇 달 동안 재건을 위해 노력하던 생존자들은 애당초 그들이 자원을 상실하게 만들고 그들을 재난 앞에 취약한 상태로 방치했던 관료체제의 미궁에 점점 더 많이 부딪쳤다. '샌디를 점령하라' 활동가들이 목격한 바에 따르면 상대적으로 왜소한 월드캐어스World Cares에서 적십자 계열의 조정지원 네트워크Coordinated Assistance Network까지 샌디에 따른 구호 및 재건을 위해 막대한 자금을 조성하고 사례별 사회복지사를 파견했는데, 그들은 해당 지역사회에 관해 무지해서 복잡한 연방재난관리청 신청 과정을 계속 엉망으로 만들었고, 신청에 문제가 발생했을 때에도 관련 가족을 접촉하지 않

---

52) Goldi Guerra, May 28, 2015, Personal Interview.
53) 샌디 구호 활동 기간에 나타난 전문 구호기관의 일상적인 인종차별에 대해서는 Zoltan Gluck, "Race, Class, and Disaster Gentrification," n.d., Occupy Wall Street 참조.

았으며, 일반적으로 사회안전망의 커다란 기존 구멍을 재생산했다.[54] 실천적인 재난구호 활동에 뛰어났던 '샌디를 점령하라' 활동가들은 다양한 수준의 정부 관료주의를 완화하기 위해 투쟁하면서 자신들이 소진되고 있다는 것을 발견했다. '샌디를 점령하라' 계열 스트라이크 데트Strike Debt의 보고서가 폭로했듯이 샌디 이후 재난구호가 베풀어지는 메커니즘에서 부당한 현상의 복원이 특히 분명해졌다.[55] 신청 절차의 엄청난 복잡성은 별도로 치더라도 연방의 지원 프로그램은 생존자들에게 연방재난관리청의 지원을 받을 수 있는 자격을 갖추기 이전에 대출을 (지원 대신) 신청하도록 생존자들에게 요구했다. 연방재난관리청이 재난 이후 그들을 지원하기 위해 올 것이라는 대부분의 사람들의 기대와 달리, 연방재난관리청은 주로 기반시설을 복원하는 지원 프로그램을 제공하기 위해 존재한다. 개별 이재민들은 대개 대출을 권유받았는데, 스트라이크 데트가 보고서에서 강조했듯이 그 대출에는 샌디 이전 몇 년 동안 그렇게 많은 미국인을 치명적인 부채로 묶어버린 약탈적인 서브프라임 대출 구조와 동일한 요소가 많았다. 부유한 (그리고 일반적으로 백인인) 개인 및 공동체는 대개 더 좋은 조건으로 이러한 대출을 확보할 수 있었다. 재난 "지원"은 실제로 재난이 닥치기 이전의 공동체들을 분열시켰던 불평등을 강화하면서 공적인 부담을 취약한 개인에게 전가하고 돈을 이재민에게서 재난 지원을 통해 수십억 달러를 번 부도덕한 대출기관의 호주머니로 옮긴다고 스트라이크 데트는 주장한다.

재건에 개입하려던 '샌디를 점령하라'의 노력 또한 폭풍 이전부터 존재한 정치적 단층 때문에 좌절되었다. 예컨대 골디에 따르면 스테이튼섬 남부의 백인 지역 주민은 북부 지역에 사는 노숙자를 지원하는 구호기관과 협력하는

---

54) Mohit, Personal Interview.

55) Strike Debt, "Shouldering the Cost: Who Pays in the Aftermath of Hurricane Sandy"(December 10, 2012).

것을 원하지 않았다. 보수적인 지역구의 정치인들이 골디(그리고 골디에 따르면 '샌디를 점령하라' 일반)에 대해 "이라크의 저항 분자와 같다"라고 보는 것은 확실히 협력을 구축하는 활동에 도움이 되지 않았다.[56) 그러한 어이없는 언사에 직면한 골디는 자신이 LTRO의 이사회에서 사임하면 그 기구가 더 잘 운영될 것이라고 판단했다. 이것이 스테이튼섬에서 '샌디를 점령하라' 활동의 종말을 가져오지는 않았지만, 이는 복구 활동에서 사회 및 환경정의 문제에 대한 관심이 매우 작다는 것을 의미했다. 예컨대 로커웨이처럼 스테이튼섬에도 주로 멕시코와 중미에서 온 무등록 이민자가 많이 있었는데, 거의 예외 없이 집주인이 아니라 세입자였다. 스테이튼섬 복구 활동은 그들의 곤경을 거의 해결하지 못했다.[57)

레드훅의 '샌디를 점령하라' 활동가도 유사한 정치적 장애에 부딪쳤다. 많은 외부 관찰자가 이 지역의 구호 활동을 공동체의 자구와 상호부조의 전형적인 예라고 찬양했지만, 샌디 이후 재건 활동은 점증하는 불평등 및 소외로 특징지어진다.[58) 폭풍이 타격한 약 1주일 뒤 졸탄은 자칭 지역 실세의 복층 아파트에서 열린 회합에 참가했다.[59) '샌디를 점령하라' 활동가에 더해 뉴욕 경찰, 주 방위군, 블룸버그 시장실 대표가 참석했다. 그렇지만 참석자 대부분이 작은 업체의 소유주였다. 졸탄에 따르면 참석자 사이의 논의는 그 회합의 목적이 복구 활동을 통제하는 기관에 대한 업체 소유주들의 접근성을 확실히 하는 데 있다는 것이 금방 분명해졌다. 그다지 숨기지 않았던 이러한 의제를 감안하면 아프리카계 미국인 활동가 레그 플라워스Reg Flowers가 그 회합에 초대받은 유일한 유색인이었다는 점은 의미심장하다.

---

56) Ibid.

57) Ilya Jalal, May 29, 2015, Personal Interview.

58) Gluck, "Race, Class, and Disaster Gentrification."

59) Ibid.

이러한 권력 및 후원 네트워크의 통합은 폭풍이 그 지역을 습격한 뒤 한 달이 넘어 마침내 블룸버그 시장이 레드훅을 방문했을 때 분명해졌다. 블룸버그 시장은 8000채의 주택과 1만 1000명의 주민이 있는 레드훅 주택단지를 회피하고 대신 페어웨이Fairway 대형 슈퍼마켓을 찾았고, 지역의 업체 소유주들이 만든 조직인 리스토어 레드훅ReStore Red Hook의 회합에 참가했다. 블룸버그 시장은 망가진 공공주택단지의 주민이 아니라 업체 소유주에게 이 공동체의 재건 필요성에 관해 질문했다. 그리고 그들에게 복구 지원금과 저리의 건축 지원금이 제공되었다.[60] 예컨대, 졸탄이 문서화했듯이, 리스토어 레드훅은 시의회의 대변인과 연계된 정치인들과 맺은 연줄을 통해 브루클린 공동체조직Brooklyn Community Organization의 대규모 지원금 80%를 확보했다. 레드훅에서 신속하게 젠트리피케이션이 진행된 지역의 사업 내부자들은 재건을 통해 이익을 얻은 반면 인근 공공주택단지의 주민은 여전히 난방 시스템을 교체하기 위해 애를 쓰고 있었다.

부유한 지역의 주민들은 재건 자금을 틀어쥐면서 '샌디를 점령하라' 활동가들과 사회적으로 공정한 재건에 대한 그들의 호소를 소외시키는 방향으로 움직였다. "공동체"를 향한 위선적인 호소 및 내부자 대 외부자 딱지 붙이기는 '샌디를 점령하라' 조직가들을 회합 공간에서 배제하고 공개 회합 및 논의에서 그들의 정당성에 문제를 제기하는 데 이용되었다.[61] 코너에 따르면 뉴욕시 주택공사에 11월의 집세 동결 및 감축에 관련된 지원을 요구하기 위해 '샌디를 점령하라' 활동가들이 레드훅 주민들의 조직화를 시도했을 때 실제로 파국에 이르렀다.[62] 활동가들은 지역 의회와 조율해 공공주택 거주자들이 모여 직접 시 당국과 구호기관에 말하도록 시도했지만, 지역 공무원들과 업

---

60) Ibid.
61) Ibid.
62) Tomas Reed, Personal Interview.

체 소유주들은 '샌디를 점령하라'를 지역사회에 무단으로 침입한 혐의로 고소하는 것으로 대응했다. 이는 그러한 시도를 불법화하는 데 성공적이었을 뿐만 아니라 지역사회에서 가장 심각한 피해를 입은 가장 가난한 사람들의 요구를 희석하는 효과를 초래했다.[63] 졸탄이 보기에 '샌디를 점령하라'의 경험은 상호부조와 수평주의의 강점과 약점을 모두 제시했다.[64] '샌디를 점령하라'는 한편으로 공식 구호 활동보다 훨씬 더 신속하고 유연한 재난구호 네트워크를 구축할 수 있었다. 그렇지만 지역사회에 깊고 오랜 연줄과 우군이 없었던 '샌디를 점령하라'는 '샌디를 점령하라' 활동가들 및 사회적 정의 메시지를 추방하려는 지역 지배층의 시도에 취약했다. 졸탄이 명명한 "재난 젠트리피케이션"에 저항하는 활동은 반젠트리피케이션 기반을 전제하는데, 레드훅에 그것이 꼭 부족하지는 않았었지만 샌디 이후 몇 주 동안 '샌디를 점령하라' 활동가들이 그것과 연계하고 그것을 효율적으로 동원할 수는 없었다.[65]

그러나 자연재난이 잠재적으로 공산주의의 지평을 연다고 한다면 재건 과정은 상류층이 권력을 다시 장악하고 심지어 강화할 기회를 제공한다고 할 수 있다. 2000년대 초반 볼리비아의 도시 엘알토의 군사 봉기에 대한 설명에서 그 대중적인 반란은 근본적으로 기존의 시골 공동체 *아이유*ayllus — 엘알토에 정착한 이주민이 직면한 극심한 수탈하에서 재구성되고 강화되어 단단하게 결속된 사회조직 — 에서 수평적인 운동 구조를 응용한 것이라고 정치 이론가 라울 지베치Raul Zibechi는 주장한다.[66] '샌디를 점령하라'도 유사하게 자연재해의 와중에서 매우 광범위하고 유연한 사회적 네트워크를 생성할 수 있었다. 그러나 '샌디를 점령하라'는 그 힘을 더 영구적인 것으로 통합할 수 없었다. 긴

---

63) Ibid.

64) Zoltán Glück, May 30, 2015, Personal Interview.

65) Glück, "Race, Class, and Disaster Gentrification."

66) Raul Zibechi, *Dispersing Power: Social Movements as Anti-State Forces*(Oakland, CA: AK Press, 2012), p. 2.

급한 위기가 가라앉자 재건이 시작되었고 상류층의 이해관계가 부각되기 시작했다. 자발적으로 조직된 구호 중추 및 거점은 느슨하게 연결은 되었지만 시 및 연방기관에서 상당한 자금을 끌어들이기에 충분할 정도의 통합된 지도력을 생성하지는 못했다. 그러는 동안 리스토어 레드훅을 조직한 사업가들 같은 지역 상류층은 상호간에 그리고 도시 전역의 관료체제와 연계를 형성했다.[67] 졸탄에 따르면 "우리를 밀어내고 싶었던 사람들이 그렇게 하기 시작했을 때 우리가 의존할 어떤 중추도, 정당도, 구조도 없었다".[68] 로어이스트사이드의 레스레디!LES Ready!처럼 몇몇 지역에서는 '샌디를 점령하라'의 지원으로 형성된 동맹이 폭풍이 끝난 뒤에도 오랫동안 지속되었다. 그러나 이러한 동맹은 환경정의 및 이민자 권리 같은 문제를 둘러싼 급진적인 조직화가 이루어진 역사가 있는 지역과 함께한 것이었다. 조직화 전통이 없었거나 새로운 동맹이 기존의 상류층 및 그들의 새로운 연합에 압도당한 지역에서는 재난 젠트리피케이션이 재난 공동체주의 깃발 아래 융합되었던 혁명의 에너지를 해체했다.

근본적인 적응

'샌디를 점령하라'가 구호 활동에서 고립된 것은 아니었으며, 재난자본주의에 대한 투쟁에서 '샌디를 점령하라'가 유일한 주인공도 아니었다. '샌디를 점령하라'의 상호부조 전략은 활동가들이 구축할 수 있었던 공동체조직의 많은 협조 덕분에 긴급한 위기 상황에 특히 효율적이었다. 샌디가 뉴욕을 타격

---

67) '샌디를 점령하라'에 대한 일부 활동가의 내부 비판은 Ari Paul, "Storm Troopers: The Legacy of Occupy Sandy," *Brooklyn Rail*, September 4, 2013 참조.

68) Glück, Personal Interview.

하고 약 3개월 뒤인 2013년 1월, 40개가 넘는 환경정의조직, 공동체 기반 단체, 노동조합 및 연합체가 저소득 시민, 유색인 공동체, 이민자, 노동자의 우선권을 포함할 풀뿌리 주도 복구 과정에 대한 계획을 수립하기 위해 만났다. 이 동맹은 샌디 지역 의회Sandy Regional Assembly로 알려지게 된다. 「비용 부담하기Shouldering the Costs」 같은 보고서는 저소득 유색인 공동체가 극단의 도시 최전선에 있었다는 것을 폭로했으며, 샌디 지역 의회 소속 공동체 기반 단체는 구성원들이 얼마나 자주 시종일관 허리케인 샌디 같은 재난에 대응하는 사람들이 되었는지를 강조했다.[69] 그들은 단순히 폭풍 이전의 극단적인 불평등 상황을 복구하는 것이 아닌 공정한 재건을 요구했으며, 오직 기반시설을 재건하는 데에만 복구 과정의 초점이 맞춰져서는 안 된다고 주장했다.

2013년 블룸버그 시장실이 기반시설에 초점을 맞춘 재건 보고서 「재건과 회복을 위한 특별 계획Special Initiative for Rebuilding and Resiliency: SIRR」을 발표한 뒤, 샌디 지역 의회는 편협하고 엘리트주의적인 회복 개념에 대해 통렬한 비판으로 대응했다. 샌디 지역 의회 소속단체에 따르면 "SIRR"은 샌디에 손상을 입은 공공주택의 재건 필요에 따른 일자리 창출 기회를 활용하지 못했다.[70] 이런 재건 프로젝트는 "지역 회복 일자리 전략local resiliency jobs strategy" — 선셋 파크 그린웨이-블루웨이Sunset Park Greenway-Blueway와 브롱크스리버 그린웨이Bronx River Greenway처럼 환경정의 및 사회적 재건을 지향하는 기존 공동체 기반의 기획 프로젝트에 의거한 뉴딜 방식의 공공 근로/일자리 프로그램 — 의 일환이 되었어야 했다.[71] 더구나 블룸버그의 계획은 저소득 유색인 공동체의 기반시설 필요를 무시했는데, 특히 매우 오염되고 매우 취약한 "주요 해양산업구역"에 위치

69) Sandy Regional Assembly, "Sandy Regional Assembly Recovery Agenda"(April 2013).

70) New York City Environmental Justice Alliance, "Sandy Regional Assembly Releases Analysis of Mayor Bloomberg's Sandy Rebuilding Report"(July 23, 2013).

71) Sandy Regional Assembly, "Recovery Agenda-Recovery from the Ground Up: Strategies for Community-Based Resiliency in New York and New Jersey"(April 2013).

한 공동체에 대해 그렇게 했다. "SIRR"의 하향식 특성을 감안하면 이러한 잘
못이 특별히 놀라운 일은 아닌데, 샌디 지역 의회에 따르면 "SIRR"은 공동체
기반의 체계적인 기획 및 조사를 하기보다는 상대적으로 피상적인 "봉사" 활
동에 종사했다. 공동체에 바탕을 둔 진보적인 대안 계획의 오랜 역사 —그 가
운데 많은 부분이 환경정의운동과 직접 연결되는데 — 를 감안하면 "SIRR" 및 블룸
버그가 추동한 여타 적응을 위한 청사진은 명백하게 부적절했다.72) 이와 달
리 샌디 지역 의회는 진정으로 포괄적인 의사 결정과 공동체의 감독을 요구
했다.

  샌디 지역 의회의 핵심 요구 중 하나는 회복 프로그램의 일환으로 시작되
는 어떤 프로젝트도 재난의 영향을 받은 지역사회의 저소득 및 중산층 주민
을 위한 저렴한 주택의 공급 감축으로 이어지지 않을 것이라는 점을 시 당국
이 보장하는 것이었다. 회복력은 사회적 연결과 공동체 통합의 산물이라는
주장에 근거해서 샌디 지역 의회는 취약한 공동체에 기후변화의 위협에 대해
교육하고, 재난 취약성을 절감하기 위해 지원하고, 공동체 주민의 특별한 필
요에 주목하는 공동체조직들의 기후적응/재난구호센터Climate Adaptation/Disaster
Relief Centers 설립 제안에 대한 자금 지원을 시 당국에 촉구했다. 마지막으로
기후변화의 시대 도시의 지속가능성에 대한 핵심적인 질문을 던지면서 샌디
지역 의회는 시 당국이 중대한 에너지, 식품 공급, 교통망을 위한 중복적이고
분산되고 지속가능한 시스템을 구축할 것을 요구했다. 공정한 재건을 위한
청사진의 맥락에서 도시 기반시설의 변화를 위한 요구를 통해 샌디 지역 의
회는 에너지, 식품, 교통 같은 자원과 관련된 분야에서 — 식민주의, 인종주의,
계급 및 젠더 차별의 유산은 물론 — 근본적인 적응Radical Adaptation이 반드시 직면
하게 될 권력 문제와 이해관계, 통제, 소유의 갈등 문제에 대해 주목했다. 다

---

72) 뉴욕의 공동체에 바탕을 둔 진보적인 대안 계획의 역사에 대해서는 Angotti, *New York For
   Sale*, pp. 131~152 참조.

시 말해 근본적인 적응에는 상당한 권력 이동이 필요했다.

샌디 지역 의회가 요구한 항목은 엘푸엔테El Puente, 업로즈UpRose, 웨스트할렘 환경행동West Harlem Environmental Action: WE ACT 같은 회원단체의 환경정의를 위한 깊은 경험에 의거한 것이었다. 이러한 많은 조직이, 이 도시의 걸출한 역사가인 마이크 월리스Mike Wallace의 소위 뉴욕을 위한 뉴딜New Deal for New York을 위해, 9·11 이후의 맨해튼 도심 재건과 관련된 불의에 반대하는 투쟁을 포함해서 몇 년 동안을 분투해왔다.[73] 실제로 샌디 지역 의회의 많은 요구는 더욱 공정하고 지속가능한 9·11 이후의 고섬에 대한 월리스의 선언을 요약한 제안을 본뜬 것이었다.[74]

금융finance, 보험insurance, 부동산real estate — 소위 FIRE 부문 — 의 부각에 따른 주기적인 경기침체의 취약성을 강조하면서 월리스는 에너지 절약과 원가 절감과 생태적으로 적절한 설계 분야의 뉴딜식 일자리 — 태양열 전지판, 녹색 지붕 등의 설치를 통해 도시를 바꾸는 근로자를 위해 생활 임금을 지급할 수 있는 — 창출을 주장했다.[75] 샌디 지역 의회와 마찬가지로 뉴딜을 위한 월리스의 선언 또한 시 당국이 저렴한 주택에 대해 새롭게 헌신을 약속해야 한다는 것에 달려 있었다. 이에 더해 월리스는 모지스 시기에 만들어진 철도와 선적시설 개선 등 이 도시의 교통 기반시설을 쇄신하기 위한 일련의 야심찬 제안을 내놓았다. 비록 녹색도시주의green urbanism의 초기 주장에 영향을 받았지만, 월리스의 선언은 기후혼란에 대응하기 위한 도시 기반시설의 체계적 변화의 필요성을 명백하게 의제에 올렸다. 그럼에도 그 선언은 연방의 지원이 필수적일 만큼 야심찬 것이었다. 그러한 지원과 그것을 활용하는 데 필수적인 정치적 자산은 고섬에 대한 전면적인 시민적 개혁의 시급한 필요에 동의하는 이

---

73) 이러한 불균등한 재개발의 역사에 대해서는 Gotham and Greenberg, *Crisis Cities* 참조.

74) Mike Wallace, *A New Deal for New York*(New York: Bell and Weiland, 2002).

75) Ibid., p. 39.

질적인 단체의 연합에서 나올 수 있다고 윌리스는 주장했다.[76] 그러한 도시 연합은 연방 차원에서 클린턴-고어 정권의 민주당을 사로잡은 신자유주의적 이해관계에서 진보적인 통치를 되찾아오는 데 결정적인 역할을 할 수 있다고 윌리스는 강조했다. 민주당전국위원회Democratic National Committee는 신자유주의적 이해관계에 따라 1980년대 중반 이후 많은 쟁점에서 민주당을 계속 오른쪽으로 움직여왔다. 전국적인 도시들에서 급진적인 연합이 힘을 얻을 수 있다면 민주당에 대한 민초들의 압력을 통해 이러한 우파의 지배를 깨뜨리는 기회를 잡을 수 있다고 윌리스는 주장했다. 이를 통해 진보적인 도시 정치가 부활할 토대가 준비될 지도 모른다.

윌리스의 *뉴욕을 위한 뉴딜*이 의거했던 많은 조직의 정치적인 노력에도, 9·11 이후 재건은 크게 보면 FIRE 부문의 이해관계를 만족시키고 그것에 이끌리는 과정이었다.[77] 이는 이 도시 지배층의 신자유주의적 통치의 지속적인 힘, 즉 1970년대 중반 재정 위기 때 확립되어 지속적으로 유지되어온 고섬에 대한 통치 및 개발의 철갑 패권을 반영한다.[78] 2001년에서 2013년 사이 블룸버그 시장 아래 일련의 거대 프로젝트를 통해 수십억 달러가 부동산 개발업자와 금융업자의 주머니에 들어간 반면 이 도시의 노동 계급은 지속적으로 경제적 토대를 상실해서 도시 전체적으로 기후혼란에 대한 취약성이 증가되었다. "사회운동은 평화를 대가로 블룸버그 시장의 사업 동맹 한두 분야의 양보를 얻을 수 있을 만큼 충분히 고양될 수 있다. 그 사업 동맹이 방어적이게 만들고 물러서도록 강요하고 양보를 얻어내기 위해서는, 낮은 곳에서 그것을 해체하기보다는 오히려 우리가 당분간 보지 못했던 종류의 폭발적인 대규모 운동이 필요할 것이다"라고 킴 무디Kim Moody는 1970년대 이래 뉴욕의

---

76) Ibid., p. 92.

77) Gotham and Greenberg, *Crisis Cities* 참조.

78) 1970년대 뉴욕의 재정 위기와 그 유산에 대한 최고의 분석은 Kim Moody, *From Welfare State to Real Estate: Regime Change in New York City, 1974 to the Present* 참조.

정치에 대한 권위 있는 연구인 『복지국가에서 부동산으로From Welfare State to Real Estate』에서 말한다. [79]

극단의 도시에서 겪은 지배층의 철옹성 같은 이해관계에 대한 좌절과 오바마 정부의 연방 차원의 가식적인 대중영합주의 — 월스트리트의 총아 티모시 가이트너Timothy Geithner를 재무부장관에 임명한 것에서 명백해짐 — 에 대해 느낀 환멸은 점령하라 운동이 2007년 경제 붕괴 이후 선거 정치를 전면적으로 거부한 데 대해 설명해준다. 이러한 맥락에서 2000년대 초반 경제 붕괴 이후 아르헨티나에서 발생한 격노한 외침 — 그들은 모두 꺼져라! — 은 이 나라와 세계는 언급할 것도 없이 뉴욕에서 많은 공감을 얻었다. [80] 이러한 구호는 99%의 분노를 대변했고, '샌디를 점령하라'가 창출한 상호부조 네트워크의 바탕을 준비하는 데 도움이 되었다. 그러나 재건 사업이 구호 활동을 잠식함에 따라 '샌디를 점령하라'는 시 당국의 다양한 수준의 거버넌스를 완전히 회피하기보다는 다양한 저항 전술을 활용해 선출직 공무원에 대한 감시와 압력을 행사했고, 협력을 통해 재건 활동의 많은 결점에 대해 책임을 질 수 있는 다양한 규모의 거버넌스를 모색했다.

많은 환경정의조직, 공동체단체, 샌디 지역 의회 일원인 노동조합은 물론 '샌디를 점령하라'도 포함된 공정한재건을위한동맹The Alliance for a Just Rebuilding이 샌디 지역 의회가 배포한 「회복의제Recovery Agenda」의 취지를 바탕으로 설립되었다. 공공 안전에 관한 뉴욕 시의회위원회New York City Council's Committee 회의에서 증언하면서 동맹의 회원들은 다음과 같이 주장했다.

직접적인 대응과 폭풍 장벽도 매우 중요하지만 탄력성은 반드시 그 이상의 것

---

79) Ibid., p. 291.

80) Azzellini and Sitrin, *They Can't Represent Us!: Reinventing Democracy from Greece to Occupy.*

을 의미해야 한다. 더욱 탄력적인 도시가 되려면, 수십 년 동안 무시당해온 공동체를 위해 형평성 및 경제적 기회를 더 많이 창출할 필요가 있다. 탄력성은 좋은 일자리에 대한 접근성, 직업 훈련의 경로, 정말로 저렴한 주택, 우리의 환경에 대한 관리 같은 것을 의미한다.[81]

동맹은 뉴욕시 재난관리청Organization of Emergency Management에 성공적으로 로비해서 허리케인 샌디 이재민에 대한 지원과 무등록 이민자 및 가난한 지역사회의 식량 스탬프와 기타 필수품에 대한 지속적인 접근 권리를 확보했다.[82] 동맹은 또한 재건 과정을 감시해서 블룸버그의 빌드잇백 프로그램의 막대한 비효율성과 부패에 대해 보고서를 발간했다.[83] 이러한 독자적인 감시는 결과적으로 뉴욕시 조사부New York City Department of Investigation 같은 감독기구의 어쩔 수 없는 조사로 이어졌는데, 빌드잇백 프로그램의 지원을 바라던 집주인의 90% 이상이 샌디가 타격한 이후 2년 동안 어떠한 지원도 받지 못했다는 결론이 나왔다. 게다가 동맹은 또한 시청에서 진행한 시위의 조율을 지원했는데, 공동체 옹호자들은 거기에서 9·11 이후와 샌디 이후의 재건 활동의 연계를 구축했다. 동맹 소속단체인 보컬-뉴욕VOCAL-NY의 회원 보비 톨버트Bobby Tolbert는 블룸버그 시장 임기 마지막 달에 개최된 한 집회에서 다음과 같이 주장했다.

수많은 귀중한 9·11 이후 재난 자금은 심지어 그 건물이 무너질 때 용감하게 사

81) Alliance for a Just Rebuilding, "Official Comments on Sandy Legislative Package in Front of NYC City Council Committee on Public Safety"(June 20, 2013).

82) Alliance for a Just Rebuilding, "To Strengthen Important Sandy Legislation, the New York City Council Should Require OEM to Do More for Displaced New Yorkers and Vulnerable Communities," n.d.

83) Gloria Pazmino and Laura Nahmias, "New Yorkers Affected by Hurricane Rally for Relief," *Politico*, February 24, 2014.

람들을 구조했던 소방관들과 시민들조차 살 수 없는 로어맨해튼의 호화 아파트 단지 건설을 위해 대규모 부동산 및 금융기관으로 유입되는 것으로 끝났다. 이러한 일이 다시 발생하면 안 된다. 샌디 자금이 배분됨에 따라 우리의 신임 시장은 시 기구, 특히 경제개발공사를 통해 뉴욕의 저소득층 및 취약계층의 요구를 우선적으로 수용하고 이러한 새로운 투자에서 좋은 일자리와 저렴한 주택이 나오도록 보장해야 한다.[84]

같은 집회에서 "샌디 이후 뉴욕에서 경제개발은 부동산산업의 요트뿐만 아니라 모든 배를 띄워야 한다"라고 뉴욕에서의 신뢰Faith in NY의 지도자인 파스토르 데이비드 로머라임Pastor David Rommereim은 주장했다.[85] 레임덕 시기 블룸버그 시장만큼 드 블라지오 차기 시장도 겨냥한 보고서 「조류 바꾸기 Turning the Tide」에서 공정한재건을위한동맹은 유사한 핵심적인 사회적·환경적 정의에 대한 메시지를 강조했다. 즉, 차기 시장은 샌디 복구가 좋은 지역 일자리 수천 개의 창출을 보장해야 하고, 상실된 저렴한 주택을 복원하고 이재민을 위해 새로운 저렴한 주택을 마련해야 하고, 깨끗하고 지속가능한 에너지 기반시설에 투자해야 하며, 뉴욕시의 미래를 설계하는 데 공동체를 포함시키고 참여시켜야 한다.[86]

이 극단의 도시의 근본적인 재건을 위해 공정한재건을위한동맹이 펼친 주장은 이 도시의 상류층 문화기구들이 전시한 적응을 위한 제안에 정면으로 반하는 것이었다. 뉴욕 현대 미술관의 *라이징 커런트*Rising Current 전시회, 비

---

84) Alliance for a Just Rebuilding, "Sandy-Impacted Communities Unveil New Rebuilding Plan for Next Mayor, Turning the Tide Away from Inequality and Toward Justice"(July 31, 2013).

85) Ibid.

86) Alliance for a Just Rebuilding, "Turning the Tide: How Our Next Mayor Should Tackle Sandy Rebuilding."

엠더블유-구겐하임BMW-Guggenheim의 어번 랩Urban Lab, 휘트니미술관Whitney의 *언더커런트Undercurrents* 전시회 같은 행사에서 뉴욕시는 도시의 탄력성 실험을 위한 실험실로 제시되었다.[87] *설계를 통한 재건* 대회에서 포착한 광범위한 상류층의 시대정신의 일환을 형성하는 이러한 다양한 시도는 도시가 지구적인 기후변화 시대에 거버넌스의 핵심적인 장소라는 믿음을 전제로 한 것이며, 생태-인공 두뇌학적eco-cybernetic 도시 시스템 관리를 위한 야심찬 제안들을 산출했다.[88] 컴퓨터를 이용해 수집한 도시의 상태에 대한 방대한 정보는 도시의 기후방어climate-proof 활동의 정확성을 보장하게 될 것이었다. 그러한 전시회에서 반복되는 주제는 자연을 정복하려는 오만한 충동의 단순한 포기를 통해서가 아니라 시스템 전체가 실시간으로 미세한 변화에 적응하도록 허용하는 똑똑한 설계smart design의 활용을 통해 인간이 반드시 자연계에 다시 통합되어야 한다는 것이었다. 탄력성은 이러한 다양한 제안의 핵심 단어였는데, 그러한 제안은 생태적 도시주의, 재생 도시regenerative cities, 친생명 도시biophilic cities 같은 유행어로 특징지어진다.

이 모든 용어의 배경이 되는 생각은 더 이상 환경을 파괴하지 않는 방식으로 도시를 설계하자는 것인데, 충분한 태양 전지판 설치를 통해 도시 스스로 동력을 만들어 더 이상 화석연료를 필요로 하지 않게 하거나 도시가 자신의 생태계를 오염시키지 않도록 폐기물을 전혀 만들지 않는 프로그램을 구축하는 것 등이 여기에 포함된다. 오늘날 디자인계에서 큰 인기를 끌고 있는 도시의 탄력성을 위한 이러한 제안들은 주로 형식주의적 접근법을 채택했다.[89]

---

87) MoMA, *Rising Currents*(2009); BMW-Guggenheim, *Urban Lab*(2011); Whitney Museum, *Undercurrents*(2010); MoMA, *Expo I*(2011).

88) 이러한 전시회와 그 종말론적인 수사에 대한 논의는 Bruce Braun and Stephanie Wakefield, "Inhabiting the Post-Apocalyptic City," *Society and Space*(March 2014) 참조.

89) 예를 들어 Mohsen Mostafavi(ed.), *Ecological Urbanism*(Zurich: Lars Muller, 2010); Herbert Girardet, *Creating Regenerative Cities*(New York: Routledge, 2015); Beatley, *Biophilic Cities*(Washington, DC: Island Press, 2010) 참조.

여기에서의 초점은 도시의 사회적 조건의 변화보다는 거의 일반적으로 새로운 기술을 이용한 도시 기반시설의 설계에 맞춰져 있다. 한편으로 참여적인 계획을 지향하는 몸짓을 보이지만, 그들은 기술관료적·탈정치적, 심지어 기계-추동적인 도시 관리를 압도적으로 강조하는데, 이는 생명정치적biopolitical 거버넌스의 새로운 분야로 인식된다.90) 이러한 다양한 전시회는 뉴욕의 문화적 권위자 사이에 커다란 열정을 불러일으켰지만, 그러한 전시회는 기껏해야 생태적인 설계가 상류층의 브랜딩branding 활동의 요소가 되는 외부인의 출입이 통제된 녹색구역을 생산할 뿐이다.91)

그러한 녹색 브랜딩은 도시 상류층을 위해 자산 가치를 부양하고 통치기구를 위해 정치적 자산을 제공할지 모르지만, 이 극단의 도시의 탄소 배출을 차단하는 것과는 거의 관계가 없다. 그리고 탄소 배출은 부와 밀접한 관련이 있다. 뉴욕시의 막강한 이해관계에 대한 문제제기, 즉 성장 지향적인 정책의 폐기 없이는 어떠한 생태도시도 존재할 수 없으며 실제로 지구를 에워싼 대량 멸종의 물결을 피할 수도 없다. 도시 성장 기계에 대한 통제권을 확보할 수 있는 성공적인 대중적 투쟁이 없다면 기술 혁신은 간단히 기존의 무분별한 확장 시스템의 일환이 될 것이다.92)

공정한재건을위한동맹 같은 운동은 근본적인 형태의 적응을 위한 투쟁의 주역이다. 도시 사회학자 코언이 말하듯이 "비교적 밀집된 구역에서 퇴출에 반대하는 반젠트리피케이션 투쟁과 대중교통, 일자리, 서비스에 인접한 곳에 새로운 공공주택을 건설하려는 투쟁의 핵심은 기후정의를 위한 전투이기"93)

---

90) Eric Swyngedouw, "Apocalypse forever? Post-Political Populism and the Spectre of Climate Change," *Theory, Culture and Society*, 27:2-3(2010), pp. 213~232.

91) 녹색도시 브랜딩에 대해서는 Gotham and Greenberg, *Crisis Cities*, pp. 208~221 참조.

92) 하비가 말하듯이 "세계적으로 많은 도시 혁신이 있지만, 아직 잉여의 사용에 대한 더 큰 통제권을 얻는다는 (잉여 생산의 조건을 넘어서는 것은 말할 것도 없고) 단일한 목표에 수렴하지 못하고 있다." Harvey, *Rebel Cities*, p. 25 참조.

93) Cohen, "The Urban Green Wars."

때문이다. 그러한 운동은 시장에서 토지와 주택의 분리, 공공 서비스 확대, 저소득 공동체를 위한 생활임금 확립, 에너지 민주주의 및 도시의 전력 발전에 관련된 집단적인 통제를 위한 투쟁을 통해 자본의 지배에 도전한다. 동시에 탄소를 적게 배출하는 공원과 도서관 등 공공 편의시설을 갖춘 간결한 도시생활 방식을 방어하기 위해 투쟁한다. 그동안 사회정의를 위한 투쟁과 기후정의를 위한 투쟁의 결합은 적절한 인정을 받지 못했다.[94] 이는 역사적으로 도시에 대한 권리Right to the City 같은 운동이 젠트리피케이션에 대한 반대와 도시의 사회정의를 위한 투쟁에서 저-탄소 도시를 위한 투쟁을 강조하지 않았던 데 부분적인 원인이 있다. 그러나 이는 환경운동의 지속적인 반도시 편향의 산물이기도 한데, 이러한 편향 때문에 심지어 클라인 같은 영리한 사상가도 기후정의를 위한 도시의 투쟁이 지닌 정치적 의의에는 그다지 관심을 두지 않았다. 그녀는 도시생활의 변화가 중요하다는 것을 분명하게 인식하지만 도시정의를 위한 투쟁이 어떻게 기후정의를 위한 투쟁과 연결될 수 있는지 설명하지는 않는다.[95] 데이비스가 말하듯이 도시의 생태적 능력은 결과적으로 "광범위한, 주로 숨겨진 힘으로" 남아 있다.[96] 그렇지만 우리가 봐왔듯이 민주적이고 포괄적인 도시를 위해 싸우는 운동 또한 미래의 저탄소 도시를 위한 투쟁의 핵심 주역이다. 녹색 설계 및 기술의 혁신적인 형태는 이러한 투쟁의 일환이 되어야 하지만, 이러한 변화에서 훨씬 더 중요한 것은 데이비스가 상기해주듯이 사적인 부보다 공적인 풍족함에 우선권을 부여하는 것이다.[97]

공정한 재건을 위한 투쟁 단독으로 포퓰리스트 드 블라지오 시장의 선출에

---

94) Ibid.
95) Ibid.
96) Davis, "Who Will Build the Ark?," p. 43.
97) Ibid.

기여했다고 말하는 것은 과장이겠지만, 드 블라지오 시장의 뒤에서 움직인 연합단체는 분명히 중요한 역할을 했다. 블룸버그의 빌드잇백 프로그램 실패에 대한 잘 작성된 문서는 그의 하향식 개발 및 재건 방식의 엘리트주의를 극화했고, 샌디가 지나간 지 몇 년 뒤에도 공공주택의 주민들이 여전히 잔해 및 기타 폭풍에 관련된 장애와 씨름하는 로커웨이 같은 지역을 그가 방문했을 때 극심한 비난을 받게 만들었다. 드 블라지오는 선거운동 기간에 이러한 문제를 해결하겠다고 약속했고, 비록 약속 이행의 지연으로 비난을 받았지만 드 블라지오가 블룸버그의 *PlaNYC*를 개선한 *OneNYC*를 발표했을 때 공정한재건을위한동맹은 그것을 자신들이 선거운동에 진정으로 참여한 성과로 인식했다. 동맹의 보도 자료에 따르면 실제로 *OneNYC* 계획은 동맹의 보고서인 「어떻게 샌디 재건을 통해 이 도시의 불평등을 줄일 수 있나How Sandy Rebuilding Can Reduce Inequality in the City」에서 맨 처음 제안된 방안을 많이 수용했다.[98] 가장 중요한 것은 *OneNYC*가 공평을 고섬의 지속가능성 구조를 위한 가장 중요한 원칙으로 도입했다는 점이다. 이러한 원칙은 *OneNYC*에서 도시 기반시설 개선을 위한 많은 특정한 제안을 통해 구현되지만, 공평에 대한 매우 중요한 강조는 "진정한 기후정의가 존재하기 위해 탄력성은 유색인 및 저소득 공동체가 불균등하게 짐을 졌던 불공평한 시스템으로 '반사적으로 복귀' 하는 것과 함께 할 수 없다"라는 인식에서 나온다고 뉴욕시 환경정의동맹은 말한다.[99]

정치가 투표함에서 시작되고 끝날 수 없다고 인식한 뉴욕의 환경정의조직 및 도시의 사회정의 지지자들은 "OneNYC" 발표 뒤에도 드 블라지오 행정부

---

98) "Thousands of Sandy Survivors Respond to Mayor De Blasio's One City, Rebuilding Together Plan," rebuildajustny.org. 드 블라지오의 계획에 영향을 미친 보고서는 "How Sandy Rebuilding Can Reduce Inequality in New York City," rebuildajustny.org 참조.

99) New York City Environmental Justice Alliance, "NYC Climate Justice Agenda: Strengthening the Mayor's OneNYC Plan"(April 2016).

에 대한 압력을 유지했다.[100] 뉴욕시 환경정의동맹은 철저한 "OneNYC" 검토를 통해 그 계획의 강점을 요약하고, 무엇보다도 평등을 강조하고, 추가 행동 계획을 5개의 상호연계된 핵심 분야, 즉 기후적응 및 완화, 공평과 기반시설, 공공보건, 공동체의 준비, 공동체-기반 계획으로 나누어 구체적으로 제안한다.[101] 공정한재건을위한동맹 같은 조직의 선행 활동을 바탕으로 이러한 비평과 제안은 마련된다. 예컨대 뉴욕시 환경정의동맹은 기후적응 및 완화를 주제로 드 블라지오 행정부가 더욱 공평하게 해안방어에 투자할 것을 요구하면서, 통합 홍수방어 시스템에 대한 관심은 맨해튼에서 가장 크게 나타나고 있으며, 사우스브롱크스의 수변에 근거한 주요 해양산업구역, 선셋파크, 레드훅, 뉴타운크리크, 브루클린네이비야드, 스테이튼섬 등 북쪽 해변 기후에 취약한 환경정의공동체들은 뒤에 남겨졌다는 사실을 지적한다. 다른 제안은 이 도시의 많은 환경정의조직 사이에서 개발된 새로운 생각을 반영하는데, 쓰레기차가 쓰레기를 버리기 위해 경쟁하는 환경정의 지역이 여전히 불균등하게 부담하는 부하를 줄이기 위해 상업 쓰레기 처리를 위한 구역을 조성하는 내용 등이 그 제안에 들어 있다. 그러한 구역 시스템은 현재 거의 전적으로 규제받지 않는 산업을 시 당국이 감시할 수 있게 만들어 훨씬 더 나은 쓰레기 운반 기준으로 이어질 것이다. 뉴욕시 환경정의동맹은 또한 이 도시가 전력 구매협정Power Purchase Agreement을 통해 롱아일랜드의 해변에 최소 100MW의 풍력을 구비해서 수요 절정기에 대비하기 위해 전력회사가 설치한 예비 발전기에서 분출된 공해로부터 가난한 공동체가 벗어나게 만들고, 공동체 기반 조직이 *OneNYC*의 평가와 실행에 개입하는 장기적인 참가 과정을 만들 것을 제안한다.

---

100) 드 블라지오 행정부의 주택정책에 대한 비판은 Ari Paul, "All That Is Solid Melts into Condos," *Jacobin*, March 20, 2014 참조.

101) Ibid.

도시 거버넌스의 기존 경로를 통해 개입과 압력을 지속하면서 뉴욕의 환경 정의조직들은 또한 근본적인 적응을 위해 독자적으로 현저하게 미래지향적인 제안을 개발하고 있다. 예컨대 이 도시에서 가장 신망 있는 환경단체의 하나인 WE ACT는 2015년 공동체 주민과 조직의 참여 계획적 과정을 활용해서 북부 맨해튼 기후 행동 계획Northern Manhattan Climate Action: NMCA PLAN을 개발하는 일련의 워크숍을 개최했다.102) 주로 아프리카계와 라틴계인 북부 맨해튼 주민 60만 명은 불균형적인 공해와 그에 수반하는 건강 위험에 대해 관심을 둔다. WE ACT는 오랫동안 이러한 환경불의에 대해 문서화하고 맞서 싸웠는데, NMCA Plan에서 진술하듯이 이러한 오랜 불평등은 단순히 허리케인 샌디 때문에 극적으로 나타난 것이 아니라 심화된 것이다.103) NMCA PLAN은 도시의 사회정의와 환경정의의 연계를 구축하는 운동에 일조했고, 그러한 운동은 나아가 기후정의를 위한 세계의 투쟁과 연계되었다. NMCA PLAN은 뉴욕시의 가장 취약한 사람들을 기후변화에서 보호하기 위해 단도직입적으로 불평등의 근본적인 쟁점 또한 처리하는 환경정책을 촉진했다. "단순히 해수면 상승의 영향뿐만 아니라 계급, 인종, 성별, 민족, 나이의 갈등이 완화되고 극복될 필요가 있다. 기후변화와 사회적 평등 사이의 결정적인 관련을 인정하기 위해 뉴욕시에서 성장하는 운동을 지원한다"라고 NMCA PLAN은 분명하게 진술한다.104) 또한 NMCA PLAN은 최근 몇 년 동안의 사회운동에서 얻은 교훈을 반영해 시민사회와 정부 양쪽 모두에서 자원 동원이 이루어져야 한다는 입장을 분명히 한다. "우리는 한편으로는 불안정한 공공 부문에 의존하지 않는 우리의 독자적인 경제 교환 및 도시개발 시스템을 구축하면서도, 다른 한편으로는 반드시 입법 과정에 참여해야 한다."105) 좌파는 민초를 동

---

102) Aura Bogado, "The People of North Manhattan Are Fighting Climate Change On Their Own Terms," *Grist*, November 25, 2015.

103) WE ACT, "Northern Manhattan Climate Action Plan".

104) Ibid.

원한 선거를 통해 고섬에서 드 블라지오 같은 진보적인 시장을 선출하는 등 인상적인 성과를 얻었는데, WE ACT 같은 조직은 이 도시를 바꾸고 민주화하려면 동네, 지자체, 연방정부 나아가 기후정의를 위해 투쟁하는 모든 중요한 국제적인 연대에 이르기까지 다양한 수준의 지속적인 동원이 필요하다는 점을 분명히 하고 있다.106)

NMCA PLAN은 에너지 민주주의, 위기 대비, 사회적 거점 및 회합 장소, 공공 참여 등 네 가지 핵심 영역에서 일련의 근본적인 적용을 위한 제안을 제시한다. 이러한 영역 각각은 기후정의와 도시 평등을 위한 첨단 교차 투쟁에 기여한다. 예컨대 에너지 민주주의 플랫폼에서 실행 계획은 뉴욕의 저소득 공동체 주민을 위해 에너지 빈곤에 대한 도전을 강조한다.

미국 에너지정보국U.S. Energy Information Administration에 따르면 뉴욕 시민은 전국에서 두 번째로 비싼 에너지 가격을 지불하고 있다. 이것은 저소득 뉴욕 시민의 과도한 비용 부담으로 나타나는데, 그들의 에너지 서비스에 대한 접근성을 위협할 뿐만 아니라 주택, 건강한 음식, 보건, 기타 비싼 생필품에 대한 접근성도 제한한다.

적절한 에너지 자원에 대한 접근성은 남반구 개발도상국에서 오랫동안 정치적인 쟁점이었지만, 핵심 자본주의 국가 도시의 빈곤한 공동체의 긴축재정이 더욱 심해지면서 에너지 빈곤은 점차 긴급한 쟁점이 되고 있다. 가난한 사람들이 전력을 위해 더 많은 비용을 지불하고 있으며 어떤 경우에는 유일한 관심이 이익인 전력회사가 심지어 전력을 끊고 있다.107) 이러한 점증하는 위

---

105) Ibid.

106) WE ACT와 같은 지역 환경운동조직과 전국적인 기후정의를 위한 투쟁의 연계에 대해서는 Ashley Dawson, "Climate Justice: The Emerging Movement Against Green Capitalism," *South Atlantic Quarterly*, 109:2(Spring 2010), pp. 313~338 참조.

기와 싸우기 위해 NMCA PLAN은 배터리파크시티 같은 녹색 지구의 자산 가치를 올리기보다는 저소득 공동체에 직접적으로 혜택이 베풀어지는 녹색 에너지 프로젝트를 요구했다.

이 계획은 모든 녹색 에너지 프로젝트가 직접적인 경제적·환경적 혜택을 저소득 주민들에게 베풀 것을 요구한다. 이는 지역 고용협정, 지역의 기업/기관에 대한 투자, 세입자가 자신의 공동체 내에서 변화를 이끌 수 있는 시스템의 창출을 통해 달성될 수 있다.

특히, NMCA PLAN은 메인그리드main grid에서 독립하여 운영될 수 있는 독자적인 지역 에너지 시스템인 마이크로그리드microgrids 같은 분산된 에너지 생성 방식의 가능성을 지적한다. NMCA PLAN은 그러한 마이크로그리드가 화석연료에서 재생가능한 자원으로 전환을 촉진하는 동시에 지역사회에 경제적·정치적으로 힘을 실어줄 수 있기를 희망한다. 다시 말해 단순히 화석연료로 생성하는 전력을 재생가능한 원천으로 전환하는 것으로는 충분하지 않다. 즉, 지역 차원에서 볼 수 있는 진정한 혜택을 위해 거대 기업보다는 공동체가 에너지를 통제할 수 있어야 한다. NMCA PLAN을 도출했던 워크숍에 참가한 많은 지역 주민들을 위해 공동체가 관리하는 마이크로그리드 시스템은 "제조, 건설, 유지 일자리의 창출을 통해 저소득 주민들에게 직접적인 경제 혜택을 부여할 수 있으며 또한 비용 절감이 가능하게 만든다". 그러한 절감이 땅주인보다는 세입자에게 돌아가도록 보장하기 위해 NMCA PLAN은 녹색 에너지 협동조합 구성을 주창하는데, 이는 잠재적으로 기존의 세입자 연합에 기초해서 구축될 수 있으며 공공주택 거주자들에게 재생가능한 전력의 생성,

---

107) James Angel, *Strategies of Energy Democracy* (Brussels: Rosa Luxemburg Stiftung, 2016), p. 20.

소비, 비용에 대한 민주적 통제권을 부여할 것이다. 다시 말해, NMCA PLAN 의 다른 모든 측면처럼 불평등에 도전하고 동시에 풀뿌리 민주주의를 심화하는 방식으로 도시 기반시설을 변화시키는 것이 중점이다.[108)]

　WE ACT는 이러한 전망을 실현하기 위해 이미 행동을 취해 뉴욕시립대학교와 뉴욕주 공공서비스위원회New York State Public Service Commission의 에너지 전망 개혁Reforming the Energy Vision 등을 포함해서 다양한 규모로 운영되는 수많은 개별 기관과 협력하고 있다. 북부 맨해튼의 공공주택단지에 설치된 마이크로그리드 프로젝트 전시물은 시 및 주 당국이 분산 발전 테크놀로지 확대의 장애를 제거하는 노력을 다하도록 압박하는 중요한 역할을 수행할 것이다. 그러나 NMCA PLAN은 이러한 전력 전환이 유연하고 기술적이고 하향적인 과정을 통해 이루어지지는 않을 것이라는 점을 분명히 하고 있다. 그러한 전력 전환은 에너지 공유 문제에 대한 정치화와 진정한 에너지 민주주의를 위한 투쟁을 요구할 것이다. "대중에게 전력을"은 진보 세력의 오랜 전통이지만 결국 잠재적으로 저탄소 전환에 관련된 반동적인 신자유주의적 의제를 촉진하는 데 이용되고 거대 국가의 전력 독점을 깨뜨려서, 역설적으로, 증가된 시장 경쟁과 인상된 소비자 가격으로 이어질 수 있다.[109)] 분산 발전이 근본적인 전력 전환의 일환이 되도록 보장하는 데는 정치적 투쟁이 필요할 것이다. 동맹단체 에너지 민주주의를 위한 노동조합Trade Unions for Energy Democracy 의 언급을 인용하면서 NMCA PLAN은 궁극적으로 "평등하고 지속가능한 에너지 시스템은 오직 노동자, 지역사회, 공공을 향한 전력의 결정적인 이동이 있을 때에만 만들어질 수 있다"라고 말한다.[110)] 이러한 전력 이동은 현재 극단의 도시를 지배하고 있는 성장 지향, 이윤 추구의 자본주의 시스템을 바꿀

---

108) Aurash Khawarzad, June 19, 2016, Personal Interview.

109) Angel, *Strategies of Energy Democracy*, p. 11.

110) WE ACT, "Northern Manhattan Climate Action Plan".

것을 요구한다. 또 다른 한 동맹조직에 동조해서 NMCA PLAN은 다음과 같이 주장한다.

  … 그러한 전환을 이뤄가며 우리는 반드시 에너지 민주화 계획Energy Democracy Initiative에서 "한편으로는 정치 지배층 및 대기업의 우선순위, 다른 한편으로는 정말로 사회적으로 정치적으로 지속가능한 사회를 위한 대중의 필요 사이의 근본적인 충돌"로 인식한 것과 맞서야 한다. 111)

　진정한 에너지 민주주의는 그렇게 에너지 공급원의 변화뿐만 아니라 생산의 사회화를 요구할 것이며 소비에 대한 공평하고 보편적인 접근을 보장하고 소비를 향한 태도의 근본적인 변화를 촉진하는 데 일조할 것이다.

　WE ACT의 NMCA PLAN에 요약되어 있는 에너지 민주주의를 위한 투쟁은 극단의 도시의 기반시설 구조뿐만 아니라 사회적 관계 구조에 대해서도 피할 수 없는 근본적인 질문을 제기한다. 에너지 생산 및 소비의 진정한 민주적 통제는 ─ 공동체, 지자체, 정부 어느 수준이건 간에 ─ 전력회사 같은 공공단위의 운영이 의존하는 경쟁적인 시장 조건이 변하는 경우에만 가능할 것이다. 그렇지 않으면 공공 계획이 시행되도록 강제하는 경쟁적 축적의 기본 전제는 사회 및 환경정의에 반하게 될 것이다. 사회적 거점에서 공동체가 지원하는 농업과 참여 예산에 이르기까지 WE ACT의 NMCA PLAN 같은 공동체-기획 프로젝트에서 생성된 진보적인 계획을 실현하기 위해서는 자본주의적 사회관계의 근본적인 변화가 일어나야 한다. 실제로 우리에게는 대량 멸종을 방지하기 위해서 지구를 구렁텅이로 몰아가는 경제 시스템(그리고 그것을 유지하는 이데올로기)을 뒤집을 혁명이 필요하다. 클라인은 다음과 같이 말한다.

---

111) Ibid.

우리의 경제는 인간의 생명을 포함해서 지구상의 많은 형태의 생명과 전쟁을 하고 있다. 기후에 필요한 것은 인간의 자원 사용 감축인 반면, 우리의 경제 모델이 붕괴를 피하기 위해 요구하는 것은 무제한의 확장이다. 이 가운데 오직 하나만 바뀔 수 있는데 자연법칙은 바뀌는 것이 아니다.112)

다시 말해 근본적인 적응은 단순히 도시를 재설계하거나 스마트 테크놀로지 및 테크노크라트적인technocratic적인 하향식 거버넌스를 이용해 도시의 기반시설을 갱신하는 문제가 아니다. 그러한 변화가 필요하지만 새로운 도시 질서를 위해서는 충분하지 않다. 극단의 도시를 바꾸려면 우리는 단기적으로는 사회적 잉여의 배치, 장기적으로는 생산의 조건에 대해 대중적인 권력을 획득해야 한다. 지구 공동체에 대한 공평하고 지속가능한 통제가 보장되는 새로운 형태의 집단적·민주적 계획이 개발될 필요가 있다. 요약하자면 우리에게는 재난의 시대를 위한 새로운 형태의 공동체주의가 필요하다.

---

112) Klein, *This Changes Everything*, p. 21.

결론

도시의 미래
Urban Futures

철수, 마지막 금기

허리케인 샌디 때문에 거대한 폭풍해일이 스테이튼섬 오크우드비치 해변 인근으로 밀려왔을 때 3명이 죽었다. 거의 100채의 주택이 파괴되었고, 샌디 이후 몇 주 뒤에도 주민 대부분은 여전히 전력 및 난방 없이 지냈다. 샌디 이후 개최된 회의에서 스테이튼섬 주민 조지프 티론Joseph Tirone은 지역사회의 주민들에게 만약 샌디 이전 가격으로 집을 팔 수 있다면 이주를 할 의향이 있는지 물었다.1) 회의에 참석한 200명 가운데 절반이 그렇게 하겠다고 말했다. 티론의 질문은 지역의 연방재난관리청 대표에게서 들은 연방주택도시개발부의 위험 완화 보조금 프로그램에서 촉발된 것인데, 그 프로그램은 반복되는

---

1) Rush, "Leaving the Sea: Staten Islanders Experiment with Managed Retreat."

자연재해에 따른 생명과 재산의 손상을 줄이기 위한 조치 — 이주 포함 — 의 재원을 만드는 것이었다. 오크우드비치 주민들에게는 그들이 만성적으로 겪고 있는 홍수 문제에 정부가 관심을 기울이게 하려고 오랫동안 노력해온 역사가 있는데, 이제 진정한 변화를 볼 수 있는 기회가 생긴 것이었다. 공동체 이전에 대한 초기 관심에 대응해 티론과 공동체 주민들은 오크우드비치 구매위원회라는 단체를 구성했고, 이웃을 찾아다니면서 친구 및 이웃사람들에게 이 지역 홍수의 역사에 대해 말하고 오크우드비치 주택 구매 프로그램에 대한 관심에 대해 판단하고 사람들이 해수면 상승으로 위협을 느끼는 지역의 지도를 만들었다. 이주 계획은 냉담한 관료들이 위에서 부과한 것이었다기보다는, 다시 말하지만, 공동체의 구성원들이 자체적으로 추진한 것이었고 결과적으로 오크우드비치 주민들의 점증하는 지지를 얻을 수 있었다. 몇 주 뒤 공동체의 거의 전적인 지지를 받았을 때 위원회는 주 정부와 접촉했다. 2013년 1월 주지사 쿠오모Cuomo는 연방의 재난구호 재원을 활용해서 샌디 이전의 가격으로 오크우드비치 주민들의 주택을 구매하는 구매 프로그램을 공표했다. 머지않아 스테이튼섬의 오크우드비치 인근 해안 동네 주민들은 뉴욕시 빌드잇백 프로그램의 지지부진에 분노했고, 구매위원회 구성을 시작했으며 이주 재원을 주 정부에 요구했다. 그러나 2014년 봄, 폭풍 복구 담당 주지사 사무실은 스테이튼섬 동부 해안을 통째로 구매할 계획은 없다고 공표하면서 제동을 걸었다.[2] 궁극적으로 그 섬에서 오직 세 동네만 이주에 성공할 수 있었다.

이주 계획에 대해 스테이튼섬 오크우드비치 주민들이 애초에 나타낸 주요 걱정 하나는 그들이 떠난 땅이 단순히 재개발되어 기존 주민들보다 새로운 주민들이 심지어 더 심각한 위험에 노출되는 것이었다.[3] 그래서 그 지역이

---

2) Ibid.
3) Ibid.

원래의 습지상태로 복원되고 앞으로 건축이 금지된다는 것이 공동체 주민들의 주 정부 계획 수용을 설득하는 열쇠였다. 슬프게도 이러한 시민 의식은 주 정부의 계획이 개시된 직후 공표된 이주를 바라는 주택 소유자를 위한 시 당국의 구매 프로그램에까지 확대되지는 않았다.[4] 시 당국의 프로그램은, 주 정부의 계획을 무시하고, 참가자들에게 주택에 대한 대가로 유사한 금액을 지급하지만 구매한 토지를 개발업자들에게 넘기는 권리를 그 프로그램이 보유한다는 내용을 제시했다. 비록 그 프로그램은 비워진 공간의 새로운 건축에 대해 홍수 저항성을 구비할 것을 강제했지만, 위험에 빠진 해안에 대해 철수에서 재개발로 프로그램의 축을 바꾸면서 시 당국은 그 의미를 변질시켰다.[5] 빌드잇백 프로그램을 특징짓는 방어적인 태도와 이제 보조를 같이하게 된 시 당국의 구매 프로그램은 새로운 해안 부동산 건설을 추구하는 개발업자를 기쁘게 만들었겠지만, 이 도시의 장기적인 지속가능성에 관심이 있는 많은 뉴욕 시민에게는 덜 매력적인 것이었다.

사회학자 리즈 코슬로프Liz Koslov가 주장하듯이 *철수*retreat는 명상 장소와 정신적인 피난을 포함한 많은 의미를 지닌다.[6] 또한 방조제 같은 단단한 해안 장벽의 해체를 통해 더욱 투과성 있는 경계를 만들어 습지 및 염성소택鹽性沼澤, salt marshes 같은 조간대 서식지를 번창시키는 자연스러운 흐름을 허용하는 것을 가리키려고 생태 담론에서 철수라는 용어를 사용한다. 20세기 중반 개발 이전의 오크우드비치는 명백히 그러한 유동적인 지형이었고, 주 정부의 구매 프로그램은 그곳을 원래의 습지로 복원할 뿐만 아니라 다가올 폭풍해일에 대해 완충 역할을 할 "부드러운" 방어를 주변 공동체에 제공하는 데 일조하는 것이었다. 오르프, 아누라다 마투르Anuradha Mathur, 다 쿤하 같은 조경가

---

4) Koslov, "The Case for Retreat," p. 377.

5) Ibid.

6) Ibid., p. 362.

造景家가 보기에 이러한 철수 개념의 수용은 물질적인 경계뿐만 아니라 개념적인 경계의 이동을 포함하는 것이다.[7] "유동적 도시주의"라는 새로운 시각을 통해 도시를 보는 것은 중심지의 건조한 땅보다는 "경계인 습지대로부터 삼각주에 통합된 도시 개념의 도입을 시작"하는 것을 의미한다고 벵골인 건축가 아슈라프는 주장한다. "여기에서는 유체의 역학이 도시를 구성하며, 기반 시설과 수문학적 쟁점이 미래 도시에 관련된 계획 및 설계의 출발점과 틀 역할을 하게 된다."[8]

세계 전역의 도시에서 상승하는 조류에 적응하기 위해 애를 씀에 따라 이러한 개념적인 변화가 부각되고 있다. 바다에 대한 방어뿐만 아니라 거기에서 간척지를 확보한 성공적인 투쟁으로 유명한 나라인 네덜란드보다 더 명백한 사례는 없다. 범람의 위협에 대처하는 네덜란드 사람들의 능력은 物위원회(수세기 동안 제방을 감시하고 보수해온 자발적인 지역단체) 같은 거버넌스 구조와 1953년의 치명적인 북해 홍수 뒤에 수십 년에 걸쳐 건설된 ─ 델타웍스로 알려진 ─ 댐, 수문, 제방, 돌제, 폭풍해일 장벽으로 구성된 막대한 네트워크의 산물이다.[9] 네덜란드의 투쟁은 너무나 성공적이어서 그들은 이제 세계적인 자문단이 되어 자카르타에서 뉴욕까지 상승하는 조류를 어떻게 방어할 수 있는지 조언하고 있다.[10] 그러나 역설적으로 네덜란드 사람들은 그들이 "통제의 모순"에 빠졌다는 것을 인식하기 시작했다. 즉, 델타웍스 같은 홍수방어는 침수의 가능성을 낮춰 해당 지역을 개발에 더욱 매력적인 곳으로 만들지만, 결과적으로 재앙적인 홍수로 이어질 수 있다.[11]

---

7) Kate Orff, *Toward an Urban Ecology: SCAPE/Landscape Architecture*(New York: Monacelli Press, 2016); Anuradha Mathur and Dilip da Cunha(eds.), *Design in the Terrain of Water* (New York: Applied Research and Design, 2014) 참조.

8) Kazi Ashraf, "Water As Ground" in Anuradha and Da Cunha, *Design in the Terrain of Water*, p. 94.

9) 물과 네덜란드 관계의 오랜 역사에 대해서는 Metz and van den Heuval, *Sweet and Salt* 참조.

10) Funk, *Windfall*, pp. 215~234.

〈제3장〉에서 설명했듯이 이런 모순을 인식한 네덜란드 사람들은 생태적 패러다임을 통해 고쳐된 전략적 철수 정책에 대해 실험을 시작했다. 그들은 1950년대 이후 세워진 폭풍 장벽으로 조류의 흐름이 차단되어 조개류가 소멸된 *오스테르스헬더* 같은 해변 지역에 물을 되돌리고 있다. 새로운 패러다임인 "강을 위한 공간 만들기making room for the river"는 도시가 운하와 기타 수륙양용 형태의 도시설계에 개방되고 있다는 것 또한 의미하는데, 이는 단단한 장벽은 절대로 완전하게 기후변화에 영향을 받은 물줄기를 보관할 수 없으며 습지 및 그와 유사한 "자연적" 특성이 그러한 홍수에 대한 스펀지 역할을 할 수 있다는 이해에 힘입은 것이다. 그렇지만 이러한 새로운 패러다임 "습생도시wet city"는 보편적으로 수용되지는 않았으며, "물을 위한 공간 만들기making space for water"의 이름 아래 시도되는 공학적인 노력은 일반적으로 여전히 네덜란드의 단단한 장벽 네트워크의 "장식물"로 간주되고 있다.[12] 역사학자 메츠가 주장하듯이 네덜란드 사람들은 홍수에 대한 철벽 방어에 너무 익숙해져서 많은 사람들이 "강을 위한 공간 만들기" 노력에 적대적일 뿐만 아니라 단단한 장벽이 제공하는 안전을 당연한 것으로 받아들인다. 따라서 기존 홍수방어 대책의 파국적인 실패에 대한 대비가 거의 없다. 예컨대 네덜란드에는 동물을 위한 고-수위 대피소가 많이 있지만 사람을 위한 대피소는 없다.[13]

오늘날 미국에서는 대체로 철수를 기후변화의 현실에 적응하기 위한 흥미 있는 새로운 접근법이 아니라 군사적인 측면의 굴욕적인 패배로 해석한다.[14] 테러에 대한 전쟁이 시작된 이래 뉴욕을 특징지은 더욱 범위가 확대된 제국주의적 남성성의 문화적 시대정신은, 예컨대, 오크우드비치 구매 프로그램이

---

11) Metz and van den Heuval, *Sweet and Salt*, p. 282.

12) Ibid., p. 285.

13) Metz, June 22, 2015, Personal Interview; Metz and van den Heuval, *Sweet and Salt*, p. 283.

14) Koslov, "The Case for Retreat," p. 364.

공동체가 이끄는 이주를 위한 성공적인 투쟁으로 간주되기보다는 1975년 사이공에서 베트콩 군대가 도시를 관통해서 급속하게 진전함에 따라 미국중앙정보국이 기지를 철수한 것과 유사한 모욕적인 군사적 패배로 간주되는 데 일조했다. 코슬로프가 보기에 철수라는 용어에 대한 이러한 지배적인 해석은 공동체의 이주가 절대로 중요한 적응 전략으로서 인식되지 않도록 만드는 데 일조하는 것이다. 정치인들은 "철수를 막는 경향이 있다. 그들에게 철수는 실행가능한 적응 선택 방식이 아니며 오히려 완화 조치 또는 제방과 방조제를 건설하는 것 같은 대체 조치를 권장하기 위한 유용한 위협이다". 15) 철수에 대한 그러한 부정적인 해석은 9·11 이래 주류 대중의 태도로 알려진 호전적인 입장과 잘 들어맞는다. 16) 이는 또한 기후혼란에서 온 경제적 낙과의 수확을 추구하는 개발업자 등의 주머니에 돈을 넣어준다. 코슬로프가 주목하듯이 국제적인 수준에서 약탈적인 정부의 손에 흘러들어간 적응 재원은 전형적으로 (탄력성으로 알려진) 부패한 개발 프로젝트 또는 지역 주민을 추방하거나 그들의 권리를 박탈하는 비자발적인 이주 프로젝트 — 예컨대 재난을 당한 어촌을 호화 관광 리조트를 위한 해안지대로 만드는 프로젝트 — 에 사용된다. 17) 심지어 정책이 그렇게 이기적인 계산에서 추진되는 것이 아니더라도, 사람들을 제자리에서 보호하는 것에 대한 현재의 강조는 불가피하게 공동체를 점점 더 위험해지는 장소에 방치하는 것을 의미할 것이다.

철수에 대한 그러한 부정적인 묘사에 직면하여 기후변화에 특히 취약한 지형에서의 이주라는 대체 개념과 긍정적인 철수 개념에서 나오는 민주적으로 만들어지고 사회적으로 공정한 프로그램을 위해 세계 곳곳에서 공동체들이

---

15) Ibid., p. 361.

16) 9·11 이후 공공의 수사와 맨해튼의 공간 변화에 대해서는 Sorkin, *Indefensible Space* 참조.

17) Julie Koppel Maldonado, "A Multiple Knowledge Approach for Adaptation to Environmental Change: Lessons Learned from Coastal Louisiana's Tribal Communities," *Journal of Political Ecology*, 21(2014), p. 74.

투쟁하고 있다. 오크우드비치의 주민들과 마찬가지로 많은 공동체 구성원들이 이러한 투쟁이 몇 년 동안 이어지는 것을 목격하고 있다. 예컨대 알래스카 시슈머레프Shishmareff의 원주민 마을이 2016년 여름 이주하기로 투표했을 때 전 세계적인 화제가 되었다. 그렇지만 해빙海氷의 융해와 특히 북극에 극적으로 나타나는 기후변화의 여타 영향으로 위협받는 그 지역의 많은 마을들은 이주하기로 투표한 이후 수십 년 동안 이주에 필요한 경제적 지원을 받지 못하고 있다.18) 태평양 카르타레아일랜드Cartaret Islands 주민들은 외부의 지원을 기다리다 지쳐 자체적으로 툴렐레페이사Tulele Peisa(우리 스스로 항해하자)라는 조직을 구성하고 카르타레 통합 이주 프로젝트Carteret Integrated Relocation Project로 불리는 자발적인 이주 계획을 만들었다.19) 최근에는 급속하게 축소되는 루이지애나 내포內浦에 있는 공동체를 위한 자원을 얻으려고 13년 동안 싸우던 아일드진찰스밴드의 빌럭시-치마차-촉토 인디언들이 주택도시개발부의 전국 재난 탄력성 대회에서 공동체를 내륙 안쪽 더 안전한 지점으로 이주하는 데 필요한 보조금 5200만 달러를 획득했다.20)

단지 섬과 해안 공동체 주민들만이 공동체가 이끄는 철수 계획을 지원하기 위해 싸워온 것은 아니다. 기후변화가 촉발한 극단적인 폭우로 발생하는 강의 범람 또한 지구 전역에 막대한 과제를 만들면서 현재 매년 2100만 명이 넘는 사람들에게 영향을 미치고 있으며, 더 따뜻해지는 대기가 더 많은 수분을 함유하면서 더 강력한 폭우로 이어짐에 따라 향후 10년 정도 지나면 현재의 약 2배의 사람들이 영향을 받을 것이다.21) 버지니아 유뱅크스Virginia Eubanks

---

18) 시슈머레프의 2016년 이주 투표에 대해서는 Christopher Mele and Daniel Victor, "Reeling From Effects of Climate Change, Alaskan Village Votes to Relocate," *New York Times*, August 19, 2016 참조.

19) Robin Bronen, "Choice and Necessity: Relocations in the Arctic and South Pacific," *Forced Migration Review*, 45(February 2014), p. 19.

20) Chris D'Angelo, "A Louisiana Tribe is Now Officially a Community of Climate Refugees," *Huffington Post*, February 12, 2016.

가 지적하듯이 "강 계곡에 있는 도시와 마을에서 가장 취약한 사람들은 부자들이 아니다. 빈곤층과 근로계층의 마을은 역사적으로 내륙 홍수의 위험이 가장 큰 지역에서 발달해왔다".[22] 기후혼란이 집을 타격함에 따라 철수의 문제는 점차 긴박해질 것이고 유뱅크스의 소위 *기후 레드라이닝*climate redlining — 해안뿐만 아니라 버펄로Buffalo, 피츠버그Pittsburgh, 루이빌Louisville, 세인트루이스 St. Louis, 멤피스Memphis, 배턴루지Baton Rouge 같은 오래된 강변 도시의 홍수에 취약한 가난한 공동체의 포기 — 이 새로운 일상사가 될 것이다. 그리고 갠지스, 니제르, 나일, 양쯔 같은 거대한 강의 하구 삼각주에 위치한 번창하는 거대 도시가 있는데, 그곳에서는 강변 및 해안의 홍수가 결합되어 기후혼란이 나타나며 또한 인공적이고 자연적인 침하가 일어난다.

미국 같은 나라는 해안 지역에서뿐만 아니라 전 도시와 지역에서 철수를 고려해야 할 수도 있다는 점이 점차 분명해지고 있다.[23] 그렇지만 스테이튼 섬 공동체의 계획된 이주에 대한 제안이 지지를 얻지 못한 점(그 지역 전체에 걸쳐 효과가 있는 지지 확보 실패)에서 알 수 있듯이 상당한 규모의 어떠한 철수도 금기 사항으로 남아 있다.[24] 그럼에도 기후변화의 영향에 대한 과학적인 추정을 감안하면 너무 많지만 충분하지 않은 물 때문에 위협받는 플로리다 남부와 캘리포니아 남부 같은 지역의 철수에 대한 논의가 진행되어야 한다. 그렇지만 자본의 이해관계와 정치적 부패는 지금 그러한 지역의 철수에 대한

---

21) Tianyi Luo, Andrew Maddocks, Charles Iceland, Philip Ward and Hessel Winsemius, "World's Fifteen Countries with the Most People Exposed to River Floods," *World Resources Institute Blog*, March 5, 2015.

22) Virginia Eubanks, "My Drowned City is a Harbinger of Climate Slums to Come," *The Nation*, August 29, 2016.

23) Justin Gillis, "Flooding of Coast, Caused by Global Warming, Has Already Begun," *New York Times*, September 3, 2016. 이러한 쟁점에 대한 더욱 체계적인 분석은 Orrin H. Pilkey, Linda Pilkey-Jarvis and Keith C. Pilkey, *Retreat from a Rising Sea* 참조.

24) Leslie Kauffman, "Sandy's Lessons Lost: Jersey Shore Rebuilds In Sea's Inevitable Path," *Inside Climate News*, October 26, 2016.

어떤 언급(신중한 계획은 말할 것도 없이)도 막고 있다. 더구나 미국 정부는, 다가오는 기후혼란의 위협에도, 전국적인 지역계획에 관한 어떠한 합리적인 정책도 가지고 있지 않다.25) 도시들은 치열한 경주에서 경제적 성장을 만들기 위해 서로 겨루고 있으며 유일한 예외는 군산복합체가 국회의원들의 투표를 제한하기 위해 실행하는 선심성 구매 정책의 전국적인 확산이다. 그러나 이러한 명백한 무정부상태와 그것을 지속하는 데 일조하는 지역적 불균형에도, 미국의 사회적 지형은 의식적인 설계의 산물이라는 점은 기억할 만한 가치가 있다. 계급과 인종에 기초한 극단적인 분리와 엄청나게 과장된 환경적 자취를 지닌 미국을 특징짓는 무분별한 교외 팽창은 상류층의 경제적 이해관계의 승리는 물론 배타적인 특정 모범적인 인생 모델의 성공도 대변한다.26) 1970년대 이후 미국 남부와 남서부의 선벨트Sunbelt로 인구가 이동한 것에 대해서도 마찬가지로 말할 수 있다. 당연히 에어컨의 보급에 힘입어 더 더운 남쪽 주들로 인구가 이동한 것처럼 보이지만, 교외화郊外化에서 그러한 것처럼 실제로는 연방정부가 미국 도시들의 재편에 결정적인 역할을 했다. 그러한 도시들의 재편이 오직 남부 지역의 땅값이 저렴했기 때문에 이루어진 것은 아니었다. 즉, 정부는 많은 군사기지와 연구시설을 선벨트에 유치하면서 정보기술 같은 다른 분야의 성장도 촉진했다. 가장 중요한 것은 "노동권right to work" 법률에 대한 문제제기에 실패하는 바람에 기업이 더 저렴한 노동력을 찾아 남쪽으로 이동하는 것이 보장되었다는 점이다. 그래서 미국 경관의 구조는 신중한 계획 및 민주적인 숙고보다는 정치적인 투쟁의 산물이지만, 그럼에도 다른 한편으로는 의도적인 형성의 결과다. 마찬가지로 지구적 차원의 극단의

---

25) 지역 개발에 대한 미국의 자유방임 정책과 Hall, *Good Cities, Better Lives*에서 논의된 정책을 비교해보라.

26) 이러한 불평등 지형의 뿌리에 대한 치열한 논의는 Thomas J. Sugrue, *The Origins of the Urban Crisis: Race and Inequality in Postwar Detroit*(Princeton, NJ: Princeton University Press, 2014) 참조.

도시의 부상과 그러한 도시의 막대한 무단거주지 증가는 지역 농업을 황폐화시킨 수십 년의 신자유주의 정책이 세계은행 같은 기관을 통해 만들어온 것이다.[27]

기후혼란이 점차 빈번하고 심각하게 미국의 취약 지역을 타격함에 따라 연안의 개발을 장려한 다음 자연재해에 따른 재건을 위해 재원을 투입하는 현행 정책은 옹호될 수 없을 것이다. 진정하게 홍수 위험을 반영하기 위한 보험료의 인상과 홍수 위험 지도의 갱신 요구를 통해 NFIP를 점증하는 위험한 현실에 부응하는 프로그램으로 만들려는 활동이 이미 진행되고 있다.[28] 2012년의 '대형 수해보험 개혁법The Bigger-Waters Flood Insurance Reform Act'은 (수많은 뉴욕 시민 등) 해안 거주자들의 빗발치는 항의를 촉발했는데, 그들은 당연히 새롭게 급격히 인상된 보험료를 감당할 여력이 없다는 것을 두려워했다. 그렇지만 연방 프로그램들의 진정한 문제는 위험한 지역에 있는 부자들의 주택을 유지하는 비용을 보조해왔다는 점이다.[29] 부자들에게 납세자-보험으로 뒷받침되는 해변 대저택을 짓도록 권장하고 나중에 재난구호를 통해 재건 비용을 지불하는, 부자들을 위한 그러한 복지는 끝나야 한다. 우리의 집단적인 경제자원은 홍수에 위협받는 공동체의 철수를 계획하고 관리하는 데 사용되어야 하며, 부자들보다는 경제적으로 곤궁한 사람들을 위해 가장 많은 지원이 이루어져야 한다.

공정한 철수를 위한 청사진은 어떤 모습일까? 도시 수준에서 그러한 계획에는 이주를 위한 공동체 전체 차원의 방안을 만드는 것이 포함될 것이다. 통

---

27) 이러한 주제에 대한 고전적인 분석은 Davis, *Planet of Slums* 참조.

28) Brooke Jarvis, "Under Water: Along Parts of the East Coast, the Entire System of Insuring Coastal Property is Beginning to Break Down," *New York Times Magazine*, April 23, 2017, pp. 65~68.

29) Katherine Bagley, "Thousands of Homes Keep Flooding, Yet They Keep Being Rebuilt Again," *e360 Digest*, August 29, 2016.

합된 지역으로서 오크우드비치의 성공적인 이주 사례에도, 현재 연방의 자발적 이주 프로그램은 공동체적인 것이기보다는 개별적인 것이다. 그러한 프로그램은 결과적으로 공동체들의 분산에 영향을 미치며, 아메리카 원주민 종족의 강제적인 제거에서 도시재생 프로그램 및 젠트리피케이션을 통한 유색인 공동체의 추방에 이르기까지 오래된 식민주의와 인종주의의 전통을 이어간다.30) 그러한 끔찍한 선례를 반복하지 않으려면 위에서 내려온 지침이 아니라 공동체의 주도로 이주가 이루어져야 한다.

과학자이며 인권변호사인 브로넨과 협력해 알래스카의 아메리카 원주민 마을이 개발한 적응을 위한 틀은 더 규모가 큰 도시에도 적용가능한 모델의 역할을 할 수 있다. 시슈머레프, 키발리나Kivalina, 뉴톡Newtok 같은 공동체에서 일하면서 브로넨과 그녀의 동료들은 원주민 공동체에 대한 기후변화의 영향을 측정하기 위해 생태적·사회적 추적 메커니즘을 통합하는 평가 프로그램을 만들었다.31) 기후변화에 대한 취약성은 시공간뿐만 아니라 경제적·사회적·문화적 요소에 따라 변하는 역동적인 것이어서, 브로넨은 공동체의 취약성을 평가하고 공동체의 대응 조치 논의와 잠재적 이주 계획을 이끌 수 있는 일련의 생태적·사회적 지표를 만들었다. 이러한 메커니즘이 측정하는 요소에는 공동체의 보건, 기반시설, 생계에 대한 기후변화의 영향이 포함된다. 종종 기후변화에 대한 공동체의 구체적인 경험과 태도를 무시하고 정해진 틀에 따라 하향식으로 결정되는 정부의 강제적인 이주 프로그램과 달리, 브로넨이 개발한 메커니즘은 공동체의 위험에 대한 인식과 미래에 대한 열망에 기초했다. 그 메커니즘에 따르면 공동체를 유지하고 싶은 열망에 따라 그것을 실현하는 데 필수적인 일종의 물리적인 근접성을 확보하는 방식으로 이주가 이루

---

30) Julie Maldonado, May 4, 2016, Personal Interview.

31) Robin Bronen, "Climate-Induced Community Relocations: Using Integrated Social-Ecological Assessments to Foster Adaptation and Resilience," *Ecology and Society*, 20:3(2015).

어진다. 특히 핵심적인 사실은 브로넨이 개발한 과정에서는 공동체, 과학기구, 주 및 연방기관이 협업하고, 지역 공동체가 외부 자문단과 정부기관을 어떻게 이용할 것인지 결정한다는 점이다.

뉴욕 같이 거대하고 종종 원자화한 도시환경에서 브로넨이 제안한 일종의 추적과 대화는 특정한 지역들에 확고하게 뿌리내려야 할 것이다. 다행히 뉴욕에는 공동체에 기반한 조직들의 강력한 네트워크가 있다. 톰 앤고티Tom Angotti가 시사하듯이 세입자들이 구성한 공동체 개발회사community development corporations 같은 수평적인 조직과 더불어 뉴욕의 공동체위원회 시스템은 토지에 대한 공동체의 통제를 강화하는 과정에서 부동산 개발업자들과 그들의 월스트리트 후원자들의 통치에 도전하는 진보적인 계획을 위한 중요한 자원을 제공한다.32) WE ACT와 Uprose 같은 환경정의조직은 또한 할렘과 선셋파크 같은 지역에서 도시의 지속가능성을 위한 투쟁을 둘러싸고 공동체 동원을 위한 활발한 토론회를 개최한다. WE ACT의 NMCA PLAN에서 제안한 사회적 거점 네트워크는 브로넨이 주창하는 공동체의 계획을 위한 대화가 진행될 수 있는 이상적인 장소일 것이다.33) NMCA PLAN에서 설명했듯이 이러한 거점은 폭염 같은 기후변화와 관련된 재난에서 목숨을 구하는 것으로 증명된 일종의 공동체 연대를 육성하기 위한 것이었다. 그러한 거점은 또한 알래스카에서 브로넨이 개척한 종류의 공동체 교육 및 대화를 위한 장소 역할을 할 수 있다. 실제로 공동체 구성원, 환경 활동가와 단체, 과학자, 공학자, 컬럼비아 대학과 뉴욕시립대학교 같은 지역 학술기관에서 온 건축가가 한데 모여 일련의 기획 회의를 통해 만든 NMCA PLAN은 정확히 브로넨이 구상한 종류의 상호협력적인 미래 계획의 모델을 제공하고 있다.

오늘날 이것을 논의하는 것이 달갑지 않을지 모르지만, 해안의 범람은 이

32) Angotti, *New York for Sale*, pp. 225~234.

33) WE ACT, "Northern Manhattan Climate Action Plan," July 27, 2015.

미 미국과 세계 전역의 공동체를 황폐화시키고 있다.[34] 이러한 역학이 향후 수십 년 동안 강화됨에 따라 특정한 해안구역(심지어 도시 전체)에서 거주가 불가능해지고, 갑작스러운 퇴출보다도 재난에 앞서 사람들을 이주시키는 계획이 점차 올바른 대안으로 간주될 것이다. 덧붙이자면 일부 도시는 그러한 이주비용 및 세수의 손실을 두려워해서 공동체 철수에 재정을 투입한다는 생각을 기피하겠지만, 한 번에 사람들을 철수시키는 데 비용을 들이는 것이 홍수가 심해지고 해수면이 상승하면 쓸모없게 될 제방, 방조제, 기타 고형 방어벽을 건설하고 유지하는 것보다 실제로 훨씬 더 홍수방어 비용을 아끼는 수단이다.[35] 기후혼란을 맞이해서 가난한 공동체를 버리지 않으려면 공동체가 주도하는 공정한 철수가 최선의 희망이다.

공정한 이행을 향해

세계가 직면하고 있는 문제는 범람의 위협을 받고 있는 해변 및 강변구역에서 이루어질 철수가 부분적일지 전면적일지가 아니다. 어떤 조건에서 이러한 철수가 전개될 것인지가 문제다. 즉, 아직 기후혼란이 초기 국면이고 대응을 위한 우리의 공통 자원이 비교적 많은 지금, 사회적으로 공정한 적응 및 철수 정책을 위한 계획을 수립할 것인가 아니면 가장 힘 있는 사람들만 자신들을 구하고 취약한 사람들은 희생시키는 조건에서 그러한 변화가 일어날 것인가? 데이비스가 주장하듯이 기후변화는 가장 가난하고 가장 책임이 없는 사람들에게 가장 심각한 피해를 입히면서 전 계층과 지역에 걸쳐 극적으로 불균등한 결과를 초래할 것이므로 세계적 차원의 적절한 적응은 "반드시 소

---

34) Gillis, "Flooding of Coast, Caused by Global Warming, Has Already Begun."

35) Koslov, "The Case for Retreat," p. 363.

득과 권력의 재분배에서 거의 신화적인 규모의 혁명을 요구할 것이다".[36] 지배층은 그러한 재분배에 동의하기보다는 동료 인간들을 자신들과 격리하려고 훨씬 더 과도한 시도로 커져가는 기후혼란에 대응할 것이다.[37]

2016년 미국 대통령 선거에서 충격적으로 반동적인 세력의 승리는 브렉시트Brexit로 촉발된 유럽연합의 위기와 남미처럼 한때 진보적인 지역의 우파 정권 부상과 더불어 데이비스가 상상한 혁명과 반대 방향으로 세계를 움직였다. 단기적으로 기후위기에 대응하려는 진보적인 활동들에 대한 장애는 현실이며 주눅 들게 만들지만, 이러한 사실이 현상 유지의 대안을 만들려는 활동을 잠식해서는 안 된다. 실제로 순수하게 급진적인 대안이 곳곳에서 양당 정치의 현상 유지 때문에 잠식되면서 반동적인 움직임은 그러한 견인력을 얻을 수 있었다. 반동적인 운동은, 가식적인 포퓰리즘과 기후위기를 확실하게 심화시키는 기후변화에 대한 노골적인 부정에 기초해서, 평소와 같이 활성화를 약속하고 전면적으로 해당 사안을 부인하면서 성공적으로 스스로를 옹호했다.

기후위기에 대한 그러한 반동적인 대응을 막기 위해서는 사회적으로 공정한 계획이 필요하다는 점이 널리 알려져야 한다. 그러한 계획은 공동체와 사회운동이 변화하는 조건에 적응하면서 진화할 것이지만, 완전하게 통합적인 형태의 공동체적인 협력을 통해 사전에 틀을 만드는 것은 수십 년의 신자유주의가 주입시킨 사회적 연대에 관련된 위축된 인식을 뒤집는 방향으로 가는 결정적인 걸음이 될 것이다. 공정한 철수 및 이행을 위한 계획의 수립은 집단적인 목적과 잠재력에 대한 우리의 인식을 다시 불러일으키는 기회로 간주되어야 한다. 시간이 매우 중요하다. 민주적이고 사회적으로 공정한 대응 방침의 수립 없이 기후혼란에 더 빠져들면 재난뿐만 아니라 위기 상황이 종종 발생시키는 독재적이고 반평등적인 권력의 지배하에 적응을 강요받게 될 가능

---

36) Davis, "Who Will Build the Ark?," p. 38.
37) Ibid.

성이 커진다.38)

임박한 위기에 대해 둘러댈 수는 없다. 다가올 수십 년에 대한 집단적 추정에 따르면 기후가 변하면서 세계 농업의 황폐화와 잠재적인 붕괴, 감소하는 담수 공급, 해양 산성화, 대규모 멸종, 계속되는 지구적 도시화는 예상할 수 없는 파괴와 변형을 유발할 것이다. 데이비스는 다음처럼 말한다.

> 90억 명에서 110억 명에 이르는 최고의 종인 인류가 기후혼란과 고갈된 화석 에너지에 적응하기 위해 애쓸 2050년대에 무슨 일이 일어날지 이해하는 데 들어맞는 역사적 선례나 관점은 없다.39)

화석자본주의가 만들어낼 미래는 고통스러울 것이며 일부 도시에서의 철수뿐만 아니라 홍수로 위협받는 해안 지역에 주로 위치한 현재의 세계 도시 지형의 전면적인 구조 변경을 요구할 것이다. 그러나 이러한 변화가 〈매드맥스Mad Max〉 같은 할리우드 영화에서 분출되는 일종의 무정부적인 폭력을 발생시킬 것이라고 가정하기보다는 현재의 제도적 잘못을 시정하는 공정한 이행을 위한 투쟁을 결의하는 것이 위태로운 미래에 대한 유일한 합리적 태도다. 도시 문명과 인류 연대는 적극적인 이상주의적 사고와 종합적인 계획의 부흥이 없다면 다가오는 지구적 위기를 견디지 못할 것이다. 공정한 이행을 바란다면 이념, 도덕적 무관심, 정치적 절망의 사슬을 끊어야 할 필요가 있다. 데이비스가 말하듯이 "우리는 점점 더 얽혀가는 도시빈곤과 기후변화에 대한 '불가능한' 해결을 위해 싸우거나 아니면 *사실상* 인류 선별 작업에 연루될 것이다".40)

---

38) 계획된 이행의 필요에 대한 확장된 고려는 Gleeson, *The Urban Condition*, p. 122ff.

39) Davis, "Who Will Build the Ark?," p. 41.

40) Ibid., p. 45.

다가오는 재앙의 규모가 충분히 인식됨에 따라 대규모의 계획과 동원에 대한 요구가 점차 빈번해지고 있다. 긴급한 탄원은 더 이상 기후 마오쩌둥주의Climate Maoism 또는 전시공산주의 형태를 선동하는 급진주의자들에게 국한되지 않는다.[41] "전쟁하는 세계A World at War"에서 기후 활동가 빌 맥키븐Bill McKibben은 기후변화가 초래한 손상을 제2차 세계대전의 추축국이 유발한 파괴와 비교한다. "우리는 기후변화의 공격을 받고 있고 우리의 유일한 희망은 제2차 세계대전에서 했던 것 같이 동원하는 것이다"라고 그는 주장한다.[42] 남아프리카의 가뭄과 캘리포니아의 산불을 적의 군대와 비교하면서 맥키븐은 "매일, 매주, 우리 대열의 파괴자들이 일련의 화려하고 압도적인 공격을 퍼붓고 있다. 지구온난화는 세계대전 *같은* 것이 아니라, 세계대전*이다*"라고 말한다. 전쟁에서 승리하려면 어떤 종류의 동원이 필요할 것인가? 스탠퍼드대학교의 공학자 마크 제이콥슨Mark Jacobson이 제안한 2050년까지 미국의 경제에 재생 에너지 자원을 100% 공급한다는 계획과 그 계획을 달성하는 데 필요한 기반시설 변화에 맥키븐의 후속 논의 대부분이 할당된다. 미국을 "민주주의의 병기창arsenal of democracy"으로 변화시키는 데 중추적인 역할을 한 대규모 공공투자와 정부 규제를 연대기로 나타낸 마크 윌슨Mark Wilson의 『파괴적인 창조Destructive Creation』에 근거해서 맥키븐은 제2차 세계대전의 동원은 집단적인 연대뿐만 아니라 대규모 정부 계획의 사례 역할을 한다고 주장한다.[43] 그렇지만 역설적으로 미국의 대기업 지배층이 그러한 전쟁에 대한 기업적 공헌의 중요성을 홍보하고 공공 부문의 정책에 대한 폄하를 동시에 진행하는 운동을 조직하면서 전시 동원의 성공은 탈규제와 민영화라는 신자유

---

41) 예를 들어 Joel Wainwright and Geoff Mann, "Climate Leviathan," *Antipode*, July 17, 2012; Malm, "Tahrir Submerged" 참조.

42) Bill McKibben, "A World at War," *New Republic*, August 15, 2016.

43) Mark R. Wilson, *Creative Destruction: American Business and the Winning of World War II*(Philadelphia: University of Pennsylvania Press, 2016).

주의 이념의 씨앗을 심는 역할도 했다. 수십 년에 걸친 대기업의 이러한 성공적인 역풍을 감안하면 "마치 한때 파시즘과 싸웠듯이 지구온난화에 반대하는 이 전쟁에서 우리의 집단적인 투쟁의지를 발견할 수 있는지 묻는 것이 합리적이다"라고 맥키븐은 결론짓는다. 2016년 버니 샌더스Bernie Sanders의 반란적인 경선운동 뒤에 바뀐 민주당의 강령을 가리키면서 맥키븐은 아직은 그러한 집단의지를 모을 수 있으리라는 희망을 피력했다. 민주당 지배층이 공공연한 사회주의자 샌더스는 진압했지만 민주당의 강령은 "우리는 (기후변화와 싸우기 위해) 국가적인 동원에 헌신하고 제2차 세계대전 이후로 본 적 없는 규모의 이러한 위협을 처리하기 위해 각국의 동원을 선도할 것"이라고 선언했다.[44]

힐러리 클린턴Hillary Clinton이 대통령 선거에서 낙선한 것을 감안하면 2016년의 민주당 강령은 사문死文이 되었지만, 강령에 반영된 기후변화에 대처하는 국가적인 동원 요구는 일반 당원들의 의미 있는 투쟁의 산물이었으며 향후 투쟁을 위한 지렛대가 될 수 있을 것이다. 이산화탄소 배출과 그 원인인 세계 부유 국가의 소비를 감축할 필요를 감안하면, 제2차 세계대전에서 나온 공정-배급fair-shares rationing 정책은 분명 기후혼란의 시대에 맞게 재구성 가능한 고무적인 선례가 될 것이다.[45] 기후혼란이 궁극적으로 심지어 가장 부유한 국가에도 부과할 정리된 환경에서 똑같이 공유하는 것은 오늘날 신자유주의 시대의 자의적이고 불평등하게 부과된 긴축재정의 형태보다 훨씬 더 매력적인 명제다. 기후혼란 유령은 선진국 시민들이 자본주의가 주입한 과소비 습관에서 벗어나도록 강요한다. 파시즘을 물리치기 위해 공정하게 분배된 보편적인 희생 방식을 활용해서 사회를 동원한 전쟁 시기의 수호국가guardian state는 따를 만한 매력적인 모델이다.[46] 제2차 세계대전 시기 미국의 물가 관

---

44) "The 2016 Democratic Party Platform"(July 8-9, 2016), p. 40.

45) Stan Cox, *Any Way You Slice It: The Past, Present, and Future of Rationing*(New York: New Press, 2013).

46) Gleeson, *The Urban Condition*, p. 125.

370 극단의 도시들

리 당국the US Office of Price Administration은 자동차에서 연료, 고기, 우유, 커피에 이르기까지 매우 다양한 종류의 상품을 배급했다. 박탈로 보일지 모르지만 배급이 실시된 영국 같은 나라에서 공공보건이 실제로 향상되었는데, 누구나 다양한 식품에 접근할 수 있었기 때문이다.47)

그럼에도 제2차 세계대전을 모방한 국가적인 동원 요구에 대한 회의론에는 풍부한 근거가 있다. 민주당 지배층이 그들이 공언한 진보적인 환경정책에 헌신하는지 쉽게 의문을 제기할 수 있다. 예컨대 당의 강령을 만든 지 한 달도 되지 않아 오바마 행정부는 국가 삼림에서 원유와 가스를 채굴하기 위해 수천ac의 땅을 조용히 경매에 넘겼고, 멕시코만의 해양 시추를 위해 1억 1900만ac를 개방했으며, '멸종위기 종 보호법Endangered Species Act'을 약화시켰다.48) 게다가 오바마와 힐러리 모두 오랫동안 다코타 액세스 송유관Dakota Access Pipeline을 반대한다고 공개적으로 강력하게 선언하는 것을 꺼렸는데, 이는 맥키븐이 지적하듯이 새로운 키스톤 엑스엘Keystone XL, 즉 기후정의에 대한 정치 지도자들의 의도와 청렴을 보여주는 상징적 의미가 막대한 투쟁이었다.49) 이러한 정치인들이 모두 입장을 취하는 것을 꺼릴 뿐만 아니라 현재 적극적으로 극단적인 채굴을 권장하는데, 화석자본주의에 반대하겠다는 그들의 약속을 향후 얼마나 진지하게 받아들일 수 있겠는가?

마찬가지로 근본적인 문제인데, 제2차 세계대전의 동원과 유사한 기후변화에 대처하는 동원 요구는 현재 형성된 전쟁과 국가 권력에 대한 근본적인 오해를 드러낸다. 그러한 유추에 근거한 호소는 제2차 세계대전을 "마지막 선한 전쟁"을 대변하는 것으로 널리 수용한 점과 일부 관련이 있다. 맥키븐

---

47) Heather J. Creaton, "Fair Shares: Rationing and Shortagesl," *Sources for the History of London 1939-45: Rationing*(British Records Association, 1998), pp. 85~86.

48) Steve Horn, "Obama Admin Quietly Enables Oil and Gas Drilling on Public Lands and Waters, Weakens Endangered Species Act," *Desmog Blog*, September 29, 2016.

49) Bill McKibben, "Why Dakota in the New Keystone," *New York Times*, October 28, 2016.

자신도 미국은 "문명에 대한 지구적인 위협"을 물리친다는 단일하고 전면적인 목표에 헌신했다고 쓰면서 이러한 전망을 반복했다. 그러나 일반적으로 연합국이 특히 미국이 민주적이었고 자유를 위한 "선한 투쟁"을 벌였다고 보는 것은 이러한 국가들이 자본주의 국가이며 제국주의 국가라는 점을 잊은 것이다. 윈스턴 처칠Winston Churchill 같은 지도자들은 민주주의에 대해 매우 많이 말하면서도 당시 세계의 1/4을 차지하는 영국 식민지들의 사소한 자결권조차 야만스럽게 거부했다. 미국은 프랑스, 네덜란드, 벨기에 같은 유럽 식민국보다 훨씬 더 적은 영역의 직접 식민지를 지배했지만, 남미를 지배하기 위해 국제 시장을 통제했으며 또한 국내적으로는 체계적 인종주의가 만연했다. 연합국이 동유럽, 북아프리카, 동남아시아로 확장할 때 식민지 무대에 늦게 뛰어든 추축국은 적어도 부분적으로는 서구 유럽과 미국이 직간접적으로 통제하고 있었던 제국주의 영토를 따라잡으려 했다. 제2차 세계대전은 그렇게 어느 정도까지는 세계의 패권을 잡기 위한 제국주의 국가 사이의 전쟁이었다.50) 그렇지만 그것은 또한 프랑스, 네덜란드, 폴란드, 유고슬라비아 같은 서유럽 국가 파르티잔partisans의 나치 지배에 대한 투쟁, 일본에 대항한 중국 유격대의 투쟁, 독일 군대의 침입에 대항한 소비에트 군대의 투쟁 등 전체주의적 압제에 대항한 민중의 전쟁이었다. 그러한 지역에서는 제국주의 국가 사이의 전쟁과 민중의 전쟁이 조화를 이루었지만, 인도, 인도네시아, 버마 같은 식민지에서는 해방운동이 연합국의 식민지 지배에 도전함에 따라 그 두 전쟁은 엇갈리게 되었다. 전쟁이 끝난 뒤에도 승리한 연합국은 자주 이러한 해방운동을 야만적으로 진압했다.

제2차 세계대전이 제국주의 사이의 전쟁이었으며 민중의 전쟁이었다면, 기후변화를 둘러싼 현재의 위기도 마찬가지다. 서로 얽혀 있지만 그럼에도

---

50) Donny Gluckstein, *A People's History of the Second World War: Resistance versus Empire* (London: Pluto Press, 2012).

매우 다른 투쟁을 우리가 지속적으로 구분하는 것이 필수적이다. 기후변화에 대처하는 대규모 동원에는 한동안 연방정부의 참여가 필요하지만, 그렇게 하는 것이 본질적으로 연방정부의 관심 사항인 것은 아니다. 실제로 민주당 지배층과 나아가 미국 자체가 비록 좌절감을 느낄 정도로 미적거리는 동맹이지만 기후혼란에 대처하기 위한 투쟁의지를 가졌다고 묘사하는 활동가들의 가정과 반대로, 자본주의 국가와 그 국가를 통제하는 지배층은 만약 아래로부터의 대중 동원이 강요하지 않으면 올바른 일을 하지 않을 것이다. 국가는 중립적이지 않다. 즉, 국가는 지배 계층의 이해를 조직적으로 표현한다. 이 책에서 쭉 제시했듯이 일부 정치인은 권력과 정당성을 유지하기 위해 양보하겠지만, 국가는 궁극적으로 자본의 지배를 방어하는 경향을 지닌다. 국제적으로 탄소 배출 감축을 위한 구속력 있는 협정을 체결하려는 노력은 실패했는데, 정확하게는 미국 같은 지도적인 세계 강대국과 브라질, 러시아, 인도, 중국 같은 신흥 강대국이 자국 경제의 확대를 통해 국제적인 권력을 증가시키려는 경향을 지녔기 때문이다. 이는 지구 차원에서 공유하는 대기를 계속 오염시킨다는 의미다. 이러한 세계적인 경쟁의 틀에서 진정한 국제적인 기후위기 해결은 불가능할 것이다. 실제로 국제적인 협상 과정 자체는 완만한 기후변화 폭력의 일환인 것처럼 보인다.[51] 오염의 지속이 누구에게도 이익이 되지 않는다는 것을 모두 인식하고 있지만 모두가 그렇게 할 때까지 아무도 벼랑 끝에서 물러서지 않으려 하며, 그래서 이러한 역기능적인 경쟁은 가차 없이 전 지구를 파멸로 몰아간다. 오바마 정부 말기에 채택한 정책이 보여주듯이 세계 강대국은 지구의 나머지 에너지 자원을 통제하고 이용하기 위한 경쟁적인 움직임을 적극적으로 지지한다.[52]

---

51) Nelson, "The Slow Violence of Climate Change."

52) Michael Klare, *The Race for What's Left: The Global Scramble for the World's Last Resources*(New York: Picador, 2012).

2016년 선거는 미국의 계몽된 지도력에 대한 어떠한 희망도 날려버렸지만 선거 결과가 다르게 나왔더라도 대기업 과두체제 권력 및 그 권력과 화석자본주의를 강화하는 국가의 역할을 무시하는 것은 순진한 생각일 것이다. 화석자본주의에서 극적으로 전환하려면 전 세계적으로 대략 20조 달러에 이르는 화석연료 기반시설에 대한 공공의 통제와 제제가 필요할 것이다. 더욱 강력한 투쟁이 없다면 세계 지배층은 이러한 자산을 포기하지 않을 것이다.[53] 그들에게서 그러한 자산을 박탈하고 원유를 땅 속에 보존하려면 각국 정부가 너무 늦지 않게 행동하도록 계속 압력을 행사하는 대중적인 운동이 필요할 것이다.

이러한 운동이 국수주의적인 차원에서 구성될 수는 없다. 지금까지 어떤 국제적인 문제가 있었다고 한다면 기후변화가 바로 그것이다. 맥키븐이 구상한 노선을 따르는 국가적인 동원은 진일보한 중요한 단계이지만, 그것으로 임박한 기후혼란을 방지하기에는 충분하지 않다. 심지어 캐나다의 '도약선언Leap Manifesto' 같은 전향적인 문서도, 원주민의 권리 및 화석자본주의와 정착형 식민주의의 연계에 대한 활발한 인용과 더불어, 주로 국가적인 틀 안에서 작성되었다.[54] '도약선언'은 세계적인 군사 분쟁과 기후변화에 미친 캐나다의 영향을 감안해 난민과 이민자에게 안식처를 제공할 것을 강조하고 있지만, 보편적인 기본 연간소득 같은 경제적·사회적 권리를 캐나다에 국한해서 언급하고 있다.

이런 국수주의적 성향을 '코차밤바 민중협정People's Agreement of Cochabamba'의 명백하게 국제적이고 반제국주의적인 전망과 비교해보자. 코펜하겐 기후변화 협상의 절망적인 실패에 대응해 2010년 풀뿌리 기후정의조직과 활동가

---

53) Vaclav Smil, "The Long, Slow Rise of Solar and Wind," *Scientific American*, January 2014, pp. 52~57.

54) *Leap Manifesto: A Call for a Canada Based on Caring for the Earth and One Another*, leapmanifesto.orglenlthe-Ieap-manifesto.

들이 국제적인 회의를 통해 볼리비아에서 만든 *민중협정*은 명시적으로 탄소 식민주의에 대한 반대와 공정한 이행을 위한 투쟁을 바탕으로 성립되었다.[55] 그 협정은 국민국가보다는 오히려 국제적인 사회적 운동의 산물이지만 거기에 표현된 기본적인 요구는 기후정의를 위한 투쟁의 핵심적인 기준을 제시한다. 첫째, 협정은 대기의 탈식민지화를 요구한다. 두 세기에 걸친 화석자본주의에서 혜택을 입은 미국과 서유럽 같은 선진 산업국가는 (그 길을 따르는 브라질, 인도 같은 신흥 강대국도 마찬가지로) 300ppm 이하의 지속가능한 수준으로 대기의 온실가스 농도를 되돌리는 측정가능한 탄소 배출 감축 목표에 반드시 헌신해야 한다. 둘째, 역사적으로 부유한 국가의 대기 식민화 때문에 개발도상국의 개발 기회 상실이 발생했으며, 따라서 개발도상국의 비용과 기술 이전 요구를 기후채무 국가가 감당해야 한다고 협정은 주장한다. 셋째, 역사적으로 책임이 없는 과도한 탄소 배출에서 기인한 손실을 예방, 축소, 처리하기 위해 취약 국가가 떠안은 채무를 선진국이 지불해야 한다. 마지막으로 화석자본주의의 수혜 국가는 반드시 그들이 야기한 기후변화 때문에 이민을 강요당할 수억 명의 사람들에 대한 책임을 떠맡아 제한적인 이민 정책을 폐기하고 완전한 인권이 보장되는 사람다운 삶을 이민자에게 제공해야 한다. 결국 이민은 기후혼란에 직면해서 이루어지는 적응과 철수의 궁극적인 형태다.

우리가 디스토피아적 인류 선별 대신 인류 연대의 미래를 위한 투쟁에서 승리하려면 국가적인 규모뿐만 아니라 세계적인 규모로 기후혼란에 대한 적응이 이루어져야 한다. 그래서 부유한 국가의 기반시설을 녹색화하기 위해서뿐만 아니라 빈곤한 국가 및 중간 소득 국가의 도시와 시골의 적응적인 완화 조치를 위한 계획에도 막대한 투자가 이루어져야 한다. 부유한 국가는 개발도상국이 그들처럼 지속불가능한 화석자본주의 경로를 따르지 않도록 할 수

---

55) 'People's Agreement of Cochabamba,' April 22, 2010, pwccc.wordpress.com/2010/04/24/p
   eoples-agreement.

있는 모든 일을 다 해야 한다. 북반구 몇몇 선진국이 수 세기 동안 통제해온 국제통화기금, 세계은행, 국제연합 등 소수의 국제기관은 최근 수십 년 동안 세계적인 규모로 극단의 도시를 생성하는 데 일조한 걷잡을 수 없는 자본주의의 세계화를 간과하고 있다. 이제 이러한 기관이 현재의 재난을 원상태로 돌리는 과업을 맡든지 아니면 최근에 만들어진 기후변화에 관한 국제연합 기본 협약의 기후적응기금Climate Adaptation Fund 같은 새로운 기관이 감독 업무를 담당하든지 간에, 북반구 선진국이 가장 취약한 도시에서 시작되는 전면적인 세계 도시 시스템 강화를 위한 유례없는 투자 프로그램에 착수할 필요가 있다는 점은 분명하다.

그러한 국제적인 적응 노력을 위해 재원을 조달할 수 있는 방법이 많이 있다. 미국 같은 부유국의 터무니없이 부푼 "국방" 예산은 근본적으로 삭감되고 조정될 수 있다. 미국 감찰부Office of the Inspector General의 최근 감사에서 펜타곤Pentagon이 6조 5000억 달러에 대해 설명할 수 없다는 점이 드러났다.[56] 이는 일회성 오류가 아니다. 클린턴 정부 때 실시된 감사에서는 조사된 펜타곤 거래의 거의 1/3이 정당화될 수 없었다는 점이 밝혀졌다. 군산복합체에 대한 오늘날의 터무니없는 기부금 대신 사람과 지구를 위한 예산은 핼리버턴Halliburton과 블랙워터Blackwater 같은 대기업이 폭리를 취하는 전쟁에 대해 문제를 제기하고, 세계의 안정과 평화를 위해 진정한 기반을 만드는 적응 노력에 배정될 수 있을 것이다.

금융 부문은 최근 수십 년 동안 우리의 공동 부를 파괴하는 복잡하고 약탈적인 형태의 채무를 점점 더 많이 창출해왔다. 그러한 자산은 재생가능 에너지 생성으로 전환하는 재원으로 이용될 수 있다. 2008년 금융 위기 때 우리는 은행 국유화에 매우 가까이 접근했다. 백악관 국가경제위원회 의장 로런스 서머스Lawrence Summers가 금융 위기 당시 오바마 대통령에게 시티그룹Citigroup

---

56) Office of the Inspector General, *Audit Report*, July 26, 2016.

과 뱅크오브아메리카Bank of America 같은 은행을 "선제적으로 국유화"하자고 제안했다고 전직 재무부장관 가이트너가 최근 회고록에 썼다.[57] 2008년 불황 이후 심각한 규제 결여를 감안하면 또 다른 경제위기의 발생으로 은행 국유화 문제가 제기되는 것은 시간문제일 뿐이다. 은행에 대한 공공의 소유가 자동적으로 자본의 흐름을 기후적응 노력으로 바꾸지는 않겠지만, 금융과 투자에 관한 질문을 정치화할 것이다. 국유화는 국가의 공동 부를 어떻게 사용할지에 관한 논의로 이어질 수 있다. 대중의 기후정의를 위한 운동은 공공 자산의 상당 부분이 지구의 미래를 확보하는 데 사용되도록 만드는 강력한 주장이 될 수 있을 것이다.

화석연료 기업이 현재 세계적으로 매년 5조 3000억 달러 — 매일 분당 1000만 달러 상당 — 의 보조금을 받는다는 사실의 지적 또한 주목할 만한 가치가 있다.[58] 우리가 급증하는 탄소 배출을 멈출 어떤 기회를 잡으려면 이러한 보조금은 즉각 종료되어야 하며, 그렇게 해서 생긴 막대한 양의 자본은 세계의 도시 시스템을 변화시키는 것으로 바뀌어야 한다. 현재의 정치적 상황을 감안하면 그러한 요구가 그림의 떡처럼 보일지 모르지만, 우리는 G7 국가가 석탄, 가스, 기름에 대한 모든 보조를 2025년까지 제거하기로 공개적으로 약속한 것을 상기해야 한다.[59] 그러한 약속에서 한 걸음 더 들어가 보면 기후변화에 대해 수십 년 동안 거짓말을 해온 엑손모빌 같은 화석연료 기업은 무엇보다도 남반구 개발도상국 주민에게 막대한 채무를 지고 있다.[60] 이러한 채무

---

57) Ian Katz, "Geithner in Book Says US Considered Nationalizing Banks," *Bloomberg*, May 8, 2014.

58) Damian Carrington, "Fossil Fuels Subsidized by $10m a Minute, Says IMF," *The Guardian*, May 18, 2015.

59) Karl Mathiesen, "G7 Nations Pledge to End Fossil Fuel Subsidies by 2025," *The Guardian*, May 27, 2016.

60) Suzanne Goldberg, "Exxon Knew of Climate Change in 1981, Email Says - But It Funded Deniers for 27 More Years," *The Guardian*, July 8, 2015.

는 반드시 기후 배상으로 이행되어야 한다. 그러한 탄소 범죄자의 자산은 화석연료에서 재생가능하고 공동체에 기초한 에너지 생성을 향해 세계적으로 진행되는 계획된 이행의 일부가 되어야 한다. 반식민주의 혁명의 일환으로 화석자본가의 자산을 몰수한 오랜 역사가 있다. 초기 사례에는 1918년의 소비에트유니온Soviet Union, 1937년의 볼리비아, 1938년의 멕시코, 1951년의 이란, 1961년의 이라크가 포함된다. 그러한 몰수는 보통 국가 발전의 이름 아래 진행되었으며 유류 생산의 종료를 의도하지는 않았었다. 그렇지만 오늘날에는 재생가능 에너지 생성에 대한 대중적인 통제로 신속하게 이행하기 위한 재정 지원 목적 및 지구 생존의 이름 아래 화석연료 자산의 몰수가 이루어질 수 있다.

기후혼란의 시대 우리는 어디에서 공정한 이행을 촉발할 수 있는 대중 혁명의 잠재력을 찾을 수 있는가? 『이것이 모든 것을 바꾼다』에서 클라인은 영웅적인 저항운동 *블로카디아*를 지적한다.[61] 노스다코타의 보호구역 스탠딩록Standing Rock의 원주민 물보호단체는 극단적인 채굴에 반대해서 투쟁하는 국제적인 운동 네트워크의 일부다. 이들과 *흑인의 목숨도 소중하다*Black Lives Matter 같은 다른 운동의 연계가 이루어진 것이 최근 몇 년의 가장 중요하고 희망적인 전개다. 그럼에도 이러한 운동은 화석연료 기반시설의 성장을 차단할 수 있지만 새롭고 변화한 경제질서를 생산하기에는 그러한 노력만으로 충분하지 않을 것 같다. 현대의 자본축적 중심지인 도시가 블로카디아의 저항 투쟁에 동참해야 한다.

여기에는 실질적인 이유가 있다. 즉, 2016년 트럼프의 선거 승리는 또한 화석연료 세력의 승리였으며, 기후변화 부정자, 산업계 충성파, 대기업과 한통속인 사람들이 주 정부와 연방정부의 가장 중요한 정치적 지위 상당수를 현재 차지하고 있다. 반동의 시대에 진보가 아직 의미 있는 승리의 획득을 희

---

61) Klein, *This Changes Everything*, pp. 293~336.

망할 수 있는 도시에서 기후정의를 위한 전 도시적인 규모의 투쟁에 집중하는 것은 매우 의미 있는 일이다. 세계적으로 도시가 탄소 배출의 가장 큰 책임이 있기 때문에 이러한 전략적 전환 또한 이치에 맞다.[62] 우리는 현재 존재하는 도시가 아니라 존재가능한 도시를 위해, 현재의 극단의 도시가 아니라 미래의 좋은 도시를 위해 싸우고 있다. 그러한 도시의 변화를 통해 새로운 세계 질서가 수립될 수 있다. 지구적 도시화는 인간의 상태가 이제 도시의 상태라는 점을 확실히 했다.[63] 더욱 공정한 사회질서를 위한 투쟁은 무엇보다도 도시의 영역에서 이루어질 것이다. 이러한 투쟁의 목적은 오늘날 극단의 도시의 근본적인 변화여야 한다.

극단의 도시는 폭주하는 세계 자본주의의 산물이다. 그러나 도시는 또한 세계 1%에게 가장 취약한 곳인데, 타흐리르Tahrir 광장, 천안문 광장, 신태그마Syntagma 광장과 같이 추방당한 사람들이 상징적으로 공감하는 장소가 도시에 있을 뿐만 아니라 세계 부유층의 축적된 자산이 물리적인 형태로 집중되기 때문이다.[64] 세계적인 도시의 빛나는 첨탑은 현대 지배층의 단순한 상징물이 아니다. 그것은 구체적인 형태의 자본 집중이다. 세계경제의 중추적인 교점으로서 도시는 지배층에게 취약한 장소다. 지난 두 세기 혁명운동은 거의 도시 차원에서 발생했고 급속한 도시화의 시대에도 달라지지 않을 것이다. 도시는 또한 집단 정체성의 강력한 상징이다. 오늘날 도시를 괴롭히는 충격적인 불평등은 좋은 삶의 조짐과는 거리가 멀며 근본적으로 어긋난 시스템의 가시적인 증거다.

지구적 도시화가 막대한 자본축적의 산물이라면, 자본주의 또한 극단의 도시라는 사회적 형태를 만들어왔다. 즉, 거래자들이 난해한 디지털 형식을 이

---

62) Davis, "Who Will Build the Ark?."

63) Gleeson, *The Urban Condition* 참조.

64) Harvey, *Rebel Cities*, p. 131.

용해 막대한 유령 자본을 움직이는 빛나는 유리의 도시에는 자본주의의 창조적 파괴 과정과 법률의 경계에 있는 음지에서 근근이 살아가기 위해 애쓰는 난민이 바싹 붙어 있다. 도시에 대한 권리, 자신의 집과 공동체에 머물 수 있는 권리를 위한 투쟁 또한 극단의 도시의 체계적인 박탈을 초래하는 자본주의 시스템의 폐지에 달려 있다. 이러한 투쟁은, 가장 강력할 경우, 더 큰 평등과 공동체를 지향하는 도시생활의 혁명적인 변화를 요구한다.

마지막으로, 극단의 도시는 기후혼란이 가장 강력하고 파괴적인 영향을 미칠 곳이다. 극단의 도시는 수많은 사람들과 과부하상태에서 점점 더 증가하는 스트레스를 받고 있는 현저하게 취약한 생태계 기반시설이 집중된 곳이다. 극단의 도시에서 환경적 취약성은 근본적으로 불균등하며, 계급 및 인종의 격차가 허리케인이나 태풍 같은 개별 사건에서 생존할 기회를 결정할 뿐만 아니라 천식과 기타 도시 빈민층의 만성적인 질병에 대한 적응성에도 영향을 미친다. 도시의 환경불의에 도전하는 노력은 그래서 가장 기본적인 생존 문제에 달려 있다. 즉, 누가 깨끗한 공기를 마시고, 독성오염에서 자유로운 환경에서 자라고, 건강한 음식에 접근할 권리를 가지는가?

현대자본주의의 명백하게 압도적인 패권과 거의 40년에 이르는 신자유주의의 정치적이고 지적인 절대적 지배를 감안하면 우리가 반자본주의 정치와 철학을 통해 현재의 위기에서 벗어날 수 있다고 상상하는 것은 무모한 일처럼 보일지 모른다. 그러나 그러한 정서는 최근 수십 년 동안의 정치적 의지 및 상상력의 위축뿐만 아니라 현재의 환경에 대한 우리의 허약한 인식을 드러낸다. 인류세 개념은 전체 인류가 현재 지구환경의 주인공이 되었다고 올바르지 않게 암시한다.[65] 이러한 오류에서 벗어나려면 우리의 집단적인 운명을 결정하는 것은 무제한의 성장을 근거로 삼는 경제체제인 자본주의라는

---

65) Bonneuil and Fressoz, *The Shock of the Anthropocene*; Jason W. Moore(ed.), *Anthropocene or Capitalocene? Nature, History and the Crisis of Capitalism*(Oakland, CA: PM Press, 2016).

점을 기억할 필요가 있다. 자본주의는 믿을 수 없을 정도로 역동적인 반면 장기적인 지속가능성보다 단기적인 이익을 중심으로 조직되는 체제다. 바라건대, 일부 분석가가 현대 도시 상태에 대해 희망하듯이 자본주의 시장 제도의 혁신적인 능력이 우리에게 기후혼란을 헤쳐나갈 힘을 주면 좋겠지만 실제로 도시가 더 더워지는 미래에 번성하기를 기대하는 것은 이미 우리 주위에 쌓이고 있고 다가올 훨씬 더 큰 재난으로 덧씌워질 파국을 무시하는 것이다.[66]

도시의 미래

지구적 도시화는 인류세를 규정하는 특징 가운데 하나다. 실제로 우리는 도시세Urbocene에서 산다고 말해도 될 것이다. 20세기 후반기가 유한한 지구 자원의 사용이 급격하게 증가한 시대, "대가속Great Acceleration"의 시대였다면 그 시대는 또한 도시의 시대였다. 1900년에서 2013년까지 세계 인구는 15억 명에서 70억 명으로 4.5배 증가했다. 같은 기간 동안 세계 도시 인구는 2억 2500만 명에서 36억 명으로 16배 증가했다.[67] 이러한 도시의 성장과 병행해서 세계경제 산출량은 40배 증가했고, 화석연료 사용은 16배 증가했으며 인간의 물 사용은 9배 증가했다.[68] 자원소비와 폐기물 배출량의 이러한 아찔한 증가 대부분은 도시에서 만들어졌다. 도시의 소비와 자연파괴는 현재 다른 어떤 요소보다 더 우리의 지구에 대한 영향을 특징짓는다.

세계의 도시에는 임박한 기후위기의 폭풍을 완화할 새로운 물질과 도덕의 기초가 필요하다. 카이로, 이스탄불, 엘알토, 심지어 뉴욕 같은 도시에서 지

---

66) 이와 관련해 나는 Kahn, *Climatopolis: How Our Cities Will Thrive in the Hotter Futur*와 같은 저서를 고려하고 있다.

67) Girardet, *Creating Regenerative Cities*, p. 4.

68) Ibid.

난 10년의 격변은 더욱 유쾌하고 더욱 공정한 도시 질서에 대한 갈망을 가시적으로 만들었다. 이러한 혁명적 조류는 물러갔지만, 그것을 활성화했던 더 나은 인간 상태에 대한 희망은 죽지 않았다. 도시를 변화시키려던 노력도 마찬가지다. 사회적·환경적 정의가 조화를 이루면서 불가분하게 얽혀 있는 도시가 도래할 것이라는 생각은 어둠의 시대에 희망을 제공한다.[69] 기후변화를 다루기 위한 국제적·국가적 규모의 노력이 붕괴된 것을 감안하면 도시는 또한 실용주의적인 참여 현장이 될 것이다.

플라톤Plato에서 성 어거스틴St. Augustine과 토머스 모어Thomas More에 이르기까지 유토피아적 사조는 종종 사회적 질서와 조화의 가시적인 상징인 이상적인 도시가 유토피아의 현장일 것이라고 상상했다.[70] 좋은 도시를 건설하기 위한 그러한 유토피아적 열망이 르코르뷔지에의 모더니스트 청사진 같은 엄격한 하향식 계획의 과잉을 만들었다면, 그것은 또한 윌리엄 모리스William Morris 같은 영국 길드 사회주의자English Guild Socialists의 정원 도시를 위한 꿈에서 1930년대 붉은 비엔나Red Vienna에서 시도된 급진적인 공동생활 실험에 이르기까지 사회주의자와 무정부주의자가 표명하는 현대 도시에 대한 급진적인 생태적 비평을 고취하는 것으로 간주될 수도 있다.[71] 현재 극단의 도시는 의심할 여지없이 기후혼란 시대의 사회적 격변과 자연재해에 흔들리고 있는데, 다가올 도시에 대한 이러한 유토피아적 사회주의자들의 이상은 대재앙에 직면해서 지속적인 인간 연대와 의미 있는 삶 구축을 위한 모델을 제시한다.

---

69) 이와 관련해서 나는 Davis, "Who Will Build the Ark?"; Susan Fainstein, *The Just City* (Ithaca, NY: Cornell University Press, 2010); Girardet, *Creating Regenerative Cities*도 고려하고 있다.

70) Ash Amin, "The Good City," *Urban Studies*, 43:5-6(May 2006), p. 1010.

71) Davis, "Who Will Build the Ark?", p. 43. 붉은 비엔나에 대해서는 Helmut Gruber, *Red Vienna. Experiment in Working Class Culture, 1919-1934*(New York: Oxford University Press, 1991); Eve Blau, *The Architecture of Red Vienna, 1919-1934*(Cambridge, MA: MIT Press, 1999) 참조.

선택된 집단이 아닌 전 지구를 위한 지속가능한 도시 질서라는 이상은, 기후 혼란의 시대에 도덕적이고 실질적인 삶의 기반을 제공할 수 있는, 공유된 목적과 집단적 결의에 대한 자각을 불러일으키는 데 도움이 될 것이다. 도시주의자 애시 아민Ash Amin이 주장하듯이 좋은 도시 개념은 공정한 이행에 대한 이상理想을 제시할 수 있다.

> 좋은 도시는 절제된 소비, 재화와 용역의 공유, 대안기술, 폐기물 감소와 재활용, 초과이득세, 공유기술, 대중교통, 표준 주택이 모두 환경적으로 긴급한 것으로 옹호되는 도시다.[72]

공정한 이행은 지속가능한 도시, 동네, 마을을 재건하는 데 도시 무단거주자와 남반구 개발도상국의 거의 잊힌 시골 빈민층의 노동력을 동원할 것이다. 세계 전역에서 그러한 노력이 이미 많이 진행되고 있는데, 브라질 도시 쿠리치바Curitiba의 간선급행 버스시스템, 베네수엘라의 도시 연구소Urban-Think Tank가 카라카스Caracas의 빈민가에 세운 "수직 체육관vertical gyms", 칠레의 가난한 공동체를 위해 설계된 사회적 주택 구상이 여기에 포함된다.[73] 아르헨티나 투팍아마루Tupac Amaru 운동이 자체적으로 건설한 근로계층 공동체가 시사하듯이 그러한 상향식 변화 실험 경험은 남반구 개발도상국의 대도시에서 상당한 비중의 사회적·물질적 기반시설을 형성한다.[74]

이러한 혁신적인 실험들은 다가오는 폭풍에 대처하기에 여전히 단편적이

72) Ash Amin, "The Urban Condition: A Challenge to Social Science," *Public Culture* 25:2 (2013), p. 204.

73) Richard Burdett(ed.), *Uneven Growth: Tactical Urbanisms for Expanding Megacities*(New York: MoMA, 2014); Jaime Lerner, *Urban Acupuncture: Celebrating Pinpricks of Change the Enrich City Life*(Washington, DC: Island Press, 2016).

74) Justin McGuirk, *Radical Cities: Across Latin America in Search of a New Architecture*(New York: Verso, 2015).

고 부적절하다. 북반구 선진국의 고립된 녹색거주지도, 남반구 개발도상국 도시에서의 전술적인 개입도 우리의 도시가 직면하고 있는 과제에 상응하지 못하고 있다. 한편으로는 권리를 박탈당한 세계의 대중을 위해 일자리를 만들고, 〈제4장〉에서 논의한 종류의 도시를 건설하기 위한 창조적 에너지를 모으고, 진정으로 근본적이고 포괄적인 도시 교통의 변화를 만들기 위해 현대의 건축과 설계를 활용해야 하지만, 다른 한편으로는 기후혼란과 싸울 세계 민중의 운동도 필요하다.[75]

다가올 도시의 바탕은 도시의 단순한 지속가능성이 아니라 지구를 보충하는 세계적인 전환으로서 도시의 창조여야 한다. 도시 생태학자 헤르베르트 기라데트Herbert Girardet가 말하듯이 "현재 비효율적이고 낭비적인 단선형 투입-산출 시스템으로서 운영되는 도시의 신진대사는 자원 효율적이고 재생가능한 *순환 시스템*circular system으로 바뀔 필요가 있다".[76] 오늘의 극단의 도시는 어떻게 지구의 자원에 대한 과도한 수요를 감축하고, 나아가 그러한 자원의 복원에 기여할 수 있는가? 다시 말해 극단의 도시는 어떻게 생태도시가 될 수 있는가? 이러한 도시 생태계 변화에서 몇몇 핵심 단계는 이미 명백하다. 전 세계의 도시는 화석연료에 대한 의존을 끊고 진정으로 재생가능하고 민주적으로 통제되는 에너지 자원으로 서둘러 옮겨야 한다. 도시의 새로운 건물은 소비하는 것보다 더 많은 에너지를 전력망에 되돌리는 데 기여해야 하며, 오래된 건물은 유사한 기준에 맞춰 개조되어야 한다. 도시는 무-폐기물 정책을 통해 분해된 자원의 낭비성 방출을 중단해야 한다. 나아가 도시는 지하 수면 보충, 수질오염 해결, 생물다양성과 건강한 땅 복원을 통해 도시 자체와 주변의 병든 서식지 치유를 지원해야 한다.[77] 그리고 당연히 미래의 기후변화 영

---

75) 데이비스의 방주 은유는 가렛 하딘Garrett Hardin의 구명보트 개념의 적절한 대안이다.

76) Girardet, *Creating Regenerative Cities*, p. 8.

77) Ibid, p. 11. 또한 Beatley, *Biophilic Cities* 참조.

향에 최대한 적응할 수 있도록 자연계와 조화를 맞춰 도시를 건설해야 한다. 마지막으로 극단의 도시를 향한 추세의 전환은 사람들이 급증하는 박탈과 퇴출에 시달리지 않고 시골에 머물 수 있는 선택을 할 수 있도록 시골 지역의 악화하는 사회적·환경적 조건을 되돌리는 것도 포함한다.

특정 도시가 이러한 목표를 성취하는 방식은 아마 상당히 다를 것이다. 어쨌든 전 세계의 도시는 매우 다른 생태계에 위치해 있으며 매우 다른 형태의 발전을 구현하고 있다. 특히, 21세기 남은 기간 도시의 성장이 상대적으로 제한될 유럽, 미국, 호주에 위치한 부유한 도시는 생태계 개조 참여가 요구된다. 대조적으로 세계의 도시화 대부분이 이루어지고 있는 개발도상국의 도시에서 도시개발은 식민지와 식민지 이후 시대에서 물려받은 지속불가능한 형태는 물론 북미 도시의 극단적인 스프롤 및 자원소비의 경로에서도 벗어나야 한다. 이러한 변화를 만들려면 세계적으로 막대한 투자 프로그램이 필요할 것이다. 다시 말해 이는 사회적·환경적 변화를 위한 지구 차원의 계획이다.

도시 영역의 탈탄소화는 다가올 도시를 위한 투쟁에서 핵심적 요소이며 절대적 필요다. 이미 생산되고 있는 화석연료자원의 규모를 감안할 때 재앙적인 온난화를 막으려면 새로운 석탄 광산을 뚫거나, 새로운 유정을 파거나, 새로운 송유관을 더 이상 건설하면 안 되며 동시에 기후정의에는 건물과 도시 교통 시스템의 배출 삭감 등 탈탄소화가 포함되어야 한다.[78] 재생가능 에너지 혁명은 이미 진행되고 있다. 그러나 우리는 주의해야 한다. 즉, 모든 도시 환경 개선이 체계적인 변화를 약속하는 것은 아니다. 예컨대 뉴욕시는 매년 탄소 배출에 대해 기록하고 실질적인 탄소 배출 감축 추구를 통해 전 세계 도시의 탈탄소화 활동에 관련된 뉴욕시의 지도력을 과시해왔다. 2016년 봄에 공표된 온실가스 배출량 조사에 따르면 뉴욕은 심지어 도시 인구와 고용 기반의 성장에도 온실가스 배출량을 2005년 수준에서 12% 감축했다.[79] 더구

78) Bill McKibben, "Recalculating the Climate Math," *The New Republic*, September 22, 2016.

나 80×50 서약80x50 pledge을 통해 시 당국은 2050년까지 탄소 배출을 80% 낮추겠다고 약속했다. 그렇지만 이 기간 시 당국이 기록한 배출량 감축은 탄소 집약적인 석탄에서 대부분 펜실베이니아의 마셀러스 셰일Marcellus Shale층의 지속불가능한 파쇄 작업으로 생산한 천연가스로 도시 전력망을 거의 전적으로 대체해서 달성되었다. 그렇게 뉴욕주에서의 파쇄를 금지하는 강력한 대중적인 운동에 지배층이 굴복한 기간에도, 뉴욕시는 기본적으로 오염이 심한 에너지 기반시설을 인근 주로 아웃소싱했다. 도시의 생태적 자취에 대한 정직하고 종합적인 평가는 — 이는 물리적인 자취를 훨씬 넘어서는데 — 도시를 탈탄소화하는 투쟁에서 핵심적인 요소임에 틀림없다.

덧붙여, 도시의 배출량 감축에 대한 찬사는 전체적으로 도시거주자 사이의 엄청난 격차를 무시한다. 뉴욕의 건물 100만 채 가운데 겨우 2%가 도시 전체 에너지의 45%를 사용한다.[80] 이러한 뉴욕시 최대 건물들은 규모가 5만ft^2를 초과하며 주로 호화 아파트, 상업 건물, 다세대 주택단지의 혼합으로 구성된다. 뉴욕시의 상류층 배출자는 최고가 건물에서 살고 이 도시 최악의 탄소 오염원에 속하며 그들의 실내 수영장, 전용 체육시설, 전용 공연장에 난방과 전력을 대기 위해 막대한 양의 탄소를 태운다. 이러한 상류층 배출자도 반드시 탈탄소화를 향한 시 당국의 활동 범위에 공평하게 들어와야 한다. 현재 뉴욕의 에너지 효율성을 높이기 위한 건물 개조 프로그램은 자율적이며, 결과적으로 2025년까지 그 프로그램 참가는 대형 건물의 겨우 30%에 그칠 것으로 추정된다. 그러한 에너지 효율성 프로그램은 반드시 강제적이어야 한다.

마지막으로 2012년 이후 둔화하는 감축 속도를 감안하면 80×50 서약을 통해 추정된 실질적인 감축을 어떻게 할 수 있는지 매우 모호하다. 그 계획은

---

79) City of New York, "Inventory of New York City Greenhouse Gas Emissions 2014"(April 2016).

80) Climate Works for All Coalition, "Elite Emissions: How the Homes of the Wealthiest New Yorkers Help Drive Climate Change".

더욱 에너지 효율적인 건물을 만들기 위해 상당한 노력을 기울이겠다고 약속하지만 풍력, 수력, 태양력을 이용해서 대규모의 체계적인 재생가능 에너지를 생성한다는 — 제이콥슨이 상상한 것과 같은 — 약속을 포함하지는 않았다.[81] 뉴욕은 석탄에서 천연가스로 전환하고 건물을 개조한다는 가장 쉬운 목표를 선택해왔고 이제는 화석연료의 포기라는 훨씬 더 근본적인 과제에 직면하고 있다. 제이콥슨의 연구는 이러한 전환이 기술적으로 가능하다고 시사하지만, 지속가능한 세계 도시 질서의 구축은 화석자본주의를 계속 뒷받침하는 막대한 기득권 — 에너지 대기업에서 공공기관과 투자 은행에 이르기까지 — 에 반대하는 정치적 투쟁에 근본적으로 의존한다. 이는 에너지 기반시설의 대중적 통제를 위한 투쟁인데 여타 다양한 측면의 도시 거버넌스와 사회체제의 민주화를 함축한다.[82]

화석연료 관행을 버리는 것이 필수적이지만, 청정에너지로 전환하는 것만으로는 우리를 구하지 못할 것이다. 화석연료의 연소가 모든 인위적인 온실가스 배출의 오직 70%만 차지하기 때문이다.[83] 나머지 30%의 배출은 이산화탄소 침출이 시작될 만큼 전 세계의 토양을 분해하는 삼림파괴, 시멘트 및 철강 같은 건축 자재의 생산, 기업적 농업에서 발생한다. 축산업 단독으로 거의 15%에 이르는 온실가스를 배출하는데, 전 세계 모든 승용차, 상용차, 버스의 배출을 합한 것보다 더 많다.[84] 다시 말해 문제는 단순히 우리가 사용하는 에너지 원천이 아니라 그러한 에너지로 우리가 무엇을 하는가다. 복합적인

81) Mark Jacobson et al., "Examining the Feasibility of Converting New York State's All-Purpose Energy Infrastructure to One Using Wind, Water, and Sunlight," *Energy Policy*, 57(2013), pp. 585~601.

82) Angel, *Strategies of Energy Democracy*.

83) Jason Hickel, "Clean Energy Won't Save Us-Only a New Economic System Can," *The Guardian*, July 15, 2016.

84) Rob Bailey, Antony Froggatt and Laura Wellesley, "LivestockClimate Change's Forgotten Sector"(Chatham House, December 2014).

축적을 위한 자본주의의 충동으로 조직된 사회가 풍력, 수력, 태양력 같은 100% 재생가능한 에너지로 전환된 뒤 어떻게 움직일 것인가? 만약 사회가 여전히 끝없는 성장 수요를 수반하는 현재의 경제 제도에 따라 움직인다면 계속해서 삼림은 벌채될 것이고, 거대 도시가 만들어질 것이고, 기업적 농업이 확장될 것이고, 쓰레기 매립지는 소비문화의 잔해로 가득 찰 것이다. 청정에너지로 전환하는 것이 그러한 행위에서 탄소 배출의 증가를 완화하는 것은 절대로 아니다.

인류학자 제이슨 히켈Jason Hickel이 주장하듯이, 더 깊숙한 것 — 즉 "우리의 기본적인 경제 운영 시스템" — 에 도전하기보다는 단순히 화석연료만 파고들 때 그러한 기후운동은 엄청난 잘못을 저지르고 있는 것이다.[85] 결국 우리는 오직 우리의 경제를 성장시키기 위해서 화석연료를 태운다. 우리의 도시를 좋게 만들고 일반적으로 더 나은 삶을 조성하는 더 많은 일자리와 재원을 만드는 유일한 방법이 경제성장이라고 우리는 듣는다. 그러나 국내총생산GDP 성장이 빈곤을 축소하지 않으며 국가의 소득이 높아진다고 행복이 증가하지는 않는다는 수많은 증거가 있다.[86] 계속되는 복합적 경제성장은 다량의 탄소 배출과 지속불가능한 지구적 도시화의 핵심 요소이며 투기적인 부동산 개발 거품으로 다시 돌아가는 자본의 과잉축적을 야기한다.[87] 게다가 성장의 쳇바퀴는 많은 사회적 병폐 또한 유발하는데, 부유한 국가를 괴롭히는 과로, 저고용 및 실업, 과소비, 아찔한 불평등, 지속적인 젠더 불평등, 단순히 서로 돌보거나 생활을 즐길 시간의 부족이 그러한 병폐에 해당하며 궁극적으로는 인류세를 사로잡는 대량 멸종의 위기가 그러한 병폐에 포함된다.[88]

---

85) Hickel, "Clean Energy Won't Save Us."

86) Richard Easterlin, Laura Angelescu McVey, Malgorzata Switek, Onnicha Sawangfa and Jacqueline Smith Zweig, "The Happiness-Income Paradox Revisited," *Proceedings of the National Academy of Sciences*, 107:52(December 28, 2010).

87) David Harvey, "The Crisis of Planetary Urbanization" in Gadanho(ed.), *Uneven Growth*.

종으로서 우리가 생존하려면 이러한 중단 없는 성장의 쳇바퀴에서 벗어날 필요가 있다. 그렇게 하려면 우리에게는 채굴, 생산, 소비 같은 화석자본주의의 핵심 요소를 극적으로 그리고 공정하게 감축하는 방법에 대한 창조적인 사고가 필요하다. 그러나 인간의 생존을 위해 아마 일부 배급제도 형태가 필요하겠지만 그러한 방식으로 공정한 이행의 정신을 특징짓는 것은 좋은 생각이 아닐 것이다. 탈성장, 무성장, 탈개발로 알려진 유사한 정책들과 함께 배급제도는 신자유주의가 부과한 긴축재정 형태를 너무 많이 부추긴다. 그러한 방식은 소비자본주의의 공허한 감언이설뿐만 아니라 인간의 열망에 대한 근본적인 개념에도 어긋난다.[89] 공정한 이행을 특징짓기 위해서 소비자본주의가 목표로 제시하는 더 많은 것의 끊임없는 축적보다는 더 진정한 형태의 진보와 연결되는 언어를 사용할 필요가 있다. 다시 말해 화석자본주의의 이기적인 추구와 자살적인 경로에 대한 대안으로서, 우리는 반드시 인간 해방을 위한 투쟁 과정에서 나타나는 연대를 고양하는 긍정적인 덕목과 감정을 불러일으켜야 한다. 사회적 연대의 덕목을 재점화하기에 도시보다 더 좋은 장소는 없다.

그래서 좋은 도시는 반드시 녹색도시에 더해 공정한 도시여야 한다. 공정한 도시는 근본적으로 덜 불평등한 부와 소득의 배분을 포함하며 사회적 격차를 감축한다. 이를 달성하려면 어떠한 개혁을 실행하든 현재의 극단의 도시를 만들어온 자본주의 질서를 그대로 방치하기보다는 체계적인 변화의 통로를 열어야 한다.[90] 이를 달성하기 위해 제안된 방법에는 임금 인상뿐만 아니라 공동체를 건설할 시간을 부여할 일종의 근로 시간 감축도 포함되는데,

---

88) New Economics Foundation, "21 Hours: Why a Shorter Work Week Can Help Us All to Flourish in the 2Ist Century"(February 13, 2010).

89) Jason Hickel, "Forget 'Developing' Poor Countries, It's Time to 'De-Develop' Rich Ones," *The Guardian*, September 23, 2015.

90) "비개혁주의적인 개혁"에 대해서는 Fainstein, *The Just City*, pp. 17~19 참조.

공동체 건설은 지역 식량 재배, 나무 심기, 습지 복원, 자연재해에서 생존하는 방법의 상호 교육을 통한 기후-방어 도시의 구축을 포괄한다. 도시의 영주권자와 임시 거주자 모두에게 해당되는 보편적인 기본 소득은 우리가 생계를 위해 뼈 빠지게 성취감 없는 일을 하는 대신 온전한 인간이 되는 데 일조할 일종의 자발적이고 자율적인 활동에 참가할 수 있도록 할 것이다.[91] 마지막으로 개인 소비, 기업 이익, 금융 거래에 대한 가파른 누진세는 빌바오Bilbao에서 뉴욕, 아부다비 사디야트섬 문화지구Abu Dhabi's Saadiyat Island Cultural District에 이르는 상류층 문화를 도시 브랜드 전략으로 동원하는 등의 과시적이고 낭비적인 소비를 억제할 것이다.[92]

그러나 이는 집중적인 긴축재정 프로그램이 아니다. 오히려 정반대다. 예컨대 기후-방어 도시는 만약 우리가 생활 임금과 직업 훈련 프로그램을 기꺼이 지지한다면 빈곤한 도시 공동체를 위해 잠재적으로 보수가 좋은 일자리를 만들 수 있다. 예를 들어 항공기가 만드는 과도한 탄소 배출은 반드시 중단되어야 하는데, 이는 새로운 지역 및 대륙 고속철도를 건설할 필요가 있다는 것을 의미한다. 탄소에 기초한 현재의 에너지 기반시설 폐기의 필요성에 대한 인식은 새로운 재생가능 에너지 기반시설 건설 계획의 착수를 수반하는데, 여기에는 고용 및 전력과 권력에 대한 발전된 민주적 통제의 모든 기회가 함께한다.[93] 〈제6장〉에서 논의했듯이 에너지 민주주의를 위한 도시의 활발한 운동은 이미 대중이 전력과 권력을 통제하는 청사진을 제시하고 있다.

---

91) 좋은 삶과 관련된 갖가지 요소와 그것을 어떻게 사회 정책을 통해 권장할 것인가에 대한 철학적인 상세한 논의는 Robert Sidelsky and Edward Sidelsky, *How Much Is Enough: Money and the Good Life*(New York: Other Press, 2012) 참조.

92) Ibid., pp. 206~210.

93) 그러한 프로메테우스적인 프로젝트와 사회적 정의라는 시각으로 본 도시 변형에 대한 더 광범위한 시사적인 조사에 대해서는 Wallace, *A New Deal for New York* 참조. 에너지, 일자리, 민주주의에 대해서는 Sean Sweeney, *Resist, Reclaim, Restructure: Unions and the Struggle for Energy Democracy*(New York: Rosa Luxemburg Stiftung, 2013) 참조.

도시가 한때 권리가 없고 폭력으로 가득한 더 넓은 세상에서 도피하는 장소였다는 점을 기억하는 것은 가치가 있다. 중세 독일의 격언에서 알 수 있듯이 도시의 공기는 봉건적 예속에서 자유를 줬다. 필요한 모두를 조건 없이 환대하는 기풍을 확장시키려는 도시의 요구 일환으로서, 오늘날 그러한 도시 유산을 적용할 필요가 있다.[94] 시민권을 민족주의, 지역사회, 재산과 구분하려는 강력한 대항운동이 북반구 선진국에 이미 존재하며, 임시적이건 영구적이건 도시거주자 모두에게 인간 존재의 기초를 제공한다.[95] 예컨대 뉴욕시는 모두를 보호하는 권리에 대한 책무를 유지하면서 삶을 견디게 할 뿐만 아니라 즐기게 만드는 모든 수준의 보편적 무상 교육, 양질의 공공 의료, 공원, 도서관, 수영장을 확대해왔다.[96] 민영화 증가를 지지해 전국적으로 사회 안전망이 점차 축소되고 공포와 외국인 혐오가 시민 문화를 짓누르면서 그 가운데 많은 부분이 위협받고 있다. 이에 대항해서 도시는 반드시 과거에 도시를 좋은 삶의 상징으로 만들었던 도시적 연대의 기초적인 요소를 활성화해야 한다.[97]

맨해튼의 아래쪽 절반에 건설될 새로운 홍수 장벽과 도시를 주변 수계와 재통합하는 약속에 이르기까지 도시를 임박한 기후혼란에 적응시키려는 흥미로운 많은 창의적인 활동이 있다. 그러나 만약 그러한 활동이 정의와 평등의 가치에 따라 진행되지 않는다면 그것은 단순히 극단의 도시를 특징짓는 지속불가능한 사회적 조건과 극심한 취약성을 강화할 것이다. 다가오는 기후혼란에 대비하려면 극단의 도시의 환경 악화는 물론 지구적 도시화의 어두운 이면인 참담한 물질적 박탈도 고려할 필요가 있다. 좋은 도시는 고급 콘도 앞

---

94) Jacques Derrida, *On Cosmopolitanism and Forgiveness* (New York: Routledge, 2001).

95) 예를 들어 Balibar, *We, The People of Europe?* 참조.

96) "The Callahan Legacy: Callahan v. Carey and the Legal Right to Shelter," Coalition for the Homeless.

97) Amin, "The Good City," pp. 1009~1023.

에 자전거 도로와 대상녹지 같은 녹색 장식품을 갖춘 오늘날의 도시의 변형이 되어서는 안 된다. 오직 오늘의 극심한 경제적·사회적 불평등을 극복하기 위해 재건될 때에만 좋은 도시는 재난을 초래하는 환경 악화의 상처를 치유하게 될 것이다.

허리케인 샌디 같은 극적인 자연적·사회적 재난은 기후위기에 도시를 적응시킬 필요에 자극을 받은 중요한 창조적 에너지를 방출했다. 그러나 그 가운데 완전히 다른 사회 질서를 감히 상상하는 제안은 거의 없다. 인간의 생존 ─ 그리고 지구의 많은 동료 생물의 생존 ─ 은 새로운 형태의 집단적인 번영에 대해 상상할 것을 요구한다. 좋은 도시라는 이상은 기후위기의 시대에 우리의 집단적인 생존을 의존하는 일종의 인간 연계를 위한 패러다임을 제공한다. 끊임없는 경제성장과 그것이 조장하는 파산적인 소비문화의 충동에서 벗어난 미래의 좋은 도시의 사람들이 다가오는 폭풍에 대비하기 위해 상호협조하면서 새로운 형태의 인간적인 충실함을 드러낼지도 모른다.

옮긴이의 말

기후변화는 우리의 삶을 어떻게 바꿀 것인가? 기후변화의 영향을 가장 많이 받는 곳은 어디이며, 누가 가장 심각한 피해를 입고 있는가? 과연 우리는 다가오는 기후혼란에 충분히 대비하고 있는가?

2015년 세계 195개국은 파리기후변화협정을 통해 2100년까지 지구의 평균 기온 상승을 산업화 이전 수준 대비 2°C 이하로 유지하며 궁극적으로는 1.5°C 이하로 제한하기 위해 노력하기로 했다. 그런데 대통령 선거 때 "기후변화는 거짓말이며 중국이 날조한 것"이라고 주장한 트럼프 대통령이 이끄는 미국은 기어이 파리기후변화협정에서 탈퇴했다. 인류에 의한 온실가스 배출이 기후변화의 주요한 원인이라는 점은 오늘날 대다수 과학자들이 인정하는 사실이지만, 기후변화 부인론자들은 기후변화는 없다고 말하다가 부인할 수 없는 증거들이 쌓이자 기후변화는 태양이나 화산활동 같은 자연적 현상의 결과라는 근거 없는 주장을 펼치고 있다. 그러나 기후변화는 지금 당장의 사건이며, 무엇보다도 다수 인류가 거주하는 장소인 도시의 문제다. 우리가 좋아하든 싫어하든 인간이 만든 기후혼란이 극적으로 세계의 도시를 변화시키고 있으며, 바로 이곳에서 기후변화의 가장 극심한 결과가 초래될 것이다.

이 책에서 저자는 대다수 인류를 수용하고 온실가스를 대기에 가장 많이 배출하면서 해수면 상승과 강력한 폭풍에 노출되어 있는 도시야말로 기후변화의 최전선에 놓여 있으며, 그러한 도시의 자연적 취약성은 사회적 불의에 의해 고조된다고 말한다. 해안에 위치한 뉴욕, 로스앤젤레스, 보스턴, 샌프란시스코, 워싱턴, 마이애미, 필라델피아 등 미국의 거대도시 거의 전부와 세계적으로는 뭄바이, 광저우, 상하이, 호치민, 콜카타, 오사카, 알렉산드리아 등 해안 거대도시 다수가 위험하다고 저자는 경고한다. 이러한 '극단의 도시'는 현대 도시의 규정적인 특성이며 냉혹한 경제적 불평등의 공간이다. 인류가 앞으로 닥칠 폭풍을 어떻게 잘 견딜 것인지는 전적으로 도시가 인종, 계급, 젠더의 격차에 어떻게 대응하는지에 달려 있으며, 극단의 도시야말로 인류의 생존을 위한 가장 중요한 투쟁이 일어나는 곳이라고 저자는 강조한다.

현대 자본축적의 핵심 동력인 부동산 개발이 마이애미, 뉴욕, 자카르타 같은 도시에서 비합리적이고 비지속적인 형태의 도시화를 만드는 방식을 다룬 〈제1장〉 침몰하는 자본/수도, 도시의 성장이 점점 더 관리하기 어려운 환경적인 갈등을 탄생시킨 뉴욕의 자메이카만과 뉴올리언스 남쪽 미시시피 삼각주의 역사적인 자연 '정복'을 다룬 〈제2장〉 환경의 반격, 모범적인 노력으로 간주되는 네덜란드의 폭풍에 견디는 도시처럼 가장 준비가 잘 된 도시조차 마주하고 있는 엄청난 도전을 다룬 〈제3장〉 바다의 변화, 기후변화가 가져온 위협에 도시를 적응시키려는 최첨단 노력에 대한 비판적인 분석을 다룬 〈제4장〉 상투어 탄력성, 기후난민의 처참한 현재 상태에 대해 폭로하면서 국가 주도 기후변화 대책의 부적절함과 가혹함을 비판한 〈제5장〉 기후 아파르트헤이트, 자연재해에 강타당한 도시 공동체들의 상호 지원 노력을 다룬 〈제6장〉 재난 공동체주의, 위험에 빠진 도시에서 철수하기라는 금기지만 피할 수 없는 주제와 극단의 도시에서 전형적으로 나타나는 파멸적인 성장에 대해 무책임한 자본주의 문화의 비판을 다룬 〈결론〉 도시의 미래에 이르기까지 저자는 생생하고 풍부한 사례와 치밀한 분석으로 독자를 이끈다.

좋은 도시는 반드시 '녹색도시'에 더해 '공정한 도시'여야 한다. 기후변화가 단순한 자연적인 현상이 아니라 사회경제체제의 산물이라면 근본적인 사회경제적 개혁 없이 기후변화의 최전선에 놓여 있는 극단의 도시의 문제를 해결할 수는 없다. 좋은 도시는 고급 콘도 앞 자전거 도로와 대상녹지 같은 녹색 장식품을 갖춘 오늘날의 도시의 변형이 되어서는 안 된다. 저자가 강조하듯이 도시는 오직 오늘의 극심한 사회경제적 불평등을 극복하기 위해 재건될 때에만 재난을 초래하는 환경 악화의 상처를 치유하게 될 것이다.

찾아보기

지은이   애슐리 도슨(Ashley Dawson)

뉴욕시립대학교(City University of New York) 영어학과 교수이며 활동가다. 탈식민지, 포스트모던 문화, 환경인문학 등을 연구하고 있으며, 특히 이민의 역사와 담론에 관심을 가지고 있다. 최근에는 현대적인 미 제국주의 담론과 기후정의 운동에 대해 연구하고 있다. 주요 저서로는 *Extinction: A Radical History*(2016), *The Routledge Concise History of Twentieth-Century British Literature* (2013), *Mongrel Nation: Diasporic Culture and the Making of Postcolonial Britain*(2007)이 있다.

옮긴이   박삼주

서울대학교 경제학과를 졸업하고, 한국GM 경영관리 담당 임원으로 재직했다. 현재 한울엠플러스 (주) 경영기획실에서 근무하고 있다. 역서로는 『정보와 사회』(2018), 『믿음 해체하기』(2017), 『글로벌 트렌드 2035: 진보의 역설』(2017, 공역), 『만리장성과 월스트리트』(근간)가 있다.

한울아카데미 2270

극단의 도시들
도시, 기후위기를 초래하다

지은이 **애슐리 도슨** | 옮긴이 **박삼주**
펴낸이 **김종수** | 펴낸곳 **한울엠플러스(주)** | 편집책임 **배소영**
초판 1쇄 인쇄 **2021년 1월 25일** | 초판 1쇄 발행 **2021년 2월 1일**
주소 **10881 경기도 파주시 광인사길 153 한울시소빌딩 3층**
전화 **031-955-0655** | 팩스 **031-955-0656** | 홈페이지 **www.hanulmplus.kr**
등록번호 **제406-2015-000143호**
ISBN **978-89-460-7270-1 93330 (양장)**
       978-89-460-8002-7 93330 (무선)
Printed in Korea.

※ 책값은 겉표지에 표시되어 있습니다.